성취예측모형

성취 예측 모형

ACHIEVEMENT PREDICTION MODEL

최동석 지음

이 책을 쓰게 된 이유

　책상머리에서 논문으로 승부를 겨루는 사람들은 현실에 묻어 있는 미묘한 사회경제적 문제들을 제대로 인식하기 어렵다. 연구실의 학자들이 실무의 세계로 나와 정책을 구체화하고 실행할 때 실패할 확률이 높다. 실무 경험이 없어 거대 담론에서 벗어난 실용적인 문제의식을 느끼기 어렵기 때문이다. 현실은 교과서대로 또는 논문대로 움직이지 않는다. 그렇다고 해서 실무를 오랫동안 했던 기업의 중역이나 고위공직자들에게 문제의식이 있느냐 하면 그렇지도 않다. 내가 만난 사람들 대부분 문제의식 자체가 없다. 기존의 관행에 매몰되어 있기 때문이다.

　내 전문분야는 경영학 중에서도 인사조직이론이다. 그중에서도 조직심리학에 기초한 역량진단competency assessment, 직무와 조직설계job & organizational design, 리더십이론leadership theory 등에 특화되어 있다. 이 세상에 대한 내 문제의식이 뚜렷해졌던 건 한국은행 직원 신분으로 1980년대 독일연방은행 연수 시절의 경험이 계기가 됐다. 독일의 기업뿐만 아니라 공공부분의 모든 조직이 명령과 통제 없이 합리적으로 운영되고 있었다. 조직구성원들은 각자 독립된 자율적 주체로 일했다. 평균 노동시간이 세계에서 가장 짧았지만 생산성과 창의성은 높았다.

독일과 달리 우리나라는 조직의 우두머리가 마치 식민지를 관리하는 총독처럼 군림한다. 피라미드형 계급구조의 정점에 있는 한 사람에게 모든 권한과 권력을 몰아준다. 구성원들은 자연스럽게 지배와 통제를 강요당하고 명령과 복종의 규율에 따라야 하며 심하면 억압과 착취를 당할 수도 있다. 이 커다란 차이가 어디서 온 것인지 알고 싶었다. 그 후 독일로 유학 가면서 내 문제의식을 해결해보려고 했다. 비록 경영학이라는 한정된 분야이긴 하지만 당시 경험한 교육과 훈련 과정에서 많은 것을 배웠다. 그렇게 연구와 경험을 통해 독일어권의 국가들과 북유럽 국가들은 교육, 사법, 언론, 종교, 정치, 산업의 다양한 기능들이 모두 같은 철학적 토대 위에서 작동하고 있음을 깨달았다. 같은 철학적 토대란 바로 '인간의 존엄성'이었다.

인간의 존엄성은 독일어로는 멘셴뷔르데Menschenwürde이고 영어로는 휴먼 디그니티human dignity라고 한다. 나는 우리 사회에서 인권이라는 말은 들어봤어도 인간의 존엄성에 관해서는 들어본 적이 없었다. 인권이라는 말은 우리 사회에서 약자들에게 사용되는 용어로만 알고 있었다. 한 줌도 안 되는 재벌 가문의 자식들에 대한 인권을 말하는 사람은 없다. 주로 장애인 인권, 노숙자 인권, 여성 인권, 아동 인권, 학생 인권, 성소수자 인권, 재소자 인권과 같이 약자와 소외된 집단에 대한 인권 감수성을 높여야 한다는 의미로 사용됐다. 자유로서의 인권은 집회결사의 자유, 거주이전의 자유, 사상과 표현의 자유, 양심의 자유, 종교의 자유와 같이 주제별로 구분해 사용됐다. 인권을 이렇게 배웠다. 하지만 이런 단편적 개념들은 사실 인간의 존엄성이라는 바다 위에 떠 있는 돛단배에 불과하다.

소리 내어 읽어보자. 인간의 존엄성!

이 장엄하고도 숭고한 개념인 인간의 존엄성이라는 안경을 쓰고 세상을 보면 독일과 우리 사회의 극명한 차이를 쉽게 이해할 수 있다. 우리는 독일 노동자들보다 대략 연간 700~800시간 더 일한다. 이는 매년 4~5개월을 더 일한다는 의미다. 노동환경의 차이는 말할 것도 없다. 우리는 노동자의 피와 땀과 눈물을 갈아 넣어 겨우 세계 10대 경제 대국으로 올라섰다. 그런데도 남한 인구의 40퍼센트는 아직도 민생고를 해결하지 못했다. 누구의 잘못인가?

나는 어린 시절 강원도 두메산골의 3학급짜리 분교에서 미국의 구호물자였던 옥수수죽으로 점심을 때웠다. 그때마다 박정희의 혁명 공약을 외워야 했다. 하루 세끼를 제대로 먹기 어렵던 시절이다. 박정희는 민생고를 시급히 해결하겠다는 공약을 내세웠다. 민생고가 무슨 뜻인지 몰랐지만 혁명 공약을 열심히 외웠고 선생님께 칭찬을 들었다. 그 얘기를 들은 어머니는 기뻐했고 자식을 제대로 공부시키려면 큰 도시로 보내야 한다고 생각했을 것이다. 나는 5학년이 되자 춘천으로 보내졌다. 도시가 너무 커서 어디가 어딘지 어리둥절했다. 첫 문화 충격이었다. 아무 연고가 없던 대도시에서의 삶은 무척 힘들었다. 자식들을 공부시켜야 하는 어머니의 고생이야 이루 다 말할 수 없었을 것이다.

내가 학업을 위해 춘천으로, 교사가 되어 서울로, 그리고 은행원이 되어 독일로 유학을 떠나게 된 일련의 행보는 박정희가 민생고를 해결해주겠다는 혁명 공약을 잘 외운 것에서부터 시작되었다. 긴 학습의 과정에서 나는 인간의 존엄성이 조직에서 어떻게 구체화되는지 배웠다. 거짓에 반항하는 진실, 빈자에 대한 공감, 부정부패 척결을 위해 투명한 조직을 만들려는 용기가 발휘되어야 사회는 건강해진다. 인간의 존엄성은 진실, 공감, 용기와 같은 덕목에 의해 존중되고 보호된다는 것을 깨달았다.

1961년 박정희가 민생고를 시급히 해결하겠다고 내세운 정치구호를 외운 지 60년이 지났다. 하지만 정치인들은 여전히 민생이 중요하다고 외치고 있다. 아직도 민생고를 해결하지 못한 것이다. 정치인들은 국회에 모여 진실에 다가가려는 노력 없이, 비통한 자들에 대한 공감 없이, 불의와 탐욕을 제어하려는 어떠한 용기도 없이 공허하게 민생을 외치고 있다. 조선 시대부터 오늘날까지 거짓 선동을 일삼는 자들, 사익을 위해 공직을 탐하는 자들, 무지와 탐욕의 낡은 정치 관행을 지키는 데만 골몰하는 자들, 온갖 비리와 불법을 일삼고도 정치판에서 어슬렁거리는 자들 때문에 아직도 민생고는 해결되지 않고 있다. 겉은 꽤 성장한 것처럼 보이지만 속은 여전히 썩어 있는 것이다.

내 개인적 노후는 그럭저럭 살아갈 수 있게 되었으나 지금까지의 공적인 삶은 실패한 것이 분명해졌다. 그간 배운 지식과 경험을 기업 세계와 공공분야에서 경영 자문과 컨설팅을 통해 가르쳐왔다. 그런데 이 사회에 아무런 영향도 끼치지 못했다. 최선을 다했으나 능력이 부족했기 때문이리라. 2014년 봄, 여한 없이 은퇴했다. 나도 이순이 되어 더 애써도 소용없을 것처럼 느껴졌기 때문이다. 다만 내가 가르쳤던 사상과 이론을 통해 몇몇 제자와 친구와 스승을 얻었을 뿐이다. 은퇴 후 이 모든 것을 처음부터 다시 검토하게 됐다.

왜 나는 실패했을까?

기업 세계는 정치 세계의 복사품이라는 걸 뒤늦게 깨달았다. 분명한 것은 박정희의 공약 이후 국내총생산GDP은 성장했으나 우리 사회는 전혀 진보하지 않았다는 점이다. 먹을 것이 거의 없던 두메산골의 분교에서일지언정 밤하늘의 별을 보며 비행기와 배를 타고 오대양 육대주를 자유로이 왕래하는 꿈을 꿨다. 시와 소설을 쓰면, 동물과 곤충을 잘 기르면, 어려운 병을 고치는 의사가 되면, 달나라에 가는 우주선을 만들면 노벨상을 탈 수 있다고 배웠다. 그 당시 선생님들은 그렇게 가르쳤다. 우리는 무엇이라도 할 수 있는 것처럼 고무됐고 상상력을 발휘했다. 상상한 대로 믿었다. 장난감이라고는 문설주에서 빠진 녹슨 쇳조각이 전부였고 놀아봤자 버덩에 나가 소에게 풀을 뜯기거나 논두렁에 앉아 새를 쫓는 일이 전부였다. 오늘날 서울 초등학생들은 머리가 좋아진다는 값비싼 장난감으로 놀고 있지만 정작 장래 희망은 공무원이나 건물주가 되는 것이다. 뭐가 진보했다는 것인가?

뭔가 근본적으로 잘못되어 가고 있음은 분명하다. 우리의 경제 발전은 세계적으로 유례가 없을 정도로 눈부신데도 여전히 민생고에 시달리는 사람들은 인구의 40퍼센트에 육박한다. 1467년 조선 세조 임금 시대에 총인구 900만 명에 노비는 350만 명이었다. 노비가 인구의 대략 40퍼센트 정도였다. 그렇다면 우리는 아직도 그 수준에서 더 발전하지 못한 것이다. 우리는 인구의 40퍼센트 정도가 빈곤 상태에 있는 조건에서만 경제가 성장한단 말인가? 우리에게 양적 성장이 질적 변화를 보장하지 않는다는 점이 분명해졌다. 경제는 성장했는데 사회구조와 시스템은 전혀 진보하지 못했기 때문이다. 왜 그런가? 나는 그것이 선출직이든 임명직이든 입법, 사법, 행정 분야의 고위공직자들 때문이라고 결론을 내렸다.

촛불 시민들의 열화와 같은 기대를 안고 출발한 문재인 정부에서 벌어진 거듭된 인사실패는 크나큰 실망과 좌절을 안겨주었다. 그렇다면 어찌할 것인가? 시민들이 우선 '사람 보는 안목'을 길러야 한다. 공직에 적합한 일꾼을 뽑는 과학적인 방법을 알아야 한다. 다른 방법이 없다.

이명박과 박근혜를 대통령으로 선출했다는 것은 '사람 보는 안목'이 없음을 보여준 대표적인 사건이다. 이명박 정부 시절, 그러니까 2010년이었을 것이다. 내가 대학에서 본격적으로 학생들을 가르칠 때였다. 몇몇 대기업의 인사책임자들과 몇몇 대학의 입학사정관들에게 '성취예측모형APM, Achievement Prediction Model'을 주제로 강의와 워크숍을 했다. 기업에서 활용하던 역량진단방법론을 공공분야에도 쓸 수 있도록 구체화하기 시작했다. 2016년부터는 아예 일반 시민들을 상대로 매 학기 공개강좌와 워크숍을 마련해 가르쳤다. 대학에서 개최한 강좌까지 합치면 10여 차례를 모두 성황리에 끝냈다.

그러나 2020년에 코로나19 대유행으로 강좌가 중단되면서 여유가 생겨 이 책을 집필할 수 있게 되었다. 공개강좌와 워크숍에서 가르친 내용을 정리하고 보완한 것이다. 같은 얘기가 마치 리하르트 바그너Richard Wagner의 오페라처럼 여기저기서 변주되고 반복된다. 강의와 워크숍에서 중요한 것, 어렵게 느껴지는 것, 거듭된 질문 등 반복해서 다룬 내용이어서 그렇다. 독자가 유념할 부분이다. 아울러 처음 접하는 전문 용어가 낯설 것이다. 최대한 일상 용어로 풀어쓰는 작업을 했으나 알아두면 좋을 전문 용어가 있다. 조금이라도 어려운 용어가 있다면 반복해서 읽고 학습하기를 바란다. 사람 보는 안목이 길러질 것이다.

이 책을 다 읽고 어느 정도 개념을 이해했으면 기회가 나는 대로 연습해보기를 바란다. 자기 자신의 역량수준은 어떻게 되는지 진단할 수도 있다. 대화 속에서 파트너를 혹은 연인을 진단하거나 일상생활을 잘 관찰하면 배우자의 역량을 진단할 수도 있다. 자라나는 자녀들의 타고난 역량을 파악하려고 반복적으로 연습하면 자녀 양육에도 큰 도움이 될 것이다. 정치인들을 관찰하면서 개별 국회의원의 역량요소가 어느 수준으로 발휘되는지 진단할 수도 있다. 그런 수준이 되도록 16가지 역량요소가 머릿속에 각인되어 역량사전이 필요 없을 때까지 노력하길 바란다.

인사조직의 선진국에서 기업의 임원급 중역들을 선임할 때는 대부분 역량진단 결과를 참고한다. 공적 지위에 나아가는 사람들도 마찬가지다. 그래서 인사조직컨설팅 회사는 조직의 다양한 구성원에 대한 역량진단 결과를 상업적으로 서비스한다. 전문적인 회사는 일반적인 역량진단모형generic competency model을 바탕으로 각 기업이 필요로 하는 고유한 역량진단모형을 개발할 수 있도록 돕기도 한다.

우리 기업들도 자체적으로 역량진단모형을 만들어 활용하거나 인재상을 내거는 경우가 많다. 좋은 거라니까 시작했지만, 피라미드형 계급구조의 정점에 있는 경영진은 권력을 합리적으로 활용하기보다는 제왕적으로 누리려고 한다. 그래서 기득권의 핵심인 인사권은 항상 철저히 비밀리에 실행된다. 구성원들은 인재상이나 역량진단모형은 벽걸이용으로 사용되는 구호일 뿐이고 진실로 활용되리라고 믿지 않는다. 우리의 경영과 행정의 민주화는 아직 멀었다. 공공부문도 마찬가지다. 인사권이야말로 투명한 과정을 거쳐 행사되어야 한다. 그게 성숙한 민주주의다.

앞서도 말했지만, 내가 은퇴한 후 알게 된 사실은 기업은 정치의 거울이라는 것이다. 정치가 썩으면 기업도 썩고 정치가 깨끗하면 기업도 깨끗해진다. 2002년 대선에서 수백억 원의 현금다발을 실은 2.5톤 트럭을 휴게소에서 몰래 통째로 넘겨받아 어느 정당의 당사 지하 주차장까지 운반했다. 재벌 대기업에서 뜯어낸 불법 정치자금이었다. 우리 정치사에 길이 남을 기념비적인 사건이었다. 시민들은 그 정당을 차떼기 정당이라고 불렀다. 정치만 그런가. 검사가 범죄를 덮어주면 돈을 벌고 없는 죄를 조작해서 만들어내면 명성을 얻는다는 것은 이미 다 아는 사실이다. 검사의 마음에 들면 죄를 덮어주고 마음에 안 들면 죄가 나올 때까지 수사한다. 이게 검찰의 조직문화다. 법관들의 전관예우는 아예 관행으로 정착됐다. 사실상 현대판 매관매직이다. 그래도 내가 모르는 어딘가에 훌륭한 판사와 검사들이 있어서 그나마 이만한 사회가 됐으리라.

기업의 비즈니스 논리도 정치의 논리와 동일하다. 자본 전쟁과 권력 투쟁의 장이라는 점에서 다를 것이 없기 때문이다. 기업을 깨끗하게 만드는 것보다 오히려 정치를 깨끗하게 만드는 것이 훨씬 쉽다. 기업은 대를 이어 상속하지만 정치는 그것이 거의 불가능하기 때문이다. 자기성찰을 바탕으로 진실을 추구하면서 역사의식과 시대정신으로 무장하여 용기 있게 실천하는 고위공직자들을 선출할 수 있다면, 정치가 깨끗해지고 국가 전체가 따라서 깨끗해질 것이다.

그래서 제대로 된 일꾼을 뽑는 것이 급선무다. 내가 '성취예측모형'을 만든 이유이기도 하다. 내가 이 모형의 이름을 붙였지만 그 내용을 전적으로 창작한 것은 아니다. 독일을 비롯한 유럽의 기업들과 미국을 중심으로 하는 영미권 기업들에서 이미 오래전부터 사용해왔던 모형이다. 지난 10여 년 동안 우리 실정에 맞도록 업데이트하면서 개선해왔을 뿐이다. 특히 역량요소에 대한 개념 정의와 그 배치와 알고리즘 등을 조정했다.

이 책에는 나의 학문적 배경 때문에 독일 사례가 자주 등장한다. 이 사례들을 따라가다 보면 독일 사회가 마치 이상적인 것으로 상상할지도 모르겠다. 그럴 리가 있겠는가. 이상적인 사회는 세상 어디에도 없다. 사람 사는 곳에는 각자 서로 다른 문제로 고민하기 마련이다. 독일도 우리의 문제와는 전혀 다른 산적한 과제들을 안고 있다. 유럽연합EU으로 통합된 이후 몰려드는 외국인 노동자들, 이로 인해 가끔씩 벌어지는 테러와 아직도 나치를 추종하는 집단의 광기, 동서독 통일 이후 노인요양보험금의 부족으로 노인을 동남아로 수출하는 국가라는 국제적 오명, 가난한 발칸반도의 어린 여아들을 훈련시켜 독일 내 성매매상에 공급하는 인신매매 등 우리로서는 상상할 수 없는 사회적 고민거리가 늘어나고 있다. 인간사의 고민거리는 유형과 정도의 차이가 있을 뿐 어디서나 똑같다.

끝으로 이 책에는 인사조직이론이라는 용어가 많이 나온다. 미국에서 인사조직 전공분야는 1970년대까지만 해도 인사와 조직personnel and organization이라고 부르다가 신자유주의가 붐을 일으키던 1980년대부터 서서히 인적자원human resource이라는 용어로 바뀌더니 요즘은 아예 HR로 굳어졌다. 인간을 자원으로 본 것이다. 독일에서는 아직도 인사론Personalwirtschaftslehre과 조직론Organisationslehre이라고 부른다. 사실 인사론은 조직 내 인간의 문제를 다루기 때문에 조직론과 밀접한 관련을 맺고 있어 인사와 조직은 동전의 양면처럼 떼려야 뗄 수 없이 함께 엮여 있다. 따라서 동시에 학습해야 한다. 여기서 다루는 성취예측모형도 인사론의 한 영역이면서 동시에 조직론에 포함된다.

아무튼 성취예측모형은 고위공직자들이 자신의 직무에서 어느 정도 사회적 성취를 이룰 것인지를 사전에 예측하는 수단이다. 그 기반이 바로 인간의 타고난 역량이다. 이 개념을 잘 활용하면 삯꾼에 속지 않고 좋은 일꾼을 뽑을 수 있을 것이다. 이제 사회적 성취를 가능케 하는 역량 개념이 무엇인지 알아보자.

2장

핵심 역량요소와 보조 역량요소

5장

인재를 양성하는 구조와 시스템

6장

인재의 역량진단과 리더십의 본질

1장

사회적 성취의 기반

- 역량의 의미

1

인간은 저마다 고유한
역량을 타고난다

한국을 대표하는 축구선수는 누구일까? 시대마다 사람마다 답이 다를 수는 있지만 2021년 기준 최고의 축구선수를 꼽는다면 아마도 손흥민이 빠지지 않을 것이다. 그가 남다른 역량을 타고났다는 사실을 믿지 않을 사람은 거의 없다. 그럼 잠시 상상해보자. 만약 그에게 축구를 하지 말고 소설을 쓰라고 한다면 어떤 상황이 펼쳐질까? 그의 부모가 어린 손흥민에게 운동선수는 좋은 직업이 아니니 공무원이 되라며 진로를 결정해줬다면? 소설가든 공무원이든 현재 그가 보여주는 반짝반짝 빛나는 '능력'을 기대할 수는 없을 것이다. 이는 두말할 필요 없이 개인의 비극이요 사회의 손실이다. 이런 상황이 지속적으로 발생하는 사회는 문명이 퇴보할 수밖에 없다.

인간은 저마다 '적성'을 가지고 태어난다. 인간이 사회의 다양한 직업에 종사하는 데 적성은 큰 영향을 미친다. 인간은 자신이 하는 일이 적성에 맞고 '재능'이 뒷받침될 때 상당한 성취를 이루어낸다. 하지만 적성에 맞는 일을 하면서 살기는 현실적으로 쉽지 않다. 게다가 적성에 맞는 일을 한다고 해서 모두 엄청난 성과를 이루어내는 것도 아니다. 워런 버핏Warren Buffett이나 짐 로저스Jim Rogers는 투자를 좋아한다. 적성에 맞는 일이다. 하지만 투자를 좋아하는 사람들이 모두 엄청난 성과를 거두지는 못한다. 투자를 좋아하는 사람은 정도의 차이가 있을 뿐 다들 비슷한 방법으로 투자한다. 그러나 성과의 크기는 사람 수만큼이나 제각각이다. 탁월한 성과는 결과물을 만들어내는 특별한 성향, 즉 '역량'을 필요로 하기 때문이다. 버핏과 로저스는 적성뿐 아니라 투자가로서 성공하는 데 필요한 역량을 갖춘 사람들이다.

위의 내용에서 언급된 용어들인 능력, 적성, 재능, 역량의 특징을 살펴보자.

- **능력**ability은 가장 광범위하게 사용되는 용어다. 맡은 일을 감당해내는 힘을 말한다.
- **적성**aptitude은 특정한 일에 소질이 있는 정도 또는 그에 알맞은 성격 유형을 의미한다. 기계장치를 설계하고 그 작동 원리에 관심이 많은 자동차 엔지니어의 적성, 글쓰기를 좋아하는 소설가의 적성, 주식 시장의 움직임을 늘 주시하는 투자자의 적성, 아이들의 성장과 발달에 헌신하고 싶은 교사의 적성 등을 들 수 있다.
- **재능**talent은 짧은 기간의 훈련에도 스스로 빠르게 숙달되는 능

력을 뜻한다. 예를 들어 미술, 수학, 음악, 물리, 언어, 운동 등에서 남달리 빠르고 쉽게 배우는 사람들이 있다. 그들은 특정 분야에 재능을 타고났다.

- **역량**competency은 높은 사회적 성취를 가능케 하는 타고난 내적 성향을 가리킨다. 노력이 아니라 타고나는 것이기에 잘 바뀌지 않는다. 능력, 적성, 재능은 많이 쓰인다. 그에 비해 역량은 흔히 쓰이는 용어가 아니어서 얼른 개념이 떠오르지 않을 것이다. 이 책에서 사회적 성취란 무엇이며 타고난 내적 성향은 또 무엇인지 수없이 반복되므로 일반적으로 많이 쓰이는 용어들과 어떤 차이가 있는지 곧 명확히 알게 될 것이다.

인류의 역사는 한마디로 생산성 싸움이었다. 인류의 출현부터 의식주를 해결하기 위한 투쟁의 역사는 시대를 거치며 더 잘살기 위한 투쟁으로 변화해왔다. 경영학은 오랫동안 일과 성취 그리고 사람과 조직의 관계를 연구해왔다. 지속적인 생산성 향상이 목적이었다. 현대 주류 경영학은 높은 생산성을 도출하는 데 인간을 자원으로 본다. '인적 자원human resource'이라는 말은 경영학을 공부하지 않아도 보편적으로 이해되고 널리 사용되고 있다. '인간=자원'이라는 관점은 우리 사회에서 지배적으로 적용된다.

하지만 이런 관점은 결정적 한계가 있다. 인간을 자원과 동일시할 때 인간의 가치는 수치로 계산된다. 노동자의 정체성을 시간당 1만 원짜리 혹은 10만 원짜리로 평가하는 현상이 바로 그것이다. 시간당 1만 원의 가치가 충족되지 않을 때 쓸모없는 자원으로 평가되고 "이익에 부합하지 않는 자원이기에 자리에서 가차 없이 내

쫓아도 된다."고 말한다. 과연 인간이 그런 존재인가. 한 사람이 천하보다 귀하다는 옛말은 그냥 나온 말이 아니다. 인간은 점수로 서열화할 수 있는 존재가 아니기 때문이다.

인간은 저마다 고유한 역량을 타고나며 이를 토대로 능력을 발휘한다. 각자 역량에 맞는 자리에서 일할 때 능력도 최대화된다. 그래서 한 사회와 조직의 생산성은 구성원 모두가 타고난 만큼의 역량을 최대한 발휘할 수 있도록 설계된 구조와 시스템으로 결정된다. 이런 환경조건이 갖춰지지 않으면 노동생산성도 기대하기 어렵고 노동하는 인간도 불행해진다. 그런데 개인의 불행 수준을 넘는 더 큰 비극이 있다. 바로 공동체의 위기다. 직무의 권한과 책임이 큰 자리에 역량을 갖추지 못한 사람이 앉아 있는 상황을 떠올려보자. 고위공직자나 기업의 고위직 임원의 잘못된 의사결정은 공동체에 엄청난 손실과 폐해를 끼친다. 조직은 개인과 공동체를 위해 개인의 역량을 과학적으로 진단하여 알맞은 자리에서 일하도록 하는 시스템을 반드시 갖춰야 한다. 이 시스템이 '사람 보는 안목'을 길러준다.

직무에 맞지 않는 엉뚱한 사람이 앉아 있다

영국의 지리학자이자 여행가이자 작가인 이사벨라 버드 비숍Isa-bella Bird Bishop은 19세기 말 동아시아를 여행하고 글을 남겼다. 그는 1894년 조선을 방문해 고종과 명성황후를 만났고 동학혁명과 청일전쟁을 겪었으며 러시아와 만주로 이주한 조선인도 만났다. 그가 경험한 조선의 이야기는 1897년 출간된 『한국과 그 이웃 나라들』에 적나라하게 담겨 있다. 치안과 질서가 무너진 사회에서 기생충 같은 지배 계층과 썩어 빠진 관료집단이 판을 치고, 기세등등한 일본과 동학혁명으로 분출된 백성들의 절박감이 매우 생생하게 기록되어 있다.

그런데 비숍이 한국을 떠나 러시아에서 본 조선인은 전혀 달랐다. 맨몸으로 이주한 조선인은 러시아에서 농토를 개척하는 수준을 넘어 지역의 농산물 유통망을 장악했다. 러시아 군대와 독점 계약을 할 정도로 경제적 성공을 거두었다. 심지어 만주에서도 중국인을 압도할 정도였다고 한다. 비숍은 이주 조선인을 주체적이고 자신감이 넘치며 역동적이라고 기술하고 있다. 특히 '착취가 사라진 공동체'를 형성하고 명예를 중요하게 생각하는 품격을 지닌 조선인에 대한 묘사는 놀랍기만 하다. 조선 땅의 게으르고 패배적 성향의 조선인과 사뭇 다른 모습이었다. 왜 이처럼 똑똑하고 잘난 조선인이 조선 땅에서는 그런 기질을 발휘하지 못한 걸까? 그것은 국가와 사회 시스템, 즉 조직설계를 잘못했기 때문이다. 비숍은 "조선인은 매우 우수하다. 하지만 만약 조선에 그대로 머물렀다면 이처럼 근면하고 절약하지 않았을 것이다."라고 단언한다.

문명의 진보는 구조와 시스템의 힘인가, 사람의 힘인가? 구조와 시스템은 사람을 만든다. 조직이 어떻게 설계되는가에 따라 사람들은 기질을 다르게 발휘하고 그에 따라 성과도 달라진다. 구한 말 조선에 머문 조선인과 러시아에 이주한 조선인이 전혀 다른 기질과 능력을 발휘한 것이 그 증거다. 그 조직설계를 바로 사람이 한다. 누가 리더십을 발휘해 어떻게 구조와 시스템을 설계하고 누가 의사결정권을 갖는가에 따라 공동체의 운명이 결정된다. 조직과 사람의 운명은 서로 떼려야 뗄 수 없는 관계다.

독일 지식인들은 제2차 세계대전 패망 후 나치정부에 저항하다가 겨우 살아난 뒤 깊은 깨달음을 얻었다. 국가 지도자로서 적합한 역량을 갖추지 못한 히틀러가 선출되어 정부를 장악하자, 국가적 학살과 세계대전이 일어났다. 그들은 다시는 비극적인 역사를 반복하지 않기 위해 과학적이고 체계적인 인사조직이론을 만들었다. 직무를 구체적으로 분석해 권한과 책임을 엄격하게 정립한 뒤 조직을 협동체로 설계했다. 정부든 기업이든 조직을 구성하는 모든 직무의 개념을 명확하게 정립해야만 권한의 범위를 규정할 수 있다. 그리고 여기에 반드시 뒤따라야 할 작업이 그 직무에 적합한 사람을 찾아서 배치하는 일이다. 직무를 제대로 수행할 만한 능력이 있어야 권한과 책임을 부여할 수 있다.

누가 어떤 직무에 적합한 인물인가? 이는 특정 직무의 크기를 충분히 감당하고 기대만큼 성과를 창출할 인물인가에 대한 합리적인 근거를 필요로 한다. 과학적인 인재선발을 위한 '역량모형competency model'이 개발된 배경이다. 역량모형은 말 그대로 인간 내면의 고유한 역량을 파악함으로써 후보자의 직무 적합성을 진단하는 방법론이자 도구다. 역량모형은 서구의 컨설팅 시장에서 꽤 장사가 되는 비즈니스 아이템이다. 규모가 있는 인사조직컨설팅 회사들은 조금씩 다른 역량모형을 개발해서 실무에 활용하고 있다.

지난 10여 년간 우리 사회를 뒤흔든 국정농단, 사법농단, 검찰농단, 감사농단의 본질은 직무의 개념이 명확하게 정립되어 있지 않은 것은 물론이고 그 자리에 적합한 인재를 보임하지 못한 결과다.

'어떻게 저런 사람이 저 자리에 있을까?'

비단 우리 사회만의 질문은 아니다. 어느 사회든 어떤 기업이든 형편없는 조직은 공통으로 '사람 보는 안목'이 부족하다. 우리의 현대사는 군사 쿠데타를 경험했으면서도 또다시 독재자를 선출하는 반복적인 인사 참사로 얼룩졌다. 노동시간은 세계에서 가장 긴데 생산성과 노동자의 삶의 질은 점차 떨어지고 있다. 이토록 치열하게 살고 있건만 한국인들은 끊임없이 자기계발을 강요당한다. 그런데도 우리가 맞닥뜨린 현실은 빈부의 양극화가 깊어진 격차사회다. 이런 참담한 결과는 두말할 필요 없이 국가와 기업조직의 고위층이 직무수행을 제대로 하지 못한 데서 비롯된 것이다. 바로 그 자리에 알맞은 능력을 갖추지 못한 사람이 그릇된 의사결정을 반복해온 것이 근본적인 문제다.

역량이 부족한 인물은 크게 두 가지 공통점을 보인다. 하나는 자신이 맡은 직무의 개념을 제대로 이해하지 못하고 무엇을 해야 하고 어디까지 할 수 있는지를 모른다. 권한이란 직무에 귀속된 것이다. 그런데 직무 범위를 넘는 행위를 하고도 그것이 권한이라고 주장한다. 권력의 남용과 사유화 그리고 횡령과 배임 등이 우리 사회 고위층 비리에 빠지지 않는 단골 메뉴가 된 까닭은 직무와 역량 개념을 모르기 때문이다. 다른 하나는 자신의 역량에 대한 이해가 턱없이 부족하다는 점이다. 그들은 자기 역량수준을 넘는 욕망을 추구한다. 이것이 탐욕이다. 자기인식self-awareness*이 가능한 사람들, 즉 자신의 역량수준을 인식하는 사람들은 스스로 감당할 만큼의 욕망

---

* 이 책의 전반에 걸쳐 자기인식이라는 용어가 수없이 반복될 것이다. 따라서 그 의미를 명확히 이해할 필요가 있다. 이에 대해서는 '참고문헌과 해설'에서 설명했다.

을 추구한다.

왜 어울리지 않는 사람 혹은 절대로 피해야 할 사람에게 중요한 직무를 맡기는가. 이것은 사람 보는 안목의 부재가 만든 결과다. 사람 보는 안목이 없다는 것은 인간을 이해하는 관점이 왜곡됐음을 의미한다. 잘못된 인선은 잘못된 근거에 기초한다. 인간의 가능성을 획일화된 관점으로 평가하고 서열화하는 사회는 개별 인간의 고유한 속성을 보지 못한다. 사람들은 중요한 인사가 참사로 변할 때 으레 인사권자를 향해 "사람 보는 안목이 없다."며 혀를 찬다. 그렇다면 한번 생각해보자. 도대체 사람 보는 안목이란 무엇인가? 인간에게는 타인의 내면을 있는 그대로 투명하게 들여다볼 수 있는 신비한 능력이 존재하지 않는다. 물론 이런 능력이 있다고 주장하는 사람들도 있긴 하다.

개인이 배우자나 연인을 선택할 때 무당의 말, 사주팔자, 관상에 기대어 상대의 내면을 진단하고자 하는 것은 철저히 개인의 자유다. 그러나 조직의 인사는 사주, 관상, 혹은 경험을 빙자한 주관적 판단에 의지해서는 안 된다. 특히 공동체의 운명을 좌우할 정도의 중요한 권한이 부여되는 사람들, 즉 입법, 사법, 행정의 고위공직자, 기업의 경영진을 선택할 때는 객관적이고 과학적인 근거가 바탕이 된 안목이 필요하다.

이 책은 고위공직자들을 대상으로 역량진단 이론과 방법론을 설명하는 것이 목적이다. 개인적 성취가 아니라 사회적 성취에 집중할 것이다. 이 둘의 차이를 예를 들어 설명하면 비즈니스로 크게 성공해 많은 부를 쌓은 것은 개인적 성취라고 할 수 있다. 만약 그가 쌓은 많은 부를 빌 게이츠Bill Gates처럼 공공의 이익을 위해 제공하여 크게 기여했다면 그것은 사회적 성취라 할 수 있다. 이렇듯 사회적 성취란 공익을 위한 활동으로 이룬 성취를 말한다. 공익을 위한 모든 직업은 사회적 권한과 책임을 동시에 지고 있어서 공직을 맡은 사람이라면 반드시 사회를 위해 창출한 성과가 있어야 한다. 고위공직자에겐 더 말할 나위가 없다.

인재선발을 과학적 방식으로 해야 한다

훌륭한 일꾼을 선발한다는 생각은 아주 오래된 것이다. 하지만 인재선발을 과학적인 방식으로 시작한 것은 대략 100여 년 전 바이마르공화국 시절이었다. 그 당시에는 과학적이라고 해봤자 고작해야 혈통을 따지거나 인물의 외양과 학교 성적 등 오늘날 우리가 상식적으로 판단하는 것에서 크게 벗어나지 않았다. 신언서판身言書判이라는 조선 시대의 인사 판단 기준과 별반 다르지 않았다.

인재선발에 관한 과학적 연구는 엉뚱하게도 인종주의적 발상에서 시작됐다. 나중에 유사과학으로 판명된 골상학phrenology은 독일어권에서 인기를 끌었다. 두개골의 구조를 통해 인재를 판단할 수 있다고 생각했다. 나치정부는 우수한 아리안족을 선별하는 데 열을 올린 나머지 혈통, 생김새, 머리 좋음 같은 기준을 골상학으로 판별하려고 했다. 우리식으로 말하자면 관상을 보고 인재를 선별하려는 것이었으니 우스꽝스러운 일이었다.

물론 나치정부도 고위공직자의 선발이 얼마나 중요한지 인식하고 있었다. 가령 각개전투에서 병사가 총을 잘못 쏘거나 육탄전 실력이 별 볼 일 없다면 최악의 경우 전투에서 실패하는 결과가 발생한다. 그런데 사령관이 무능해서 전략을 잘못 수립하면 각개전투가 아니라 전쟁에서 패배하게 된다. 학자들은 높은 자리에서 막중한 의사결정을 하는 고위공직자들의 능력을 좀 더 과학적으로 예측하기 위해 후보자의 과거 성취 기록을 통해 잠재적 성향을 알아보는 방법으로 발전시켰다. 골상학을 벗어나 조금 더 합리적인 방식이긴 했다.

이러한 인재선발방식을 연구한 집단은 독일의 나치정부였다. 히틀러는 시간이 갈수록 점점 독선적이고 안하무인 격으로 의사결정을 했지만 각 분야의 탁월한 인재를 끌어들이기 위해 애썼다. 인재선발방법론을 연구하던 유대인 심리학자들은 나치정부의 탄압을 피해 외국으로 피신해야 했다. 독일은 제2차 세계대전 패망 후 나치 시대의 모든 습속을 금지했다.

끔찍한 전쟁을 치른 후에는 지능검사가 유행했고 이어서 적성검사의 중요성이 강조됐다. DNA의 이중나선을 발견해 노벨 생리의학상을 받은 제임스 왓슨James Watson의 자서전『지루한 사람과 어울리지 마라: 과학에서 배우는 삶의 교훈』에는 학창 시절 실시한 지능지수 검사 결과를 선생님의 책상에서 훔쳐봤는데 두 번의 검사에서 120을 넘지 못한 것을 알고 풀이 죽어 있었다는 얘기가 나온다. 이처럼 당시에는 지능검사와 적성검사의 유효성이 교육학자나 심리학자들에 의해 유행처럼 퍼졌다. 미국 사회는 일부 반론이 있었지만 1960년대까지 지능지수가 인간의 능력과 사회적 성취의 유일한 기준인 것처럼 거의 무비판적으로 받아들였다.

그러던 중 1970년대 초 하버드대학교의 심리학자 데이비드 맥클릴랜드David C. McClelland가 「지능검사에 대한 역량진단의 우위성 Testing for Competence rather than for "Intelligence"」이라는 기념비적인 연구결과를 발표했다. 지금까지의 지능과 성취에 관한 연구는 대부분 잘못됐으며 지능이 아니라 역량을 측정해야 한다고 주장했다. 지능이 개인의 사회적 성취와 깊은 관계가 있는 것처럼 보이지만 그 둘의 상관성이나 인과성은 크지 않다는 것을 밝혔다. 대부분의 학생들은 사회경제적 환경에 따라 학교 성적, 대학 진학률, 졸업 후의 직업적 성공 여부가 결정됐다. 그러므로 맥클릴랜드는 지능이 아니라 역량을 진단해야 한다고 주장했다.

이 논문은 미국 국무부의 문제의식에서 비롯됐다. 국무부는 공보업무를 맡은 초급 외교관들을 임용하기 위해 지능, 출신 대학, 시험성적, 외교업무에 대한 적성 등에서 높은 평가를 받은 젊은 지원자들을 선발했다. 그러나 업무성과는 제각각이었다. 국무부는 왜 이런 결과가 나오는지를 알기 위해 맥클릴랜드 교수에게 연구를 의뢰했다. 그 결과는 당시의 상식과는 달랐다. 사회적 성취는 지능, 학력과 학벌, 시험성적 등과는 상관관계와 인과관계가 거의 없으며 역량을 진단하는 것이 인재선발의 올바른 방향이라고 제시했다. 이전의 지능에 관한 여러 연구가 잘못됐다는 것이다.

이 논문 이후 역량에 관한 많은 연구가 이루어졌다. 맥클릴랜드 교수와 그의 동료는 아예 컨설팅 회사를 차려 직무역량에 관한 연구를 계속했다. 그 후학들과 여러 컨설팅 회사는 민간기업과 공공부문의 직무역량을 추출하기 위해 지속적으로 연구해왔다. 독일도 나치정부 이전부터 인재선발을 위해 연구했던 과거의 경험과 함께 미국의 연구 경향을 받아들여 1970년대 후반부터 인재선발을 위한 역량모형을 본격적으로 연구하기 시작했다. 1970년대가 역량 연구의 역사에서 분기점이 된 셈이다.

미국계 컨설팅 회사들은 역량모형을 진단검사 문항으로 전산화해 마치 적성검사나 성격검사처럼 역량을 진단하기도 한다. 이렇게 상업화된 진단 패키지는 예측력이 낮을 수밖에 없다. 아무튼 오늘날 서구의 웬만한 인사컨설팅 회사는 자체적인 역량모형을 개발하고 컨설턴트를 훈련해 인재선발과 관련된 사업을 한다. 고객사에 양질의 서비스를 하기 위해 역량진단방법론을 업데이트하는 노력도 하고 있다.

그러나 우리나라에는 이런 수요가 거의 없어서 양질의 인재선발 서비스를 제공하거나 제공받는 것이 사실상 어렵다. 우리식 인사는 항상 밀실에서 비밀리에 진행된다. 어째서 그런 인물이 그런 지위에 있는지 아무도 모른다. 나중에 알고 보면 능력이나 역량 검증 없이 개인적인 연줄, 학연, 지연, 또는 탕평책을 써서 주먹구구로 선발된 것이다. 낙후된 인사 관행이 낮은 생산성과 인사 참사를 불러오는 건 당연한 결과다.

사회적 성취의 필수인 역량이란 무엇인가

역량이란 무엇이길래 사회적 성취를 하는 데에 필수적이라는 걸까? 역량을 단순하게 정의하면 '우수한 성과'의 원인이 되는 개인의 '내적 속성'이다.

첫째, 우수한 성과superior performance란 조직이나 주변의 이해관계자들이 원하거나 기대하는 수준의 결과나 산출물을 말한다. 또한 고객이 만족하는 제품과 서비스를 생산하고 전달하는 과정에서 담당 직원들이 성장할 수 있어야 한다. 나아가 그 조직역량organizational capabilities이 확장될 수 있어야 한다. 고객만족, 직원의 성장, 조직역량의 확충이라는 성과가 창출될 때 우수한 성과라고 정의할 수 있다. 사회정치적으로는 대다수 시민이 원하는 수준으로 국정운영방식을 혁신해 더 나은 입법, 사법, 행정 서비스를 제공함으로써 시민만족도가 향상되는 것을 우수한 성과라 할 수 있을 것이다.

둘째, 내적 속성underlying characteristics이란 인간이 가지고 태어나는 능력, 적성, 재능 중에서도 특별히 직무수행을 통해 우수한 성과를 만들어내는 개인적 요소를 말한다. 예를 들어 뛰어난 사고력이나 기존의 관행을 넘어서는 새로운 아이디어를 제시하는 성향, 타인과 상호작용함으로써 상대에게 영향을 끼치려는 성향, 단기적인 이익보다 중장기적인 관점에서 조직의 잠재력을 확대하려는 성향과 같은 내면의 특성을 말한다. 성취예측모형을 통해 개인의 역량을 정확하게 파악할 수 있다면 미래 특정 상황에서 어떻게 의사결정을 하고 얼마나 성취할지 가늠할 수 있다.

나의 관심은 개인의 사생활이 아니라 직업과 같은 공적 활동을 통해 이룬 사회적 성취에 있다. 사회적 성취는 개인의 능력과 환경조건에 의해 좌우된다. 여기서 환경조건이 같다면 개인의 능력이 사회적 성취를 이루는 핵심 요소가 된다. 그렇다면 이제 개인의 능력 중에서도 어떤 요소가 성취를 좌우하는가를 따져야 한다. 먼저 사회적 성취를 가능케 하는 개인적 요소로서 능력, 적성, 재능, 역량 중에서 가장 적합한 개념이 무엇인지 이해해야 한다.

능력은 보편적으로 쓰이는 가장 포괄적 의미를 갖기 때문에 적합하지 않다.

적성은 능력보다는 덜 광범위한 개념이긴 하지만 직업 선택을 위한 일반적인 성향을 의미한다. 그런 점에서 사회적 성취의 핵심 요인으로 다루기에는 적합한 용어가 아니다. 버핏처럼 투자에 적성이 있더라도 실제 투자 성과는 천차만별이다. 적성이 같아도 사회적 성취는 크게 다를 수 있다.

재능은 어떤 기술이나 기예를 빠르게 습득하는 능력을 의미하는 매우 협소한 개념이다. 따라서 사회적 성취의 핵심 요인으로 다루기에는 부적합하다. 물론 타고난 재능 중에서 특정한 재능은 사회적 성취를 위한 중요한 도구적 역할을 한다.

역량은 영어로 컴피턴스competence라고 하는데 영어권에서 일상적으로나 학문적으로 흔히 사용하던 용어는 아니었다. 맥클릴랜드 교수가 처음으로 지능, 능력, 재능, 적성 등과 다른 새로운 현상에 대한 학문적 용어로 사용하기 시작했다. 어원으로만 보면 힘을 합쳐 함께 싸우자는 뜻의 라틴어 콤페테레competere에서 유래했다. 공동으로 추구하는 뭔가를 이루는 데 적합한 힘이나 능력을 의미한다. 즉 개인적 성취 또는 사회적 성취에 필요한 힘이나 능력을 지칭하게 됐다.

지난 50년간의 연구결과를 보면 사회적 성취에 중요한 역할을 하는 것은 특정한 재능을 포함한 역량요소들이 직간접적으로 인과관계를 맺는 것으로 알려졌다. 그렇다면 역량요소들을 어떻게 추출할 것인가? 모든 학문에서 그렇듯이 분석적 연구와 개념적 사고를 통해 역량요소들을 추출한다. 그 과정은 크게 3단계로 진행된다.

1단계, 비슷한 직무 상황에서 평범한 성과자average performer와 고성과자high performer를 비교한다. 예를 들어 같은 기간에 같은 종류의 연구 과제를 수행하게 한 뒤 결과를 비교하는 것이다.

2단계, 평범한 성과자와 고성과자가 각각 어떤 내적 속성을 발휘하는지를 비교하고 연구한다. 예를 들어 고성과자에게는 관찰되는데 평범한 성과자에게는 관찰되지 않는 것을 찾아낸다. 사태의 진실을 발견하려는 노력을 어떤 방식으로 기울이는지, 타고난 능력이나 재능을 스스로 발견하는 자기인식 능력이 있는지, 역사인식과 시대정신을 가진 목적의식이 얼마나 뚜렷한지 등을 관찰 기법이나 인터뷰 기법 등을 통해 확인한다.

3단계, 평범한 사람에게는 없고 탁월한 성과를 내는 사람들에게만 있는 내적 속성을 찾아낸다. 이런 차이를 드러내는 특징을 차별화 요소differentiating factors라고 한다. 대표적으로 세 가지를 들 수 있다. 첫째, 사고력이나 영재성과 같은 타고난 도구적 재능이 출중하다는 점이다. 둘째, 자신의 출중한 재능을 어디에 어떻게 활용해야 할지 아는 자기인식을 통한 추상화 성향을 보인다는 점이다. 셋째, 주변의 기대보다 더 높은 목표를 세워 그 목표에 도달하기 위해 끈질기게 노력함과 동시에 타인에게 영향력을 발휘하여 자신의 의도에 동참하도록 끌어들이려는 성향을 보인다는 점이다.

종합적으로 볼 때 탁월한 성과를 내는 사람은 업무수행 과정에서 자신이 단기적으로 손해를 감수하더라도 공공의 이익을 위해 노력하면서 동시에 개인의 안위를 떠나 사회적 정의를 실현하려는 용기를 보인다는 특징이 있다. 그 사례로 독일의 빌리 브란트Willy Brandt와 우리나라의 김영삼을 비교해 보자.

독일의 빌리 브란트를 보자

서독 연방총리였던 빌리 브란트의 사회적 성취는 독일 현대사에서 기념비적인 사례라 할 수 있다. 그는 고등학교도 겨우 졸업했다. 당시 많은 노동자가 오늘날 사회민주당의 전신인 사회민주주의노동자당에 가입했다. 그의 출신 배경은 하층 노동자 계급 중에서도 하층이었다. 어머니는 가게 점원으로 일하던 미혼모였고 아버지는 한 번도 만난 적이 없다. 그의 외할머니도 미혼모였다. 그러니까 브란트는 사생아의 사생아였던 셈이다. 고등학교도 사회민주주의노동자당의 지원으로 겨우 다닐 수 있었다. 대학 입학 자격증은 땄지만 대학에 갈 엄두를 내지 못했다.

그는 청년 시절 나치정부에 대한 저항 운동에 투신했다. 그는 요주의 인물로 찍혀 노르웨이로 피신했고 국적을 바꿔 군에 입대해 나치 군대와 싸웠다. 노르웨이가 독일에 점령되자 다시 스웨덴으로 망명했다. 패전 후 귀국해 서베를린 시장을 지냈고 연방총리에까지 올랐다. 생각해보자. 이 과정에서 보수파 정적들에게 얼마나 많은 조롱과 멸시와 업신여김을 받았겠는가. 시민적 품위와 도덕성이 어쩌고저쩌고하면서 비웃음거리가 됐다. 더구나 노르웨이군에 입대해 나치 군대와 싸웠던 전력 때문에 조국을 배신한 인물이라는 이미지까지 덧씌워졌다. 그러거나 말거나 그는 자신이 옳다는 일을 밀고 나갔다.

그는 연방총리가 되자 곧바로 두 가지 정책을 실행에 옮겼다. 하나는 동방정책이다. 구소련과 폴란드에 특사를 보내 협상을 했고 1970년 폴란드 바르샤바의 유대인 추모비 앞에서 무릎을 꿇었다. 세계 언론인들은 한 사람이 무릎을 꿇어 독일인 전체가 일어났다

는 찬사를 보냈다. 그러나 서독의 여론은 좋지 않았다. 폴란드 같
은 형편없는 나라에 사죄를 하는 것은 자존심이 상하는 문제였던
것이다.

하지만 브란트는 냉전 시대를 지속할 수 없다는 확고한 결의가
있었다. 동방정책을 실행에 옮기기 전 보좌관 에곤 바르Egon Bahr에
게 워싱턴으로 가서 국무장관인 헨리 키신저Henry Kissinger를 만나게
했다. 키신저는 동방정책을 펼치는 과정에서 소련의 공작과 꾀에
넘어갈 수 있어 불안하다며 적극적으로 말렸다. 하지만 바르는 단
호하게 "우리는 미국과 상의하러 온 것이 아니라 우리의 계획을 통
보하러 왔다."고 말했다. 닉슨 대통령과 키신저는 그 후에도 불편한
감정을 숨기지 않으면서 서독의 외교 정책에 불만을 표시했다.

그럼에도 1972년 연방하원 선거에서 사회민주당(사민당SPD)은
45.8퍼센트의 지지율을 얻었다. 이는 독일 현대사에서 사민당으로
서는 전무후무한 지지율이었다. 결국 유럽의 질서는 브란트의 구
상대로 진행됐다. 브란트의 지혜와 용기가 빛나던 시대였다.

브란트가 실행한 또 다른 정책은 공동결정법Mitbestimmungsgesetz이
다. 정적들이 냉전체제의 해체에 따른 염려를 가장하여 퍼붓는 공격
과 비난을 들으면서도 브란트는 '더 많은 민주주의'를 감행했다. 특
히 대기업의 엄폐된 곳에서 노동자가 인간의 존엄성을 훼손당하는
관행을 없앴다. 그리고 일부 탄광노조 등에서 실행하던 공동결정법
을 모든 산업에 적용하도록 일반법으로 공표했다. 대기업은 집행이
사회, 감독평의회, 직원평의회라는 삼각 구도에서 견제와 균형의 원
리를 따라야 했다. 일방적인 명령과 통제 없이 자율적으로 합의하
는 조직문화가 구축되고 실행되도록 의무화했다. 그가 4년 6개월이

라는 짧은 기간 동안 연방총리로 재직하면서 남긴 이 위대한 업적은 20년 후 동서독의 통일은 물론이고 오늘날 인간 존중의 사회적 시장경제를 공고히 하는 기반을 마련했다.

그러나 1974년 그의 수행비서가 동독의 간첩이었다는 사실이 밝혀졌다. 브란트는 직접적인 관련이 없었지만 섹스 스캔들까지 터지면서 이미지가 실추됐고 야당뿐 아니라 사민당 내에서도 사퇴 압력이 거세졌다. 결국 1974년 5월 연방총리직을 내려놓았다. 퇴임 후 1987년 6월까지 당 대표직은 계속 맡았다. 독일은 빌리 브란트가 구상했던 대로 냉전의 장막에 드리워졌던 얼음덩어리를 서서히 걷어낼 수 있었다. 그는 1990년 독일 통일을 직접 본 후 1992년 10월 79세의 나이로 영면했다.

빌리 브란트는 학벌은 없었지만 사태의 이면에서 작동하는 수많은 변수에 대한 타고난 분석적, 개념적 사고력을 가지고 있었고(도구적 역량군) 미래를 내다보는 뚜렷한 비전을 품고 자신의 재능을 어디에 써야 할지 잘 알고 있었다(추상화 역량군). 옳다고 생각하는 일들을 작은 걸음으로 한 발씩 앞으로 전진시켰고 결코 후퇴하지 않았다(목적지향적 역량군). 현대 정치외교사에서 그는 사회적 성취를 가능케 하는 역량요소들을 골고루 갖춘 몇 안 되는 인물이었다.

우리나라의 김영삼을 보자

민주 진영에서는 김영삼이 3당 합당을 했다는 부정적 이미지 때문에 정통 민주당 계열이라고 생각하지 않는 경향이 있다. 나는 민주당 계열의 어떤 정치인보다 더 혁명적인 개혁 조치를 했다는 점에서 김영삼을 높이 평가해야 한다고 생각한다. 민주당이냐 아니냐의 이분법으로만 세상을 바라보면 안 된다. 누가 과연 개혁적인 조치를 함으로써 서민들의 삶에 고난 없는 평안과 불안 없는 미래를 가져다 주었는지를 평가해야 한다. 고위공직자는 결과로 말해야 한다.

우리나라에서 미얀마 같은 군사 쿠데타가 다시는 발생하지 않도록 한 것은 누구인가? 김영삼 덕분이다. 당시 상황을 소개하겠다. 1993년 2월 23일 김영삼은 대통령에 취임했다. 취임한 지 13일 만인 3월 8일 권영해 국방부 장관을 청와대로 불렀다. 아마 독대였을 것이다.

김영삼: 군인들은 그만둘 때 사표를 제출합니까?
권영해: 군대에서는 사표를 내지 않습니다. 명령 하나면 됩니다.
김영삼: 그래요? 그럼 됐구먼. 내가 육참총장과 기무사령관을 오늘 바로 바꾸겠습니다. 당장 예편하라고 하세요.

김영삼은 가장 강력한 무력집단인 군대의 수뇌부를 해체하기 시작했다. 육참총장과 기무사령관에 이어 수방사령관, 특전사령관, 야전군사령관들을 교체했다. 한 달도 안 되어 후속 인사를 통해 군단장과 사단장급 대부분을 날려버렸다. 수십 명의 별들이 우수수 나가떨어졌다. 그해 말까지 백수십 명의 별들과 영관급 장교들이 옷을 벗어야 했다. 우리는 남한에서 미얀마 같은 사태를 염려하지 않게 된 근원이 무엇이었는지 이해해야 한다.

나아가 김영삼은 쿠데타 주동자인 전두환과 그 일당의 기소 여부에 대해 "성공한 쿠데타는 처벌할 수 없다."는 검찰의 해괴한 논리에 분노했다. 그 후 사태를 반전시켜 5·18특별법이 제정됐고 전두환 일당은 재판에 넘겨졌다. 범죄 주동자들은 사형선고를 받았다. 이런 현상이 벌어진 것은 바로 김영삼 덕분이었다.

군대에 대한 문민 통제는 아직 덜 이루어졌지만 적어도 군사 쿠데타 염려는 거의 사라졌다고 봐야 한다. 2016년 가을과 겨울 촛불시위 당시 계엄령을 사전 모의하고 준비했던 조현천 전 기무사령관은 미국으로 도망쳤다. 이 글을 쓰고 있는 2021년 10월 기준 검찰에서 이들에 대한 수사와 기소를 중지한 상태다. 어떻게든 불러들여 처벌해야 할 것이다. 불법적인 군대의 준동은 그 싹을 잘라야 한다.

아무튼 김영삼은 전두환이 만든 군대 내의 사조직을 숙청했고 특별법을 만들어 그 일당에게 사형선고를 받도록 만들었다. 군대가 불법적으로 준동하면 어떻게 된다는 것을 온 국민이 학습한 것이다. 오늘날 군대가 쿠데타를 일으키지 못하는 것은 김영삼 덕분이다. 김영삼이 아니었으면 엄두도 낼 수 없었던 사안이다.

그뿐인가. 김영삼은 지하경제와 부정부패의 통로였던 차명거래를 불법화했다. 금융실명제를 전광석화처럼 실시했다. 물론 야당 총재였던 김대중의 강력한 요구에 따른 것이긴 하지만 명실상부한 지방자치제를 실행했다. 여기까지 실행한 모든 것은 민생을 위한 개혁적인 조치였다. 김영삼의 정치적 감각, 전략, 그리고 용기가 돋보이는 대목이다.

그러나 그는 관료조직의 문제가 무엇인지 알지 못했다. 이것이 김영삼의 한계였다. 그는 관료집단을 어떻게 지휘해야 하는지 전혀 몰랐다. 특히 경제와 재정금융부문을 장악하고 있는 모피아* 집단은 우리나라의 암적 존재가 됐다. 군사독재 시대의 경제개발방식을 아직도 그대로 답습하고 있다. 역사의식과 시대정신 없이 그저 자신들의 안위와 사적 이익을 위해 일하는 집단으로 변질됐다.

우리나라는 1996년 12월 경제협력개발기구OECD에 가입했다. 경제협력개발기구OECD 가입은 선진국들의 경제체제로 국가를 운영하겠다는 약속일 뿐인데도 무지하고 무능했던 모피아는 규제를 완화하고 전면적으로 자본시장을 개방했다. 그럴 필요도 없었을 뿐더러 경제협력개발기구OECD가 요구한 것도 아니었다. 1997년 여름부터 외환보유고가 거의 바닥나고 있었다. 한국은행을 포함한 여러 연구기관에서 경고하고 있었음에도 언론과 정치인과 국민을 속였다. 경고음이 나올 때마다 모피아는 "펀더멘털은 건실하다(실물경제는 튼튼하다)."고 해명했다. 연일 펀더멘털 얘기만 신문에 실렸다. 당시에 펀더멘털이라는 용어를 모르는 사람이 없을 정도였다. 펀더멘털은 헛소리였다. IMF에 구제금융을 신청하면서 우리나라는 다시 미국의 신탁통치를 받는 나라가 됐다. 김영삼은 정치적 만신창이가 되고 말았다.

김영삼은 정치인으로서 3당 합당이라는 호랑이굴에 들어갔다. 목표를 향한 용기와 실천력은 가히 아무도 따라갈 수 없었다(목적지향적 역량군). 그러나 겉에 드러난 현상만을 분석하고 개념화하는 수준의 사고력에 그쳤다. 경제와 금융의 복잡한 이슈들을 다룰 수 있는 실력은 전무했다(도구적 역량군). 모피아의 거짓말과 속임수에

---

* 　모피아mofia는 재무부MOF, Ministry of Finance와 마피아mafia의 합성어다.

완전히 속은 것이다. 국가를 운영하는 사람은 거짓 현상의 이면에 어떤 힘이 작동하는지 그 근원적 사실을 발견하는 자질이 있어야 한다. 김영삼은 자기가 무엇을 모르고 있는지 몰랐다. 자기인식 능력이 부족했던 탓이다(추상화 역량군).

빌리 브란트와 김영삼 사례에서 무엇을 배울 수 있는가

여기서 우리는 교훈을 얻어야 한다. 민주화 이후의 역대 정부는 모두 슬픈 결말로 끝났다. 모피아를 제압하지 못했기 때문이다. 문재인 정부도 모피아를 제압하지 못했다. 오히려 모피아에 포획되어 소득주도성장이라는 핵심 공약의 아킬레스건이 끊어졌다. 핵심 공약이 무너지자 다른 공약들도 도미노처럼 무너지고 말았다. 다음 정부는 모피아를 해체할 능력이 있어야 할 것이다.

왜 모피아를 제압하거나 해체하지 못했을까? 경제와 재정 그리고 금융과 화폐의 세계를 잘 모르니 모피아에게 끌려다닐 수밖에 없다. 모피아를 포함한 관피아를 해체하고 국정운영 패러다임을 전환해야 한다. 그러기 위해 고위공직자는 사회현상의 근원을 이해할 수 있는 실력(도구적 역량군), 그 실력을 어디에 어떻게 발휘해야 하는지 아는 자기인식 능력(추상화 역량군), 그리고 목표를 향해 끊임없이 시도하는 용기와 열정(목적지향적 역량군)을 갖춰야 한다. 사회적 성취를 이루는 일은 이 세 가지 역량군을 골고루 갖추었을 때만 가능하다.

이 세 가지 역량군을 조금 더 살펴보자. 역량군은 각각 세 가지 역량요소들을 내포하고 있다.

도구적 역량군

- 분석적 사고AT, analytical thinking
- 개념적 사고CT, conceptual thinking
- 영재성GIF, giftedness

추상화 역량군

- 창의성CRE, creativity
- 학습능력LC, learning capability
- 미래지향성FL, forward looking

목적지향적 역량군

- 성취지향성ACH, achievement orientation
- 대인영향력IMP, impact and influence
- 정직성실성ING, integrity

이 9개의 역량요소들은 사회적 성취를 가능케 하는 전경foreground 이라고 할 수 있다. 직접적으로 표면에 드러나기 때문에 역량진단 시 비교적 쉽게 코딩할 수 있다. 각각의 역량요소들은 분석적 사고 AT, 개념적 사고CT, 창의성CRE, 성취지향성ACH 등과 같은 자신만 의 고유한 코드를 가지고 있어서 실제로 역량진단 시 어떤 역량요 소가 어느 수준으로 발휘되는지를 코드화해 표시한다. 훈련받은 컨설턴트들은 이런 코드로 간결하게 의사소통한다.

이렇게 직접적으로 전경에 나타나는 역량요소들도 있지만, 이런 핵심적인 역량요소들을 뒤에서 지원하는 보조적인 역량요소들도 있다. 현재까지는 7개의 역량요소로 구분된다.

보조적 역량군

자신감SCF, self-confidence

대인이해IU, interpersonal understanding

수행점검CO, concern for order

정보수집INF, information seeking

유연성FLX, flexibility

조직인지OA, organizational awareness

관계형성RB, relationship building

이런 보조적인 역량요소들은 배경background에서 전경의 핵심적인 역량요소들을 뒷받침한다. 역량요소라고 불리는 이유는 각 역량이 더 작은 부분으로 나누어지지 않는 원소와 같은 역할을 하기 때문이다. 앞에서 빌리 브란트와 김영삼의 사례에서 보았듯이, 모든 역량요소들이 서로 상호작용하면서 견제와 균형의 원리가 잘 작동할 때 높은 사회적 성취를 이룩할 수 있다. 각각의 역량요소들은 2장에서 상세히 다루게 될 것이다.

여기서 중요한 것은 사회적으로 탁월한 성취를 이룬 사람들은 내면에서 견제와 균형의 원리가 잘 작동한다는 점이다. 자신이 하고 싶은 일, 할 수 있는 일, 해야 할 일이 무엇인지 명확히 구분한다. 사회적으로 큰 성취를 이룬 사람들도 역시 마찬가지다. 넬슨 만델라Nelson Mandela, 윈스턴 처칠Winston Churchill, 마하트마 간디Mahatma Gandhi, 마더 테레사Mother Teresa, 찰스 다윈Charles R. Darwin, 이순신 등 위대한 인물들은 언제나 반성적 성찰을 통해 자기 자신이 누구인지 잘 알고 있었다.

견제와 균형의 원리는 개인의 내면뿐 아니라 사회의 운영에서도 잘 작동되어야 한다. 개인과 사회를 움직이는 다양한 요소들이 견제와 균형을 이루도록 하는 것이 바로 추상화 역량의 핵심 키워드인 자기인식이다. 조직운영의 주체인 개인이 자기인식이 부족한 경우, 개인과 사회는 혼란에 빠지고 문명을 발전시키지 못한다. 이렇게 개인뿐만 아니라 기업과 국가 등 조직 내부에서도 끊임없는 반성과 성찰을 통해서만 높은 성취가 일어난다.

환경조건의 역할

그럼 사회적 성취는 이런 역량요소들의 합작품이라고 할 수 있는가? 결코 그렇지 않다. 사회적 성취는 인간의 타고난 역량뿐만 아니라 그 시대의 환경조건에 의해서도 크게 좌우된다. 여기서 환경조건이란 그 시대의 사회구조와 시스템이다. 운 좋게도 그 시대에 부합하는 역량을 가지고 태어났다면 높은 성취가 가능하다. 이런 행운을 만난 사람들이 온갖 역경을 뚫고 인류의 문명을 조금씩 발전시켜왔다. 하지만 운이 없으면 사회적 성취는 고사하고 개인적 삶조차 어려울 수 있다. 만약 손흥민이 조선 시대에 태어났다면 그의 역량을 충분히 발휘할 수 있었을까? 불가능하다. 개인의 타고난 역량과 그것을 실천하려는 욕망이 아무리 커도 사회적 성취를 이룬 경우가 드문 것은 환경조건이 따라주지 않기 때문이다. 역량은 적절한 환경조건과 만나 조화를 이룰 때만 커다란 성과를 낼 수 있다. 그렇다면 오히려 환경조건이 더 결정적일 수도 있다.

그럼에도 인간은 타고난 역량만큼 성취한다고 말할 수밖에 없다. 열악한 환경조건을 극복하는 사람들은 자신의 욕망을 성취해 낸다. 하지만 대부분은 환경조건을 극복할 역량이 뒷받침되지 않는다. 많은 사람이 열악한 환경조건에 적응하는 평범한 삶을 살아 간다. 그러므로 자신이 타고난 역량과 환경조건이 어떤 상황인지를 아는 것이 중요하다. 다시 말해 자기 자신을 이해하는 자기인식과 사회구조와 시스템을 이해하는 열린 지평open horizon이 중요하다. 열린 지평이란 조금 어려운 말로 하면 역사의식이라는 통시적 지평diachronic horizon과 시대정신이라는 공시적 지평synchronic horizon의 두 지평이 융합된 지평을 의미한다.

아무튼 인생은 온갖 다양한 변수들과 함께 진행된다. 인생은 계획하지 않은 영역에서 발생하는 행운과 불운의 영향을 받는다. 이는 통제하기도 어렵다. 사회적 성취는 개인의 역량, 환경조건, 그리고 운이 복합적으로 작용한 결과다. 사회와 조직의 생산성이 낮은 이유를 오로지 개인의 역량 책임으로 전가할 수 없다는 의미이다. 사회와 기업의 환경조건, 즉 구조와 시스템을 바꾸지 않으면 개인의 역량은 탁월한 성취로 이어지기 어렵다. 마찬가지로 탁월하지는 않더라도 필요한 역량을 충분히 갖춘 인재를 분별하는 능력, 즉 '사람 보는 안목'이 시스템으로 구축되지 않으면 역시 만족할 만한 사회적 성취를 기대하기 어렵다.

그런데 개인의 역량요소와 그 수준을 판별하는 진단방법에 따라 다른 결과가 도출될 수 있다. 방법론이 잘못됐거나 진단하는 컨설턴트가 오판하면 그 결과는 전혀 유효하지 않다. 의사가 오진하는 것과 같다. 그러므로 숙련된 컨설턴트가 어떤 메커니즘으로 어떻게 진단하느냐가 관건이다.

성취예측모형은 현재 우리가 활용할 수 있는 가장 과학적인 역량진단 도구다. 하지만 제대로 작동하려면 과거의 여러 사건에서 맡은 역할과 실제 행동, 그리고 그 결과에 관한 기록이 반드시 필요하다. 사람들은 겉으로 드러난 언행을 중시하는 경향이 있다. 이유는 간단하다. 눈에 보이는 유일한 부분이기 때문이다. 겉으로 보이니 쉽고 그만큼 강렬한 인상을 남긴다. 하지만 언행이 곧 역량을 의미하지는 않는다. 실제로 어떤 행동을 했고 그래서 어떤 결과가 나왔는지 세밀히 따져보지 않은 채 드러난 겉모습으로 내적 속성을 판단하면 낭패를 당하기 쉽다. 겉으로 나타난 행동 패턴이 비슷해도 그런 행동을 유도하는 내적 속성은 전혀 다를 수 있다. 인간은 그때그때의 상황과 필요에 따라 생각과 언행을 얼마든지 바꿀 수 있는 존재다. 거듭 강조하거니와 내적 속성을 파악하는 게 중요하다. 인사관리의 리스크를 줄이는 데에는 역량진단방법만큼 좋은 것은 없다.

성과의 차이가 나는 것은 역량의 차이 때문이다

웬만한 대기업을 다닌 사람이라면 역량진단이라는 말을 많이 들어봤을 것이다. 역량 개념을 제대로 이해하지 못하면 역량진단의 합리성을 이해하기 어렵고 그 결과를 제대로 활용할 수도 없다. 나아가 성취예측모형이 어떻게 사람 보는 안목을 길러주는지 제대로 이해할 수 없다.

예를 들어 가장 보편적으로 알려진 역량인 영재성은 성취예측 모형의 도구적 역량군에 속하는 핵심 역량요소다. 즉 고도의 성취를 이루는 데 필요한 기초적 역량, 마치 도구와 같은 역할을 하는 역량에 속한다. 성취예측모형에서 영재성은 '자기중심성에서 벗어나 현실적 제약을 넘어 자신의 이상과 신념에 집착하는 성향'을 뜻한다. 그러나 역량 개념을 모르는 우리 사회에서 영재성은 타고난 재능, 즉 높은 지능지수와 쉽게 동일시된다. 그러므로 바로 수치로 전환되고 서열화된다. 영재성을 판별하는 점수에 따라 우열을 가린다. 그리고 여기서 통과된 아이들은 획일화된 훈련 프로그램에 편입된다. 불행한 건 이 과정에서 실제로 영재성이든, 재능이든, 지능지수든 그 아이가 가진 고유의 역량이나 특성이 오히려 빛을 잃는다는 점이다. 역량 개념을 이해하지 못한 채 역량을 진단하고 개발할 때 벌어지는 비극이다.

우리가 역량이라고 번역하는 영어 단어는 두 개가 있다. 하나는 컴피턴시competency이고 또 하나는 케이퍼빌리티capability다. 두 단어는 그 용처가 서로 다름에도 불구하고 둘 다 역량이라고 번역되기 때문에 의미를 정확히 이해하려면 문맥을 잘 살펴야 한다.

조직이론에서는 수용 능력이라는 뉘앙스로서의 조직적 능력을 나타낼 때 케이퍼빌리티를 쓰거나 때로는 오거나이제이셔널 컴피턴스organizational competence를 쓴다. 인사이론에서는 '높은 성과와 밀접한 관련이 있는 개인의 타고난 특성'을 나타낼 때 컴피턴시competency를 쓴다. 우리가 여기서 다루는 건 인사이론에서 말하는 역량인 컴피턴시다. 역량은 기본적으로 환경에 따라 수시로 바뀌는 기분이나 감정과 다르다. 환경조건이 어떻든 웬만해서는 잘 바뀌지

평범한 성과자와 고성과자의 내적 속성

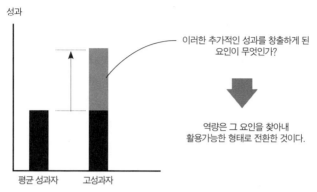

평범한 성과자와 탁월한 성과지를 비교하여 탁월한 성과를 내는 원인이 어디에 있는지를 찾아내고, 그 차별적 요소를 일상에서 활용가능한 형태로 만든 것이 역량요소들이다.

않는 내적 속성을 뜻한다.

속성이란 실체의 '본질적 성질'이다. 속성은 사람마다 다르다. 인간의 마음 저변에 있는 속성이 생각과 행동에 명령을 내린다. 다수의 평범한 사람들보다 더 많은 성과를 내는 사람들을 살펴보면 이런 추가적 성과를 내는 데 원인이 되는 내적 속성이 조금 다르다. 이 내적 속성에서 고성과자와 평범한 성과자의 차이를 만드는 차별화 요소를 발견할 수 있는데 이것이 바로 역량이다. 이 역량이라는 내적 성향이 고성과자의 생각과 행동에 명령을 내린다. 그러므로 어떤 내적 성향이 현실적으로 의미 있는 사회적 성취를 이뤄내지 못한다면 그것은 역량이라고 할 수 없다.

인간은 누구나 잘 바뀌지 않는 타고난 성향이 있다. 그중에서도 성취에 직간접적으로 영향을 주는 요소들을 역량요소로 분류한다. 역량요소란 역량을 결정하는 고유의 속성으로서 더 이상 쪼개어지지 않는 원자의 개념이다. 고성과자는 이 역량요소가 상호작용하면서 평범한 사람들보다 더 많은 성과를 창출한다. 그러므로 역량이란 평범한 사람들에게서는 발견되지 않고 고성과자에게서만 드러나는 독특한 성향을 말한다. 다시 말해 역량은 일반적인 능력 중에서도 탁월한 성취를 가능케 하는 특수한 형태의 능력을 말한다.

역량이 고성과자의 내적 속성이라고 하면 일반 사람들에게는 중요하지 않은 개념일까? 물론 그렇지 않다. 평범한 사람들도 성취예측모형을 통한 역량진단에서 뚜렷하게 역량요소가 드러나지 않을 뿐이다. 우리는 모두 각자의 삶에 필요한 능력을 갖추고 있으며 그중에서 어느 정도는 역량요소를 포함하고 있다.

역량진단은 단지 조직의 높은 성과를 창출하기 위해서만 또는 생산성과 창의성을 높이기 위해서만 필요한 것이 아니다. 우리는 노동하는 인간으로서 역량 개념을 이해하고 자신의 역량을 스스로 파악하는 일이 중요하다. 인간은 서로 다른 역량을 가지고 세상에 나왔다. 태생적으로 서로 다른 존재이기에 획일화된 기준으로 일등부터 꼴등까지 서열화하는 방식으로 평가하는 건 의미가 없다. 각자의 취향과 가치관이 다르듯 역량도 다르다. 각자 자신의 타고난 역량을 최대한 발휘할 수 있도록 조직을 설계할 수 있다면 생산성과 창의성은 저절로 높아진다.

역량 개념을 모르는 조직이 엉뚱한 사람을 배치하고 성과를 내라며 쥐어짜는 것은 정신적 폭력이나 다름없다. 또는 자신에게 없는 역량을 개발하겠다며 시간을 허비하는 것도 어리석은 일이 될 수 있다. 자신의 역량을 충분히 발휘할 수 없는 일을 한다면 높은 성과를 내는 것은 불가능하기 때문이다. 그러므로 대다수의 평범한 사람들에게도 역량의 이해는 상당히 중요하다. 고성과를 낼 만큼의 수준이 아니어도 역량 개념을 알고 자신의 역량을 이해할 때 더 나은 방향으로 삶을 살아갈 수 있기 때문이다. 제 자리가 아니라 엉뚱한 곳에서 헤매고 있거나 하지 말아야 할 일과 그만두어야 할 때를 구분하지 못하는 안타까운 상황은 대부분 자신의 역량을 제대로 이해하지 못할 때 일어난다.

인간은 자신을 잘 안다고 생각하지만 실제로는 '어떤 사람으로 알고 있는 것'인 경우가 많다. 자신이 만든 셀프 이미지가 곧 자기라고 착각하는 것이다. 인간의 행동 대부분은 무의식의 지배를 받는다. 역량은 무의식이 의지에 명령을 내려 그렇게 행동하도록 하는 내면의 속성이다. 그러므로 역량과 역량진단의 의미를 이해하려면 먼저 무의식의 메커니즘을 이해할 필요가 있다. 역량의 이해는 인간에 대한 이해이고 인간에 대한 이해는 결국 마음을 이해하는 데서 출발한다.

2

인간의 행동은 마음의
명령을 따른 것이다

한 번쯤 일체유심조—切唯心造라는 말을 들었을 것이다. 『화엄경』
의 핵심 사상으로 '세상의 모든 일은 오직 마음이 창조한다.'는 뜻
이다. 인간이란 어떤 존재인가에 대한 깊은 깨달음을 주는 말씀이
다. 그렇다. 인간의 행동은 모두 마음이 결정한다. 그래서 인간의
문제는 모두 마음의 문제다.

인간이라는 존재를 이해하기 위해서는 마음을 들여다봐야 한다.
하지만 인간의 눈으로는 그 마음이라는 것을 볼 수 없다. 자기 마
음도 보이지 않는데 하물며 남의 마음을 보는 것은 불가능하다. 마
음을 보고 읽을 수 없다 보니 사람을 판단하고 현상을 이해하기 위
해 주목하는 것이 바로 '행동'이다. 표면에 드러나는 행동이 곧 진
실이라고 판단한다. 행동에 집중할수록 실제로 그 행동을 일으킨
인간 내면의 깊은 동력은 간과하기 쉽다.

인간을 이해하고자 할 때는 '눈에 보이는 행동은 눈에 보이지 않는 마음의 명령을 따른 것'이라는 사실을 먼저 떠올려야 한다. 마음이 작동하는 메커니즘을 이해할 때 타고난 역량을 진단하고 존중하고 제대로 활용하는 일이 왜 중요한지 비로소 깨닫게 된다.

인간을 이해하기 위해서는 마음을 봐야 한다

인간의 행동과 마음의 양태는 마치 빙산과 같다. 해수면 위에 드러난 모습을 보고 빙산이라는 것을 알 수 있다. 하지만 빙산의 진짜 모습을 파악하려면 해수면 아래 실체를 봐야만 한다. 빙산의 보이는 부분은 아주 조금이고 대부분은 수면 아래에 있다. 인간도 이와 같다. 보이는 모습이 전부인 듯하지만 누군가의 진짜 모습을 알려면 행동 이면에 보이지 않는 실체를 파악해야 한다. 보이지 않는 마음은 무척 깊고 복잡한 체계로 작동한다. 이 마음의 작동 체계를 이해할 때 비로소 행동의 의미를 이해할 수 있다. 미래에 또다시 반복할 행동을 예측할 수 있다.

인간은 자신의 행동을 대부분 의식하지 못한다. 우리의 행동 대부분이 무의식의 명령에 따르기 때문이다. 회사에 출근하는 과정을 머릿속에 그려보자. 때마침 엘리베이터가 고장 난 탓에 계단을 이용해 사무실에 도착했다. 이때 몇 개의 계단을 올랐는지 기억할까? 숨을 헉헉 몰아쉬며 한 계단 한 계단 올랐지만 기억나지 않는다. 일부러 세어보지 않는다면 누구라도 마찬가지다. 오후 시간이 되자 옆 동료가 "김 대리 의자는 얼마나 푹신해요?"라고 묻는다. 이

행동과 마음의 빙산모형

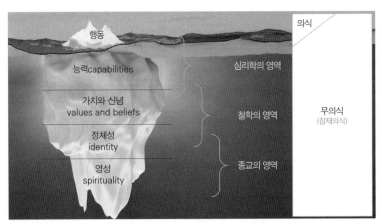

어떤 사건 속에서 어떤 행동을 통해 어떤 결과를 이룰 것인가? 이는 의식과 무의식의 총체인 마음의 명령에 의해 일어난다. 겉으로 보이는 행동은 언제나 보이지 않는 마음의 명령에 따른다. 마음은 이렇게 여러 층위가 상호작용하면서 행동을 일으킨다.

때도 바로 대답하기 어렵다. 의식하지 않았기 때문이다. 하지만 질문을 받으면 의식이 작동한다. 뇌에서 신호를 받아 의식이 엉덩이로 향한다. 푹신한 정도가 상, 중, 하 어디에 해당하는지 가늠하고 나면 "중간 정도 되는 것 같아요."라고 답할 수 있다. 우리의 행동은 의식하기 전까지는 대부분 무의식의 지배를 받는다. 아침에 일어나 밤늦도록 깨어 있을 때까지 계속 행동하지만 대부분 기억하지 못한다. 그건 의식하지 않기 때문이다.

심리학은 인간의 의식과 무의식 상태의 행동을 유발하는 마음을 연구하는 학문이다. 철학과 종교 또는 신학은 인간의 존재 가치를 질문하고 영성을 탐구하는 학문이다. 마음을 이해하지 않고는 인간의 문제를 이해할 수 없다. 인간을 이해하려면 심리학과 철학의 지식과 종교적 지혜가 필요하다.

마음의 체계가 어떻게 작동하는지 살펴보자. 눈에 보이는 건 행동이다. 행동을 직접 일으키는 마음은 능력이다. 여기서 능력은 세계를 마음으로 끌어들이는 포용력이어서 케이퍼빌리티capability를 쓰는데 지식, 기술, 신체적 건강을 모두 포함한다. 이 능력은 넓고 깊을수록 좋다. 능력이 행동에 어떻게 관여하는지 예를 들어보자. 한창 강의 중인 대학교수가 있다. 그에겐 전공분야의 첨단 지식을 공부하고 교재를 만드는 등 수업 준비를 할 지식, 기술, 그리고 신체적 건강이 필요하다. 이런 능력이 없으면 강의라는 행동을 할 수 없다.

그렇다면 이 교수는 왜 그런 능력을 갖추게 됐을까? 능력은 대개 가치values와 신념beliefs에서 비롯된다. 능력 바로 아래 층위에서 가치와 신념이 작동한다. 인간은 저마다 추구하는 가치가 있다. 가치란 삶에서 소중하게 여기는 것들의 집합이다. 그 가치를 어떤 방식으로 추구할 것인지를 결정하는 것이 신념이다. 추구하는 가치가 돈이라고 하자. 이때 돈을 버는 방식은 각자 신념에 따라 달라진다. 저축, 투자, 사업 등 방법을 선택하고 그에 적합한 능력을 쌓는다.

어떤 사람이 돈은 권력을 통해 벌 수 있다고 생각해 국가고시에 합격한 후 법관이 됐다고 하자. 그 권한과 능력을 어떻게 사용하는가는 신념이 결정한다. 누군가는 평생 법관의 직무에 충실한 삶을 살지만 다른 누군가는 정치, 경제 권력과 결탁해 권한을 오용하거나 남용한다. 사업으로 크게 성공한 기업가 중에는 부와 명예와 권력을 모두 손에 넣고도 탐욕을 부리다 배임, 횡령, 경영권 불법 승계 등의 죄목으로 감옥에 가는 경우가 있는가 하면 개인 재산 대부분을 사회에 기부하는 경우도 있다. 가치와 신념에 따라 훈련되는 능력의 내용과 수준이 달라지고 전혀 다른 행동으로 나타나게 된다.

가치와 신념은 정체성identity에 의해 좌우된다. 정체성은 '스스로 생각하는 확고한 자신의 상'이다. 내가 다른 사람과 구별된 존재라는 사실을 자기 스스로 인식하는 것이며 자신의 사회적 역할이 무엇인지 깨닫는 것이다. 자신의 역할을 부모, 남편, 교사, 정치인, 언론인, 요리사, 배구선수, 학자 등으로 인식하는 것이 바로 사회적 정체성social identity이다. 정체성은 잘 바뀌지 않고 오랫동안 지속된다. 이런 정체성의 기반 위에서 가치와 신념이 형성되므로 올바른 정체성을 갖는 것이 매우 중요하다. 정체성을 명확하게 인식하지 못하거나 잘못 이해하면 사회적 역할에 대한 책임감이 부족하게 되고 사회적으로도 문제를 일으킨다. 특히 고위공직자나 경영자 등 사회적 역할이 큰 자리일수록 문제의 파장이 더 크고 깊다.

그들이 사회적 역할에 충실하지 않고 이기심과 탐욕만을 위해 의사결정을 하면 그 피해는 고스란히 국민의 부담이 된다. 막대한 세금을 써서 국가적 공공정책을 추진하는 이유가 국가와 국민의 미래를 위한 결정이라고 강조했지만 불과 몇 년 후 터무니없는 세금 낭비였음이 드러났다고 하자. 진짜 비극은 이런 상황이 예측의 실수 때문이 아니라 정책결정자가 본심을 숨긴 속임수의 결과라는 사실이다. 이런 반사회적 행동은 사회적 역할에 대한 매우 잘못된 인식, 즉 올바르지 못한 정체성이 형성된 결과다.

정체성은 영성spirituality 위에서 형성된다. 영성은 마음의 가장 깊숙한 곳에서 자기 자신에게 삶의 나아갈 방향을 끊임없이 속삭인다. 철학에서는 영성을 '실존existence' 또는 영혼soul이라고 한다. 칸트의 순수이성, 헤겔의 자기의식, 후설의 순수의식도 같은 의미다. 기독교에서는 '하나님' 또는 '하느님'이라고 한다. 불교에서는 '마땅히 머무를 바 없이 마음을 내는應無所住 而生其心', 즉 '오염되지 않은 맑은 마음'이라고 한다. 심리학과 사회과학에서는 마음mind 또는 정신spirit이라고 한다. 서로 표현은 다르지만 개념은 같다. 나 자신이 누구인지 깨닫는 마음, 즉 '자기인식自己認識'의 힘이다. 철학과 종교의 오랜 가르침인 "너 자신을 알라."는 말은 영성을 깨워 자기를 깨달음으로써 정체성을 분명하게 인식하라는 뜻이다. 영성이 있기에 인간은 스스로 자신의 존재를 인식할 수 있다. 인간만이 세상에 존재하는 모든 생명체와 다른 차원으로 존재할 수 있다. 그건 영성을 바탕으로 자신의 사회적 역할을 깨닫고 신념과 가치를 실현하기 위해 노력하는 삶을 추구하기 때문이다.

인간은 영혼의 능력을 최대한 발휘하려는 존재다

영성을 가진 존재로서 인간을 설명하는 가장 중요한 단어는 실존existence이다. 철학 용어인 실존은 영혼과 같은 의미이다. 영혼이 불멸한다는 의미의 영혼이 아니다. 인간에게 거룩함을 추구하게 하는 영성이 담고 있는 기능을 영혼이라고 한다. 인간에게 영혼이 없다면 그냥 생물학적인 유기체일 뿐이다. 영혼이란 곧 생명이기도 하다. 영성과 영혼은 죽음과 함께 사라진다.

한자로 실존實存은 '구체적, 실질적으로 존재하고 있음'을 뜻한다. 여기서 존재存在는 '있음being'을 뜻한다. 두 개념의 차이는 '실존하는 인간'과 '존재하는 사물'을 비교했을 때 좀 더 명확해진다. 광대한 우주에 존재하는 물질로서 인간과 볼펜의 차이는 크지 않다.

양쪽 다 원자들의 구성체다. 굳이 차이를 따지자면 인간은 볼펜과 달리 움직이면서 신진대사를 한다. 그럼 강아지나 고양이와도 비교해보자. 강아지와 고양이도 움직이면서 신진대사를 한다. 또 의사 표현도 한다. 하지만 우리는 인간이 볼펜이나 강아지 또는 고양이와 같다고 생각하지 않는다. 이는 인간에게는 이들이 갖지 못한 실존이라는 고유한 특성이 있기 때문이다.

철학자 쇠렌 키르케고르Søren Aabye Kierkegaard는 실존의 개념을 처음으로 제시했다. 그는 최초로 '인간이란 무엇인가?'가 아니라 '인간의 존재란 무엇인가?'를 질문했고 실존이라는 말로 인간의 본질을 규정했다. 인간은 태어날 때 어떤 본질을 지니지 않은 채로 태어나 스스로 자기 존재를 규정하는 방식으로 존재한다. '나는 누구인가'를 묻고 가치와 의미와 목적을 부여하는 자기인식이 가능하다. 반면 세상 모든 사물은 인간이 가치와 의미와 목적을 부여함으로써만 그 본질로 존재한다. 인간만이 '존재의 본질을 규정하는 존재'이며 '존재 이전에 실질적으로 존재하는 실존' 상태에 있는 것이다.

책상을 보자. 책상은 책을 읽거나 글을 쓰는 데 유용한 가구다. 그래서 우리는 이 사물에다 책상이라는 이름을 붙였다. 인간이 목적과 가치에 맞게 본질을 부여한 것이다. 그런데 이 책상을 천장의 전구를 갈거나 페인트를 칠할 때 밟고 올라가기 위한 도구로 사용한다면 어떨까. 더 이상 책상으로 존재하지 않는다. 부엌에 놓고 식탁으로 사용하면 책상이 아니라 식탁이 된다. 강의하는 공간은 강의실로서 존재하고 그림을 전시하면 갤러리로서 존재한다. 금반지가 전당포 금고 속에 있으면 그저 금덩어리일 뿐이지만 신혼부부의 손가락에 있으면 사랑과 신뢰의 의미로 존재한다. 모두 인간이 어떻게 본질을 규정하는가에 따라 다르게 존재한다.

실존하는 인간은 자신의 존재를 어떤 방식으로 규정할까? 삶의 의미, 가치, 목적이 중요하다. 아침에 일어나 씻고 출근하고 동료와 대화하고 상사와 갈등하고 퇴근해 돌아와 잠드는 순간까지 일상의 모든 체험에서 각각 의미를 확인하고 반성한다. 사소한 일상에서도 무수한 의미와 가치를 발견하며 성찰의 시간을 갖는다. 반성과 성찰로 피드백feedback과 피드포워드feedforward를 반복하며 인간은 삶의 의미를 확인하고 자신의 행동을 수정한다. 이런 방식으로 스스로 자기 존재를 규정하는 게 실존하는 인간의 모습이다. 이것을 실존적 체험이라고 한다. 그러므로 실존은 인간에게만 있는 고유한 개념이다.

1849년 키르케고르가 발표한 『죽음에 이르는 병』의 본문 첫 단락은 이렇게 시작된다.

"인간은 정신이다. 정신이란 무엇인가? 정신이란 자기自己다. 자기는 무엇인가? 자기란 자기 자신과 관계하는 관계, 바꾸어 말하면 그 관계에 있어서 그 관계가 자신에게 관계하는 것을 말한다. 그러므로 자기는 관계가 아니고 관계가 자기 자신에게 관계하는 관계다."

이해가 쉽지 않다. 그러나 찬찬히 들여다보면 실존적 존재로서 인간을 이보다 더 잘 설명한 문장은 찾기 어렵다. 여기서 가장 중요한 말은 '인간은 정신이다.'라는 첫 문장이다. 인간은 육체와 정신을 모두 가지고 있다. 하지만 인간으로서 존재할 수 있게 하는 것은 육체가 아니라 정신이다. 정신을 떠나면 인간이 아닌 것이다.

그렇다면 인간은 왜 정신인가? 두 번째 문장대로 '정신이 곧 자기'이기 때문이다. 인간 정신의 근원은 자기self다. 앞서 빙산 모형으로 설명했던 마음과 행동, 즉 의식과 무의식의 통합된 정신 전체가 자기인 것이다.

그런데 자기는 '관계'를 떠나서는 성립할 수 없다. 인간은 관계로 맺어진 존재다. 관계를 통해 비로소 실존할 수 있다. 예를 들어 인간은 평생 자기 얼굴을 실제로 볼 수 없다. 눈이 자기 얼굴에 붙어 있기 때문이다. 자기 얼굴을 알려면 거울을 통해 비춰봐야 한다. 자기 밖의 존재인 거울을 통해 비로소 자기를 볼 수 있는 것이다. 이처럼 자기는 자기 밖의 독립된 제3의 영역과 어떤 관계를 맺느냐에 의해 실존적 경험을 하게 된다.

교사와 학생의 관계를 생각해보자. 교사는 수업이라는 독립된 제3의 영역에서 학생과 만나게 된다. 그러므로 독립된 제3의 영역인 수업이 곧 관계이고 교사는 그 수업이라는 관계를 통해서만 학생과의 실존적 체험을 하게 된다. 여기서 '실존적'이란 말은 주체로서의 인간이 어떤 대상에 가치와 의미와 목적을 부여한다는 뜻이다. '체험'이란 그 관계 속으로 들어가는 행위를 말한다. 임마누엘 칸트Immanuel Kant에 따르면 실존적 체험이란 그 관계 속에서 이성이 작동함으로써 진선미眞善美를 분별하여 종합하고 판단한 결과 그 관계에 어떤 가치와 의미와 목적을 부여하게 된다는 말이다. 그러므로 교사는 수업이라는 관계를 통해서 자신의 실존과 학생을 체험할 수 있다. 학생 또한 수업을 통해서 자신의 실존과 교사를 체험한다. 그러므로 수업이라는 관계 속에서만 두 당사자의 실존적 체험이 가능해진다. 마르틴 하이데거Martin Heidegger의 말대로 인간은 관계 속에서 '관계 맺어진 존재das Bezogensein'인 셈이다.

의사와 환자도 마찬가지다. 의사와 환자는 제3의 독립된 영역인 진료라는 관계를 통해서 서로 실존적 체험을 한다. 부부간에도, 연인 간에도, 부모와 자녀 간에도, 직장 동료들 간에도 마찬가지다. 인간사의 모든 상황에서 동일한 패턴으로 실존적 체험을 한다. 여기서 핵심은 실존하는 인간의 근원에 영성이 있다는 점이다. 인간 정신의 가장 깊은 곳에는 영성, 즉 영혼이 존재한다. 영혼이라고 말하니까 종교적인 냄새가 나는 것 같다. 하지만 영혼이라는 일반명사는 특정 종교와 상관없이 인간의 정체성을 뚜렷하게 정립해주는 핵심 요소다.

나는 철학이 우리의 일상생활과 경제활동에 끼치는 영향이 거의 전무하다는 점에서 경영학자로서 매우 유감스럽게 생각해왔다. 철학은 인간의 정신세계에 토대를 놓는 가장 중요한 학문인데도 오늘날 쓸모없는 학문으로 전락했다. 나는 우리의 삶 속으로 다시 철학을 끌어다 생활의 토대로 삼고 싶다. 경영 현장에서 가장 필요한 것이 인간에 대한 철학적 성찰과 자기반성이다. 오늘날 한국인은 철학적 사유의 힘을 잃어버렸다. 합리적 사고, 비판적 사고, 추론적 사고가 어떤 것인지를 제대로 이해하지 못하고 있다. 우리는 지금 한 계급 더 올라가려는 치열한 계급 내 경쟁에 몰입하는 피폐한 정신세계에 빠져 있다.

영혼이든, 양심이든, 순수이성이든, 실존이든 뭐라고 부르든 상관없이 우리는 마음의 심연에서 속삭이는 소리를 들을 수 있어야 한다. 인간은 존엄한 존재라는 소리다. 어떤 때는 크게 들리고 어떤 때는 작게 들리고 탐욕에 사로잡히면 전혀 들리지 않는다. 그 소리를 들을 수 있는 마음의 귀가 열려야 한다. 영혼은 나의 사회적 역할, 곧 정체성이 무엇이고 어떻게 그 역할을 해낼 것인지 묻는다. 가치와 신념의 체계를 올바로 세우라는 소리가 들린다. 이 요구에 따라 인간은 능력을 쌓아나간다. 그리고 그 능력을 발휘해 사회적 역할을 수행한다. 이 전체가 곧 자기이며 자기는 영혼에서 시작된다.

이런 마음의 메커니즘에 따라 인간은 내면의 자기를 인식하고 자신과 관계를 맺는다. 하지만 자기인식이 불가능한 경우 인간은 자연스럽게 외부에서 자신을 찾으려고 한다. 가령 자기 존재의 의미와 가치를 명품 가방, 고급 자동차, 아파트 크기로 확인하는 사람들이 있다. 이런 물건을 소유하는 것으로 자기 존재를 인식하는 것이다. 레프 톨스토이Lev Tolstoy의 소설 『안나 카레니나』의 주인공 안나는 타인에게서 사랑을 확인받는 것으로 자기를 인식하려고 했다. 자신이 존재하는 의미와 가치 그리고 삶의 목적을 자기 영혼이 아니라 외부에서 찾은 것이다. 안나는 자기를 인식하지 못했고 자기 자신과 관계를 제대로 맺지 못해 자살한다. 이는 예고된 비극이었다.

경험주의 철학은 인간을 '경험을 통해서만 진리를 인식하는 존재'로 규정했지만 칸트는 동의하지 않았다. 칸트의 순수이성reine Vernunft은 태어날 때부터 가진 순수한 상태의 이성, 즉 '감각과 경험을 초월하거나 경험으로부터 독립해 사유할 수 있는 능력'이다. 인간이 경험을 통해 진리에 이르는 것도 있지만 동시에 경험 이전에 '감각과 경험을 초월하는 선험적인a priori 사유 능력'을 갖고 있다고 보았다. 순수이성은 어떤 평가와 판단도 배제된 순수한 상태의 의식을 말한다. 이것이 곧 영혼이다. 이 영혼의 능력으로 인간은 자기 자신이 누구인지 볼 수 있고 사태의 진선미를 분별할 수 있으며 삶의 경험에서 의미와 목적과 가치를 인식하고 자신의 존재를 규정할 수 있다. 하지만 영혼의 능력은 제대로 작동하지 않을 수도 있다. 영혼, 즉 타고난 순수이성은 세상을 경험하면서 오염되기 때문이다. 비도덕성과 편향성은 타고난 것이 아니라 경험이 만든 사고다. 경험을 통해 사고가 오염되고 오염된 사고를 바탕으로 축적된 지식을 가지고 판단하고 행동한다. 진실하지 않은 행동은 그래서 나타난다.

인간의 존재에 대한 이처럼 복잡한 설명은 한 가지 사실을 강조하기 위해서다. 인간은 타고난 영혼의 능력을 발휘하여 자신이 누구인지 인식하고 나아가 사회적 역할을 어떻게 수행할 것인가를 규정함으로써 자기 존재의 의미를 확인하는 존재다. 인간이 기본적으로 자율적이고 성장지향적이고 성취지향적인 것은 스스로 삶의 가치와 목적을 부여하는 실존적 존재이기 때문이다.

역량은 마음에서 솟아나는 명령어들의 조합이다

인간은 저마다 세상을 다르게 해석한다. 동일한 자극을 받아도 해석이 다르고 행동도 제각각이다. 각자 다른 마음의 명령체계를 갖고 있기 때문이다. 마음은 의식하는 것과 의식하지 못하는 것에 의해 나타난다. 대개 무의식이 의식의 지향성intentionality을 결정한다. 그러므로 무의식이 어떤 방식으로 의식의 방향을 결정하고 행동으로 나타나는지를 이해할 필요가 있다.

인간이 어떤 사건과 현상에 직면하고 의식할 때 가장 먼저 작동하는 것은 오감이다. 뇌에 도달한 최초의 정보는 보고視, 듣고聽, 냄새 맡고嗅, 맛보고味, 접촉해觸 느낀 결과다. 하지만 오감을 통해 전달된 정보는 그 상태로 인식되지 않는다. 정보량이 지나치게 방대하기 때문이다. 뇌는 전달되는 정보를 좀 더 쉽고 빠르게 소화하기 위해 대략 세 가지 전략을 동원하여 정보를 이해 가능한 수준으로 가공한다.

첫 번째 전략은 '삭제delete'다. 대량의 정보 중 자신이 필요하다고 생각되는 것만 받아들인다. 가령 한국인들이 좋아하는 미국의 초일류 대학에서 경영학을 공부한 A가 입사했다고 하자. 사람들은 A가 궁금하다. A의 전문성을 판단하려면 많은 정보가 필요하다. 대학, 전공, 세부 전공, 논문, 지도교수, 취미, 업무 경험 등을 모두 파악해야 한다. 그러나 사람들은 대개 '초일류 대학에서 경영학을 전공했다.'는 정도면 대강 알았다고 생각한다. 자신이 보고 싶은 것만 보고 만다. 나머지 것들은 모두 생략해도 된다고 믿는다. 그러나 초일류 대학을 나온 사기꾼과 무능한 인간이 얼마나 많은가?

두 번째 전략은 '왜곡distort'이다. 정보를 있는 그대로 받아들이지 않는다. 각자 인식의 프레임으로 상황을 판단한다. 오전 회의에 김 대리가 지각했다고 하자. 회의 중 슬그머니 들어와 자리에 앉았다. 평소 김 대리를 못마땅하게 여기던 팀장은 '회의에 늦다니. 불성실하군.' 하고 생각한다. 반면 친한 동료는 '요새 무리하더니 아픈 모양이네.' 하고 생각한다. 둘 중 사실은 뭘까? 김 대리는 이날 평소보다 일찍 집을 나왔다. 그런데 지하철에서 졸다가 그만 가방을 두고 내렸다. 핸드폰과 지갑이 모두 가방 속에 있어서 연락하지 못하고 분실물센터까지 가서 가방을 찾느라 지각한 것이다. 실제 사실이 드러나기까지 각자의 판단은 사실로 인식된다. 때론 사실이 밝혀져도 판단을 바꾸지 않는다. 팀장은 분실물센터까지 간 것은 거짓말이라고 생각한다. 왜곡된 사실을 진실로 믿기 때문이다. 우리는 왜곡된 일상에 빠져 있는 것은 아닌가?

세 번째 전략은 '일반화generalization'다. 주세페 베르디Giuseppe Fortunino Francesco Verdi의 오페라 「리골레토」 제3막에 등장하는 아리아는 '바람에 날리는 갈대와 같이 항상 변하는 여자의 마음'이라는 소절로 시작한다. 이 유명한 가사는 '여자는 감정 기복이 심하고 유혹에 약하다.'는 의미를 전달하고자 할 때 마치 사실처럼 인용된다. 하지만 감정적이고 유혹에 약한 성향은 남녀 성별과 전혀 관련이 없다. 전형적인 일반화다. 실제로 우리의 일상은 일반화의 오류에서 벗어나기가 쉽지 않다.

이렇게 삭제하고 왜곡하고 일반화한 정보들은 뇌에 특정한 이미지를 생성한다. 이는 현실을 있는 그대로 인식한 것이 아니다. '그렇다.'고 판단했을 뿐이다. 마치 메뉴판만 보고 먹어본 듯 그 음식을 다 알았다고 생각하고, 지도만 보고 실제 영토를 이해했다고 생각하는 것과 같다. 하지만 메뉴판은 음식이 아니며 지도 역시 영토가 아니다.

외부의 사태가 뇌에서 재생되는 것을 내적 표상internal representation이라고 한다. 이것이 마음의 지도다. 마음의 지도에 따라 세상을 이해하고 '마음의 상태mind state'가 결정된다. 마음의 상태가 결정되면 행동이 일어난다. 인간이 사실을 있는 그대로 인식한다는 건 거의 불가능하다. 각자 마음 상태에 따라 다르게 인식할 뿐이다. 심리학자들의 연구에 의하면 마음 상태는 분노, 슬픔, 불안, 죄책감, 부끄러움 등 부정적 감정에 더 민감하게 반응하는 경향이 있다. 여기서 부끄러움은 동양인에게 의미 있는 감정이다. 서양인에게는 부끄러움보다 죄책감이 더 크게 작용한다. 부정적 마음 상태는 생리적 반응을 일으키고 어떤 식으로든 행동의 결정에 영향을 주게 된다.

인간의 행동은 마음의 지도에 따른다. 마음의 지도는 '마음이 내리는 명령어들의 조합set of mental instructions'이다. 인간의 내면에는 저마다 어떻게 사고하고 어떻게 행동할지 결정하는 명령어들의 조합이 있다. 이것이 개인의 고유한 내적 속성, 즉 성향이며 역량이다. 그래서 역량을 정신적 DNA라고 부를 수 있다. 생애를 통해 잘 바뀌지 않는다는 말이다.

개인의 내적 속성이 과연 타고나는nature 것인가, 아니면 환경에 의해 길러지는nurture 것인가에 관한 논쟁은 여전히 진행 중이다. 인사조직이론에서 역량은 타고난 본질적 속성이라고 전제한다. 하지만 적절한 환경조건이 갖춰져야만 타고난 역량의 씨앗이 무럭무럭 자라날 수 있다. 유전이냐, 교육이냐를 다투는 논쟁은 큰 의미가 없다. 이 둘은 대립하지 않고 서로 보완하면서 상호작용하기 때문이다. 그러므로 인사조직이론에서 교육이란 기존의 지식을 머릿속에 집어넣도록 강요하는 폭력적 행위가 아니라 타고난 재능의 씨앗이 잘 자랄 수 있도록 교육적 환경조건을 정비하는 행위라고 정의한다. 인간은 어려서부터 이런 교육적 환경에서 자신의 존엄성을 체험하면서 성장해야 한다.

3

인간은 누구나
불완전하다

독일 아이들은 초등학교 4학년이 되면 진로를 결정한다. 졸업을 앞두고 교사는 부모와 면담을 통해 학생에게 가장 적합하다고 판단하는 중고등학교를 추천한다. 이때 교사와 부모의 의견이 일치하지 않으면 부모가 결정할 수 있다. 부모와 학생들은 대부분 교사의 추천에 따라 대학진학을 위한 김나지움Gymnasium, 직업기술을 익히는 하웁트슐레Hauptschule, 대학과 직업 선택의 중간 지대에 있는 레알슐레Realschule, 혹은 이 모든 과정이 혼합된 종합학교인 게잠트슐레Gesamtschule로 진학한다.

독일의 초등학교는 4년제로 운영된다. 아이들은 겨우 9~10세의 나이에 미래의 방향을 결정한다. 다른 나라 사람들, 특히 우리나라의 부모들은 참으로 이해하기 어려운 제도다. 무한한 가능성을 품고 있을 아이의 미래를 어떤 근거로 예단한다는 말인가? 게다가 만약 교사가 대학진학의 방향과 전혀 다른 하웁트슐레를 추천한다면 아마도 적지 않은 분노를 드러낼 것이다. 그러나 독일의 부모들은 교사의 판단을 신뢰한다. 이는 독일 사회가 우리 사회보다 역량 개념과 역량진단의 의미를 어느 정도는 이해하고 있기 때문이다.

독일 초등학교는 4년 동안 담임교사가 바뀌는 일이 거의 없다. 교사는 지식의 많은 축적보다 사고력 향상에 집중하는 교육, 질의 응답으로 이루어지는 수업, 다양한 현장 활동이 중시되는 교육 과정을 통해 4년 동안 한 아이의 학교생활을 꼼꼼하게 관찰하고 기록한다. 다양한 상황에서 어떤 방식으로 말을 하고 행동하고 문제를 해결하는지를 있는 그대로 기술한다. 교사는 4년간의 행동 관찰기록을 분석해 내면의 속성, 즉 역량을 진단할 수 있다. 담임교사를 4년 동안 바꾸지 않는 것은 역량진단에 오랜 관찰이 반드시 필요하기 때문이다. 물론 이렇게 결정된 진로가 평생 확정되는 것은 아니다.

학생 본인 의지에 따라 진로 변경은 얼마든지 가능하고 역량과 학습 수준이 개인의 선택에 미치지 못하면 진로를 다시 변경할 수도 있다. 능력에 부합하는 진로 선택의 기회는 늘 열려 있다. 타고난 역량에 따라 진로를 결정하는 것은 상대평가나 서열평가가 아니다. 실제로 독일에서 김나지움을 추천받은 아이와 부모가 우쭐하거나 반대로 하웁트슐레를 추천받은 아이와 부모가 좌절하는 일은 없다. 태어날 때부터 고유의 속성을 지니고 있다는 것은 인간은 서로 다르며 모두 존엄하고 고귀한 존재임을 의미하기 때문이다.

우리가 역량의 진단과 활용에서 기억해야 할 매우 중요한 사실이 있다. 역량은 타고나는 것이기 때문에 온전히 개인의 것일 수만은 없다는 점이다. 가령 높은 수준의 분석적 사고AT와 개념적 사고CT, 영재성GIF의 역량요소를 가지고 태어났다고 하자. 노력하지 않고 주어졌으니 참으로 운이 좋다. 그런데 바로 이런 이유로 특별한 역량은 사회에 속한 것으로 이해되어야 한다. 이런 특별한 역량은 인구의 일정 비율로 태어나기 때문이다. 독일 사회는 특별하게 높은 수준의 역량을 가지고 태어난 학생들을 따로 분리해서 교육하지 않는다. 영재학교나 교육청에서 운영하는 영재반 같은 것이 없다는 말이다. 아이와 부모에게 타고난 역량과 수준을 사실 그대로 알려주고 평범한 아이들과 협력해서 살아가는 법을 가르치는 데 더 주력한다.

누구도 완벽한 역량을 지니고 태어나지 않는다. 기본적으로 인간은 불완전한 존재다. 그러므로 공동체 안에서 서로 부족함을 보충하며 협력할 때 각자의 잠재력 또한 최대로 발휘할 수 있다는 사실을 깨닫는 게 중요하다. 이것이 역량진단을 위해 개발된 성취예측모형의 핵심 메시지다.

행복은 역량에 맞는 일을 하는 것이다

역량진단을 하는 전제조건은 다음 세 가지 문장으로 요약할 수 있다.

첫째, "열 길 물속은 알아도 한 길 사람 속은 모른다." 매우 유명한 속담이다. 사람의 키보다 10배 더 깊은 물속을 알 수 있는 이유는 들어가서 직접 눈으로 볼 수 있기 때문이다. 하지만 사람의 마음은 눈으로 확인할 수 없다. 성취예측모형은 눈으로 확인할 수 없는 내면의 다양한 속성들을 사회적 성취를 가능케 하는 다양한 유형으로 분류함으로써 역량이라는 추상적 개념을 명확하게 파악할 수 있도록 도와준다. 과거 큰 사건 속에서 보여준 행동 양태에서 어떤 역량 요소를 어느 수준으로 발휘했는지를 알아냄으로써 장래에도 그런 행동 양태를 재현해 사회적 성취가 가능할지 예측하는 것이다.

둘째, '인간의 타고난 성향은 잘 바뀌지 않는다.' 이 문장을 여러 차례 반복해 강조하는 것은 역량을 이해하는 데 매우 중요하기 때문이다. 타고난 역량은 평생 지속되는 내적 속성이다. 아무리 노력해도 타고나지 않은 역량을 만들어낼 수는 없다. 그런데 주변에서 가끔 반박할 만한 사례가 발견된다. 가령 성년이 될 때까지도 공개적 자리에 나서길 극히 꺼렸던 사람이 있다고 하자. 앞에 나서는 일은 도저히 적성에 맞지 않는다고 자신을 판단하는 건 자연스러운 일이다. 그런데 세월이 흐르면서 특정 분야의 전문성이 깊어지고 지식을 전달해야 할 사회적 요구가 발생했다. 어쩔 수 없이 강의 활동을 시작하게 된 그는 얼마 후 수백 명 앞에서 진행하는 장시간 강의도 거뜬히 해낼 정도로 발전했다.

주변에서는 사람이 많이 변했다고 한다. 그에게 '없던 역량'이 새로 만들어진 것은 아닐까? 아니면 그보다는 뚜렷하게 드러나지 않았던 역량의 씨앗이 적절한 환경조건을 만나 싹을 틔운 것으로 봐야 할까? 강의 스킬은 배울 수 있지만 타고나지 않은 역량이 개선되는 것은 아니다. 특정 역량이 전혀 존재하지 않거나 의미 있는 수준이 아닐 때는 지속적으로 발휘되지 않는다. 어쩌다 강의를 한

두 번 할 수는 있지만 크고 작은 대중 강의 활동을 자발적으로 즐거워하며 오랫동안 지속하지 못한다.

아이들에게 피아노와 같은 악기, 태권도와 같은 운동, 그림, 수영, 수학, 시, 소설 등 다양한 학습이 중요한 이유는 여러 자극을 통해 역량의 씨앗을 확인할 수 있기 때문이다. 젊은 시절 다양한 문화 경험이 중요한 이유도 환경조건이 바뀔 때 자신도 몰랐던 역량의 씨앗이 꿈틀하며 발아할 수 있기 때문이다. 역량개발이란 수면 아래 잠자는 역량의 씨앗을 찾거나 타고난 역량이 잘 발휘될 수 있도록 환경조건을 갖추는 것으로 이해하는 게 옳다. 역량진단을 할 때는 바로 이런 변화의 가능성도 주목해야 한다. 역량이 잘 바뀌지 않는다는 말의 진짜 의미는 인간의 역량을 이해하고 진단할 때는 언제나 겸손한 태도를 지녀야 한다는 것이다.

셋째, '인간의 과거를 알면 미래를 예측할 수 있다.' 역량의 특성은 일관성과 지속성이다. 잘 변하지도 않고 반복되는 경향이 있다. 이런 이유로 과거 특정 상황에서 보인 행동은 미래의 유사한 상황에서도 거의 같은 행동으로 나타난다고 예측할 수 있다. 역량이 가변적이라면 진단과 예측은 의미가 없다. 역량진단은 고도로 훈련된 전문가의 영역이다. 과거 성취의 과정에서 반복한 행동의 기록과 기록의 맥락을 모두 살펴 있는 그대로의 현상에서 진실을 포착할 수 있는 능력이 필요하기 때문이다.

성취예측모형은 합리적인 인사를 위한 도구로 활용할 뿐 아니라 관점을 확장하여 창의적이고 생산적인 경영 플랫폼을 설계해 나아갈 수도 있다. 어떻게 활용하든 성취예측모형이 왜 중요한가에 대한 사유의 근간에는 인간의 내면에 집중하라는 요구가 있다. 지속가능한 생산성을 고민하는 조직도, 행복한 노동과 삶을 원하는 개인도 인간의 내면에 집중해야 한다. 인간이 언제 어떤 방식으로 잠재적 능력을 최대한 발휘하는지 원리를 이해한다면 솔루션은 단순해진다.

나는 독일에서 인사조직이론을 공부하며 역량진단과 직무분석의 실무를 경험했다. 역량진단을 배우는 과정에서 내가 어떤 역량요소를 어느 정도로 발휘할 수 있는 사람인지 알게 된 것은 나 자신과 세상을 다시 볼 수 있는 계기가 됐다. 거듭남의 체험이었다.

다음 그래프는 최근 자가진단한 내 역량프로필이다. 역량요소별, 수준별 진단방법론을 모두 익힌 후에 각자 자신의 역량프로필을 연습 삼아 만들어보자. 인생에서 여러 사건을 체험하면서 반성과 성찰을 통해 자신의 정체성을 재확인하고 숨은 역량의 씨앗이 자라나는 경우도 있어 역량프로필이 달라지기도 한다. 30년도 훨씬 이전의 역량프로필과 최근의 역량프로필은 조금 달라졌다. 가장 큰 변화는 학습능력이 젊은 시절보다 더 높아졌다는 것이다. 나이가 들면서 반성적 깨달음으로 기존의 낡은 관념을 새롭게 재정의하는 일을 하기 때문이다. 나의 역량을 간단하게 설명하면 다음과 같다.

도구적 역량군은 대체로 평균을 약간 상회한다. 어렸을 때 총명하다는 말을 듣곤 했고 분석적 사고력과 개념적 사고력은 경영학자로서 평균 수준은 되므로 분석적 사고3과 개념적 사고3으로 코딩했다. 그러나 예나 지금이나 내게 영재성은 없다. 이렇게 역량요소가 발견되지 않는 경우에는 불가용의 뜻으로 NA(not available)로

역량프로필

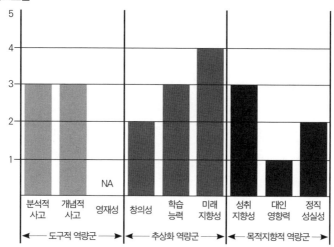

역량프로필 양식은 자유로이 만들면 된다. 양식보다 중요한 것은 역량요소의 의미와 그 진단메커니즘을 이해하는 것이다.

표시한다.

 각 역량요소의 수준별 정의는 부록으로 첨부한 역량사전을 참조하기 바란다. 이 책에서는 역량요소의 수준별 정의에 대해서는 설명하지 않는다. 수준별 정의까지 상세히 익히려면 별도의 훈련 과정을 밟아야 한다.

 추상화 역량군 중에서 창의성은 박사학위 논문을 쓰면서 발견했다. 통념적인 관점에서 세상을 관찰하지 않고 문제의 본질을 보려고 노력하여 새로운 산출물을 만들어내는 특성이 있다는 것을 알았다. 창의성2 또는 창의성3으로 코딩할 수 있다. 그런 의미에서 이 책도 새로운 글쓰기의 산출물이라고 할 수 있다. 이런 성향은 지금까지 변하지 않은 것 같다. 학습능력은 30년 전에 학습능력 2에서 학습능력3으로 높아졌다. 나이가 들수록 나 자신에 관한 반성적 성찰이 늘어났기 때문이다. 미래지향성은 예나 지금이나 꽤 높은 수준인 미래지향성4를 유지하고 있다. 젊은 날에도 가급적 빠른 은퇴 이후의 삶을 늘 생각하면서 준비해왔다.

목적지향적 역량군 중에서 젊은 시절에 비해 성취지향성은 낮아 져 성취지향성3으로 코딩했다. 대인영향력은 매우 낮아 대인영향 력1로 코딩했으나 실제로는 그보다 더 낮을 것이다. 대인영향력이 낮은 이유는 한번 설득해서 상대가 시큰둥한 반응을 보이면 더 이 상 설득하려고 시도하지 않는 성향이 강해서다.

정직성실성은 정직성실성2로 코딩했다. 정직성실성은 인류가 추구하는 보편적 가치, 즉 투명성, 공정성, 개방성, 인간의 존엄성 과 관련된 자유, 평등, 협력의 가치를 준수하기 위해 견제와 균형 의 원리 등을 삶에서 일관성 있게 추구하는가와 관련된다. 난들 부 끄러움 없는 삶을 살았겠는가. 지금도 후회할 때가 많다. 나와 같 은 장삼이사는 누구나 그럴 것이다.

성취예측모형에서 공익에 영향을 끼치지 않는 사생활에 해당하 는 것은 코딩의 대상이 되지 않는다. 오로지 사회적인 직무활동과 관련하여 어떤 사회적 성취를 이루었는지를 관찰해 진단한다. 역량 진단을 한 컨설턴트가 나에 대한 총평을 쓴다면 이렇게 쓸 수 있다.

'분석적, 개념적 사고력은 평균 수준이고 중장기적 시각으로 사회현상을 보고 미래를 준비하는 성향은 꽤 괜찮은 수준이다. 단기적 손익에 급급해하지 않는 특성이 있다. 하지만 자신의 의도나 아이디어를 실현하기 위해 다른 사람을 설득하면서 일 을 도모하는 것에는 별로 관심이 없다. 혼자서 하는 일은 잘하지만 대인영향력이 부족해 다른 사람들과 함께 일하는 것에는 서툴다. 이를 보충해주는 동료들이 있다면 기대했던 사회적 성취도 가능할 것이다.'

역량진단방법론을 배우는 초심자의 경우 자신의 역량프로필을 역량요소별로 하나씩 그려보면 자신이 어떤 사람인지 눈으로 쉽게 이해할 수 있다. 스스로를 관찰하면서 실제로 자신이 할 수 있는 직업의 방향성이나 성취의 수준을 가늠할 수 있다.

젊은 시절 나는 사회적으로 출세를 지향하는 욕심 덩어리였다. 당시에는 스스로 상당한 성취지향적 성향을 갖고 있다고 생각했다. 해야 할 일을 목표로 두고 나 자신을 극단으로 밀어붙였다. 하지만 역량진단 훈련을 받으며 내가 성공을 지향하거나 그것을 성취해내는 역량이 그리 높지 않다는 것을 깨달았다. 단지 가난에서 벗어나고자 하는 욕망이 강력한 동기로 작용한 상태였던 것이다. 타고난 역량이 나의 출세지향적인 내 욕망을 뒷받침하지 못했다. 역량의 수준을 알고 나니 비로소 나 자신이 보였고 살아가야 할 방향성은 물론 해야 할 일과 하지 말아야 할 일을 구분할 수 있게 됐다. 해야 할 일로 생각해서 시작했더라도 내 역량에 부합하지 않는다고 판단되면 즉시 그만두었다. 그것이 내 삶을 평화롭게 하는 길이었다. 다른 사람들과 비교하지 않고, 역량에 맞는 일을 선택하고, 그 일에 집중하는 삶에서 오는 충족감이 곧 행복한 성취감이라는 것을 깨달았다.

나는 미래지향성만 다소 두드러지게 높을 뿐 다른 역량요소들은 지극히 평범한 수준이다. 예를 들면 대인영향력이 낮은 성향이라는 것은 진작부터 잘 알고 있었다. 나는 한국은행을 평생직장으로 알고 정년퇴직하려고 했다. 그런데 컨설팅 시장에서 함께 일하자는 제안을 받고 20년을 다니던 직장을 떠나 인사조직컨설팅 서비스 사업을 했다. 아니나 다를까. 비즈니스에 꼭 필요한 설득조차 잘 하지 않으려는 내 모습을 스스로 고통스럽게 지켜보아야 했다. 돈은 벌었지만 마음 한구석은 늘 찜찜했다. 나는 비즈니스에 적합한 사람이 아니라는 것을 다시 한번 깨달았다. 대인영향력이 낮은 탓이다.

욕망하지 않는 인간은 없다. 욕망은 삶의 의욕을 불어넣는다. 문제의 핵심은 그 욕망을 실현할 만한 역량이 뒷받침되어야 한다는 점이다. 욕망이 역량보다 더 크다면 그것은 탐욕이다. 탐욕은 정신세계를 피폐하게 만들고 주변 사람들에게도 피해를 준다. 탐욕적인 사람이 고위공직을 맡으면 사회는 부패하게 된다. 그래서 고위공직자에 대한 역량진단이 매우 중요하다.

미래를 창조하진 못해도 준비는 해야 한다

앞서 보았듯 나는 미래지향성 역량이 있다. 젊은 시절부터 내 미래와 우리 사회의 미래가 어떻게 바뀔 것인가에 관심이 많았고 항상 변화를 준비해야 한다고 생각했다.

2016년 여름 나는 처음으로 블록체인 기술과 비트코인을 접했다. 당시 관련된 문헌이 한국에는 별로 없을 때였는데 이런저런 자료를 찾아보면서 조사하고 연구했다. 이 기술과 암호화폐가 앞으로 금융거래를 혁명적으로 바꾸게 될 것이며 P2P 거래가 일상화되고 금융 관행도 크게 바뀔 것으로 예상했다. 4차 산업혁명이 가져올 개인맞춤형 생산과 서비스라는 파급력과 함께 블록체인 기술이 개인맞춤형 금융거래를 가능케 하리라 생각했다. 그러다 2016년 말부터 2년간 블록체인 기술을 기반으로 암호화폐를 개발하는 스타트업의 자문에 응하게 되었다. 그때 소프트웨어 엔지니어들과 많은 얘기를 나누면서 내 의문점들이 거의 다 풀렸다.

지금 블록체인 기술은 4차 산업혁명의 핵심 기술 중 하나로 자리잡아 가고 있다. 지금까지의 약탈적 금융이 인간 중심형 금융으로 바뀔 가능성이 높다. 지금 블록체인 기술과 암호화폐에 대해 커다란 찬반 논쟁이 일어나고 있다. 혁신이 일어나는 초기에는 언제나 그랬다. 그러나 이제는 찬반 논쟁에서 적극적인 활용 방법에 대해 논의해야 할 시점이다.

블록체인 기술은 본질적으로 암호화 기술, 분권화(분산화) 기술, 자율화 기술, 네트워크화 기술 등이 하나로 통합된 기술이다. 그 결과 블록체인에 기반한 P2P 거래의 신뢰성과 완결성 요건이 충족되었다. 신뢰할 만한 중간매개자, 즉 공신력 있는 은행과 정부기관이 개입할 필요가 없어진 것이다. 더 이상 공적 기관의 보증을 필요로 하지 않는다. 이렇게 편리한 시스템이 만들어지면 스마트폰 하나로 충분하지 않은가?

스마트폰이 처음 등장했을 때를 상상해보자. 전화 통화, 인터넷 검색, 음악 청취, 메시지 전송 등이 한 기기에 통합됐다. 손 안에 세계의 거의 모든 것이 이미 들어와 있는데 지금 블록체인 기술과 결합하고 있다. 블록체인 기술은 암호화폐뿐만 아니라 우리의 일상생활 영역에서 응용할 수 있는 분야가 무궁무진하다. 우리의 삶은 이제 블록체인 기술과 떼려야 뗄 수 없는 관계다. 장래에 무슨 일이 벌어지겠는가? 암호화폐의 쓰임새는 지속적으로 확대될 것이다. 값비싼 건물을 토큰화해 지분을 공유하는 공유경제 모델을 만들거나 위변조가 불가능한 투표 시스템이나 부동산 등기와 같은 영역에서 응용되는 등 그 쓰임새는 거의 무한대로 확장될 것이다. 더구나 요즘의 메타버스metaverse는 단순히 확장가능한 가상공간을 의미하는 공상과학이 아니다. 이것은 인류의 삶에 또 다른 세계를 선물하고 있다. 나이 든 정치인들도 제발 관심을 갖기 바란다. 이 기술은 새로운 산업으로 발전할 것이다.

비트코인을 비롯한 모든 암호화폐는 아무 가치가 없는 것이라고? 쓰레기라고? 폰지게임이라고? 네덜란드의 튤립이라고? 잘못된 길이라고? 물론 사기꾼이 만드는 그런 암호화폐도 있고 불법적인 거래도 있다. 100년 전쯤의 주식시장은 이보다 더하면 더했지 덜 하지 않았다. 자본시장은 차츰 제도를 정비해오면서 아직도 문제가 남아 있지만 오늘날과 같은 형태를 갖추었다.

암호화폐 시장도 마찬가지다. 우후죽순처럼 암호화폐가 쏟아져 나오고 있다. 옥석을 분별할 줄 아는 안목을 길러야 한다. 모든 사람이 그런 안목을 기를 수 없다. 그런 안목을 제도적으로 분별할 수 있도록 장치를 만들어야 한다. 옥석을 가려 보호할 것은 보호하고 불법은 강력히 처벌해야 하고 선의의 피해자가 없도록 해야 한다. 그것이 금융 당국이 해야 할 일이다. 스위스나 독일의 금융 당국을 포함해 암호화폐 시장에서 앞서가는 나라들은 어떻게 처리하는지 검토하기를 바란다.

그리고 암호화폐가 가치를 가지고 있느냐의 의문과 논쟁이 있다. 이는 화폐의 본질을 잘못 이해하기 때문에 생기는 문제다. 화폐는 그 자체로서는 본질적으로 어떤 가치를 가지고 있지 않다. 그럼 한국은행권은 왜 가치를 갖는가? 그것은 한국은행법에 따른 법화로서 강제 통용력을 가지고 있기 때문이다. 그럼 강제 통용력이 없는 상품권은? 포인트나 마일리지나 쿠폰 같은 것은? 나아가 터키의 법정화폐 리라는? 베네수엘라의 법정화폐 볼리바는? 더 나아가 조선시대의 법정화폐였던 상평통보는? 무엇이든 가치를 가진다고 믿는 사람이 많아지면 그것은 화폐의 기능을 감당할 수 있다. 즉 가치 저장, 가치 매개, 가치 측정의 수단이 될 수 있을 만큼 편의성, 확장성, 일관성, 안전성(보안성) 등이 있어야 한다.

비트코인과 이더리움을 보자. 사람들은 과거에는 암호화폐에 큰 믿음을 가지지 않았고 오히려 다양한 의문을 품고 있었다. 그런데 이제는 이 암호화폐가 화폐의 기능을 할 수 있다는 믿음이 생기기 시작했다. 왜? 지난 10년간 온갖 테스트를 거치면서 편의성, 확장성, 일관성, 안전성 등에 대한 의문이 불식됐기 때문이다. 이제 사람들은 암호화폐가 가치 매개(교환 수단)로서는 아직 충분하지 않지만 가치 저장으로서는 충분하다고 생각하고 있다. 수많은 암호화폐가 생겨나고 있다. 그중 끝까지 살아남아 세계인들에게 신뢰를 받을 암호화폐는 몇 개 되지 않을 것이다. 나는 이런 현상을 보면서 지금 우리가 전통적인 금융 질서가 무너지는 혁명의 초입에 서 있음을 직감한다.

금융 당국은 새로운 변화를 배우려는 대신 기존의 질서를 유지하기 위해 혁신의 물결을 억누르려고 할 것이다. 하지만 발 빠른 선진국에서는 이미 이 기술을 이용한 수많은 금융 혁신을 시도하고 있다. 미국의 페이팔PayPal, 스퀘어Square, 어펌Affirm 같은 신생기업들을 보라. 이들은 비자Visa나 마스터Master와 같은 기존 카드 회사의 지불 경로payment rail를 근본적으로 혁신하면서 시장을 잠식하고 있다. 아직은 이 신생 회사들이 여러 금융 상품들을 블록체인 기술에 연동하지 않고 있지만 만약 그렇게 된다면 그 폭발력은 대단할 것이다. 스마트폰에 의해 낡은 휴대전화들이 바람처럼 사라졌듯이 카드 회사들도 그런 운명에 처할 것이다. 시간문제일 뿐이다.

다른 나라에서는 어떤 일이 벌어지는지 보자. 스위스 금융 당국은 이미 크립토 뱅크Crypto Bank 설립을 허가했다. 암호화폐로 예금, 대출, 보관, 운영 등이 가능하도록 법적 안전장치를 만들었다. 아울러 각국의 중앙은행들은 앞다투어 디지털 화폐CBDC*를 개발하고 있다. 중국인민은행은 이미 시범운영 중에 있다. 한국은행도 시범운영을 한다고 발표했으나 확실한 계획을 가지고 있지 않다. 언젠가는 이 길로 가야 할 것이다.

세계 금융시장은 이미 토큰 경제token economy로 서서히 진입하고 있다. 여기서 토큰을 이해하려면 코인과 토큰의 차이점을 이해해야 한다. 코인이란 다양한 애플리케이션이 작동할 수 있도록 설계된 블록체인 네트워크다. 일종의 플랫폼 위에서 거래가 가능하도록 하는 네트워크다. 대표적인 것이 이더리움이다. 토큰은 이더리움과 같은 특정한 애플리케이션에서만 사용되도록 설계된 블록체인 네트워크에 등록된 암호화폐를 의미한다. 블록체인 네트워크에 토큰

---

* CBDC는 Central Bank Digital Currency의 약자로 종이로 찍어낸 법적 화폐가 아니라 암호화폐로 만든 법화legal tender를 일컫는다.

이라 불리는 암호화폐의 종류가 이렇게 많아지게 된 것은 그 때문이다. 이런 현상은 각 개인의 금융거래를 포함한 모든 정치, 경제, 사회, 문화 활동이 기록될 수 있어서 오히려 바람직하기도 하다.

각 개인의 일상 활동은 익명성이 보장되는 블록체인 기술을 통해 데이터로 기록되고 각 개인은 디지털 주권digital sovereignty 또는 데이터 주권data sovereignty을 확보할 수 있게 된다. 여기서 각 개인이 데이터 주권을 갖는다는 말은 데이터를 활용하려는 플랫폼 기업체가 데이터 사용료를 데이터 주권을 가진 개인에게 토큰 등으로 보상해야 한다는 의미다. 각 개인의 정치, 경제, 사회, 문화 활동이 활발할수록 데이터 사용료 보상을 많이 받게 될 것이고 그것은 곧 경제 활성화와도 직결된다.

블록체인 기술과 암호화폐의 거래량은 그 임계치를 넘었으며 아무도 이 거대한 파도를 막을 수 없게 됐다. 내가 블록체인 기술을 금방 이해할 수 있었던 것은 앞으로 상세히 설명하겠지만, 게르만 모형의 조직설계원리와 같았기 때문이다. 중앙집중에서 분권화로, 타율적 통제에서 자율성으로, 상호 경쟁에서 협동의 네트워크로 전환하지 않으면 4차 산업혁명의 파고를 넘을 수 없을 것이다. 우리는 디지털 전환digital transformation 시대에 무엇을 어떻게 해야 할 것인지를 분명히 해야 한다. 다만 금융 당국이 해야 할 일은 이 기술이 금융과 연계될 때 악용되지 않도록 법적 테두리를 마련함으로써 약탈적 금융에서 공공성을 확보한 선한 금융으로 탈바꿈하도록 유도하는 것이다. 그럼에도 우리 금융 당국은 무슨 일을 하고 있는가? 지금까지의 낡은 금융 기득권에 안주하고 있다. 금융 당국자들은 정신을 차려야 한다. 고위공직자라면 최소한의 미래지향성을 갖추어야 한다.

여기서 한 가지 더 짚고 넘어갈 이슈가 있다. 한국 사회에서 자기계발과 자기관리 열풍이 도무지 식지 않고 있다는 사실을 지적하고 싶다. 이것은 인간에 대한 이해 부족에서 비롯된 것이다. 성공한 사람들의 습관이 성공의 비법이라는 논리는 참으로 어리석다. 그들의 남다른 성공은 타고난 역량을 아주 잘 발휘한 덕분이긴하다. 하지만 그가 그렇게 성공할 수 있도록 사회구조와 시스템이 뒷받침해준 덕분이기도 하다. 누구든 자신이 살았던 시대와 장소는 우연이라는 것이다. 똑같은 비법(?)을 실행하더라도 많은 사람이 그들만큼 성취하지 못한다. 아쉽지만 그런 성공은 소수의 사람에게나 가능하다.

그런데 이들만큼은 아니지만 우리 대부분의 평범한 사람들도 각자 역량의 방향과 수준에 맞는 잠재력의 소유자들이다. 자기 자신이 어떤 역량요소를 어느 수준으로 발휘하는 사람인지 내면에 관심을 두지 않으면 자신의 잠재력을 알 수 없다. 그러니 행복한 사회적 성취를 원한다면, 우선 자신이 어느 자리에 있는 사람인지 잘보는 것에서 출발해야 한다. 조직역량도 이와 같다. 그 자리에 알맞은 사람을 놓는 것으로 충분하다.

이 책에서 지속적으로 설명하는 성취예측모형은 개인과 조직 모두에게 자기인식의 길을 안내하는 유용한 도구이므로 잘 활용할 수 있기를 바란다. 이제 민간부문이든 공직 사회든 더 이상의 인사 실패가 발생하지 않도록 성취예측모형으로 우리의 미래를 준비해보자.

2장

핵심 역량요소와
보조 역량요소

지금까지 읽은 내용은 역량 개념을 조금 더 자세히 이해하기 위한 사전 작업에 불과하다. 이제 본격적으로 다양한 역량요소들의 의미를 알아보자. 이번 장의 목표는 3가지 역량군과 16가지 역량요소들을 이해하고 고위공직자들을 어떤 관점에서 진단할 것인지를 파악하는 것이다. 학연, 지연, 혈연 등 사사로운 이해관계를 떠나 진실로 누가 더 공익을 위해 일할 수 있는 유능한 인재인지, 나아가 누가 더 훌륭한 사회적 성취를 이룰 수 있는 인물인지를 파악하는 방법, 즉 사람 보는 안목을 조금 더 분명하게 익히는 것이다. 물론 이 성취예측모형을 익혀두면 가정, 기업, 시민단체 등 우리 일상의 모든 곳에서 사람 보는 안목을 기르는 데 활용할 수 있다.

　성취예측모형 프레임워크를 상세히 설명하기 전에 뛰어난 역량 프로필을 가진 중국인 친구 지안 판Jian Fan에 관한 얘기를 하려고

성취예측모형 프레임워크

도구적 역량군 Instrumental Competencies	추상화 역량군 Abstraction Competencies	목적지향적 역량군 Purpose-oriented Competencies
• 사물이나 현상의 구조를 이해하고 핵심을 파악하며 어떤 특정한 것에 민감하게 반응하는 능력이다. • 모든 인간은 서로 다른 능력이나 재능을 가지고 태어난다. 목수에게는 '모양이나 크기가 다른 여러 종류의 망치'가 이에 해당한다.	• 자신의 도구적 능력을 어디에 어떻게 활용해야 할지를 결정하고 실제로 그 도구를 잘 활용하는 능력이다. • 목수가 가진 '망치를 어디에 어떻게 쓸 것인지'를 알아내어 망치의 종류에 따라 활용하는 능력이다.	• 높은 목표와 기준을 세우고 이를 성취하기 위해 여러 가지 방법을 활용하면서 끊임없이 시도하는 능력이다. • 목수가 '적절한 망치'를 가지고 '올바른 곳'에 활용하면서 건축물이 '완성될 때까지' 포기하지 않고 지속할 수 있는 능력이다.
사실 발견 Fact Finding	자기인식 Self-awareness	열린 지평 Open Horizon
사고력 부족 Perception Filter	지향성Intentionality 오류 Behavioral Orientation	실행력 부족 Execution Power
• 분석적 사고(AT, Analytical Thinking) – 어떤 상황, 사건, 문제 등이 함축하는 의미를 단계적, 인과론적으로 이해하고 대안을 제시하는 성향 • 개념적 사고(CT, Conceptual Thinking) – 여러 가지 정보를 종합해 전체 상황을 이해한 후 일정한 패턴이나 핵심적인 문제를 찾아내려는 성향 • 영재성(GIF, Giftedness) – 자기중심성과 현실적인 제약을 넘어 자신의 이상과 신념에 집착 또는 몰입하는 성향	• 창의성(CRE, Creative) – 관행과 통념을 넘어서는 새롭고 유용한 아이디어나 산출물을 만들어내는 성향 또는 능력 • 학습능력(LC, Learning Capability) – 새롭고 다양한 개념들을 명확히 이해하거나 불명확한 통념들을 명확히 개념화하는 성향 • 미래지향성(FL, Forward Looking) – 미래에 발생가능한 문제를 인식하여 현재 시점에서 생각할 수 있는 대응책을 강구하고, 미래의 기회를 위해 능동적으로 준비하려는 성향	• 성취지향성(ACH, Achievement Orientation) – 주어진 상황과 현실에 안주하지 않고 주변의 기대보다 높은 목표를 설정해서 끈기 있게 추진하여 높은 성과를 창출하려는 성향 • 대인영향력(IMP, Impact and Influence) – 자신이 의도하는 참여와 협조를 이끌어내기 위해 상대를 설득하거나 납득시키고 영향력을 행사하려는 성향 • 정직성실성(ING, Integrity) – 어떤 상황에서도 보편적 가치에 따라 일관되게 행동하려는 성향

성취예측모형은 여기에 설명한 9개의 핵심 역량요소뿐만 아니라 7개의 보조 역량요소도 있다. 16개의 역량요소 모두를 다양한 방법으로 익히면 '사람 보는 안목'을 기를 수 있다.

한다. 지안 판은 내가 독일 대학에서 만난 첫 중국 유학생이었다. 그는 나보다 2년 먼저 유학을 왔다. 내가 낯선 독일 대학에 쉽게 적응할 수 있도록 도와주었다. 자신이 처음 독일에 와서 고생했던 점, 가족이 함께 살 때 유의해야 할 점, 각 교수의 특장점 등에 대해 알려주었다. 같은 경영학 전공이었지만 세부 전공분야는 달랐다. 우리는 자주 만나 많은 얘기를 나누었다. 가족 간에도 교분을 갖게 되었다. 판은 건축학을 전공하는 중국인 아내와의 사이에 아들을 두고 있었다. 학업을 마치면 중국에 돌아가지 않고 독일에 남을 거라고 했다.

우리는 역량진단에 관한 얘기도 나누었다. 판은 신기하다면서 자기 역량도 진단해달라고 했다. 판과 얘기하다 보면, 그가 나보다 월등히 머리가 좋다는 것을 알 수 있다. 모르는 것이 거의 없다. 독일 대학뿐만 아니라 독일 사회와 그 운영 메커니즘을 순식간에 파악하는 재능이 있다. 그는 독일 역사는 말할 것도 없고 미국과 영국의 역사도 모르는 것이 없어 보였다. 한국과 베트남의 역사도 꿰뚫고 있었다. 국제경영학 분야에서 박사학위 논문을 쓰고 있었다. 어느 날 석사과정에 있는 내게 생산관리를 부전공으로 하면 좋겠다고 했다. 다른 과목들보다 공부하기 수월하다는 것이다. 나는 그의 충고대로 생산관리를 택했다. 그런데 수학 기초 실력이 부족했던 나는 골치 아픈 수학 때문에 고전을 면치 못했다. 기대했던 것보다 좋은 성적을 얻지 못했다. 판에게 그런 정도의 수학은 아주 쉬웠다. 그는 학습에 최선을 다하는 것 같지 않고 만나면 늘 다른 일에 관심을 쏟는 것 같았다. 나는 독일 학생들 틈에서도 뒤처지지 않는다고 생각하던 터였다. 그러나 판에 비하면 둔재였다. 나는 생산관리 대신 심리학에서 매우 좋은 성적을 얻은 덕분에 박사과정에 들어갈 수 있었다.

그 시절 판은 장학금도 없이 아르바이트하면서 공부를 했다. 그의 부모가 잠시 독일에 왔을 때 한 번 만난 적이 있다. 1960년대식

꾀죄죄한 인민복 차림의 아버지는 한국전쟁 참전용사였다. 중공군으로 북한을 돕기 위해 참여한 것이었다. 어머니는 가난한 촌부의 모습 그대로였다. 차를 가지고 있던 나는 그분들을 태우고 독일의 전형적인 대학 도시를 보여드렸다.

판은 장래에 자신의 삶을 어떻게 살아갈지를 기획하고 있었다. 독일 회사에 취직할 계획이었다. 독일 사회에 적응해서 자유로운 삶을 살고 싶어했다. 자기인식이 뚜렷했다. 중국의 사회주의 시스템을 좋아하지 않았다. 그는 독일인들처럼 살고 싶어했다. 그는 박사학위를 마친 뒤 독일 회사에 취직했다. 국적도 독일로 바꿨다. 시민권을 얻은 후 홍콩 현지법인으로 발령받아 독일인들과 호흡을 맞춰 일했다. 그는 독일인들이 일하는 방식을 빠르게 배웠고 승진을 해서 2년 만에 현지법인의 2인자가 됐다. 독일인들에게 영향력을 행사하는 요령도 터득했다. 몇 년 후 그는 독일로 귀국했고 지멘스Siemens로 직장을 옮겼다. 이번에는 중국 상하이 현지법인으로 파견됐다. 초기에는 독일인 법인장과 함께 2인자로 일하다가 얼마 지나서 법인장으로 승진했다. 1990년대 중반 이후 중국은 부동산 개발 붐이 일었다. 특히 상하이는 상전벽해가 됐다. 그는 운이 좋았다고 했다.

2005년경이었을 것이다. 나는 아내와 함께 중국을 여행했다. 잠시 짬을 내 상하이를 들러 판을 만났다. 그는 우리를 황푸강이 내려다 보이는 아파트로 초대했다. 그의 부모는 멋진 노신사와 귀부인의 티가 흘렀다. 당시 판이나 나는 이미 50대 초반이 되어 있었다. 그는 더 이상 돈을 벌지 않아도 된다고 했다. 우리는 지난 시절과 앞으로 살아갈 얘기를 많이 나누었다. 자식들이 크는 얘기, 독일인들과 함께 일하는 얘기, 중국과 한국의 미래에 관한 얘기는 끝이 없었다. 그는 행복해 보였다. 그러면서 독일 유학 시절과 달리 중국의 발전에 대해 자부심을 품고 있었다. 독일인 신분으로 개인적 성취 이외의 공적인 어떤 일에도 관심이 없었다. 공산당에 대한 불신은 여전했다. 그 후로 대략 10년도 안 되는 기간을 현직에서 더 일하고 나서 공교롭게도 우리는 거의 비슷한 시기에 은퇴했다. 둘 다나이 60이 되기 전이었다.

내가 이 얘기를 하는 이유는 평범하게 살아가는 사람 중에도 탁월한 도구적 역량, 뚜렷한 추상화 역량, 끈질긴 목적지향적 역량을 갖춘 인물들이 있기 때문이다. 돈이나 권력에 탐욕을 부리지 않으면서 자기인식에 기초해 평범한 삶을 살아간다. 평범한 삶을 살아가는 것 자체가 공동체에 큰 도움이 되기 때문이다. 앞으로 다양한 역량요소를 설명하기 위해 활용되는 사례들은 탁월한 사회적 성취를 이룬 명망가들이 대부분이다. 그 때문에 혹시 성취예측모형이 이런 유명한 사람들만을 위한 역량진단 도구라고 오해하지 않길 바란다. 평범하지만 자신의 타고난 재능을 잘 알고 탐욕을 부리지 않으면서 겸손하고 성찰적인 자세로 행복한 삶을 살아가는 수많은 사람에게 성취예측모형이 진정으로 도움이 된다는 점을 알려주기 위한 것이다. 나아가 평범하면서도 행복한 삶을 사는 것이 국가와 사회의 공익에 훨씬 더 큰 도움이 될 사람들에게 군이 고위공직에 도전해 많은 사람에게 혼란과 해악을 끼치지 않도록 도움을 줄 수도 있을 것이다.

판은 사태 파악이 빠르고 정확했다는 점에서 사실을 발견하는 도구적 역량이 높았다. 자신의 재능과 처지에 대해 객관적 인식을 가능케 하는 추상화 역량도 역시 높았다. 자신이 앞으로 무엇을 해야 할지 잘 이해하고 있었다. 특히 미래지향성이 높았다. 그는 자신이 성취하고자 했던 그 이상의 탐욕을 부리지 않으면서도 인생의 목표를 명확히 세우고 그것을 이루기 위해 전략과 전술을 짜서 자신의 사회적 역할을 해내곤 했다. 그는 재능의 최대치full potential를 발휘하기 위해 나처럼 아등바등하지는 않았지만 인생의 목표를 향해 꾸준히 노력하는 목적지향적 역량도 높았다. 내가 아는 한 판은 중국이라는 특수한 상황에서 평범하지만 행복한 삶을 살아가는 지식인의 전형적인 모습을 보여주고 있다.

이제 성취예측모형의 3가지 역량군, 9가지 핵심 역량요소들, 그리고 7가지 보조 역량요소들에 대해 자세히 살펴보자.

1

도구적 역량군

: 좋은 목수에게는 좋은 망치가 있다

도구적 역량instrumental competencies은 말 그대로 사회적 성취를 이루는 데 꼭 필요한 도구가 되는 역량들이다. 가령 목수에게 다양한 종류의 '좋은 망치'가 있다면 아무래도 남보다 더 좋은 실력을 발휘할 수 있다. 포수에게 '성능 좋은 총'이 여러 자루가 있다면 남다른 사냥 실력을 뽐낼 수 있다. 도구적 역량이 높다는 말은 운이 좋게도 좋은 망치 여러 개를 손에 쥐고 태어났다는 의미다. 주변에 보면 뭐든 이해하는 속도가 빠른 사람들이 있다. 남들은 두세 번 설명을 들어도 헷갈리는 내용을 단번에 알아듣고 놀라운 해석을 내놓기도 한다. 이런 사람들은 남보다 많이 노력하지 않아도 성적이 높다. 세상 참 불공평하다고 느끼게 하는 사람들이 바로 도구적 역량이 뛰어난 경우다.

도구적 역량의 핵심 키워드는 사실 발견fact finding이다. 이 역량은

'사물이나 현상의 구조를 이해하고 핵심을 파악한다. 그리고 어떤 특정한 것에 민감하게 반응하는 능력'으로 사실을 파악하고 본질을 이해하는 통찰력으로 발휘된다. 도구적 역량을 이루는 핵심 역량요소들은 분석적 사고AT, 개념적 사고CT, 영재성GIF이다.

분석적 사고AT, Analytical Thinking
: 나누어 사고하고 인과관계를 파악한다

- 정의: 어떤 상황, 사건, 문제 등을 나누어 분석함으로써 내부에 함축된 의미를 단계적으로 파악하고 인과론적으로 이해하며 더 나아가 대안을 제시하는 성향
- 키워드: 세분화, 상관관계 또는 인과관계, 대안
- 관련 역량요소: 개념적 사고CT

분석이란 무엇인가? 복잡한 내용을 정확하게 이해하기 위해 그 내용을 단순한 요소로 잘게 나누는 행위를 말한다. 역량요소로서 분석적 사고는 특정 상황과 문제를 접했을 때 세분화하고 이면에 함축된 의미를 단계적으로 파악하여 인과론적으로 이해한 후 대안을 제시하는 성향을 말한다. 분석적 사고의 최종 목표는 문제의 근본 원인에 도달하는 것이다. 분석적 사고는 목표에 도달할 때까지 사안을 구체적으로 이해하도록 생각을 체계적으로 진행해나간다.

오랫동안 세계 1위를 고수해오던 우리 조선업계는 경쟁국의 맹렬한 추격으로 어려움을 겪었다. 불황이 장기전이 될 것이라는 전

망이 나오면서 조선업계의 위기를 다루는 기사들이 쏟아졌다. 어느 신문 기사에 다음과 같은 논설이 실렸다.

"조선산업을 위기에 빠뜨린 5적을 꼽으라면 오너, 경영진, 공무원, 채권단, 국회의원이다. 죄질이 가장 무거운 집단은 누구일까. 보는 각도에 따라 다를 것이다. 예방에 방점을 두면 오너와 경영진의 책임이 크고 감독에 무게를 둔다면 정부 관료와 채권단의 책임이 무겁다. 일이 터진 뒤엔 구조조정의 발목을 잡은 국회의원의 잘못이 크다. 이들의 죄상을 구체적으로 짚어보자."

이 글의 전개방식이 분석적 사고의 전형이다. 문제의 원인을 5개로 나눠서 나열하고 그 이유를 설명하는 방식으로 조선업계의 위기라는 전체 사건을 이해하도록 사고를 이끌어간다. 만약 이 글이 문제의 원인을 '정부의 무능'이라거나 '나태한 경영'으로 뭉뚱그려 단순하게 해석했다면 위기의 본질과 대안을 조목조목 제시할 수 없었을 것이다. 분석적 사고는 이처럼 문제를 조각조각 분해해서 인과관계와 상관관계를 정확하게 파악하는 방식으로 근본적 원인에 접근한다.

'메소드Method' 연기를 창안한 감독 리 스트래스버그Lee Strasberg는 연기 지도의 1인자로 불린다. 그에게 제임스 딘, 말론 브란도, 알 파치노, 로버트 드 니로, 스티브 맥퀸, 더스틴 호프만, 잭 니콜슨 등 세계적 배우들이 연기를 배웠다. 그런데 스트래스버그가 연기를 지도하는 방법은 상당히 독특하다. 그는 배우에게 감정이 잘못됐다거나 동작이 틀렸다는 식으로 문제를 직접 지적하는 법이 없었다.

리더십 전문가 워런 베니스Warren Bennis가 『리더와 리더십Leaders』에 소개한 스트래스버그의 연기지도 과정을 보자. 무대에서 러브신을 연기하는 배우의 감정 표현을 바로잡아야 했던 그가 배우에게 던진 첫 질문은 "러브신에 필요한 감정을 불러내기 위해 무슨 생각을 합니까?"였다. 긴장한 배우는 예상대로 "상대를 사랑하는 감정이요." 라고 답했다. 그러자 그는 뜬금없이 "과일 샐러드를 만드는 방법을 설명해주겠어요?"라고 요구했다. 당황스럽기 짝이 없는 상황이다.

도대체 러브신과 과일 샐러드 사이에 어떤 관계가 있는 걸까? 스트래스버그의 의도는 무엇이었을까? 엉뚱한 질문이었지만 배우는 감독의 질문에 "사과의 껍질을 깎고 얇게 자르고, 오렌지와 바나나는 껍질을 깎고 작게 자르고, 체리는 씨를 빼내고 조각을 내요. 이렇게 손질한 과일들을 함께 섞어요."라고 그 과정을 순서대로 설명했다. 그러자 비로소 스트래스버그는 그의 연기에 대해 말했다.

"맞아요. 그게 과일 샐러드를 만드는 방법이지요. 당신이 과일 하나를 집어서 한 번에 하나씩 껍질을 벗기고 그것을 조각으로 썰 때까지 당신은 과일 샐러드를 먹을 수 없습니다. 그 과일들을 분쇄기로 눌러 갈 수도 있지만 그래서는 과일 샐러드를 만들 수가 없지요. 아니면 밤새 그 과일들 앞에 앉아 '과일 샐러드가 되어라!' 하고 말할 수도 있겠지만 그래서는 아무것도 이루어지지 않아요. 당신이 그 과일을 집어서 껍질을 벗기고 자르기 전까지는 말입니다. 당신은 바로 좀 전의 러브신 장면에서 과일을 모두 넣기도 전에 과일 샐러드를 가지려고 했습니다."

이 장면에서 스트래스버그의 뛰어난 분석적 사고가 드러난다. 그는 배우의 러브신 연기가 어색하다고 꾸짖지 않았다. 대신 그 이유를 스스로 분석하도록 유도했다. 러브신 한 장면을 연기하기 위해 단계별로 필요한 모든 감정을 분석하라는 솔루션을 제시한 것이다. 이것이 분석적 사고 역량이 높은 사람들이 문제를 해결하는 방식이다.

양자역학 이론을 재정립한 공로로 노벨물리학상을 수상한 미국의 물리학자 리처드 파인먼Richard Feynman은 20세기를 대표하는 과학자다. 그의 특별한 성취 뒤에는 아버지 멜빌 파인먼Melville Feynman의 남다른 교육이 있었다.

어느 날 아버지는 어린 아들에게 사진 한 장을 내밀었다. 교황에게 절을 하는 군중의 사진이었다. 아버지는 아들에게 사진 속 교황과 군중의 차이가 무엇인지 설명했는데 그 설명방식이 매우 인상적이다.

"교황과 군중의 차이는 단지 '모자'야. 교황도 다른 사람들과 똑같은 문제를 겪고 밥을 먹고 화장실을 가는 인간이란다."

만인의 존경을 받는 교황도 그 앞에 고개를 숙인 인간과 다를 바 없다는 사실을 설명하기 위해 '밥을 먹고 화장실을 가는' 등의 이유를 나열한다. 분석적 사고의 특징이다. 아버지는 이 사진과 질문을 통해 무엇을 말하고 싶었던 걸까?

"어떤 권위든지 권위 자체를 존중하고 복종하는 것은 옳지 않아. 또 누가 어떤 얘기를 했는지 자체에 신경 쓰지 마. 그의 논리 전개가 어디에서 시작해 어떤 결론에 이르는지를 살펴본 후에 너 자신에게 '과연 그것이 말이 되는가?' 하고 물어보렴."

아버지는 아들에게 모자의 함축적 의미와 상징하는 권위 이면의 나약한 인간에 대해 가르치고자 했다. 그리고 어떻게 분석적으로 사고할 수 있는지 방법을 일러준다. '논리 전개의 시작부터 끝까지 샅샅이 살핀 후에 전체를 다시 보라.'는 것이다. 아들은 아버지의 사고체계를 물려받고 더 발전시켜 양자역학을 완성했다. 이렇게 파인만의 타고난 분석적 사고력이라는 씨앗은 어릴 적부터 훈련을 받은 덕분에 과학자가 되어 만개할 수 있었다.

사실 대부분의 부모들은 태어난 아이에게 어떤 역량의 씨앗이 있는지 잘 모른다. 따라서 아이의 타고난 역량의 씨앗들이 잘 발아할 수 있도록 환경조건을 다양화해 양육할 필요가 있다. 그리고 빈부의 격차를 줄여 모든 가정에서 양육하기에 좋은 환경조건을 갖출 수 있는 경제적 여건을 국가적으로 마련하는 것이 중요하다. 아무튼 이 얘기는 뒤에서 다루도록 하자.

분석적 사고는 자연현상뿐 아니라 사회현상, 즉 인간관계에서 벌어지는 다양한 현상을 파악하는 데 반드시 필요한 역량요소다. 분석적 사고가 없다면 현상과 사물을 투명하게 이해할 수 없다. 시력이 낮으면 사물이 뿌옇게 흐려 보이는 것과 같은 이치다. 대상과 상황의 이면에 숨어 있는 함축적 의미를 파악하고 복잡한 현상을 제대로 이해하는 능력은 분석적 사고를 필요로 한다. 그래서 분석적 사고는 모든 학문의 기초이며 사고력의 근간이다.

아직도 사회적 논쟁의 단골 주제로 등장하는 '군사독재와 경제 발전' 이슈를 생각해보자. 우리나라는 군사독재를 겪었고 그 시절 경제가 비약적으로 발전했다. 그랬더니 군사독재 덕분에 경제가 발전했다는 해석이 등장했다. 하지만 이는 '군사독재가 아니었다면 경제 발전을 하지 못했다.'는 전제가 성립되어야 가능한 논리다. 이런 인과관계의 왜곡은 분석적 사고의 부재로 인한 현상이다. 결과인 경제 발전을 세분화하고 각 단계의 의미를 이해하면 경제 성장을 가능케 한 수많은 핵심 요인들이 줄줄이 드러난다. 하지만 이렇게 분석적으로 사고하지 않으면 뻔한 인과관계조차 제대로 볼 수 없다. 상황이 발생하는 대로 한 가지씩 무작정 처리하는 의사결정과 문제의 원인과 결과를 제대로 이해하지 못해 표피적 현상에 매몰되는 선택은 모두 분석적 사고의 부재가 낳은 불행이다.

환갑이 지난 우리 세대가 가장 많이 들었던 말이 있다. 군사독재 시대의 독재자들에게 공과功過가 동시에 있었다는 것이다. 이는 분석적 사고가 작동하기 이전의 문제로 보인다. 경제 성장을 하려다 보니 수많은 생명을 희생시켜야만 했다는 것은 어떤 경우에도 인간의 보편적 인식과 감정에는 어울리지 않는다. 설사 어떤 논리를 억지로 끌어다 맞춘다고 하더라도 타인의 생명을 짓밟고 잘살게 됐다는 것을 과연 어느 누가 아무런 거리낌 없이 받아들일 수 있을까? 이것은 인간에게 주어진 순수이성의 영역이기도 하지만 원초적 감정의 문제이기도 하다.

분석적 사고가 중요하다는 것을 다 알고 있다. 그래서 현대 교육은 분석적 사고력을 기르는 데 초점을 맞추고 있다. 하지만 분석적 사고는 타고난 역량요소로서 교육으로 쉽게 향상되지 않는다. 평균 이상의 교육을 받았음에도 분석적 사고력이 매우 떨어지는 사람들이 적지 않다. 분석적 사고력은 교육 수준과 반드시 비례하지는 않는다. 실제로 교육 수준은 낮지만 매우 높은 분석적 사고력을 발휘하는 사람들을 주위에서 많이 만날 수 있다. 내가 어릴 적에 살던 강원도 산골 마을에 사리가 아주 밝은 할머니가 살았다. 사람들은 마을에 어떤 분쟁이나 다툼이 생기면 그 할머니를 찾아가서 시시비비를 가리곤 했다. 다툼의 당사자들은 다들 학교를 나온 청장년들이었다. 반면 할머니는 서당에도 다닌 적이 없고 한글을 스스로 깨쳤을 뿐이다. 동네 어른들도 할머니의 해법과 판단을 존중했다. 이처럼 학력이나 학벌은 분석적 사고력과는 아무런 관련이 없다.

앞에서 예를 들었던 독일의 빌리 브란트도 그렇다. 정식 교육이라곤 고등학교가 전부였다. 그는 대학 교육을 받아본 적이 없다. 반면 그를 비난했던 사람들은 대학 교육을 받은 학벌 좋은 정치인들이었다. 그럼에도 브란트는 냉전 시대를 분석적으로 바라보았다. 그 원인을 4가지로 분석하여 해법을 제시했고 순차적으로 실행에 옮겼다.

첫째, 서독과 동구권 국가 간의 잘잘못을 해결하는 협약을 맺는다. ⇒ 1970년 시작, 1973년 완결

둘째, 불안정하게 동서로 분할된 베를린 문제에 관해 전승국 4개국과 협약을 맺는다. ⇒ 1971년 시작, 1972년 완결

셋째, 동독과 서독 간의 내부통행에 관한 조약을 맺는다. ⇒ 1972년 완결

넷째, 강대국 간의 군축에 관한 협약을 맺는다. ⇒ 1972년 완결

브란트는 국제적인 이해관계가 뒤얽힌 이슈들을 순차적으로 풀어나가겠다는 구상을 했고 그대로 실현했다. 이 협약들은 연방총리로 취임한 지 3년 안에 실현됐다. 분석적 사고력이 미래지향성과 성취지향성 등의 역량요소와 결합하면 탁월한 리더십으로 발휘된다. 브란트는 이처럼 문제의 본질을 꿰뚫어보는 분석적 사고력이 탁월한 인물이었다. 그리고 분석적 사고가 부족하더라도 교육과 훈련을 통해 '분석적으로 사고하는 노력'을 의도적으로 견지해 어떤 현상의 실체적 진실을 추구하도록 할 수 있다.

우리가 흔히 하는 오해 중 하나는 특정 역량요소가 곧 남다른 성취를 의미한다는 생각이다. 그렇지 않다. 모든 역량요소는 복합적인 상호작용을 통해 특별한 능력으로 발현된다. 가령 기획력이라는 능력의 경우 분석적 사고가 반드시 필요하다. 하지만 분석적 사고가 곧 기획력을 의미하지는 않는다. 분석적 사고를 발휘하여 현상을 이해하는 과정에는 필요한 정보를 제대로 취합하는 정보수집 역량이 필요하고, 다양한 정보를 종합하고 개념화하는 개념적 사고와 상호협력이 있어야만 높은 수준의 기획력이 완성된다. 분석적 사고는 특히 개념적 사고와 협력함으로써 더욱 뚜렷하게 분석적 특성을 발휘한다.

개념적 사고CT, Conceptual Thinking
: 남들은 못 보는 본질을 찾아내 개념화한다

> - 정의: 여러 가지 정보를 종합해 전체 상황을 이해한 후
>   일정한 패턴이나 핵심적인 문제를 찾아내는 사고력
> - 키워드: 정보 종합, 분석적 사고 사이의 빈 곳을 채워
>   전체를 확인, 전략적 사고, 패턴
> - 관련 역량요소: 분석적 사고AT, 영재성GIF, 학습능력LC,
>   창의성CRE

A: "여러분 회사는 어떤 사업을 하나요?"

B: "음…… 잔디 관리, 주택 청소, 벌레 박멸 같은 사업을 합니다."

A: "아니에요. 여러분 회사의 사업은 '미숙한 사람들을 훈련하고 일을 잘하도록 돕는 것입니다."

현대 경영학의 아버지로 불리는 경영사상가 피터 드러커Peter Drucker는 세상을 떠날 때까지 조언을 청하는 기업가들에게 한결같이 '업의 본질'을 물었다. 어느 조직이든 나아갈 방향을 결정할 때 현상의 본질을 알아야만 길을 찾을 수 있다는 가르침이었다. 그러나 본질은 언제나 분절된 현상 이면에 존재하기 때문에 찾아내기가 쉽지 않다. 본질에 이르려면 여러 가지 정보를 종합하여 전체 상황을 이해한 후 핵심 문제를 찾아내 개념화conceptualization하는 특별한 역량이 필요하다. 바로 개념적 사고다.

드러커는 개념적 사고가 무척 뛰어난 사람이다. 청소 회사의 경영 상황을 점검하던 드러커가 임원들에게 뜬금없이 회사의 사업이 무엇인지 물었다. 그 회사가 어떤 일을 하는지 몰랐을 리 없다. 그의 의도는 경영의 문제가 바로 업의 본질을 모르는 것임을 깨닫게 하려는 것이었다.

청소 회사가 청소를 잘하려면 직원들이 충분히 숙련되어야 한다. 그러기 위해 회사가 해야 할 일은 직원들이 청소의 의미를 이해하도록 교육하고 기술을 훈련해야 한다. 그래야만 고객을 만족시킬 수 있기 때문이다. 청소 회사의 업이 청소가 아니라 사람을 숙련시키는 일인 이유다. 개념적 사고는 다른 사람은 보지 못하는 문제의 본질을 파악함으로써 혁신적인 솔루션을 제시하는 통찰력의 기반이다.

미국의 기업가 하워드 슐츠Howard Schultz는 커피 프랜차이즈인 스타벅스를 세계적 브랜드로 성장시킨 주역이다. 초기 사업의 기반을 다졌다. 2000년 경영에서 물러났다가 2008년 복귀해 2017년까지 CEO를 역임했다. 그가 다시 돌아왔던 2008년은 스타벅스가 심각한 경영 위기에 직면했을 때다. 슐츠는 스타벅스의 위기를 돌파할 솔루션을 찾아내야 했다. 당시 스타벅스의 어려움은 단지 글로벌 금융위기라는 외부 경제 환경뿐만이 아니었다. 평균 매출 이하의 지점이 증가하고 있었다. 동종 업종 대비 경쟁력이 약화됐다. 투자는 효율적이지 못했고 고객만족도는 하락하는 등 해결해야 할 문제들이 산적해 있었다. 당시 슐츠가 제시한 솔루션은 다소 엉뚱해 보이는 '파트너, 점장, 그리고 바리스타들의 의식 전환'이었다.

"그들이야말로 브랜드의 진정한 사절단이자 회사의 낭만적인 분위기와 퍼포먼스를 연출하는 연출자이며 고객에게 기쁨을 파는 상인이지 않은가! 지금 회사에 간절히 필요한 것은 친절하고 열정적이며 주인의식이 가득한 바리스타들과 점장들이었다. 안타깝게도 회사는 그동안 그들에게 우리 커피와 브랜드에 대한 가치와 자부심을 고취하지 못했다."

슐츠는 매장에서 직접 고객과 대면하는 바리스타와 점장의 직무 본질을 브랜드 '사절단'이자 분위기 '연출자'이자 기쁨을 파는 '상인'으로 규정했다. 그렇다면 스타벅스의 업의 본질은 무엇인가? 당연히 커피 판매 회사가 아니라 낭만과 기쁨이라는 '경험을 파는' 회사라는 게 슐츠의 결론이었다. 이것이 개념적 사고다.

복잡한 이슈들 속에서 핵심 문제를 찾고, 업의 본질을 개념화하고, 솔루션을 제시하는 과정은 개념적 사고 없이 불가능하다. 슐츠는 당시 스타벅스의 순이익이 절반 이상 곤두박질치는 최악의 상황에서 무려 3,000만 달러 이상을 쏟아부어 직원들이 기업가치를 공유할 수 있도록 훈련을 진행했고 점장들에게 리더십 프로그램을 제공했다. 슐츠는 이 과정을 조직구성원에게 '생명을 불어넣는' 프로젝트라고 불렀다.

개념적 사고는 분석적 사고와 동전의 양면처럼 매우 밀접한 관계에서 상호 영향을 주고받는다. 가령 슐츠가 스타벅스의 위기를 진단하는 과정을 보면 마치 수술을 준비하는 외과 의사처럼 보인다.

"매장별 단위 경제의 추이는 어떠한가? 매출이 평균에 못 미치는 매장의 개수는 몇 개이고 그 위치는 어디며 그 이유는 무엇인가? 동종 기업에 잡힐 위험 없이 얼마나 많은 매장을 어떤 시장에 개점할 수 있는가? 우리의 구매, 물류 운영이 어디까지 확대되고 있는가? 필요 이상의 자금을 투자하는 부분은 어디인가? 적재적소에 적절한 기술을 가진 적임자를 배치해 고객 만족 경영을 실천하고 있는가? 검토해본 결과 당장 나오는 건 깊은 한숨뿐이었다."

슐츠는 이처럼 분석적 사고를 토대로 사실이 무엇인지 발견해냈다. 사실 발견에 실패하면 그 이후의 모든 것이 잘못된다. 사실을 발견한 후에야 개념적 사고로 문제의 본질을 개념화하는 과정을 통해 정확한 솔루션을 제시할 수 있다.

개념적 사고와 분석적 사고가 매우 가까운 관계라고 해도 두 역량요소가 반드시 함께 존재하는 것은 아니다. 분석적 사고는 있지만 개념적 사고가 부족할 수도 있다. 이런 경우 분석적 사고를 발휘해서 현상에서 어떤 일이 벌어지는지를 소상히 파악해 상황의 표피적 인과관계와 상관관계를 이해할 수는 있다. 하지만 개념적 사고가 부족하면 근본 원인에 대한 역사적, 사회적, 시대적 의미를 깨닫지 못하게 되고 대책을 세워도 효과가 없는 대증요법만 사용한다.

오늘날 우리 사회에서 일어나는 예를 들어보자. 사법농단이라는 충격적인 사실뿐만 아니라 판사의 판결문 중에도 일반인의 보편적 상식에도 부합하지 않는 경우가 많다. 검사는 객관적 증거 위주로 수사를 해야 함에도 증거를 조작해 기소하는 방식의 수사권과 기소권을 행사해왔다. 일베의 행패는 인간으로서의 보편적 감정을 파괴한다. 정치집단은 시민이 원하는 수준의 행정 서비스를 하도록 관료집단을 장악하기는커녕 오히려 관료집단에 포획되어 끌려다니고 있다. 언론사 직원이 가짜 뉴스를 생산하거나 퍼 나르고 있다. 그럼에도 이를 통제할 권한이 있는 기관은 아무런 영향력을 행사하지 못하고 있다.

이렇게 서로 다른 파괴적 사회현상은 분석적 사고만으로는 해결책을 마련하기 어렵다. 여기에는 역사적 맥락과 함께 시대정신을 꿰뚫어볼 수 있는 개념적 사고력이 필요하다. 이런 현상의 근저에는 피폐해진 공교육에 그 원인이 있다. 법률서를 외워서 국가고시에 합격해 판·검사가 된 사람들이 사회정의와 공동체를 위해 헌신할 수 있겠는가? 법률시험에 합격했다고 해서 정의감에 불타오르지 않는다. 시험은 그저 시험일 뿐이다. 사회정의를 위해 헌신하도록 하는 시험제도란 세상에 존재하지 않는다. 시험점수와 사회적 성취라는 두 변수 사이에는 인과관계는 물론 상관관계조차 성립하지 않는다. 사회적 성취는 타고난 역량요소에 의해서만 예측할 수 있다.

서열화, 계급화, 차별화, 경쟁화라는 비인간적인 교육 환경에서 자라나 학교의 시험 성적만으로 평가받는 사람들이 일베로 변하지 않으면 오히려 이상한 일이다. 그들이 언론사에 취직하면 가짜 뉴스를 생산하면서도 양심의 가책을 느끼지 않는 것은 당연한 일이 아닐까? 보편적 이성의 기능이 작동하지 않는 이기주의적인 상황과 터무니없을 정도의 반교육적 환경에서 자라난 젊은이들이 공무원 시험을 통과했다고 해서 갑자기 공익에 봉사하려는 마음이 생기겠는가? 정치철학도 없이 그저 사익을 위해 인맥을 동원하여 선전 선동으로 정치판에 발을 들여놓은 정치인들은 거대한 조직을 거느린 고위직 행정관료들의 막강한 힘에 어찌할 바를 알지 못하는 것도 당연하다.

무엇이 문제일까? 분석적 사고만으로는 이런 문제의 근원을 파악하기 어렵다. 분석적 사고로는 우리 사회의 역기능적인 개별 현상을 분석하고 개념적 사고로는 분석 결과를 종합하여 개념화하고 그 근본 원인을 치유하는 해결책을 낸다. 교육개혁의 문제뿐만 아니라 국토의 균형발전에 역행하는 지방소멸 현상, 매년 2,000여 명씩 사망하는 열악한 노동환경의 문제, 최악의 상황으로 치닫는 소득과 자산의 불평등 문제, 검찰개혁과 사법개혁의 문제, 선거제도의 비합리성에 관한 문제 등 우리 사회의 복잡한 문제들은 개념적 사고를 동원해야 해결할 수 있다. 이런 복잡하고 고질적인 문제점에 대한 근원적 처방을 볼 수 없는 이유는 소위 엘리트라는 지식인 계층이 기득권을 놓고 싶지 않아서 개념적 사고를 발휘하지 않거나 아니면 개념적 사고력이 빈곤하기 때문이다.

이렇게 개념적 사고는 분석적 사고만으로는 설명되지 않는 복잡한 현상의 핵심을 짚어내는 역할을 한다. 즉 분석적 사고로 끄집어낸 요소들의 빈틈을 메우면서 현상 전체를 아우르는 개념을 만드는 것이다. 개념적 사고가 뚜렷하게 발휘되려면 분석적 사고, 영재성, 학습능력, 창의성 등 여러 역량요소의 협력이 필요하다.

영재성GIF, Giftedness
: 고도의 민감성으로 몰입한다

> • 정의: 몰입을 통해 자기중심성에서 벗어나 현실적인 제약
>   을 넘어 자신의 이상과 신념에 집착하는 성향
> • 키워드: 몰입 또는 고도의 민감성
> • 관련 역량요소: 개념적 사고CT, 학습능력LC, 창의성CRE, 미
>   래지향성FL

우리가 가장 많이 하는 오해는 영재성과 높은 수준의 지적 능력을 거의 동일하다고 생각하는 것이다. 국내 교육계에서 널리 인용되고 활용되는 영재성은 미국의 영재교육학자 조지프 렌줄리Joseph S. Renzulli가 창안한 렌줄리 모형에 기반하고 있다. 렌줄리는 영재성 정의에서 세 고리 모형이라고 부르는 '평균 이상의 지능' '과제에 대한 집착' '창의성'을 강조한다.

렌줄리의 영향을 받은 국내 교육계는 영재교육진흥법 제2조 제1항에서 영재를 '재능이 뛰어난 사람, 타고난 잠재력을 계발하기 위해 특별한 교육을 필요로 하는 사람'으로 정의하고 국가적 영재교육을 시행한다. 문제는 영재성의 평가항목이 분석적 사고와 개념적 사고에 치중되어 있다는 점이다. 이 두 역량요소의 특징은 지적 능력, 즉 지능지수IQ가 높으면 현재의 검증 시스템을 통과하기 쉽다. 그러다 보니 영재성은 높은 지능지수로 오해를 받게 됐고 우리나라 영재교육의 불행이 바로 여기서 시작됐다.

영재성은 타고난 역량요소다. 즉 교육으로 형성될 수 없다. 지능

지수와도 직접적 관련성이 없다. 국내 영재교육이 길을 잃고 헤매는 문제는 영재성의 개념을 정확하게 이해하지 못한 데서 비롯된다. 그렇다면 영재성이란 무엇인가? 어떤 현상에 고도로 민감하게 반응하여 자기중심성을 벗어나고 현실적인 제약을 넘어 자신의 이상과 신념에 몰입하는 성향이다. 여기서 자기중심성에서 벗어난다는 말은 타고난 자연적 본능natural instinct을 넘어선다는 의미다.

영재성의 핵심 키워드는 '고도의 민감성'과 '몰입'이다. 몰입이란 흔히 '~에 미쳤다'라고 표현할 정도로 무언가에 깊게 빠지는 성향을 말한다. 미국 자동차 기업인 포드의 창업주 헨리 포드Henry Ford는 어린 시절 일찌감치 기계와 자동차에 대한 탁월한 영재성을 드러냈다. 그가 자서전『헨리 포드』에 직접 회고한 내용을 보자.

"12살 때 읍내에 나갔다가 자동차를 보자마자 마차에서 뛰어내려 운전사에게 말을 걸었다. 운전사는 몹시 기뻐하며 작동 원리를 전부 다 설명해주었다. 그 시절부터 내 주된 관심은 줄곧 길을 달릴 기계를 만드는 것이었다. 나는 읍내에 갈 때도 항상 너트며 고리쇠 등의 기계 부품을 호주머니 한가득 넣고 다녔다."

이것이 '자동차에 미친' 몰입의 상태다. 몰입은 특정 대상에 고도로 민감하게 반응하는 현상으로 설명할 수 있다. 세계 최고의 부자이자 투자의 귀재로 불리는 버크셔 헤서웨이의 회장 워런 버핏의 어린 시절로 가보자.

『워런 버핏 평전 1』에서 그의 가족들은 버핏을 가리켜 "숫자와 함께 살고 호흡하는 아이"라고 증언했다. 버핏은 병뚜껑에 있는 숫자, 야구카드에 있는 통계 수치, 자동차 번호판, 집 앞을 지나가는 자동차의 종류별 대수에 이르기까지 온갖 종류의 숫자들을 암기하는 것을 즐겼다. 그는 머릿속으로 끊임없이 숫자를 계산했는데 교회에서 남들이 찬송가를 부를 때 찬송가를 만든 작곡가들의 수명을 계산했다고 한다. 특정 대상에 고도로 민감하게 반응하는 성향은 영재성의 고유한 특징이다.

이런 고도의 민감성을 영재성의 개념으로 처음 규정한 사람은 폴란드의 심리학자인 카지미에시 다브로프스키Kazimierz Dabrowski다. 그는 '긍정적 비통합이론Theory of Positive Disintegration'을 통해 영재성을 '과흥분성overexcitabilities'으로 정의했다. 특정 상황과 문제에 봉착했을 때 '매우 높은 수준의 민감한 반응'을 보이는 성향이 바로 영재성이라는 것이다. 다브로프스키는 이 정의에 따라 영재성을 다섯 종류로 분류했다.

먼저 '심체적psychomotor 영재성'이다. 세계적 스타의 반열에 오른 스포츠 선수들이 좋은 예다. 박지성과 손흥민은 어릴 때부터 축구공에서 한시도 떨어지지 않으려 했다. 박지성은 학창 시절 심지어 축구공을 끌어안고 잤다. 피겨선수 김연아는 돌이 갓 지날 무렵부터 소파 위를 뛰어다닐 정도로 운동신경이 남달랐다고 한다. 심체적 영재성은 훈련으로 도달하기 어려운 수준의 성취를 이루게 하는 역량요소로서 훈련의 결과로 만들어지는 숙련도와는 전혀 다르다.

두 번째는 '감각적sensual 영재성'이다. 초기 한류를 이끌었던 TV 드라마 「대장금」의 주인공 장금이는 어린 시절 불고기 요리를 한입 맛본 후 단맛의 정체가 설탕이 아니라 홍시라는 것을 알아챘다.

수라간 최고 상궁이 "왜 홍시라고 생각했느냐?"라고 묻자 장금이는 "그냥 홍시 맛이 나서 홍시라 생각한 것이온데……."라고 대답했다. 당시 유행어가 된 이 짧은 대사가 바로 감각적 영재성을 설명한다. 소리도 마찬가지다. 아주 작은 소리도 알아차리고 민감하게 반응하는 사람들이 있다. 또는 모두가 별 감흥 없이 흘려들은 소리를 저 혼자 기억하고 이를 다른 악기로 표현해내기도 한다. 소리에 고도로 민감하게 반응하는 역량요소를 타고난 것이다.

세 번째는 '상상적imaginary 영재성'이다. 영국의 작가 조앤 롤링Joan Rowling은 1997년 소설 『해리포터』 시리즈를 완성했다. 이 소설은 지금까지 67개의 언어로 번역되어 약 4억 5,000만 부 이상 팔렸고 8편의 영화로 만들어졌다. 맨체스터에서 런던으로 가는 기차 안에서 아이디어가 떠올랐다고 한다. 그녀는 이혼 후 4개월 된 젖먹이 딸을 데리고 잠시 머물렀던 스코틀랜드에서 정부 보조금으로 생활하며 에든버러의 엘리펀트 카페 구석 자리에 앉아서 그 아이디어를 소설로 현실화했다는 일화는 유명하다. 나중에 그 카페에서 집필한 적이 없다는 기사가 나오기도 했지만 어쨌든 아이디어에 몰입하면서 현실의 제약을 넘어서는 성향과 오직 상상으로 판타지 세상을 창조하는 힘은 상상적 영재성에 기반한다. 윌리엄 셰익스피어William Shakespeare나 제인 오스틴Jane Austen 등 세계적 명성을 얻은 작가나 예술가들에게서 공통으로 발견된다.

네 번째는 '지적intellectual 영재성'이다. 역사상 독보적인 업적을 이룬 학자들에게는 노벨상이 수여된다. 그들은 타고난 지적 영재성의 소유자다. 지적 영재성은 우리가 알고 있는 지능지수와 같은 지적 능력과는 전혀 다르다. 어릴 적 시험 성적으로 알 수 있는 종류의 능력이 아니다. 지적 영재성은 특정 주제에 빠져들어 고도의 흥분을 경험하는 성향이다. 양자역학을 창시한 공로로 노벨상을 받은 물리학자 베르너 하이젠베르크Werner Karl Heisenberg가 젊은 시절 에너지라는 명제를 다루며 느낀 마음의 상태를 기록한 내용을 보자.

"첫 번째 항이 에너지 명제를 충족했을 때 나는 흥분의 도가니에 빠졌다. 완전한 계산을 손에 쥐었을 때는 새벽 3시가 가까워오고 있었다. 나는 까무러칠 것 같았다. 표피적 원자 현상을 통해 저 안쪽 깊숙이 놓인 아름다운 심연을 본 것 같은 느낌이었다."

누가 시키지 않아도 저절로 이런 상태가 되는 것이 바로 지적 영재성이다. 미국의 최고 인기 무료 생활광고 사이트인 크레이그리스트Craigslist를 창업한 짐 벅마스터Jim Buckmaster의 청년 시절은 말 그대로 별 볼 일 없었다. 그는 적성에 맞지 않는다는 이유로 돌연 다니던 미시간 대학교 의대를 중퇴한 후 무려 10여 년 동안 자신의 일을 찾지 못하고 빚에 허덕이는 삶을 살았다. 훗날 당시를 회고하며 '연봉 5만 달러짜리 일자리를 잡는 게 유일한 소망'이었다고 말했을 정도다. 우연히 웹프로그래밍을 배우기 시작했을 때만 해도 벅마스터는 컴맹 수준의 평범한 청년이었다. 하지만 컴퓨터를 배우며 자신도 전혀 몰랐던 역량이 발휘되기 시작했다.

"웹프로그래밍을 시작하자마자 나는 완전히 매료됐다. 한 번에 18시간 동안 의자에 앉아 일하다 잠깐 눈을 붙이며 하루를 보낸 날도 있었다. 나는 웹프로그래밍이 너무 재미있었다. 세상에! 난데없이 매우 흥미롭고 즐거운 일이 눈앞에 나타났다. (중략) 굳이 말하자면 나는 처음부터 웹 프로그래밍이 이유도 없이 그저 좋았다. 엄격히 말해 웹 프로그래밍은 나 혼자 배웠다.”

지적 영재성은 가르쳐주지 않아도 스스로 배우는 행동을 유발하는 심적 동력이다. 이는 매우 열심히 하는 것과 차이가 있고 약물이나 도박과 같은 것에 몰입하는 부정적 중독과도 다르다.

다섯 번째는 '감정적emotional 영재성'이다. 타인의 고통과 슬픔을 단지 공유하는 수준을 뛰어넘어 그 현상에 민감하게 반응하면서 현실적 제약을 극복하기 위해 몰입한다. 그들은 사회적 대참사 등이 발생했을 때 사건을 받아들이고 대응하는 방식이 일반적이지 않다. 현실의 제약을 두려워하지 않고 행동으로 실천한다. 대표적으로 플로렌스 나이팅게일Florence Nightingale은 영국의 간호사로 병원의 개혁에 힘쓴 박애주의자였다. 궁핍한 환경 때문에 고통받는 사람들에 대한 공감 능력이 뛰어나서 헌신하기도 한다. 장기려 박사와 유일한 박사의 삶과 행적을 보면 감정적 영재성을 가지고 태어났음이 분명하다. 불합리한 제도로 고통받는 사람들을 위해 종교개혁에 앞장섰던 마르틴 루터Martin Luther와 장 칼뱅Jean Calvin도 이 부류에 해당한다. 이봉창, 윤봉길, 이회영, 안중근 등 독립운동에 앞장섰던 인물들 또한 사회의 부조리와 불합리 등에 민감하게 반응하면서 그런 잘못된 현상을 바로잡기 위해 헌신했다.

물론 영재성도 다른 역량요소와 마찬가지로 단독으로는 커다란 사회적 성취를 이룰 수 없다. 영재성의 사례로 든 인물들은 타고난 영재성이 다른 역량요소들, 즉 앞서 언급한 분석적 사고와 개념적 사고뿐만 아니라 앞으로 설명할 성취지향성, 대인영향력, 자신감, 정보수집 등 다양한 역량요소들과 상호작용함으로써 역사에 남을 탁월한 성취를 이룰 수 있었다.

예를 들어보자. 워런 버핏은 어릴 적부터 "돈을 충분히 벌고 싶었고 그런 능력을 갖추기 위해 노력했다."고 말한다. 늘 금융 관련 책을 탐독했고 원하는 통계자료를 얻기 위해 장거리 출장을 마다하지 않았다. 이렇게 얻은 정보는 한 글자도 빼놓지 않고 읽었고 그 내용은 숫자까지 자연스럽게 기억할 수 있었다. 이는 정보수집이라는 역량요소다.

이렇게 수집된 다양한 정보는 분석적 사고를 통해 이해하고 개념적 사고로 방향성을 결정한다. 이것이 통찰이다. 버핏의 영재성이 성취지향성과 연결되지 못했다면 아마 조금만 힘들어도 노력하지 않았을 것이고 높은 성과를 내지 못했을 것이다. 반대로, 필요한 정보를 수집하고 분석하고 통찰하는 역량요소가 뒷받침되지 않았다면 성취지향성 역시 큰 성과를 내지 못했을 것이다. 투자의 신이라는 명성은 필요한 역량요소들이 제 역할을 하면서 상호작용해 이루어낸 성과인 셈이다.

다시 한번 더 강조하지만, 여기서 잊지 말아야 할 것은 이런 과정 자체를 즐길 수 있어야 지치지 않고 계속할 수 있다는 점이다. 많은 사람은 사회적 성취를 이룬 사람들을 모방하면 된다고 착각한다. 돈 버는 기술과 관련된 문헌을 탐독하고 숫자를 기억하는 모든 과정이 즐겁지 않은데 억지로 돈을 벌기 위해 그런 행동을 모방하면 삶은 괴로워지고 그 과정을 지속할 수 없다. 사람은 서로 다른 성향을 지니고 태어나기 때문에 서로 다른 분야에서 즐겁게 일할 수 있어야 한다. 그래야 모든 분야에서 노동생산성과 창의성이 향상되기 때문이다. 우리 사회의 구조와 시스템을 누구라도 인간적인 삶을 살아갈 수 있도록 재설계해야 하는 이유는 그 때문이다.

2

추상화 역량군

: 좋은 망치도 활용할 능력이 있어야 한다

추상화 역량abstraction competencies은 자신의 도구적 역량을 명확하게 인식하고 그 도구를 잘 활용하는 능력이다. '추상한다'는 뜻은 '상황을 이루는 여러 가지 복잡한 요소 중 특정한 요소만을 가려내어 파악하는 것'을 말한다. 복잡한 세상에서 '무엇이 가장 중요한지' 알아낼 수 있는 건 인간에게 추상하는 능력이 있기 때문이다. 추상화 역량은 자신의 삶이 지향할 방향을 인식하는 능력으로서 높은 성취를 이루는 과정에서 '지혜로움'으로 드러난다. 이것이 바로 자기인식self-awareness 능력이다.

추상화 역량군의 핵심 키워드는 자기인식이다. 가령 목수가 자신이 남보다 좋은 연장을 종류별로 갖고 있다는 사실을 알아차리고 이를 이용해 멋진 집을 짓는다고 하자. 그럼 목수로서 성공도 하고 삶도 충만해진다. 하지만 좋은 연장이 있다는 사실을 깨닫지 못하거나 작은 집을 지을 정도의 연장이 있음에도 빌딩을 짓겠다고 나선다면 빌딩은커녕 작은 집 한 채도 얻기 어렵다. 자신의 역량과 시간을 모두 엉뚱한 목표에 써버렸기 때문이다.

좋은 도구적 역량을 타고났음에도 불구하고 추상화 역량이 부족한 경우 '무엇을 추구하고 어디에 역량을 쏟아야 하는지' 방향을 제대로 판단하지 못한다. 엉뚱한 자리에서 최선을 다해 노력한다. 추상화 역량은 잘못된 시도를 했을 때 '해봤는데 내가 있을 자리가 아니구나.'라고 깨닫고 빨리 방향을 바꾸는 지혜로움이다. 그리고 자신의 역량을 마음껏 발휘할 수 있는 자리를 찾아 능력을 발휘한다.

추상화 역량을 이루는 핵심 역량요소는 창의성, 학습능력, 미래지향성이다. 창의성과 학습능력은 새로움과 깨달음의 능력이다. 미래지향성은 미래의 방향성을 예측하고 나아가 미래에 닥칠 일들을 위해 지금 준비하는 실천력을 의미한다.

창의성CRE, Creativity
: 관행과 통념을 넘어서 생각하고 행동한다

- 정의: 관행과 통념을 넘어서는 새롭고 유용한 아이디어와 산출물을 만들어내는 성향
- 키워드: 상상력, 아이디어와 산출물
- 관련 역량요소: 분석적 사고AT, 개념적 사고CT, 영재성GIF, 학습능력LC

창의성의 사전적 개념은 전혀 새로운 생각이나 개념을 찾아내거나 기존의 생각과 개념을 새롭게 조합하는 것과 연관된 정신을 말한다. 하지만 역량요소로서 창의성의 핵심은 아이디어든 산출물이든 구체적 결과물의 여부다. 문제를 단순히 변형하거나 개선하는 수준 또는 현실에 유용하지 않은 해결책을 제시하는 것은 역량요소로서 창의성에 해당하지 않는다. 창의성에서 주목할 또 하나의 특성은 '관행과 통념을 넘어서려는' 성향이다. 관행과 통념을 넘어서는 새로움과 유용성이 아이디어 혹은 산출물에 반영되어야 창의성으로 진단할 수 있다.

일본 건축가 안도 다다오安藤忠雄는 자신만의 건축양식을 창조해 낸 뛰어난 예술성을 인정받아 건축계의 노벨상인 프리츠커상을 수상했다. 그의 성공을 만든 역량요소로서의 창의성은 드라마틱한 삶의 행적에서 뚜렷하게 드러난다. 안도 다다오는 건축 교육을 정식으로 받은 적이 없다. 젊은 시절 그의 목표는 복서가 되는 것이었다. 가난에서 벗어날 수 있는 가장 빠른 방법이라고 생각했기 때문이다. 하지만 프로 복서와 스파링 시합을 한 후 '저 선수보다 더 잘할 재능이 없다.'는 사실을 깨닫고 미련 없이 링을 떠났다.

그는 그 후 건설 현장에서 막노동하던 중 모더니즘 건축의 거장 르 코르뷔지에Le Corbusier의 작품을 보고 영감을 받고 얼마 안 되는 저축을 모두 털어서 무작정 유럽으로 떠났다. 그가 도착하기 전 아쉽게도 르 코르뷔지에가 사망하는 바람에 만나지는 못했다. 하지만 안도 다다오는 건축이야말로 자신이 할 수 있고 또 해야 할 일이라고 확신했다. 독학으로 건축을 공부한 그는 빛, 물, 나무, 하늘, 바람, 돌 등 자연과 호흡하는 건축의 철학을 완성했고 노출 콘크리트 건축이라는 자신의 시그니처를 탄생시켰다.

안도 다다오의 삶을 기록한 『나, 건축가 안도 다다오』에는 그가 아이디어를 떠올리고 현실로 만드는 행동의 과정이 생생하게 기술되어 있다. 언젠가 교회 설계를 맡게 된 안도 다다오는 '단순한 기능성을 뛰어넘은 정신성'을 표현해주길 바라는 교회 측의 기대를 간파했다. 하지만 책정된 예산은 작은 박스형 건물을 지을 만한 정도에 불과했다. 현실의 장벽에 부딪혔을 때 안도 다다오는 어떤 태도를 보였을까?

"그 박스로 어떻게 하면 '이것밖에 없다.'라고 생각할 만한 신성한 건축 공간을 구성할 것인가. 처음부터 나에게는 극단적이다 싶을 만큼 절제하는 금욕적 생활에 대한 무의식적 동경 같은 것이 있었다. 그러한 동경과 관련하여 내가 품고 있던 이미지가 중세 유럽의 로마네스크 수도원이다. 인간의 정신에 호소하는 저 엄숙하고 아름다운 공간을 콘크리트 박스로 만들 수는 없을까."

터무니없이 적은 예산은 '제약'이고 중세 수도원의 이미지는 '관행과 통념'이다. 안도 다다오는 이 두 가지를 모두 넘어서려는 성향을 뚜렷하게 갖고 있다. 바로 창의성이다. 그는 끝내 세상에 없던 안도 다다오표 '콘크리트 박스 교회'를 지었다. 안도 다다오는 분석적 사고, 개념적 사고, 영재성, 학습능력 등 핵심 역량요소들이 힘을 합쳐 창의성을 강렬하게 빛나도록 돕고 있다.

미국의 발명가 토마스 에디슨Thomas Edison은 1,000여 개가 넘는 특허를 기반으로 거대한 전기 기업 제너럴일렉트릭GE을 설립했다. 그의 눈부신 성공은 대중의 관심을 집중시켰다. 언론들은 앞다퉈 그의 성공비결을 기사화했다. 그중 한 인터뷰 기사에서 에디슨이 직접 밝힌 성공비결은 '1퍼센트의 영감과 99퍼센트의 노력'이라고 소개했다. 이 문구는 지금까지도 에디슨의 명언으로 회자된다. 대중은 이 말을 '1퍼센트의 영감보다 99퍼센트나 되는 노력'이 성공을 만든다는 의미로 받아들였다. 평범한 사람들에게 이보다 매력적인 천재의 조언이 또 있을까?

그러나 이는 에디슨의 의도를 크게 벗어난 것이었다. 그는 이후 다른 언론과의 인터뷰를 통해 오류를 바로잡았다. 그가 원래 하려던 말은 "1퍼센트의 영감이 없으면 99퍼센트의 노력은 소용이 없다."는 것이었다. 즉 '1퍼센트의 영감'이 무척 중요하다는 얘기다. 이 1퍼센트의 영감이 창의성이다. 그러면 99퍼센트의 노력은 뭘까? 바로 도구적 역량, 특히 영재성이다. 그는 자신이 엄청나게 노력하는 사람이 아니라 '몰입하는 집중력'이 매우 뛰어난 사람이라고 강조했다. 보통 사람들은 하루에 주어진 시간을 여러 갈래로 나눠서 사용하지만 자신은 한 가지 문제에 육체적 정신적으로 에너지를 집중해 몰입한다는 것이다. 특정 사안에 과흥분하면서 몰입하는 영재성의 전형이다.

그럼 다시 에디슨의 명언을 정리해보자. 1퍼센트의 영감이 없으면 99퍼센트의 노력은 소용이 없다는 말은 뛰어난 창의성도 영재성이라는 역량요소의 도움이 있어야만 성과를 만들어낼 수 있다는 의미다. 하지만 이는 '창의성은 반드시 영재성을 필요로 한다.'는 의미가 아니다. 영재성이 부족해도 일상에서 창의성을 발휘하는 일은 얼마든지 가능하다. 창의성은 경험하지 못한 새로운 상황에 직면했을 때 발휘되는 역량이다. 새로운 아이디어와 이를 적용한 산출물을 통해 주변의 문제를 해결하는 행위는 모두 창의성이 발휘된 결과다.

학습능력LC, Learning Capability
: 할 수 있는 것, 해야만 하는 것, 해도 되는 것, 하면 안 되는 것을 깨닫는다

- 정의: 새로운 다양한 개념을 명확히 이해하고 불명확한 통념을 명확히 개념화하는 성향
- 키워드: 개념화, 창조적 재해석, 깨달음
- 관련 역량요소: 개념적 사고CT, 영재성GIF, 창의성CRE

학습능력이라는 용어는 통념적으로 공부를 잘하는 능력으로 이해된다. 하지만 역량요소로서 학습능력은 경험을 통해 깨닫고 사물과 현상을 창조적으로 재해석하고 자신의 타고난 능력에 개념화하는 성향을 말한다.

개념을 명확하게 이해하려면 '깨달음'이 필요하다. 깨달음이 없다면 진정한 학습이 불가능하다. 학습은 '머리로 이해하고 몸에 밴 상태'를 의미한다. 이는 도구적 역량인 개념적 사고와 분석적 사고를 통해 지식을 많이 습득하고 이해하는 차원이 아니다. 높은 수준의 지적 능력을 타고났다면 노력을 통해 지식의 양은 늘릴 수 있다.

하지만 학습능력이 부족한 사람은 그 지식으로 무엇을 하고 어떻게 사용해야 하는지 깨닫지 못한다. 자신이 이해했다고 생각한 개념을 상황에 잘못 적용하고 고집한다. 그 결과 자기 삶의 방향을 제대로 찾지 못하고 엉뚱한 자리에서 분투하며 스스로 고통을 자초한다.

미국의 애플은 세계에서 가장 강력하고 열성적인 팬덤을 확보한 기업이다. 사람들은 애플 하면 창업주 스티브 잡스Steve Jobs를 떠올린다. 그는 세상을 떠났지만 여전히 애플의 영혼을 상징한다. 그런데 애플의 브랜드에 영혼을 불어넣은 숨은 주역이 또 있다. 세계적인 마케터 가이 가와사키Guy Kawasaki다. 그는 기술과 가격 경쟁력 그리고 광고에 집중한 기존의 마케팅에서 완전히 벗어나 절대적 매력을 전도하는 '에반젤리즘 마케팅'을 창안했다. 그리고 애플의 브랜드 마케팅에 적용해 자기 이론의 파워를 증명했다. 현재 그는 실리콘밸리의 벤처투자가로 변신해 왕성하게 활동 중인데 추상화 역량이 매우 뛰어난 인물이다.

가와사키는 젊은 시절 경영학자 드러커의 열혈팬이었다. 그는 드러커의 책에 나와 있는 대로만 하면 좋은 관리자와 리더가 될 수 있다고 확신했다. 피터 드러커의 말대로 직원들에게 목표와 비전을 잘 설명하고 의욕을 북돋워주기만 하면 다들 훌륭한 리더가 될 테니 미리 준비할 것은 없다고 생각했다. 다만 효율적 관리능력은 별도로 키워야 한다고 판단했다. 그래서 MBA 과정에서 재정과 조직운영 등을 중점적으로 공부했다. 그런데 막상 기업의 관리자로 승진한 후에는 그토록 열심히 공부한 지식을 그대로 활용할 수가 없었다. 미국의 비즈니스 칼럼니스트 애덤 브라이언트Adam Bryant가가와사키와 인터뷰를 수록한『사장실로 가는 길』에 나오는 대화를 보면 가와사키의 학습능력이 드러난다.

"힘들게 어려운 공부를 하고 세상에 나왔더니 진짜 세계에서는 전혀 쓸모없는 지식에 불과하다는 것을 뒤늦게 깨달았습니다. 계산기와 스프레드시트만 사용할 줄 알면 관리자에게 필요한 재정 관련 지식은 모두 해결됩니다. 조직행동, 사회심리학, 이상심리학을 배웠어야 한다는 것을 뒤늦게 깨달았습니다."

가와사키는 그토록 원했던 관리자로 승진한 후에야 지식과 현실이 완전히 딴판이라는 것을 알았다. 높은 자리에 올라갈수록 필요한 건 경영지식이 아니라 '따뜻한 말'과 '유연한 자세'로 직원들과 소통하는 능력이라는 사실을 깨달은 것이다. 이는 대학에서 배울 수 있는 종류의 것이 아니었다. 가와사키는 자신이 배운 지식과 기존의 통념에서 과감히 벗어나 자신만의 방식으로 리더의 길을 찾아 나갔다.

이것이 바로 학습이다. 학습은 지식을 더 많이 쌓는 것이 아니다. 인생에서 학습이란 '해봤더니 안 되는구나.'를 깨닫고 다른 시도를 하는 것이다. '반성적 깨달음'은 학습능력의 핵심이다. 학습능력이 높은 사람들의 공통점은 깨달음을 계기로 자기 삶을 새롭게 정의한다는 것이다. 위대한 선각자들의 공통된 메시지는 바로 '너 자신을 알라.'는 것이다. 이는 자기인식을 의미하며 동시에 학습능력의 중요성을 강조하는 말이다.

인도의 정치지도자이자 정신적 지도자인 마하트마 간디Mahatma

Gandhi에게도 이런 성향을 찾을 수 있다. 영국에서 유학하고 변호사 자격증을 취득한 청년 간디는 남아프리카공화국의 영국 기업에 근무하게 됐다. 그런데 그곳에서 백인들에게 차별당하는 인도인 노동자들의 현실을 목격하고는 큰 충격을 받는다. 그는 식민지 조국의 현실을 외면했던 자신을 반성하고 삶의 방향을 전환했다. 러시아의 작가 톨스토이와 교류하며 비폭력 사상을 배우고 깨달음을 얻은 간디는 비폭력 투쟁이라는 방식으로 인도의 독립을 이끌었다. 성찰을 통해 삶을 재정의하는 학습능력이 간디의 생을 완전히 새로운 방향으로 유도한 것이다.

스티브 잡스도 매우 뛰어난 학습능력의 소유자다. 월터 아이작슨Walter Isaacson이 쓴 『스티브 잡스』에는 그가 삶의 지혜를 얻기 위해 인도로 향한 이야기가 실려 있다. 당시 잡스는 인도에서 여러 유명한 선사들을 만나러 돌아다녔다. 그러던 중 돌연 더 이상 구루Guru를 찾지 않기로 결심하고 미국으로 돌아온다. 왜 그랬을까? 그 이유는 스스로 선불교의 진리를 깨우쳤음을 깨달았기 때문이다. 인도에서 돌아온 후 잡스는 금욕적이고 단순한 삶을 통해 스스로 더 높은 깨달음의 경지에 오르고자 노력했다.

"인도 사람들은 우리와 달리 지력을 사용하지 않지요. 그 대신 그들은 직관력을 사용합니다. 그리고 그들의 직관력은 세계 어느 곳의 사람들보다 훨씬 수준이 높습니다. (중략) 인도에서 돌아온 이후 선불교는 제 삶에 깊은 영향을 끼쳤습니다. (중략) 저는 선불교의 진리를 깨우쳤습니다. '스승을 만나고자 세계를 돌아다니려 하지 말라. 당신의 스승은 지금 당신 곁에 있으니.'"

학습능력은 개념적 사고, 영재성, 창의성이 배경이 될 때 힘을 얻는다. 앞에서 안도 다다오의 창의성을 강력하게 뒷받침해주었던 역량요소로 학습능력을 꼽았다. 안도 다다오는 공업고등학교 2학년 때 벌써 프로 권투선수가 됐을 정도로 재능을 인정받았다. 그런데 체육관을 찾은 당시 권투 챔피언 마사히코 하라다原田 政彦의 스파링을 통해 깊은 충격을 받는다.

"스피드, 파워, 심폐기능, 회복력, 어디를 봐도 나오는 차원이 다르다. 내가 아무리 노력해도 절대로 저렇게까지 발전할 수 없을 거다. '권투로 살아갈 수 있을지도 모른다'는 희미한 기대가 완전히 무너지는구나. 그럼 도대체 내가 하고 싶은 것은 무엇일까?"

안도 다다오는 자신의 재능이 어느 정도의 수준인지 스스로 깨달았다. 첫 문장은 그가 분석적 사고를 활용해 자신이 마사히코 하라다의 수준에 도달할 수 없는 이유를 하나하나 언급한다. 두 번째 문장은 학습능력의 깨달음을 바탕으로 방향 전환을 모색하는 추상화 역량이 발휘되고 있다.

이 과정을 통해 안도 다다오는 '(자신이) 어릴 적부터 나무판으로 무언가 만드는 것에 꾸준한 흥미를 느껴왔다.'는 사실을 떠올리고, 진로의 방향을 바꿔 건축가가 되기 위해 독학을 한다. 안도 다다오는 분석적 사고로 현실을 직시하고 학습능력으로 자신이 무엇을 할 수 있는지를 깨닫는 자기인식 능력이 있었기에 독학으로 시작해 세계적 건축가가 되기까지 방향을 잃지 않을 수 있었다.

미래지향성FL, Forward Looking
: 미래의 일을 예상하고 바로 지금 준비한다

- 정의: 미래에 발생 가능한 문제를 인식하여 현시점에서 생각할 수 있는 대응책을 강구하고 미래의 기회를 위해 능동적으로 준비하려는 성향
- 키워드: 미래의 더 큰 성취를 위해 현재의 쾌락을 유예
- 관련 역량요소: 영재성GIF, 창의성CRE, 성취지향성ACH

분자생물학자인 제임스 왓슨은 DNA의 이중나선구조 발견으로 노벨 생리의학상을 수상했다. 그는 지능지수는 보통 수준이었지만 높은 수준의 영재성, 창의성, 학습능력이 발달한 인물이다. 그의 자서전 『지루한 사람과 어울리지 마라』에는 뜻밖의 고백이 등장한다. 젊은 시절 왓슨은 자신의 수학 실력이 변변치 않다는 사실을 깨달았다고 한다. 그 때문에 자신이 선택한 유전학 분야에서 경쟁자들에게 밀리게 되지 않을까 걱정했다. 그는 고민 끝에 '유전자를 쫓기로 결정한 이상 약점을 정면으로 돌파하는 수밖에 다른 도리가 없다.'는 결론에 이른다.

"나는 고급 수학 과정들을 이수해야 했다. 그래야만 내 분야의 첨단에서 활약할 자격이 충분하다는 안도감을 얻을 것 같았다. 설령 수학의 첨단에는 도달하지 못하더라도 말이다. 그렇기에 수학 수업에서 받은 B학점 두 개는 어려운 생물학 수업에서 받은 A학점보다도 든든한 밑천이었다. 게다가 유전자의

비밀을 찾아 생물학으로 몰려드는 많은 물리학자와 당당히 겨룰 수 있다는 점에서도 다행이었다.”

그가 수학을 포기하지 않은 이유는 미래의 특정 시점에 닥칠 사태를 예상했기 때문이다. 수학 실력을 갖추지 않고 물리학을 할 수 없다. 또 유전학에는 물리학과 수학이 필요하다. 따라서 수학 공부를 회피할 수 없다는 결론에 이른 것이다. 또 미래에 ‘유전자의 비밀을 찾아 생물학으로 몰려드는 많은 물리학자와 당당히 겨룰 수 있을 때 안도하게 될 모습’을 머릿속에 생생하게 그렸다. 미래지향성의 전형적 모습이다.

미래지향성은 장래에 발생 가능한 문제를 인식하고 현재의 시점에서 예방할 수 있는 대응책을 찾고 미래의 기회를 위해 능동적으로 준비하려는 성향이다. 해결하기 어려운 문제나 상황이 발생하면 미루지 않고 즉시 해결하고 미래의 더 큰 성취를 위해 현재의 기쁨, 즉 이익을 기꺼이 유예하는 인내심을 발휘한다.

앞으로 닥칠 일을 예상하고 앞서서 만반의 준비를 시작하는 미래지향성은 높은 성취를 이룬 사람들에서 발견되는 공통적 역량요소다. 피자헛, KFC, 타코벨 등의 브랜드를 거느린 세계 최대 외식기업 얌브랜드Yum! Brands의 CEO 데이비드 노박David Novak은 버핏이 자신의 회사 버크셔 해서웨이의 경영을 맡기고 싶다고 했을 정도로 능력을 인정받는 기업가다.

노박은 젊은 시절 워싱턴의 작은 광고회사에서 카피라이터로 일했다. 그는 미국 최대 광고 시장인 뉴욕의 광고회사에서 일하고 싶어 열심히 문을 두드렸다. 하지만 뉴욕의 일류 광고회사들은 그를 원하지 않았다. 뉴욕 진출의 꿈이 좌절된 후 그는 텍사스 댈러스의 한 광고 에이전시로 자리를 옮기게 됐다. 그곳에서 노박은 식품회사 프리토레이의 광고를 담당하게 됐다. 카피라이터가 된 후 처음 맡은 전국구 광고였다. 그는 자신이 맡은 일이 장래 더 큰 기회를 열어줄 가능성이 있다고 생각했다.

그는 매사 철저하게 준비하고 대응했다. 자신의 역할을 넓힐 기회라면 놓치는 법이 없었다. 새로운 아이디어를 내놓을 때면 항상 비상 계획과 보완책을 따로 마련해놓았다. 그런 대비책을 실제로 활용한 적은 없지만 자신만의 사고방식을 보여줌으로써 광고주에게 깊은 인상을 심을 수 있었다. 심지어 자신의 소관이 아닌 업무도 주도적으로 참여했다. 그는 "마치 광고주 프리토레이의 마케팅 팀장 느낌을 주도록 일했다."고 회고한다. 미래의 기회를 확신하고 매우 능동적으로 준비를 한 것이다. 미리 준비해야만 비로소 기회가 주어진다는 것을 아는 미래지향성은 바로 '지금 이 순간'부터 차근차근 기회를 만들어간다.

그렇다면 얼마나 먼 미래를 예상하고 준비해야 미래지향성으로 볼 수 있을까? 미래지향성은 타고나는 역량이지만 어릴 때는 미래에 대한 인식이 짧을 수밖에 없다. 5세의 아이가 노후를 예측하고 준비할 수는 없는 일이다. 미래지향성은 성장하면서 경험이 쌓일수록 5년, 10년, 20년 혹은 인생 전체를 내다보고 준비하는 행동 패턴으로 강하게 드러난다.

미래지향성의 수준이 높을수록 예측하는 미래의 시점도 길어진다. 이는 미래를 준비하는 행동의 차이로 나타난다. 가령 6개월에서 1년 정도의 비교적 짧은 미래를 예측하는 수준의 미래지향성은 필요하다고 판단되는 행동을 지금 당장 자발적으로 시행하는 정도다. 반면 3~5년 정도의 중장기적 변화를 예측하는 수준의 미래지향성은 아예 현재의 환경 자체를 변화시키려 시도한다.

현재로부터 먼 미래를 예상하고 준비할수록 타인의 눈에는 매우 비현실적인 모습으로 비치고 이상한 행동과 주장으로 오해받기도 한다. 조선 선조 때 병조판서를 지낸 율곡 이이는 1583년 10만 양병론을 주장했다. 당시 조선의 현실을 바탕으로 미래의 변란을 예측한 것이다. 평화로운 시기였던 당시 그의 "당장 10만 명의 군사를 양성해 전쟁을 대비하자."는 주장은 조정에서 몰매를 맞았다. 특히 당대 최고의 유학자로 인정받던 유성룡까지 나서서 "현재 사변이 없는데 군사를 양성하는 것은 화를 자초하는 것이다."라고 반박했을 정도다. 물론 당파싸움에 매몰된 정치적 결정이 큰 영향을 미쳤지만, 당시 10만 양병론은 "현실성이 떨어진다."는 게 중론이었다. 결국 이이의 주장은 무시됐다. 그리고 9년 후 누구도 생각하지 못했던 임진왜란이 발발했다. 전쟁은 무려 7년간 지속됐고 민초의 삶은 무너졌다.

미래의 위기와 기회를 예상하고 준비하는 역량은 사회적 성취를 이루는 데 매우 중요하다. 특히 국가, 기업, 가정을 책임지는 위치에 있다면 미래지향성은 반드시 필요한 역량이다. 고위직 후보자는 장기적으로는 20년 후, 10년 후, 5년 후, 1년 후, 6개월 후 등으로 기간을 세분화해서 미래를 어떻게 예상하고 대응할 준비가 되어 있는지 파악해야 한다. 그의 과거 행적을 통해 미래를 어느 정도의 시점으로 보고 준비해왔는지 확인할 수 있다. 가령 과거의 말과 행동을 번복하는 일을 계속 반복한다면 미래지향성이 없거나 매우 낮은 수준의 사람이다. 단, 미래지향성은 가치를 판단하지는 않는다. 인류의 보편적 가치와 사회의 윤리적 가치를 지향하는지는 미래지향성의 조건이 아니다. 혹여 부정적 가치를 지향하고 꼼꼼하게 준비하는 성향일지라도 미래지향성으로 진단할 수 있다.

미래지향성과 밀접한 관계의 역량요소는 영재성, 창의성, 성취지향성이다. 미래지향성은 미래의 특정 가치를 얻기 위해 높은 목표를 세우고 추진하는 성취지향성과 자주 헷갈리기도 한다. 그러나 이 둘은 완전히 다르다. 미래지향성은 발생가능한 일을 예상하고 지금 준비하는 성향이고 성취지향성은 구체적으로 목표를 설정하고 달성할 때까지 끊임없이 노력하는 성향이다. 미래지향성이 있어도 성취지향성이 없다면 궁극적으로 목표를 달성하기 어렵고 높은 수준의 성취도 불가능하다.

3

목적지향적 역량군

: 포기하지 않는 것도 타고난 역량이다

목적지향적 역량purpose-oriented competencies은 목표와 기준을 세우고 성취하기 위해 여러 가지 방법을 활용해 끊임없이 시도하는 성향이다. 좋은 도구적 역량을 타고난 사람이 추상화 역량까지 높아서 자신이 어느 분야에서 일해야 역량을 최대한 발휘하여 높은 성과를 낼지 안다고 하자. 하지만 목표를 이루는 순간까지 노력하지 않으면 실질적인 결과를 거두기 어렵다. 목수가 '적절한 망치'로 '올바른 곳'을 찾아 집이 '완성될 때까지' 포기하지 않고 노력을 지속해야만 좋은 집을 얻을 수 있는 것과 같은 이치다. 목적지향적 역량의 핵심 키워드는 열린 지평을 기반으로 끈기 있게 추진하는 성향이다.

사회적 성취를 위해 끝까지 포기하지 않는 성향도 타고난다. 교육과 훈련을 통해 향상되지 않는다. 내 경험을 얘기해야겠다. 대학에서 과학분야 영재성이 있는 대학생들을 가르칠 때였다. 내 강좌를 수강하는 대학생의 학부모가 상담하려고 굳이 나를 찾아왔다. 대학생의 부모가 찾아온다는 것도 흔치 않은 일이기에 뭔 일인가 궁금해 만났다. 요지는 이랬다. 아들이 지능지수가 높아 어려서부터 영재교육을 받았는데 노력을 하지 않아서 성적이 별로 좋지 않다는 것이었다. 노력만 하면 좋은 성적을 얻을 수 있는데 당최 노력하는 습관을 들이지 않는다면서 이런저런 방법을 다 동원해봤는데 안 되니 나더러 아들이 노력할 수 있도록 지도해달라는 부탁이었다. 이럴 때 뭐라고 대답해야 하겠는가? 노력하는 것도 타고나는 거라서 교육과 훈련을 통해 길러지는 게 아니라고 말해주었다.

물론 그렇다. 노력하면 된다. 인간사에서 노력해서 안 되는 것이 어디 있겠는가? 나도 시간을 들여 노력만 한다면 노벨 경제학상도 받을 수 있다. 그러나 나는 귀차니스트의 성향을 타고났기 때문에 노력하고 싶을 때 노력할 뿐이다. 귀찮아지면 아무리 좋은 것이라도 더 이상 노력하지 않는다. 이게 아니다 싶으면 내가 손해를 보더라도 포기하고 만다. 대부분의 평범한 서민들이 그렇게 살아간다. 그러나 타고난 목적지향적 역량이 있다면 목표한 것을 달성하기 위해 포기하지 않는다.

'자기 삶의 목적을 확실하게 세웠는가?' 이 질문이 높은 성취의 필요조건인 목적지향적 역량의 핵심이다. 삶의 목적이 분명한 사람만이 목표를 설정하고 끝내 이루어낼 수 있기 때문이다. 그것이 개인적인 목표였든 사회적인 목표였든 마찬가지다.

목적지향적 역량에 해당하는 핵심 역량요소는 성취지향성, 대인영향력, 정직성실성이다. 성취지향성과 대인영향력은 끈질긴 인내와 강한 설득력으로 드러나고 정직성실성은 인류의 보편적 가치를 실현하려는 열정과 태도로 드러난다.

성취지향성ACH, Achievement Orientation
: 높은 목표 설정과 끈질긴 노력은 타고난다

- 정의: 주어진 상황과 현실에 안주하지 않고 주변의 기대보다 높은 목표를 설정해서 끈기 있게 추진해 높은 성과를 창출해내는 성향
- 키워드: 주변의 기대보다 더 높은 목표나 기준을 스스로 설정
- 관련 역량요소: 영재성GIF, 미래지향성FL, 대인영향력IMP

우리 어릴 때의 모습을 떠올려보자. 항상 부모의 기대가 따라다녔다. 부모는 몇 등을 해야 하고, 무슨 대학을 가야 하고, 어떤 직업을 가져야 하는지 아이에게 끊임없이 희망 사항을 주입한다. 그러다 보니 아이는 기본적으로 부모의 기대를 매우 잘 알고 있고 그에 부응하기 위해 나름의 목표를 세운다. 하지만 모든 아이가 부모의 기대를 충족하는 것은 아니다. 대부분 부모의 기대는 그저 희망 사항으로 끝난다. 하지만 성취지향성이 높은 아이는 다르다. 그들은 오히려 부모의 기대보다 더 높게 목표를 설정하는 경향이 있다.

성취지향성은 두 가지 특성을 갖는다. 하나는 주어진 상황과 현실에 안주하지 않는 성향이다. 다른 하나는 주변의 기대보다 스스

로 높은 목표를 설정하고 끝까지 노력해 기어코 높은 성과를 창출해내는 성향이다. 바로 이런 이유로 성취지향성은 목적지향적 역량에서 가장 중요한 역할을 담당한다.

높은 성과는 애초에 높은 수준의 목표가 있어야 하고 끊임없는 노력으로 실행해야 한다. 목표에 도달하기까지 지난한 과정의 시작은 바로 전략을 수립하는 것이다. 지치지 않고 노력을 지속하는 일은 어렵다. 그래서 성취지향성은 힘든 노력을 중도에 포기하지 않도록 매일 해야 할 일과 하지 말아야 할 루틴을 만드는 특성이 있다. 아침에 일어나서 늦은 밤 잠잘 때까지 일상생활과는 전혀 다른 '특별한 노력을 반복하도록' 루틴을 계획하는 것이 바로 전략이다. 전략을 세우는 사람들은 삶을 단순화한다. 그래야 특별한 노력을 반복할 수 있기 때문이다. 루틴을 반복하지 않으면 원하는 수준으로 높이 올라갈 수 없다는 사실을 잘 안다. 성취지향성의 노력은 곧 전략인 셈이다.

하지만 매일 열심히 노력하는 것만으로는 성취지향성을 판단할 수 없다. 꾸준히 노력하지만 성취지향성이 낮은 사람이 있다. 그들은 단지 타인이나 조직이 부여한 목표와 기준을 그대로 따르며 시키는 일만 할 뿐 자신이 달성하고자 하는 목표와 기준이 없다. 열심히 노력해도 특별한 성과를 내지 못하는 이유다. 성취지향성과 전혀 다른 부분이다.

미국의 기업가 샘 월튼Sam Walton은 세계 27개국에 1만 1,000여 개 지점을 거느린 글로벌 유통기업 월마트의 창업주다. 작은 잡화점에서 시작해 대형 할인마트 시대를 연 월튼은 '최저가' 정책과 '셀프서비스' 방식을 도입해 소매 유통산업을 혁신적으로 변화시켰다. 유통이 제조보다 우위에 서는 현상을 주도했다. 그는 자서전 『샘 월튼Sam Walton, Made in America』에서 자신을 '언제나 기대 수준과 개인적인 목표를 높게 설정하는' 사람이라고 설명한다. 고교 시절에는 농구선수가 되고 싶었지만 키가 180센티미터밖에 되지 않아 팀에서 선수로 써주질 않았다. 그는 경기가 열리는 체육관마다 빠지지 않고 찾아다니는 열정을 보인 끝에 결국 12학년이 됐을 때 가드로 뛰는 기회를 잡았다.

"우리는 결국 무적의 팀이 되어 주 챔피언에 올랐다. 그것은 내 생애 최고의 스릴 중 하나였다. 나는 미식축구팀에서도 쿼터백을 맡았고 그 팀 역시 패배를 모르는 무적의 팀이었다. 이 팀도 주 챔피언에 올랐다. 이런 경험은 내게 항상 승리를 기대하고, 항상 자신감에 차서 계획을 세워 도전할 수 있게 도와주었다. (중략) 내가 질 수도 있다는 생각은 결코 하지 않았다. 마치 나는 이길 권리를 당연히 갖고 있다고 생각했다. 이것은 일종의 '자기실현적 예언' 같은 것이다."

여기서 월튼이 매우 높은 수준의 성취지향성을 타고났다는 사실을 알 수 있다. 우선 주어진 상황에 안주하지 않는 성향이 뚜렷하다. 농구선수로서 신체적 기준을 충족시키지 못한다는 현실을 알지만 포기하지 않고 농구 경기가 열리는 체육관을 '빠지지 않고 찾아다니는' 루틴을 실행한다. 목표를 달성하기 위한 전략이다. 성취지향적 인물들은 경쟁에서 이기고 성취하는 것에서 큰 보람과 만족을 느낀다. 이를 위해 포기하지 않고 노력하는 것이다.

성취지향성은 미래지향성과 대인영향력 등과 상호 협력할 때 더욱 빛을 낸다. 일본의 기업가 마츠우라 모토오松浦元南의 사례를 보자. 그는 세계 최초로 100만 분의 1그램 톱니바퀴를 생산한 초정밀 기술기업인 주켄공업의 창업주다. '기회를 주고 동기부여를 하면 늦든 빠르든 재능을 발휘한다.'는 신념을 바탕으로 선착순 채용을 도입하고 실제로 자신의 신념을 현실로 증명해냈다. 그의 책 『선착순 채용으로 세계 최고 기업을 만들다』에서 그가 첫 입사 때부터 CEO가 된 후에도 거르지 않는 루틴을 볼 수 있다. 매일 아침 회사 전체를 직접 돌아보며 흐름을 살피는 것이다.

"작업장의 안전수칙을 비롯해 영업에 사용되는 매매계약서의 법적 효력이 있는지, 작업은 합리적으로 이루어지는지, 화재보험은 제대로 들었는지, 항목들을 담당자에게 일일이 묻고 조사했다. 뭐니 뭐니 해도 장래에 내가 사장이 될 회사라고 생각했기 때문에 더욱 눈을 크게 뜨고 조사했다."

그가 기술한 자신의 습관에는 성취지향성의 배경이 되는 역량요소들이 등장한다. 첫 번째 문장에서 그는 회사가 제대로 돌아가는지 알기 위해 전체 업무를 세세하게 나누어 분석한다. 도구적 역량의 분석적 사고다. 두 번째 문장에서 이 일을 반복하는 이유에 대해 그는 자신이 미래 회사의 사장이 될 것으로 생각했기 때문이라고 말한다. 이 모든 과정은 바로 미래 사장이 되기 위한 준비였다. 이것이 미래지향성이 하는 일이다.

그는 이런 과정을 통해 회사의 업무가 합리적으로 수행되지 않고 있음을 발견하고는 누가 시켜서가 아니라 스스로 회사의 '조직과 사무 합리화 매뉴얼'을 만들기로 했다. 하지만 조직의 일이란 혼자 할 수 있는 것들이 별로 없다. 그는 매뉴얼 작업에 필요한 정보를 수집하기 위해 '경리 담당자에게 커피 한 잔을 사주며 호감을 얻고 도움을 얻는' 방식을 활용한다. 이런 능력은 대인영향력이 발휘된 결과다.

"나는 처음 1년 동안 회사 사업에 대해서는 의견을 제시하지 않겠다고 다짐했다. 하지만 결국 그것을 지키지 못하고 1년 만에 선배들을 혹사시키게 됐다. 어쨌든 회사는 사무 합리화로 연간 수백만 엔의 이익을 보았다. 나 역시 특별 보너스를 받았다."

목표가 있으면 기어코 해내고 마는 것이 성취지향성이다. 그는 비효율적이고 불합리한 문제들을 그냥 넘기지 못하고 주변 사람들을 협력하도록 만들어서 결국에는 원하는 수준의 성과를 도출했다. 마츠우라의 목적지향적 역량은 미래지향성, 대인영향력, 성취지향성이 종합적으로 작용해 완성됐다.

조직에서 필요로 하는 가장 중요한 역량요소를 꼽으라면 성취지향성을 빼놓을 수 없다. 성취지향성이 없으면 다른 역량요소들이 많다고 해도 구체적 성과를 내기 힘들다. 그런데 조직이 성취지향적 인물을 판단할 때 흔히 저지르는 실수가 있다. 바로 성취지향성과 탐욕을 헷갈리는 것이다. 성취지향성과 탐욕은 전혀 다른 맥락의 성향이다. 이를 잘 구분하려면 먼저 욕구needs, 욕망desire, 탐욕greed의 개념을 이해할 필요가 있다.

욕구는 결핍이 생긴 상태다. 지금 목마름을 느낀다면 갈증을 해결할 물이 필요하다. 생수 한 잔이면 욕구가 해결된다. 그런데 인간은 욕구가 해결됐다고 만족하지 않는다. 꼭 스위스 알프스에서 채취했다고 하는 유명 브랜드의 생수를 마시거나 탄산수를 마셔야만 비로소 충족감을 느낀다. 이것이 욕망이다. 소지품을 들고 나갈 가방이 필요한 상태는 욕구이고 명품 가방을 가져야만 만족하는 상태는 욕망이다. 더 정확히 말하면, 현대 사회에서 일반적으로 욕구는 해결되어도 욕망은 충족되지 않는다.

그렇다면 욕망은 나쁜 것인가? 그렇지 않다. 프랑스의 정신분석학자 자크 라캉Jacques Lacan은 인간을 '영원히 욕망하는 존재'로 설명한다. 인류가 욕망하지 않았다면 문명도 발전하지 않았을 것이다. 욕망하기 때문에 필요를 넘어 더 높은 목표를 성취하고자 노력한다. 개인의 성장, 사회 공헌, 문명의 진보는 모두 욕망에서 비롯된다. 욕망은 바로 성취지향성의 근간이다. 그런데 욕망이 온전히 개인의 이익에만 집착하면 탐욕이 된다.

조직에서 일반적으로 성취지향적이라는 평가를 받는 사람들은 공통으로 지능지수가 높다. 목표를 향한 끊임없는 욕망을 드러내며 이익이 되지 않는 요소를 희생시키는 결정에 주저함이 없다. 심지어 윤리적 가치를 경제적 이익의 욕망보다 아래 순위에 놓기도 한다. 윤리와 양심은 사회적 이미지 관리가 필요할 때만 드러낸다. 건강하지 못한 욕망, 즉 탐욕에 몰입하면서 때로는 소시오패스socio-path 성향을 보인다. 탐욕적인 사람들이 사회와 기업에서 잘나가는 것은 조직구조와 시스템이 이들을 위한 토양이 되어버렸기 때문이다. 성취지향성에 대한 잘못된 이해가 탐욕과 소시오패스 성향을 성취지향성으로 둔갑시키고 있다. 성취지향성은 조직을 성장시킨다. 하지만 탐욕은 집단의 생산성을 떨어뜨리고 조직의 지속가능한 성장을 막는 근본적 원인이다.

대인영향력IMP, Impact and Influence
: 자신의 의도대로 타인을 움직여 목표를 달성한다

- 정의: 자신이 의도하는 바에 참여와 협조를 끌어내기 위해 상대를 설득하거나 영향력을 행사하려는 성향
- 키워드: 혼자서는 이룰 수 없는 성취를 위하여 의도를 가지고 상대를 설득
- 관련 역량요소: 성취지향성ACH, 대인이해력IU, 관계형성RB

목적지향적 역량은 높은 목표와 기준을 설정하고 그 성취를 위해 끊임없이 시도하는 성향을 말한다. 그래서 이 과정에는 여러 가지 수단을 활용할 줄 아는 요령이 필요하다. 특히 사람을 움직이는 능력이 매우 중요하다. 바로 대인영향력이다. 대인영향력은 자신이 의도하는 바에 타인의 협조를 얻기 위해 상대를 설득하는 등 영향력을 행사하려는 성향이다.

대인영향력은 어릴 때부터 비교적 쉽게 드러난다. 엄마와 함께 장을 보러 마트에 간 아이가 진열대에서 갖고 싶은 장난감을 발견했다고 하자. 이때 대인영향력이 낮은 아이가 선택하는 방법은 떼쓰기다. 엄마가 달래도 무작정 버티기에 들어간다. 이런 방법으로

장난감을 얻을 수도 있다. 하지만 대부분 엄마한테 한두 대 쥐어박히는 결과밖에 얻지 못한다.

반면, 대인영향력이 높은 아이는 본능적으로 '누구를 설득해야 엄마가 장난감을 사줄까?'를 생각한다. 장난감 구매를 거부하는 엄마를 따라 순순히 집으로 돌아온다. 그리고 그날 저녁 퇴근한 아빠에게 다가가 설득을 시도한다. 나름 논리적으로 장난감을 가져야 하는 이유를 설명할 수도 있고 눈물 작전을 쓸 수도 있다. 사실 엄마들은 대부분 이런 수에 넘어가지 않는다. 하지만 아빠들은 설득이 조금 더 쉬운 경향이 있다. 혹은 할머니나 이모 등 엄마에게 영향력을 미칠 수 있는 사람이 누구인지 파악하고 자기편으로 만든다. 이들이 엄마를 설득하든지 직접 장난감을 사주든지 최종 목표는 장난감을 얻는 것이다. 이런 경우 성공확률이 매우 높다. 대인영향력은 한마디로 당구에서 흔히 쓰는 '쓰리쿠션 전략'을 잘 활용하는 능력이다.

세상의 거의 모든 일은 혼자서 해낼 수 없다. 하다못해 나 홀로 작업하는 예술가도 주변 사람의 도움이 필요하다. 누구든지 대인관계가 좋고 대인영향력이 높아야 사회적 성취가 가능하다. 대인영향력은 성취지향성과 함께 사회적 성취 과정에 중대한 역할을 한다. 독불장군 이미지가 강한 스티브 잡스는 사실 대인영향력이 무척 뛰어났던 사람이다. 잡스를 설명할 때 빠지지 않고 등장하는 단어가 바로 '현실왜곡장reality distortion field'이다. 영화 「스타트랙」에서 유래된 용어인데 외계인이 '현실을 실제와 다르게 보이도록 하는 정신적인 능력의 결과'를 뜻한다.

잡스는 목표를 실현하는 데 꼭 필요한 인물을 끌어들이기 위해 설득하는 능력이 탁월했다. 그가 자신의 의도대로 일을 시켜야겠다고 콕 찍은 사람은 반드시 그의 설득에 넘어갔다고 한다. 평소에는 절대로 안 될 것 같은 일도 그가 나서서 설득하면 되는 상황이 빈번하게 연출됐다. 잡스의 설득에 압도된 사람들은 그의 의도에 따라 행동하게 된다. 그런 경험을 하고 난 후 '나도 모르게 현실왜곡장에 빠진 듯한 느낌을 받았다.'고 고백했다.

아이작슨이 쓴 평전 『스티브 잡스』에는 대인영향력이 무엇인지 생생하게 이해할 수 있는 장면이 등장한다. 애플이 매킨토시 운영체제를 개발하던 당시 잡스는 엔지니어 래리 케니언Larry Kenyon을 찾아간다. 완성된 작업을 보자마자 "부팅하는 데 시간이 너무 오래 걸린다."고 불평하기 시작했다. 당황한 케니언이 변명을 하려고 하자 잡스는 말을 끊고 "만약 그걸로 한 사람의 목숨을 살릴 수 있다면 부팅시간을 10초 줄일 방법을 찾아볼 의향이 있어?"라고 물었다. 케니언이 "그럴 수 있을 것 같아."라고 답하자 잡스는 화이트보드 앞에 서서 "맥 사용자 500만 명이 컴퓨터 부팅에 매일 10초를 덜 사용하면 연간 3억 시간을 절약할 수 있다. 3억 시간은 100명의 일생에 해당하는 시간이다."라고 설명했다. 몇 주 후 매킨토시의 부팅 시간은 28초나 빨라졌다.

잡스의 목표는 부팅 시간을 줄이는 것이고 방법은 엔지니어가 그 일을 해내도록 하는 것이었다. 잡스는 케니언이 자발적으로 목표를 완수하도록 설득을 통해 그의 마음을 움직였다. 전형적인 대인영향력이다. 훗날 케니언은 그날의 대화에서 매우 깊은 인상을 받았고 "몇 주 후에 보니 부팅 시간을 28초나 앞당겨 놓았더라."고 회고했다. '자신도 모르게' 잡스의 의도에 참여했고 시간이 지나고 보니 불가능하다고 생각했던 일을 해냈다는 고백이다. 그 역시 현실왜곡장을 경험한 것이다.

대인영향력은 꼭 대단한 성취를 위해서만 필요한 역량이 아니다. 우리가 하는 모든 종류의 일은 다른 사람들과 서로 연결되어 있다. 대인영향력 없이 제대로 일을 해내기란 결코 쉽지 않다. 세계 최고의 협상가로 불리는 와튼스쿨 MBA 과정의 스튜어트 다이아몬드Stuart Diamond 교수는 『어떻게 원하는 것을 얻는가』에서 탁월한 협상의 사례들을 소개하고 있다. 그중 상당 부분은 일상의 소소한 협상들로서 그런 협상력이 일상생활에 얼마나 필요한 일인지 깨닫게 한다.

가령 아버지가 뇌졸중으로 쓰러졌다가 재활치료 중인데 퇴원을 고집하고 있다. 딸은 가족의 평화를 지키기 위해 아버지에게 집에 가면 제일 하고 싶은 일이 무엇인지 묻는다. 아버지는 아끼는 반려견과 산책하고 싶다고 한다. 이에 딸은 아버지가 고집을 부려 지금 퇴원하면 반려견과 산책할 수 없는 이유를 설명한다. 아버지가 스스로 '걷기조차 쉽지 않은 몸 상태'를 깨닫도록 함으로써 병원에 머물러 끝까지 재활치료를 받도록 한 것이다. 대인영향력은 이처럼 일상에서 발생하는 장애물을 부드럽게 극복하는 지혜로 나타난다.

대인영향력이 높은 사람은 대개 명확한 현상 이해력, 상대의 생각과 감정을 이해하는 대인이해력, 그리고 필요한 정보를 정확하게 취합하는 정보수집력을 고루 활용하는 능력을 보인다. 예를 들어보자. 기업을 상대로 대출 영업을 하는 은행 영업사원이 있다. 그의 목표는 의사결정권을 가진 사장을 만나는 것이다. 하지만 영업사원이 원한다고 사장이 만나주지는 않는다. 이때 대인영향력이 높은 사람은 자신의 카운터 파트너인 회계 담당자를 움직이려 한다. 그의 직무상 꼭 필요한 정보를 자신의 의도에 맞는 방식으로 제공한다. 여기서 프레이밍framing을 활용한 전략이 필요하다.

프레이밍은 상대의 마음을 자신의 의도대로 움직일 수 있도록 특정한 형식으로 정보를 제시하는 방법이다. 가령 환자가 수술을 받게 하려는 의도라면 '수술로 인한 생존율 90퍼센트'라는 정보를 제시한다. 반대로 수술을 권하고 싶지 않다면 '수술로 인한 사망률 10퍼센트'를 강조하는 방식이다. 인식의 틀frame에 따라 의사결정을 다르게 하는 인간의 심리를 활용하는 것이다. 이런 전략은 현재 처한 상황을 명확하게 인식하는 능력이 없다면 사용할 수 없다. 기업 대출을 받도록 설득하려면 유동성을 확보할 수 있는 옵션이 상대의 기업에 얼마나 필요한지 강조해야 한다. 고객사의 유동성 문제와 재무 상황을 정확하게 파악하고 있어야만 가능하다. 결과는 어떻게 됐을까? 회계 담당자는 사장과 함께 회의할 기회를 마련했다. 대인영향력을 발휘한 전형적인 쓰리쿠션 전략이다.

여기서 또 내 경험을 얘기해야겠다. 서울시장이었던 고 박원순에 관한 얘기다. 2004년쯤이었던 걸로 기억한다. 어느 대기업에서 경영진의 한 사람으로 일하고 있었을 때다. 내 옆방 동료가 박원순의 고교 동기동창이었다. 그런데 박원순은 그 동료에게서 나에 대한 정보를 충분히 파악한 후 사전 연락도 없이 불쑥 찾아왔다. 당시 박원순과는 일면식도 없었지만 참여연대를 거쳐 아름다운가게를 만들어 시민 단체 활동의 대부 역할을 하고 있다는 것쯤은 알고 있었다. 박원순은 옆방 동료가 나를 찾아가보라고 해서 무작정 찾아왔다고 말했다. 인사와 명함을 주고받은 후 자리에 앉자마자 처음 만난 사람에게 다짜고짜 훈계조의 얘기를 길게 늘어놓았다. '이렇게 으리으리한 데서 부자들을 더 부자가 되도록 하며 사는 것보다는 우리 사회가 공적으로 돌보지 못하는 빈 곳도 가끔은 돌보면서 살아야 한다.'는 지루하지만 의미 있는 설교였다.

특유의 느릿느릿한 말투는 미워할 수 없게 하는 묘한 매력이 있었다. 일정 때문에 이런 얘기를 다 들어줄 수 없으니 나중에 시간을 내서 만나자고 했다. 그러자 그 자리에서 약속하자면서 다음 주 무슨 요일 조찬이 좋은지 오찬이 좋은지를 물었다. 나는 얼떨결에 그렇게 약속을 당했다. 약속했던 날 조찬에서 박원순의 인생 스토리를 자세히 들었다. 내 추억의 물건들은 그 의미와 스토리를 담은 설명서와 함께 아름다운가게가 주최하는 바자회로 보내졌다. 그 후 나는 희망제작소의 후원회원이 됐다. 그는 서울시장이 된 후에도 가끔 전화로 안부를 묻곤 했다. 그의 죽음은 나에게 미스터리다.

그는 예상했던 것보다 나에 대해 많은 것을 알고 있었다. 쓰리쿠션 전략을 통해 나에게 접근했다. 그는 내가 시민단체에 참여하고 있지는 않지만 그 중요성과 그 역할에 관심이 있다는 사실을 알았다. 그의 목적은 분명했다. 선진국처럼 우리나라의 시민단체도 국가운영의 한 축을 담당해야 한다는 것이다. 그는 어떤 말을 해야 나를 자신의 일에 참여하도록 설득할 수 있다는 것도 잘 알았다. 박원순이 떠난 지금 그가 만들고 운영했던 시민단체 활동이 철저히 그의 개인적인 대인영향력으로 유지되어 왔음을 알 수 있다.

간혹 주변에서 특별한 목적이나 의도 없이 타인에게 위세를 부리거나 구체적 의도가 있어도 관심만 표할 뿐 행동으로 옮기지 않는 사람을 볼 수 있다. 서열화, 계급화, 차별화, 경쟁화가 일상이 된 사회에서는 자신의 위신을 세우기 위해 또는 업신여김을 받지 않기 위해 타인에게 영향력을 행사하려는 경향이 많다. 이런 행위와 태도를 대인영향력으로 진단해서는 안 된다. 대인영향력의 핵심은 '혼자서 이룰 수 없는 성취를 위해 의도를 가지고 상대를 설득하는 성향'이라는 점을 기억해야 한다.

정직성실성ING, Integrity
: 보편적 가치를 온전하게 지키려는 용기가 필요하다

- 정의: 어떤 상황에서도 인류의 보편적 가치에 따라 일관되게 행동하려는 성향
- 키워드: 자신이 손해를 보는 경우에도 인류가 추구해야 하는 보편적 가치를 따름
- 관련 역량요소: 자신감SCF

지금까지 설명한 8개의 핵심 역량요소들과 이후에 소개하려는 7개의 보조 역량요소들 모두 가치중립적인 역량요소들이다. 가치판단 없이 가급적 자연과학적인 방법론을 활용해 사태를 있는 그대로 기술하고 진단한다. 그러나 정직성실성은 공동체를 위한 사회적 성취라는 의미에서 가치판단을 하지 않을 수 없는 역량요소다. 다른 역량요소들에게 중요한 영향을 끼친다. 버핏은 직원을 채

용할 때 세 가지 자질인 인테그리티integrity, 인텔리전스intelligence, 에너지energy를 본다고 한다. 그는 인테그리티를 가장 중요하게 보는데 그 뜻을 '정직하고 포용적이며 자기희생을 감수하는 태도'라고 설명한다. 다음은 버핏의 말이다.

"만약 당신이 지능과 열정만 있고 인테그리티가 없는 사람을 채용하면 망하게 될 것이다. 인테그리티가 없는 사람을 채용하느니 차라리 멍청하고 게으른 사람을 뽑아라."

인테그리티라는 말은 번역하기가 까다롭다. 성실, 정직, 도덕성, 윤리적 태도, 온전함 등 복합적 의미가 있기 때문이다. 원래의 개념은 독일의 실존주의 철학자 칼 야스퍼스Karl Jaspers가 정의한 '온전함에 이르려는 욕구Ganzwerdenwollen' 또는 '온전해지려는 내면의 상태'를 말한다. 그의 철학은 인간이 태어날 때부터 온전함을 추구하려는 성향이 있다고 설명한다. 여기서 온전함이란 마음의 안과 밖이 같은 상태다. 즉 내면의 자기self와 외면의 자아ego를 일치하려는 마음이 인테그리티다.

역량요소로서 인테그리티는 '어떤 상황에서도 인류의 보편적 가치에 따라 일관되게 행동하려는 성향'을 말한다. 우리말로 정직성실성으로 표현할 수 있다. 인류의 보편적 가치란 자유, 평등, 박애, 연대, 정직, 성실, 윤리 등을 말한다. 역량요소로서 정직성실성은 이런 보편적 가치와 시대정신을 자신의 삶과 의사결정에 일관되게 반영함으로써 하나의 마음, 바로 온전함을 유지하려는 성향이다.

역량요소는 원래 더 이상 쪼갤 수 없는 원자와 같은 개념으로 '있는 그대로의 상태(성향)'를 뜻한다. 여기에 좋고 나쁨이나 옳고 그름의 가치는 포함되어 있지 않다. 가령 성취지향성은 '주어진 상황과 현실에 안주하지 않고 주변의 기대보다 목표를 높게 설정하고 끈기 있게 추진해 높은 성과를 창출해내는' 성향이다. 이 성향이 좋으냐 나쁘냐를 가리는 가치판단을 하지 않고 어느 수준인가를 진단할 뿐이다. 하지만 정직성실성은 다르다. 16개의 역량요소 중에서 유일하게 선과 악을 분별하여 진단하는 가치판단이 개입된다.

우리의 역사에서 군사독재 시절의 독재자들을 생각해보자. 그들의 연설과 어록만 들여다보면 『성서』의 말씀과 크게 다르지 않다. 하지만 그들의 실제 의사결정과 행동은 전혀 달랐다. 일관성 있게 지속적으로 민중을 속였다. 양심이 있는 지식인들을 탄압했다. 독재자들의 거짓말이 탄로 나자 시민들은 혁명적 저항으로 그들의 정치적 생명을 끊었다.

독재자들의 정직성실성은 낮은 상태를 넘어 마이너스로 진단할 수밖에 없다. 의도적인 거짓말과 악행이 지속될 때 정직성실성은 낮은 수준이 아니라 영점 아래로 떨어진다. 이 경우 정직성실성은 목적지향적 역량요소들, 즉 사회적 성취에 결정적인 역할을 하는 성취지향성과 대인영향력에도 그만큼의 직접적인 영향을 끼치게 된다. 어째서 정직성실성은 고도의 성취를 이루는 데 특히 중요한 목적지향적 역량에 속하는 걸까? 인테그리티가 그만큼 중요하기도 하고, 인류가 추구하는 보편적 가치에 따라 일관되게 행동하려는 성향을 반대로 수행하면 사회적 해악이 매우 커지기 때문이다.

잊지 말아야 할 것이 있다. 역량요소들이 아무리 높은 수준으로 진단된다고 해도 그것이 사회적 성취로 이어지지 않았다면 그 진단은 잘못된 것이다. 역량요소와 사회적 성취는 언제나 인과관계와 상관관계를 동시에 드러낸다. 이것은 어느 한 시점에서만 그런 것이 아니라 장기적인 관점에서도 그렇다.

기업경영에서 이익 추구는 매우 중요한 가치다. 마찬가지로 공공부문의 공익적 성과는 더 말할 것이 없다. 성과를 내지 못하면 경영은 실패한 것이다. 정직성실성은 단지 보편적 가치를 견지하려는 내면의 성향만은 아니다. 내면의 도덕적, 윤리적 가치와 외부의 성과 요구가 온전히 하나를 이루도록 하려는 용기다. 옳고 그름을 제대로 판단하고 약속에 대한 책임감을 바탕으로 맡은 직무를 확실하게 해냄으로써 신뢰를 구축하는 능력이 바로 정직성실성에서 비롯된다.

브라질의 기업가 리카르도 세믈러Ricardo Semler는 『셈코 스토리』를 통해 세계적 명성을 얻었다. 그는 부친이 설립한 셈코가 위기를 맞은 1980년대에 겨우 21세의 나이로 CEO에 취임했다. 절차와 통제라는 관행적 경영방식 대신 구성원의 자율성을 존중하고 강화하는 경영을 통해 연간 성장률 40퍼센트의 신화를 일궈냈다. 그의 성공 과정에서 가장 빛나는 역량요소가 정직성실성이다. 가령 제품 설명회에서 공개적으로 자사 제품의 결함을 인정하는 바람에 고객과 거래가 불발된 사례 정도는 셈코에서 전혀 특별한 사건이 아니다.

"앵글로아메리칸마인스와 금 혼합 장치의 이상이 발생해 책임 문제를 놓고 한동안 분쟁을 벌였던 일이 있다. 그러던 어느 날 나는 그들을 찾아가서 잘못이 우리 측에 있음을 밝혀주는 도안을 찾았다는 사실을 고백했다. 도안은 꽤 오래전에 발견됐다. 하지만 나는 최근에 와서야 그 사실을 인지했다. 우리 쪽 사람들은 크게 당황했다. 기계를 고치는 비용 45만 달러는 당시 우리에게 상당한 부담이었다. 하지만 앵글로아메리칸마인스는 내가 기대했던 대로 반응해주었다. 그들은 우리의 정직함에 감사를 표하면서 혼합 기계 두 대를 더 주문했다. 앵글로 아메리칸마인스는 지금도 우리 단골이다."

정직성실성이 높은 수준의 사람들이 의사결정을 하는 방식이다. 정직함은 보편적인 도덕률이다. 이를 추구하는 건 인간의 기본 성향이다. 다만 역량으로서 정직성실성은 단순히 인류의 보편적 가치를 추구한다고 표명하는 것을 넘어선다. 핵심은 '단기적 손해를 감수하면서도 가치를 추구하는 행동을 일관되게 유지하는' 것이다. 우리 사회와 조직에서 정직성실성은 매우 중요하게 인식되어야 한다. 특히 핵심 의사결정을 내리는 위치에 있는 사람들에게 반드시 요구되는 역량이 정직성실성이다.

영국 기업 버진아일랜드의 리처드 브랜슨Richard Branson 회장에게는 '괴짜 부자'라는 별칭이 따라다닌다. 경영과 사회활동에서 보여주는 남다른 사고방식 때문이다. 그는 2006년 미국 뉴욕에서 열린 클린턴자선재단의 학회에서 "향후 10년 동안 버진그룹이 운송사업에서 벌어들인 모든 수익을 지구온난화와 싸우는 데 쓰겠다."고 약속했다. 당시 기준 약 30억 달러에 이르는 엄청난 금액이다. 그는 왜 이런 결정을 했을까? 브랜슨이 쓴 『내가 상상하면 현실이 된다』를 통해 '비용이 얼마가 들든 계획을 실행할 것'을 다짐하며

'(지구온난화로 인해) 어떤 사업도 할 수 없을지 모르는 데 주저할 이유가 무엇인가?'라고 오히려 세상 사람들에게 되묻는다. 그는 자신의 결정에 대한 비판과 비아냥거림을 충분히 알고 있었다. 지구온난화가 문제라면서 이산화탄소를 가장 많이 배출하는 항공사를 계속 운영하는 것이 옳은가에 대한 지적이 대표적이다. 하지만 브랜슨은 이런 비판은 '말도 안 되는 소리'라고 일축했다.

"사람들은 끊임없이 날고 싶어할 것이다. 내가 아니더라도 누군가는 그 공백을 메우게 되어 있다. 중요한 것은 책임감 있는 방법으로 비행기를 날게 하는 것이다."

기업의 경영자가 이런 말을 한다면 그를 위대한 정신의 소유자라고 칭하지 못할 이유가 없다. 정직성실성은 옳고 그름을 판단하는 능력, 당당하게 소신을 밝히는 태도, 그리고 책임감 있게 높은 성취를 이루어내는 전 과정에 관여한다. 이 과정에서 중요한 것은 일관성이다. 일관성은 행동의 예측가능성을 높이고 궁극적으로 강한 신뢰 구축의 바탕이 된다. 정직성실성은 개인적 삶의 차원을 넘어 공동체의 신뢰와 통합을 이루어내는 중요한 역량이다. 우리의 정치인, 기업가, 그리고 고위공직자에게서 찾아보기 힘든 역량요소가 바로 정직성실성이다. 수시로 말을 바꾸고 자신의 행적을 부정한다. 영향력이 큰 의사결정권을 맡은 그들이 어떤 결정을 내릴지 예측하기 어렵다. 사회조직의 높은 자리를 정직성실성이 부족한 사람들이 차지하고 있다면 발전을 기대하기 어렵다.

나는 정직성실성이 16개 역량요소 중 가장 중요하다고 생각한
다. 목적지향적 역량군 전체를 좌우하기 때문이다. 자신의 과거 행
위에 대해 거짓말을 반복하는 경우는 정직성실성이 마이너스가 된
다. 정직성실성이 마이너스인데 성취지향성과 대인영향력이 높은
사람은 사회적으로 안 좋은 영향을 미칠 수 있다. 특별한 주의를
기울여야 한다. 역량진단 컨설턴트를 양성할 때 이 부분을 어떻게
진단할지 상세한 훈련이 필요하다. 정직성실성을 마이너스로 진단
할 때는 대상자가 사적 이익을 위해 반복적이고 지속적인 거짓말
을 하는 경우라 하더라도 그 경중과 사회적 여파를 고려해야 한다.
이런 진단방법론을 배우고자 하는 컨설턴트는 코딩 스킬과 알고리
즘에 대한 별도의 교육과 훈련 과정을 거쳐야 한다.

　인간은 누구나 다 불완전한 존재다. 살다 보면 정도의 차이가 있
을 뿐 뻑사리를 낸다. 뻑사리 때문에 인간은 겸손해지기도 하고 자
기성찰의 시간을 갖기도 한다. 이따금 발생하는 일상의 실수와 뻑
사리가 오히려 삶에서 리셋 버튼처럼 작동하기도 한다. 그러므로
사회적 성취와 관련 없는 인간적 흠결을 들춰내어 마이너스로 진
단해서는 안 된다는 점을 명심해야 한다.

4

보조 역량군

: 주전 선수의 경기력을 완성한다

축구는 11명의 선수가 뛰는 경기다. 하지만 선수단은 23명으로 구성된다. 선수들은 각자 정해진 역할이 있다. 축구장의 11명은 포지션에 따라 역할을 하고 벤치의 12명은 자리를 지키며 순서를 기다리는 역할을 한다. 이들 중 중요하지 않은 선수는 없다. 그런데 어느 팀이나 독보적 역량을 드러내는 선수가 팀 성적에 결정적 역할을 한다. 그래서 몸값이 높다. 그들이 스포트라이트를 받을 때는 반드시 그런 플레이를 가능하게 만들어준 동료 선수들이 있다. 실제로 이기는 팀의 전력을 분석하면 경기장에서 주전 선수들의 협력이 잘 이루어질 뿐 아니라 벤치를 지키는 선수들의 기량도 탁월하다. 이들 모두의 조합이 팀의 안정적인 경기력을 결정한다.

핵심 역량과 보조 역량의 관계가 바로 이렇다. 9개의 핵심 역량 요소는 존재감이 두드러지는 특성이 있다. 성취에 어떤 영향을 미쳤는지 겉으로 분명하게 드러난다. 하지만 개인의 경기력은 이들 핵심 역량요소만으로 결정되지 않는다. 표면에 뚜렷하게 드러나지는 않지만 저변에서 핵심 역량요소들이 제 색깔을 내도록 지원하는 역량요소들이 있다. 이들을 보조 역량으로 구분한다. 보조 역량요소가 없으면 9개의 핵심 역량요소는 특성을 또렷하게 드러내기 어렵다. 보조 역량의 '보조'는 있어도 그만이고 없어도 그만이라는 의미가 아니다. 오히려 사회적 성취를 이루는 데 기본이 되는 역량요소로서 개념을 바르게 이해해야만 정확하게 역량을 진단할 수 있다.

보조 역량군은 보이지 않는 곳에서 희생정신을 발휘하는 역할을 맡는다. 예를 들면 건강한 가정을 이루려면 보이지 않는 곳에서의 희생과 헌신이 있어야 한다. 아이들을 키우는 것 또한 마찬가지다. 기업도 마찬가지다. 누군가의 희생과 헌신이 없다면 그 기업은 오래가지 못한다. 지하철도 마을도 국가도 마찬가지다. 잘 보이지 않지만 더러운 구석구석을 깨끗하게 치워주는 청소원이 없이는 어떤 것도 제대로 굴러가지 않는다. 우리 사회에서 청소원의 존재를 가볍게 생각해서는 안 된다. 마찬가지로 역량진단을 학습하는 사람은 보조 역량요소의 지원 없이는 핵심 역량요소들이 거의 기능하지 못한다는 사실을 이해해야 한다.

보조 역량군에는 자신감SCF, 대인이해IU, 수행점검CO, 정보수집INF, 유연성FLX, 조직인지OA, 관계형성RB 등 7개 역량요소가 있다. 이제 하나씩 그 의미와 사례를 살펴보자.

자신감SCF, Self-Confidence
: 반드시 이룰 수 있다는 신념을 견지한다

- 정의: 원하는 바를 자기 생각과 결정으로 반드시 이룰 수 있다는 신념을 유지하는 성향
- 키워드: 실패나 좌절의 순간에도 자존감을 회복

자신감은 스스로의 생각과 결정으로 목표를 반드시 이룰 수 있다는 신념을 유지하는 성향이다. 한마디로 자기를 신뢰하는 마음이다. 사회적 성취를 결정짓는 추상화 역량과 목적지향적 역량의 바탕에는 반드시 자신감이 기초역량으로 자리잡고 있다. 특히 성취지향성을 강력하게 뒷받침하는 것이 바로 자신감이다.

윌리엄 페일리William Paley는 1920년대 작은 라디오 네트워크에 불과했던 CBS를 10년 만에 114개 방송국을 거느린 대형 방송사로 키워냈다. 그가 적자 상태의 CBS를 물려받았을 때는 고작 27세였다. 하지만 그는 초기에 이미 적자의 근본 문제를 간파했다.

"그는 거의 파산 상태인 뉴욕 CBS의 작은 사무실에 앉아서 자신의 책상이나 창밖 메디슨가를 따라 줄지어 서 있는 잠재적인 광고주들이 아니라 수백만 미국인을 보고 있었습니다. 그는 아직도 전기가 연결되지 않은 집이 많고 혼자 있는 사람들은 라디오 외에는 별다른 오락 도구가 없다는 것을 보고 있었습니다. 따라서 그들에게 방송을 보내주고 무언가 해줄 일이 많다는 것을 깨닫게 됐습니다. 그는 처음부터 남들과 다르게

생각했습니다. 그럴 수 있었던 것은 그에게 확신이 있었기 때문입니다."

경영학자이자 리더십 이론가인 베니스가 『리더와 리더십』에 소개한 일화에서 페일리는 CBS의 재무 상태가 엉망인 본질적 이유를 광고주의 이탈이 아니라 청취자와 방송의 접근성에서 찾았다. 처음 두 문장을 보자. 불 꺼진 창, 부족한 전기 공급의 문제, 별다른 오락도구 없이 저녁 시간을 보내야 하는 시민 등 현실을 파악하는 분석적 사고와 이를 토대로 잠재적 시장의 욕구와 방송 접근성이 문제의 본질임을 파악하는 개념적 사고가 드러나 있다. 그다음 문장을 보면, 이를 통해 시장이 원하는 방송과 지역 네트워크 방송사들이 참여하게 할 방법을 찾아야 한다는 사실을 깨닫는다. 이는 학습능력이다.

베니스는 페일리가 처음부터 남들과 다르게 생각했다고 강조한다. 페일리는 적자에서 벗어나기 위해 다른 경영자들이 주로 선택하는 직원 해고와 같은 비용 절감이 아니라 전혀 새로운 길을 찾았다. 관행과 통념을 벗어난 사고는 창의적 해법을 가져온다. 마지막 문장에서, 이들 핵심 역량요소들이 제 역할을 발휘할 수 있었던 것은 스스로 해낼 수 있다는 확신 때문이었다고 결론을 내린다. 즉 자신감 덕분이다. 실제로 이런 의사결정은 자신감의 지원 없이는 가능하지 않다. 방향을 완전히 새롭게 전환하는 사고와 행동은 상당한 리스크를 부담하는 용기가 필요하기 때문이다.

그런데 왜 사회적 성취에 매우 중요한 역할을 하는 자신감이 핵심 역량이 아니라 보조 역량으로 분류됐을까? 그건 모든 역량에 관여하는 기초적 특징 때문이다. 자신감이 낮으면 모든 핵심 역량 요소들은 겉으로 잘 드러나지 않는다. 인간의 삶은 생각보다 자주 좌절을 겪고 실패를 반복한다. 크든 작든 실패를 딛고 일어설 힘이 필요하다. 그래서 우리는 본능적으로 자신감이 중요하다는 사실을 잘 알고 있다. 소위 '자신감 훈련'이라는 상업적 프로그램이 꽤 인기를 끄는 이유다. 사람들은 작은 성공의 경험을 반복하면 자신감을 축적할 수 있다고 착각하고 그런 훈련과정에 참여하기도 한다. 그러나 자신감은 타고난 역량요소다. 훈련으로 개발할 수 없다. 그렇다면 크고 작은 성취를 반복했을 때 느껴보았던 '충만해지는 자신감'의 실체는 도대체 무엇인가? 아쉽게도 이는 역량요소로서의 자신감은 아니다. 타고난 자신감과 성공의 경험을 반복하는 과정에서 느끼는 자신감은 실패를 겪었을 때 확연한 차이를 보인다. 타고난 자신감의 역량이 높은 경우 실패하기 전과 후의 행동은 크게 달라지지 않는다. 반면 타고난 자신감이 아닌 경우에는 실패하기 전과 후의 모습이 크게 다르다.

파나소닉의 창업주 마쓰시타 고노스케松下幸之助가 좋은 예다. 그는 일본에서 경영의 신으로 불린다. 창조적 사고와 독보적 경영철학으로 큰 성공을 이룬 그도 몇 번의 큰 실패를 겪었다. 1918년 작은 전기공업소를 창업하고 상당한 성공을 거두었을 때쯤 관동대지진과 경기 불황의 여파로 파산 직전까지 내몰린 적이 있다. 높은 자리에서 굴러떨어졌을 때 경험하는 좌절은 일상의 실패에서 경험하는 것보다 더 크고 깊어서 극복이 쉽지 않다. 그러나 마쓰시타는 마치 그렇게 큰일은 아니라는 듯 옛날에 처음 사업을 시작했던 그때의 신념과 행동을 그대로 유지했다. 당연한 듯 보따리를 메고 직접 현장을 뛴 것이다. 1929년 미국 대공황의 여파로 다시 위기가 닥쳤을 때도 마찬가지였다.

"곤란한 상황에 부닥쳐 있을수록 의지를 꺾지 않는 것이 무엇보다 중요하다. 그런 때일수록 강한 의지로 버텨야 한다. 물론 어려운 상황을 극복하지 못하고 패배할 수도 있다. 그러나 의지를 다지고 어려움을 타개해나가는 열의를 보인다면 바로 거기에서 또 다른 지혜를 얻을 수 있을 것이다."

자서전에서 직접 밝힌 그의 마음가짐에서 절망감을 찾을 수 없다. 위기를 만났을 때 대응하는 자세가 바로 자신감이다. 자신감은 단지 외향적 태도나 특정 성과를 거둔 후에 보이는 당당한 행동이나 말을 토대로 진단할 수 없다. SNS나 유튜브를 통해 자신의 주장을 거침없이 밝히다가도 상대가 강하게 대응하면 바로 조용해지는 사람들이 있다. 자신감이 낮은 경우다. 반면 내향적 성향이 강하지만 어떤 외압에도 자신의 신념을 지키는 사람이 있다. 타고난 자신감의 힘이다. 다른 역량요소와 마찬가지로 자신감도 오랜 과거 행적과 기록을 꼼꼼히 살피고 분석해야만 비로소 판단할 수 있다. 현재 겉으로 보이는 태도는 자신감과 아무런 관계가 없다.

꽤 오랫동안 국내에서 인기리에 소비되는 콘텐츠 중 하나가 바로 '자존감'이다. 자신감은 낮아도 자존감이 있으면 괜찮다는 식의 말이 상식처럼 퍼져 있다. 하지만 자신감과 자존감은 본질적으로 다르지 않다. 굳이 구분하자면 자존감은 자기인식의 개념으로 이해할 수 있다. 자기인식은 '자신이 어떤 사람인지' 인식하는 상태를

말한다. 자존감은 높고 낮음이 아니라 자기인식을 하는지 아닌지
로 이해하면 더 정확하다. 즉 자신의 역량을 잘 알고 인정하는 자
기인식이 자존감이다. 자존감이 있는 사람은 자신에 대한 신뢰를
굳건하게 유지한다. 이것이 자신감이다.

자신감은 실패나 좌절의 순간에 자존감을 버리지 않는 역량이
다. 자기 자신에 대한 확신의 정도로 진단할 수 있다. 그러나 자신
감이 높으면 좋고 낮으면 나쁘다는 식의 서열 평가는 역량 개념
을 턱없이 잘못 이해하는 것이다. 다시 한번 말하지만 개인의 총체
적 역량은 각자 타고난 여러 역량요소가 서로 협력하고 지지하고
후원하는 상호작용의 결과다. 각 역량요소는 '어떻게 다른가'를 이
해하는 게 중요하다. 만약 자신감이 부족하다면 실망할 게 아니라
'자신이 어떤 사람인지' 인식하고 타고난 역량을 최대한 발휘할 방
법을 고민하는 게 순서다. 나 자신을 이해해야 나답게 일할 수 있
다. 그래야 자기다운 삶을 영위할 수 있다.

대인이해력IU, Interpersonal Understanding
: 타인의 생각과 감정을 정확하게 이해하고 판단한다

- 정의: 다른 사람에게 관심을 가지고 그 사람의 생각, 감정
  등을 정확하게 이해하려는 성향
- 키워드: 사람을 '정확하게 이해'하여 판단하고 평가함

애플의 스티브 잡스, 구글의 래리 페이지Larry Page와 에릭 슈미트

Eric Schmidt, 페이스북의 마크 저커버그Mark Zuckerberg, 트위터의 잭 도시Jack Dorsey 등 시대의 변화를 주도하는 혁신가들이 사랑하고 존경하던 멘토가 있었다. 바로 윌리엄 캠벨William Campbell이다. 실리콘 밸리의 창업가들에게 캠벨은 '무엇이든 물을 수 있는' 코치였다. 그의 조언은 실리콘밸리 창업자들의 마음을 움직였다. 유튜브의 CEO 수전 워치츠키Susan Wojcicki는 그가 작고한 후에도 "어려운 의사결정을 할 때면 항상 '캠벨이라면 어떻게 생각했을까'를 떠올린다."고 말했다. 캠벨은 IT 기업인 인튜이트와 클라리스 등에서 경영자를 역임했고 애플 이사회 임원으로 활동했다. 그 스스로 밝혔듯이 IT 기술에 대해서는 'html을 다룰 줄도 모르는' 수준이었다. 하지만 그와 교류했던 컴퓨터 천재들은 캠벨을 '이해'와 '신뢰'라는 단어로 설명한다. 그는 다른 사람의 생각과 감정 등을 '정확하게 이해하는' 대인이해력이 매우 높았던 인물이다. 그의 별칭 '실리콘밸리의 위대한 코치'는 그런 성향을 잘 표현하고 있다.

캠벨은 39세까지 무명의 풋볼 코치였다. 이렇다 할 성과가 없었다. 결국 그는 스포츠계를 떠나 뒤늦게 작은 광고대행사로 이직했다. 하지만 이때부터 캠벨은 마치 물을 만난 물고기처럼 빛을 내기 시작했다. 코닥을 거쳐 애플의 마케팅 임원이 됐고 실리콘밸리에서 명성을 쌓았다. 그의 성공은 사람들의 굳건한 신뢰에서 출발했다.

1990년대 초 캠벨은 컴퓨팅 기업인 고Go의 CEO였다. 고는 주목받던 벤처기업이었지만 위기를 극복하지 못하고 급기야 1994년 AT&T에 매각됐다. 그런데 이 과정에서 놀라운 장면들이 펼쳐졌다. 경영 상황이 어수선할 때 흔하게 목격되는 장면은 능력 있는 직원들은 재빨리 회사를 떠나고 남은 직원들은 경영진에 대한 분노와 실망으로 고통받는 모습이다. 그런데 고의 직원들은 대부분 마지막 순간까지 CEO인 캠벨의 곁을 지켰다.

사람들은 왜 그를 신뢰하고 사랑했을까? 스탠퍼드대학교의 로버트 서튼Robert I. Sutton 교수가 쓴 『굿보스 배드보스』에 그 답이 있다.

> "결국 회사가 매각됐다. 하지만 빌 캠벨은 우리에게 가능한 한 많은 일자리를 남겨주기 위해 투자자들에게 배당을 남기지 않았다. 해고된 직원들의 일자리를 찾아주려고 몇 달을 보내기도 했다. (중략) 우리는 그의 능력을 의심하지 않았기에 매각되는 그 순간까지 아무도 그의 곁을 떠나지 않았다."

'직원들에게 가능한 많은 일자리를 남겨주기 위해 투자자들에게 배당을 주지 않는' 결정은 직원들의 상황뿐 아니라 감정까지 이해하는 높은 수준의 대인이해력이 바탕이 된 것이다. 직원들은 캠벨을 신뢰했다. 그가 자신들의 처지를 충분히 이해한다는 사실을 잘 알고 있었기 때문이다. 그는 전체 회의, 스태프 회의, 일대일 면담 등에서 언제나 직원들과 닥친 문제에 대해 솔직하게 소통했다. 이 과정에서 직원들은 '진정으로 권한을 위임받았다고 느꼈다.'고 회고한다. 직원들은 자신들이 필요로 하면 캠벨이 언제든지 '곁에 와 줄 것이라는' 믿음을 가졌다. 그래서 마지막까지 캠벨을 지지하며 회사에 남았던 것이다.

대인이해력이 낮은 사람은 타인의 말, 행동, 감정 등을 잘못 이해해 당황스러운 상황을 초래하는 경우가 많다. 그들은 기본적으로 사람에 대해 별 관심이 없다. 다른 사람의 입장에서 상황을 보려고 시도하지 않는다. 대인이해력은 상대의 감정에 이입하는 공감력과는 다르다. 공감력은 상대의 입장과 같은 방향에서 심적으로 동조하는 성향이다. 반면 대인이해력은 상대의 사정을 있는 그대로 정확하게 이해하려고 노력하는 성향이다. 그래서 사실을 바탕으로 객관적 판단이 가능하도록 돕는다.

대인이해력은 자주 대인영향력을 강력하게 보조하는 역할을 한다. 가령 회사가 수직으로 추락하던 상황에서도 직원들은 "팀과 회사를 위한 캠벨의 헌신을 이해했다."고 말했다. 그들이 마지막까지 회사에 남은 것은 캠벨의 설득이나 지시 때문이 아니라 자발적인 결정이었다. 캠벨의 대인영향력을 엿볼 수 있는 대목이다. 그의 뛰어난 대인이해력은 직원들과 신뢰를 형성하는 힘이 됐고 그 신뢰가 상대의 마음을 움직여 행동하게끔 하는 대인영향력을 강력하게 보조하고 있음을 알 수 있다.

대인이해력의 수준이 높더라도 성취지향성이나 대인영향력 등의 핵심 역량요소 없이 높은 성취를 이루어내지는 못한다. 여기서 내 경험을 설명하면 이해가 쉬울지 모르겠다. 2010년 나는 근무하던 대학에서 과학분야 영재성이 있는 신입생 특별선발을 할 때 면접관으로 참여했다. 내가 가르쳐야 할 학생들이었다. 당시 행동사건인터뷰BEI, Behavioral Event Interview를 통해 선발했다. 한 명당 짧으면 한 시간에서 길게는 두 시간씩 인터뷰했다. 그중 외적 조건이 비슷한 두 학생이 있었다. 둘 다 과학고등학교를 졸업했고 시험성적이나 객관적 증거 자료들을 비교하면 거의 동일했다. 부유한 가정환경도 비슷했다. 하지만 인터뷰를 통한 각각의 역량요소는 완전히 달랐다.

지방 학교를 나온 홍길동은 스스로 목표를 설정해서 노력하는 과정을 설명했다. 앞으로 자기 삶의 목적과 계획을 확실하게 세웠음을 알 수 있었다. 성취지향성과 미래지향성이 뚜렷하게 드러난 것이다. 수도권 학교 출신인 홍길서는 열심히 공부한 이유와 입학 지원 이유를 엄마의 기대에 충족하기 위해서라고 말했다. 그가 하고 싶었던 것은 그림을 그리는 것이었다. 그러나 엄마가 자신을 위해 희생하고 있다는 사실을 아는 홍길서는 엄마의 생각과 감정을 잘 이해하는 만큼 그에 부응하기 위해 과학고를 갔고 열심히 공부했다. 이것이 대인이해력이다.

두 지원자가 현재까지 성취해온 수준은 차이가 없다. 그렇다면 향후 학습에서는 누가 더 높은 성취를 이룰까? 당연히 홍길동이다. 목적지향적 역량, 특히 성취지향성은 어떤 상황에서도 스스로 전략을 세우고 포기하지 않는 실행력의 바탕이다. 반면 홍길서는 엄마라는 동력이 사라지면 예전만큼의 결과를 낼 수 없고 이공계를 떠나 그림 그리는 일에 몰두할 확률이 높다.

대인이해력이 성취에 직접적으로 관여하는 역량이 아니라고 해서 중요하지 않은 것은 아니다. 적지 않은 기업이 대인관계 기술 interpersonal skill 개발과 훈련 프로그램을 도입하는 것은 조직 생활에서 대인관계를 잘 유지하고 활용하는 능력이 매우 중요하기 때문이다. 하지만 이는 말 그대로 기술의 훈련으로서 표면적 행동의 패턴을 교정하는 데 도움을 받는 정도이지 타고난 대인이해력과는 비교될 수 없다.

수행점검CO, Concern for Order
: 디테일에 집착해 완벽한 수행을 지향한다

> • 정의: 본인 또는 다른 사람의 일의 내용, 기준, 수행 과정,
> 진척 상황, 수행 결과 등을 확인하는 성향
> • 키워드: '질서'와 '디테일'에 집착함

수행점검의 특성은 한마디로 '질서에 대한 지극한 관심'이다. 일의 질서가 잡히지 않는 것을 염려하는 성향이 강하다. 본인뿐만 아니라 다른 사람이 어떤 기준으로 일을 하고 어떻게 수행하고 있으며 진척 상황은 어떤지 확인하려고 한다.

코카콜라의 전 CEO 더글러스 아이베스터Douglas Ivester는 짧은 기간 성공과 추락을 모두 경험한 경영자다. 1997년 세계 최고의 음료 회사 CEO에 올라 경영계의 스타가 됐지만 2년 만에 경영 악화로 자리에서 밀려났다. 그러다 보니 실패한 CEO라는 오명이 그를 따라다녔다. 하지만 그가 재무책임자로 일할 때는 상당한 성과를 냈고 능력을 인정받았다. 그는 매우 꼼꼼한 일 처리로 유명했는데 CEO의 자리에 오른 후에도 이런 성향은 변하지 않았다. 코카콜라와 레브론의 CEO를 역임한 전문경영인 잭 스탈Jack Stahl은 『CEO 레슨』에서 자신이 경험한 아이베스터의 업무 스타일을 자세히 소개하고 있다.

아이베스터가 코카콜라의 CEO로 재임했던 때의 일화다. 그는 주식 상장 관련 보고서 작성 과정을 점검하는 회의에 참석하기로 했다. 직원들은 CEO의 질문에 답변할 준비를 하고 기다렸다. 그런

데 아이베스터가 자리에 앉더니 질문 대신 직원들과 함께 700페이지가 넘는 보고서를 한 장 한 장 확인하기 시작했다. 그리고 '전화번호 누락 등의 사소한 실수부터 아주 치명적인 실수까지 모두 187개에 달하는 오류를 발견'해냈다. 그날 직원들은 길고 고통스러운 시간을 보냈지만 '오류를 바로잡는 데 필요한 기한과 직원들이 각자 해야 할 업무를 결정'함으로써 상장 전까지 해야 할 일을 재정비할 수 있었다. 아마 수행점검이 강한 상사와 일해본 경험이 있는 사람들은 그날 재무 담당 직원들이 겪었을 고통에 격하게 공감할 수 있을 것이다.

수행점검 역량은 디테일에 무척 집착한다. 다국적 복합기업인 하니웰의 전 CEO 로런스 보시디Lawrence Bossidy는 '조직을 꼼꼼히 챙기는 것'을 매우 중요하게 생각했다. 잭 웰치Jack Welch와 함께 GE의 전성기를 이끌었다. 또 중장비 제조업체 얼라이어드 시그널의 회장 겸 CEO로서 기업을 세계적 수준으로 끌어올렸다. 보시디는 자신의 경영 스토리를 담은 『실행에 집중하라』에서 어느 기업이든 최고경영자는 현장점검과 구성원과의 대화를 통해 많은 것을 배울 수 있다고 강조했다.

"내가 공장을 방문하는 이유는 그동안 관리자들에 대해 들어온 이야기들이 정확한지 직접 확인하기 위해서입니다. 예를 들어 어느 여성 관리자에 대해 좋은 평가를 많이 들었다면 그 여성을 직접 만나 심도 있는 대화를 나누고 관리자로서 능력이 어느 정도인지 두 눈으로 확인합니다. 평판이 떨어지는 관리자도 직접 만나본 다음에 일을 계속 맡길지 결정합니다. 그 과정에서 나는 관리자 개인뿐만 아니라 그 팀도 눈여겨봅니다. 그래서 이것저것 꼬치꼬치 캐물으며 팀이 처한 상황을 파악하려고 노력하지요."

수행점검 성향이 강한 사람은 보고서만으로는 마음을 놓지 못한다. 의사결정 전에 직접 확인해야 직성이 풀린다. 확인도 두 번 이상은 한다. 먼저 평가를 듣고 대상자를 직접 만나서 대화를 나누고 팀의 상황까지 파악하는 것이다. 숨이 막힐 듯한 완벽주의적 태도다. 하지만 이것만으로 보시디의 리더십을 평가할 수는 없다. 그가 현장에서 중요하게 생각한 것은 단지 점검만이 아니기 때문이다. 그는 현장 근로자들과 매우 솔직한 커뮤니케이션에 집중했다. 가령 현장에서 '회사가 추가 해고를 할 것인지 묻는 민감한 질문을 받으면 자신의 생각을 그대로 전하는 데 주력'했다. 상당히 민감한 현장 분위기에서도 회피나 면피 대신 정직함의 가치를 지켜 궁극적으로 신뢰를 쌓는 정직성실성이 발휘된 것이다. 특히 현장의 관리자들에게는 회사 상황을 숨김없이 설명했다. 이를 통해 '관리자들은 그들의 권위를 존중받는다고 생각했고 스스로 경영에 적극적으로 협력'하는 태도를 보였다. 관리자의 권위를 인정함으로써 적극적인 협력을 유도하는 대인영향력이다. 정직성실성과 대인영향력은 보시디 리더십의 핵심이다. 여기에 수행점검은 정확한 상황인식을 돕는 보조 역량으로서 핵심 역량을 강력하게 떠받치고 있다.

수행점검이 낮은 사람은 기본적으로 질서와 디테일에 대한 관심이 부족하다. 심지어 무질서나 디테일의 결여로 문제가 발생해도 그냥 간과해버린다. 이런 경우 다른 사람이 그 일을 대신 수습해야 하는 상황이 벌어진다. 그러므로 조직은 수행점검을 중요한 역량 요소로 인식해야 하는데 직급에 따라 그 중요성이 다르다. 고위직 에서는 다소 중요성이 떨어진다. 경영진이 모든 단계의 업무수행 과정을 꼼꼼하게 따지고 확인할 수는 없다. 고위직은 큰 그림을 그리고, 보이지 않는 것을 주목하고, 실행의 방향성을 제시하고, 집단의 마음을 움직여 공동의 목표를 성취해내는 데 주력해야 한다. 하지만 초급관리자라면 다르다. 그들은 디테일을 볼 수 있어야 하고 관리할 줄 알아야 한다. 수행점검은 상대적으로 초급관리자에게 상당히 중요한 역량이라고 할 수 있다.

정보수집INF, Information Seeking
: 무지를 인식하고 필요한 정보를 얻는다

> • 정의: 사람과 사물에 대해 좀 더 알고 싶은 욕구와 강한 호기심으로 관련 정보를 취합하는 능력
> • 키워드: 자신의 '무지를 인식'하고 '호기심'으로 정보를 수집하고 조사함

정보수집은 한마디로 '궁금해하는' 성향이다. 필요한 정보를 제대로 조사하고 취합하려면 먼저 대상에 대해 더 많이 깊게 알고 싶은 욕구가 바탕이 되어야 한다. 일반적으로 자신의 무지함을 인정하지 않는 태도를 가진 사람들은 정보수집 역량이 매우 떨어진다고 해도 무방하다. 자신이 모르는 사실을 알지 못하면 더 알고 싶은 호기심이 생길 리가 없다. 정보수집 역량이 낮은 사람들은 간혹

작은 관심이 생기더라도 관련 정보나 지식을 더 습득하려고 굳이 행동하지 않는다.

정보수집 역량은 단지 '왜?'라는 질문에 그치지 않고 구체적 행동을 통해 실질적으로 필요한 정보를 손에 쥐는 능력이다. 이는 본질을 캐내는 분석적 사고, 개념적 사고, 배움으로 깨달음에 이르는 학습능력, 미래를 예측하고 미리 준비하는 미래지향성의 중요한 기초가 된다.

주켄공업의 창업주 마츠우라 모토오가 세계 최초로 초정밀 톱니바퀴를 개발할 수 있었던 건 미래를 내다보고 남보다 한발 앞서 준비한 미래지향성 덕분이다. 그런데 그 시작은 마츠우라의 '호기심'이었다.

1980년대 초 신칸센을 타고 출장길에 나선 마츠우라는 우연히 옆자리에 앉은 외국인과 가벼운 대화를 나누었다. 그는 스웨덴의 통신장비 제조사 에릭슨의 일본 주재원이었다. 이야기가 자연스럽게 관련 분야의 주제로 흘렀다. 마츠우라는 그날의 수다에서 '모바일' '마이크로 스위치' 등 매우 낯선 단어들을 접하게 됐다.

"나는 처음 들은 '모바일'이라는 단어에 대해 여러 가지 질문을 했다. 그리고 '무언가 세상에 큰 움직임이 있을 것 같다.'는 느낌이 들었다. 나는 열차에서 나눈 대화가 계속 마음에 걸려 호텔에 도착해서도 여러 가지를 생각하다가 미국이나 유럽의 백화점에 전시된 TV가 거의 일제라는 것을 떠올리고 즉시 미국에 사는 친구 집에 전화를 걸었다. 그런 뒤 어느 날 갑자기 '이 변화는 분명히 이상하다.'는 생각이 머리를 스쳐 다시 해외

의 우량기업을 조사해보았다. 결론은 분명했다. 세계의 우량기
업들은 가전제품 시장을 버렸던 것이다."

강한 호기심과 그 호기심을 참지 못해 깨달음을 얻을 때까지 계
속 정보를 조사하는 행동이 바로 전형적인 정보수집의 모습이다.
정확한 정보수집과 분석을 통해 가전 업계의 상황이 좋지 않음을
깨달은 것은 학습능력이다. 마츠우라는 '주켄공업 매출의 70퍼센
트를 차지하는 가전사들이 생산비용을 줄이기 위해 해외 이전을
하고 그로 인해 위기에 처할 것'을 예측했다. 그리고 곧 초정밀 가
공기술 개발에 착수했다. 탁월한 미래지향성을 확인할 수 있는 대
목이다. 이런 예측과 준비하는 실행력은 정보수집의 도움이 반드
시 필요하다.

높은 수준의 정보수집은 단순히 드러난 정보를 취합하는 수준에
머물지 않는다. 입수한 정보에 만족하지 않고 심층적인 조사를 하
거나 자신만의 정보수집 채널 또는 시스템을 마련해 적극적으로
활용한다. 현대 경영컨설팅의 창설자로 불리는 마빈 바우어Marvin
Bower가 바로 그런 인물이다. 미국 경제인 명예의 전당에 이름을 올
린 존경받는 경영인이다. 그는 실패, 즉 문제의 핵심 원인을 찾아
내는 탁월한 능력의 소유자다. 그는 컨설팅을 진행할 때 최고경영
자뿐만 아니라 반드시 실패의 원인과 해당 기업의 능력을 통합할
수 있는 직원을 찾아서 인터뷰하는 걸 원칙으로 정했다. 그 이유는
『맥킨지의 모든 것』에 설명되어 있다.

"마빈은 건실하게 되지 못한 주요 패인을 서열제도에 대한

복종이라고 믿었다. 직원들은 상사에게 진짜 상황이 어떤지는 감히 말할 수 없었던 것이다. (중략) (이런 경험은) 일선 직원, 즉 그 분야에서 직접 영업직을 맡고 있거나 산업 현장에서 제품을 생산하는 사람에게서 나오는 정보의 가치와 그 사람이 지닌 지식의 가치에 대한 마빈의 믿음을 더욱 공고히 해주었다."

바우어가 조직의 서열제도를 경영 부실의 주요 본질로 파악한 건 개념적 사고의 힘이다. 그가 이런 결론에 도달하게 된 것은 '일선 직원, 즉 그 분야에서 직접 영업직을 맡고 있거나 산업 현장에서 제품을 생산하는 사람들을 조사'했기 때문이다. 바우어는 조직의 위계 문화 때문에 '(현장 직원의) 지식과 정보'가 감춰지고 있다는 사실을 잘 알았고 잘 드러나지 않는 내부의 '숨겨진 지식과 정보'를 찾아내고 조사하는 과정을 매우 중요하게 생각했다. 실패의 원인, 즉 정보를 원하는 수준에 이를 때까지 끝까지 찾아내려는 성향은 매우 높은 수준의 정보수집 역량이다.

유연성FLX, Flexibility : 길이 막히면 우회로를 탐색한다

- 정의: 다양한 상황 변화에 원활히 대처하며 사고와 학습 방법의 변경에 대한 필요성을 인식하고 기존과 다른 접근을 시도하려는 성향
- 키워드 : 무언가를 시도하여 막혔을 때 '우회로'를 탐색함

만약 완전히 새롭거나 전혀 생소한 문제를 해결하라는 요구를 받으면 어떻게 해야 할까. 방법은 하나다. 기존 방식에서 벗어나 사고를 전환해 뭔가 다른 방법으로 대처하려는 시도가 필요하다. 이것이 유연성이다. 유연성이 없으면 변화의 필요성을 스스로 깨닫지 못한다. 유연성은 말하자면 '변화에 적응할 준비'가 되어 있는 역량이라고 할 수 있다.

유연성은 핵심 역량요소로 분류되지는 않지만 성취에서 매우 중요한 역할을 한다. 특히 중요한 의사결정권을 쥔 고위직에는 반드시 필요한 역량이다. 만약 의사결정권자가 문제가 있다는 것을 알면서도 자신의 주장을 굽히지 않고, 원칙과 관례라는 이름으로 정해진 절차를 고집하며 다른 의견을 수용하지 않으려 한다면, 엄청난 속도로 변화하는 현실에 제대로 대응하지 못할 것이다. 유연성이 부족한 리더의 의사결정은 조직을 매우 위험한 지경으로 내몰 수 있다.

유연성은 길이 막혔을 때 적극적으로 우회로를 찾는다. 필요하다고 판단되면 기꺼이 '현실과 타협'을 선택할 수 있는 용기다. 예를 들어 사회와 조직에 민감한 이슈가 등장했다고 하자. 양쪽으로 의견이 나뉘어 치열하게 대립하는 상황에서 타협은 길을 찾는 방법이 될 수 있다. 논쟁이 치열할수록 타협은 어렵다. 동의하지 않는 측의 격렬한 비난을 버텨내야 한다. 하지만 거대한 조직을 경영하는 의사결정권자에게 타협은 필요한 용기다. 이 타협을 선택할 수 있는 의사결정의 저변에 유연성이 자리하고 있다.

유연성은 관행을 벗어나는 성향이다. 사회와 조직에서 관행을 따르지 않는 것은 상당히 힘든 일이다. 설사 그 관행이 매우 잘못됐다는 것을 모두가 인식해도 개선하는 행동을 하기는 무척 어렵다. 버핏은 이런 불합리함을 "제도적 명령institutional imperative이 작용할 때 합리성은 빈번하게 사라진다."는 말로 비판했다. 제도적 명령이 한번 떨어지면 이것이 관행이 된다. 마치 아이작 뉴튼Isaac Newton의 '운동의 제1법칙(관성의 법칙)'을 따르는 것처럼 그 관행을 유지하려는 기득권 세력이 강하게 변화를 거부하기 때문이다.

관행은 새로운 변화에 적응하지 못하도록 하는 강력한 인식의 프레임으로 눈에 보이지 않는 유령과 같다. 사회와 조직의 불합리한 관행을 개선해야 한다고 말은 하면서도 실제로 개선하기 어려운 이유는 무엇과 어떻게 싸워야 하는지 구체적 목표가 선명하게 보이지 않기 때문이다.

가톨릭 수사 출신의 경영컨설턴트인 케니 무어Kenny Moore를 따라다니는 유명한 일화가 있다. 키스팬KeySpan이 미국 굴지의 에너지 기업으로 성장하기 전 브루클린 유니언 가스 시절부터 무어는 CEO인 로버트 카텔Robert Catell의 곁에서 의사결정을 조언하는 역할을 담당했다. 1990년대 초 미국 정부의 산업규제 철폐로 에너지 업계에 무한경쟁이 시작됐을 무렵의 일이다. 카텔은 고민이 깊었다. 브루클린 유니언 가스는 100년의 역사를 이어왔지만 지역의 작은 가스공급 업체에 불과해 무한경쟁의 환경에서 살아남을 준비가 전혀 되어 있지 않다는 사실을 잘 알았기 때문이다.

이때 무어가 찾은 솔루션은 '100년의 관행을 깨뜨리는 것'이었다. 관행을 깨지 않으면 직원들은 외부의 변화를 외면하고 하던 방식대로 업무를 수행할 것이기 때문이다. 무어는 카텔에게 엉뚱하게도 '브루클린 유니언 가스의 장례식'을 하자고 설득했다. 장례식은 관행이라는 보이지 않는 유령의 실체를 드러내는 상징적 행위였다. 『CEO와 성직자』에서 무어는 당시 '장례식을 통해 직원들에게 변화를 수용해야만 한다는 점을 인식시켜 줄 수 있기를' 간절히 바랐다고 서술한다. 관행의 변화를 위해 필요한 조치가 장례식이라니. 상황에 따라 전략과 정책을 다른 관점에서 바라보고 새로운 방법을 찾는 유연성을 바탕으로 누구도 생각하지 못한 아이디어를 창출해내는 창의성이 조합해 만들어낸 솔루션이다.

무어는 장례식장에서 버려야 할 관행들, 즉 안정된 수익과 종신고용 등의 단어가 쓰인 메모지를 납골단지에 넣는 의식을 진행했다. 직원들은 당연하게 여겼던 권리들이 눈앞에서 사라지는 장면을 지켜보았다. 그 후 무어와 즉문즉답의 시간을 가졌다. 그는 직원들 스스로 변화에서 어떻게 살아남을 수 있는지를 묻고 답하는 방식으로 장례식을 진행했다. 직원들의 입에서 나온 변화를 상징하는 단어들인 팀워크, 최신 기술의 수용, 고객만족 등을 새로 써서 붙였다. 장례식은 매우 효과적이었다. 그 후 1년 6개월여 동안 직원들은 수많은 회의와 워크숍을 진행하면서 스스로 변화에 대한 두려움과 반감을 줄이는 방법을 찾아 나갔다.

직원들의 생각과 감정을 이해하고 스스로 변화에 동참하도록 솔루션을 찾아낸 무어의 핵심 역량은 대인영향력이다. 하지만 유연성이 바탕에 깔려 있지 않았다면 이토록 성공적인 결과를 도출하기는 쉽지 않았을 것이다. 유연성은 의식의 밑바탕에서 여러 역량요소에 관여하는 방식으로 활동하기 때문에 다른 역량요소와 뚜렷하게 구분되기 어려운 측면이 있다. 한 예로 자신감과 헷갈리는 경우다. 목표를 달성하고자 할 때 길이 막히면 포기하지 않고 즉시 관행을 벗어나 새로운 길을 찾아 나가는 성향은 '원하는 바를 자신의 생각과 결정으로 반드시 이룰 수 있다는 신념', 즉 자신감으로 보일 수도 있다. 그러나 자신감과 유연성은 큰 차이가 있다.

자신감의 핵심은 '어떤 상황에서도 일관되게 자신의 신념을 유지하는' 성향이다. 반대로 유연성은 '일관성을 파괴할 수 있는' 성향이다. 가령 보편적 가치를 따르며 적극적으로 행동하고 자신이 손해를 보더라도 일관성 있게 신념을 견지하는 정직성실성은 밑바탕에 자신감이라는 보조 역량이 단단한 주춧돌이 됐을 때 뚜렷하게 드러난다. 그런데 같은 상황에서 결정적으로 자신의 손해가 예견될 때 몸을 낮추거나 그 상황에서 도피한다고 하자. 신념을 바꾼 것은 아니고 큰 손해를 피하려고 그런 행동을 선택한 것이다. 이는 유연성일까? 그렇지 않다. 자신감이 낮은 것으로 진단해야 한다. 유연성이 높다면 새로운 전술과 전략으로 사태를 타개할 수 있도록 시도할 것이다.

유연성과 창의성도 서로 비슷하게 보이지만 산출물의 여부에서 차이가 있다. 유연성은 자신의 의도를 수행하는 과정에서 기존의 관점과 방식을 고집하지 않고 의사결정의 방향을 바꾸게 하는 성향이다. 반면 창의성은 제도적 장치 등 온갖 관행을 벗어나 완전히 새로운 결과를 '만들어내는' 수준에 이르러야 한다. 창의성은 기본적으로 유연성이라는 보조 역량요소가 바탕에 있어야 발현될 수 있다. 보수적 사고와 권위주의적 조직에서 창의성이 발현되지 않는 이유는 유연성을 용인하지 않기 때문이다. 이처럼 역량요소는 단지 개념을 이해하고 대입하는 것만으로는 진단하기 어렵다. 겉으로 드러나는 행동이 아니라 전후 맥락을 세밀하게 파악해야만 정확한 역량진단이 가능하다.

조직인지 OA, Organizational Awareness
: 조직의 정치적 관계를 이해하고 핵심 인물을 활용한다

> • 정의: 조직의 공식적, 비공식적 구조와 문화 등을 이해하
> 고 직무수행에 효과적으로 활용하려는 성향
> • 키워드: 조직의 '핵심 인물'을 파악함

　조직을 인지한다는 것은 조직의 구조와 문화를 이해하는 것을
말한다. 조직의 구조와 문화는 조직도를 봐도 정확하게 알 수 없
다. 어느 조직이든 제대로 알려면 조직의 공식적 구조와 비공식적
구조를 모두 파악해야 한다. 눈으로 보이지 않는 조직의 구조를 빠
르고 정확하게 인지하는 역량이 바로 조직인지다.

　조직인지 역량이 높은 사람은 어떤 종류의 조직이든 공식적, 비
공식적 구조와 문화를 이해하는 능력이 탁월하다. 조직문화의 근
본 배경을 잘 읽고 겉으로 드러나지 않는 내부의 정치적 관계를 빠
르게 이해하여 자신의 직무수행과 목적달성에 도움이 되도록 잘
활용한다. 그들은 낯선 조직과 집단에서도 누가 '핵심 인물key person'
인지 파악하려 하고 또 실제로 정확하게 찾아낸다. 반면 조직인지
가 부족한 경우 내부의 정치적 관계를 잘못 파악하거나 오해해서
엉뚱한 실수를 범한다. 또는 조직이 어떻게 돌아가는지 도통 관심
이 없다. 오직 요청받은 업무에만 충실할 뿐 조직의 운영 메커니즘

을 이해하려고 하지 않는다.

미국의 키스펜과 영국의 국영 전력회사인 내셔널 그리드의 CEO를 역임한 로버트 카텔은 풋내기 시절부터 확실히 남다른 역량을 보였다. 그의 신입사원 시절 첫 근무지는 공장이었다. 당시 노동조합과 경영진이 극심하게 대립하던 상황이었다. 그러다 보니 카텔은 본사 직원이라는 이유로 공장 직원들에게 위해를 당할지도 모른다는 두려움 속에서 하루하루를 보냈다. 그런 와중에서도 카텔은 단 두 명의 직원과는 사이좋게 지냈다.

"이 무렵 미터기 수리부에서 노동조합을 대표하던 인물은 피터 더윈이었다. 그는 덩치도 크고 힘도 세고 성격도 적극적인 사람이었던데다 무엇보다 똑똑했다. 그리고 더윈과 정반대의 위치에서 대립하고 있던 사람은 미터기 수리부의 작업관리자였던 앵거스 맥노튼이었다. 당시 나는 어린 신입사원이었는데 이 두 사람과 비교적 사이가 좋았다. 그래서 자연스레 더윈과 맥노튼의 중간에서 중재자 비슷한 역할을 했다. 그리고 시간이 흐를수록 노동조합 소속의 현장 직원들과도 친해지게 됐다."

여기서 주목할 점은 카텔이 당시 신입사원이었다는 것이다. 매일 출근하는 일이 너무 힘들고 공장 근로자들이 '뜨겁게 달궈진 작업 도구로 자신의 어깨를 찌를지도 모른다.'는 생각을 할 정도로 현장에 적응하지 못하는 상황에서도 꼭 필요한 두 사람, 즉 노동조합을 대표하는 핵심 인물과는 잘 지냈다는 사실이다. 나이도 어리고 조직을 파악할 정도의 경험도 없었다. 하지만 그는 누구와 교류

해야 하는지 잘 알고 있었고 신뢰를 얻는 방법도 알았다. 집단에서 영향력이 큰 두 사람이 서로 대립하는 상황을 인식하고 두 명과 모두 잘 지내면서 이견을 조율하는 '중재자 역할'까지 했다. 타고난 조직인지 역량이란 이런 것이다.

카텔은 이렇게 핵심 인물의 신뢰를 얻어 조직 적응에 적극 활용했다. 그토록 두려웠던 현장의 분위기 속에 자연스럽게 스며드는 데 성공한 것이다. 현장 직원들은 카텔이 '경영진의 스파이'도 아니고 자신들의 뒤통수를 치는 일도 없을 것이라고 믿게 됐다. 카텔은 훗날 이때의 경험으로 노동조합이 왜 필요한지 깨달았으며 다양한 배경과 사고방식을 가진 사람들과 일하는 방법을 배웠다고 회고했다. 무언가를 깨닫고 적절히 적용하는 것이 학습능력이다.

조직을 이해한다는 뜻은 '조직의 구조'를 이해한다는 것이다. 조직은 물리적 구조가 아니라 '개념적 실체'다. 실질적인 권력구조와 시스템과 그 프로세스를 파악함으로써 형태가 없는 조직이 어떤 식으로 나뉘어 있고 내부의 개별 주체들이 어떻게 서로 관계를 맺는지 알 수 있게 된다. 이때 개별 주체란 개인을 말하는데 조직의 구조에서 개인은 자연인이 아니라 조직을 구성하는 '노드$_{node}$'다.

구조를 이해하는 방식은 마치 의사가 인간의 신체를 이해하는 방식과 비슷하다. 의사는 인체를 구조적으로 파악한다. 머리부터 발끝까지 몇 개의 뼈가 있는지, 각 뼈에 근육이 어떤 방식으로 붙어서 뼈를 지탱하고 움직이는지, 주변 근육이 어떻게 상호작용을 하는지 등으로 신체를 이해한다. 해부학은 신체의 구조를 현상 그대로 이해하기 위해 탄생한 학문이다.

해부학적 관점으로 조직의 구조를 파악하고 난 뒤에는 구조를 살아 움직이게 하는 시스템과 역동성dynamism을 알아야 한다. 인체는 뼈대에 의해 유지된다. 이것이 구조다. 이 구조를 움직이는 건 근육이다. 이것이 시스템이다. 이 구조와 시스템이 움직이는 작동원리를 쉽게 정리해 놓은 것이 바로 프로세스다. 이 프로세스가 뇌에서 근육으로 전달되는 신경망이다. 조직이 유기체로서 작동하도록 하는 시스템 중 가장 중요한 것은 의사결정시스템이다. 당연하지 않은가. 조직이 움직이려면 먼저 결정을 해야 하니 말이다. 의사결정시스템은 우리 몸을 건강하게 하는 핵심 요소다. 조직의 뇌에 해당하는 것이 바로 의사결정시스템이다.

인체의 구조를 형성하고 움직이는 근육에 제대로 영양을 공급하는 역할은 혈관이 담당하고 온몸의 움직임을 통제하는 모든 의사결정 내용의 소통 네트워크는 신경망이 맡고 있다. 조직의 혈관과 신경망을 조직론에서 프로세스라고 한다. 프로세스는 곧 정보의 흐름이다. 조직의 정보는 아주 투명하게 누구나 공유할 수 있도록 흘러야 한다. 조직에는 정보가 흐르는 공식과 비공식 의사소통 프로세스가 있다. 회의는 공식 프로세스이고 회식이나 골프 모임 등은 비공식 프로세스다. 당연히 공식 프로세스가 중요하다. 건강한 의사소통 프로세스를 통해 정보가 제대로 흐르지 않으면 엉뚱한 의사결정을 하게 되고 조직은 잘못된 방향으로 움직이게 된다.

조직인지 역량이 높다는 건 이렇게 구조, 시스템, 프로세스 세 가지를 조직 내에서 빠르게 파악하고 적절한 행동으로 적응해가는 능력이 뛰어나다는 것을 의미한다. 인사조직 컨설턴트의 교육과 훈련 과정에는 조직이론, 특히 직무설계와 조직설계부문을 학습해야 하기 때문에 조직인지와 같은 역량요소들이 조직 내에서 어떻게 작동하는지 조금 더 깊이 이해할 수 있다.

관계형성RB, Relationship Building
: 목적을 갖고 타인과 신뢰 관계를 형성한다

- 정의: 다른 사람과 우호적이고 서로 신뢰할 수 있는 인간 관계를 형성하려는 성향
- 키워드: '목적의식'이 있는 관계

어느 상황에서든 타인과 빨리 친해지고 관계를 잘 맺는 사람들이 있다. 특별한 노력으로 치밀하게 계획을 세워 '관리'를 하는 사람도 있지만 사실 이런 성향은 대부분 타고난다. 바로 관계형성 역량이다. 관계형성은 타인과 우호적이고 상호신뢰할 수 있는 인간관계를 형성하려는 성향을 말한다. 관계형성이 높은 수준의 사람은 단지 알고 있는 사람들과 지속적인 친분관계를 유지하는 수준에 멈추지 않는다. 자발적으로 나서서 사회적 네트워크를 만들고 그렇게 만난 사람들과 상당히 높은 수준의 우정을 형성한다. 그리고 이런 관계를 통해 궁극적으로 자신의 직무수행에 필요한 도움을 끌어낸다. 특히 인맥과 연고가 강력하게 작동하는 폐쇄적인 사회문화에서는 관계형성의 중요성을 간과할 수 없다.

이런 특성은 대인영향력과 표면적으로 비슷한 모습으로 비칠 수 있다. 둘 다 상대의 마음을 움직여 원하는 의도에 참여시킨다는 측

면에서 겹치는 부분이 있기 때문이다. 하지만 이 두 역량은 차이가 있다. 대인영향력의 핵심은 '설득'과 '영향력의 행사'다. 자신이 의도한 방향으로 상대를 이끌기 위해 직접 영향력을 발휘하거나 제삼자를 활용해 간접적인 영향력을 행사하는 전략을 구사한다. 반면 관계형성의 핵심은 추후 자신에게 도움이 될 것이라는 '목적의식'을 갖고 관계를 맺는 것이다. 관계형성은 공감력과 꽤 가까운 사이다.

공감력은 상대의 심정을 있는 그대로 받아들이는 대인이해와는 다르다. 공감력은 단순히 주의를 기울이는 수준이 아니라 진심으로 관심을 쏟고 감정을 이입한다. 한마디로 감성 지능이 뛰어나다. 하지만 공감력이 곧 관계형성은 아니다. 공감력이 높은 사람들이 관계형성을 잘할 뿐이다. 가령 여러 사람과 자주 약속을 정하고 만남을 즐기는 방식으로 관계형성을 잘하는 사람들은 대개 공감력이 발달했다. 이와 다르게 오래된 관계에 집중하고 이를 잘 유지하는 사람들이 있다. 이들 역시 공감력이 발달했다. 하지만 후자의 경우 관계형성으로 보기 어렵다.

그런가 하면 사교성이 높고 친화적인 태도를 유지하며 상대와 상호우호적인 관계를 맺으려는 성향이 있지만, 단지 친구를 사귀려는 의도일 뿐 관계를 바탕으로 특별한 목적을 달성하려는 의도와 기대가 없을 수 있다. 또 어느 자리든 초대를 받으면 빠지지 않고 참석은 하지만 그렇게 만난 새로운 사람들과 적극적으로 친밀한 관계를 맺고 유지하는 데 관심이 없는 경우도 있다. 이런 사례들은 모두 관계형성 역량이 아니다.

글로벌 기업의 해외 지사에서 오랫동안 CEO를 역임한 A씨는 특유의 친화력으로 유명한 경영자다. 그는 CEO로 재임 시 긴급한 상황이 발생해도 휴일이나 퇴근 후 늦은 시간에는 직원에게 전화하지 않는 것을 중요한 원칙으로 삼았다. 상사의 직위란 휴일에는 아무 의미가 없지만 직원은 휴일에도 상사의 연락을 무시할 수 없다. 그가 이런 부분까지 챙긴 건 대인이해력 덕분이다. 하지만 그가 정말 긴급한 일로 휴일에 직원에게 전화해야 할 때는 늘 주변에 직원의 가족이 있는지부터 확인하고 최대한 짧게 통화했다고 한다. 휴일에 상사의 전화를 받는 아버지와 남편을 불편하게 바라볼 가족들과 그런 가족의 심정을 신경쓸 직원의 마음을 헤아린 것이다. 이것이 바로 공감력이다.

그는 특히 탁월한 관계형성 역량을 발휘했다. 해외 지사의 CEO로 재임할 때 있었던 일이다. 그는 특별한 일정이 없는 한 안내 직원부터 임원까지 직급과 직무를 가리지 않고 점심을 하자고 청하곤 했다. 아무리 국내 기업과 문화가 다르다고 해도 CEO와 밥을 먹는 자리가 직원들에게 편할 리 없다. 하지만 한결같은 태도로 점심을 청하는 그의 모습에 직원들은 마음을 열었다. 어느새 CEO와 점심을 먹는 일을 가벼운 일상으로 여기는 분위기가 형성됐다. 식사 중 나누는 대화는 대부분 안부를 묻고 일에 대한 소소한 잡담을 나누는 수준에서 벗어나지 않았다.

그는 왜 그토록 열심히 직원들과 관계를 형성하려고 노력했을까? 바로 '사소한 이야기'에 답이 있다. 가령 전화를 연결하는 업무를 담당하는 직원과 점심을 먹던 중 우연히 고객 불만 전화를 연결했다는 이유로 해당 부서의 담당자와 언쟁을 벌인 이야기를 들었다고 하자. 업무 중 있을 수 있는 사소한 일이지만 고객서비스의 질에 직접 영향을 미칠 수 있는 요소다. 이런 현장의 이야기들은 대개 CEO의 사무실까지 전달되지 않는다. A씨가 직원들과 점심 식사에 그토록 정성을 기울인 까닭은 그런 '가치 있는 정보'를 수집할 목적이었다. 이렇게 수집한 정보는 그의 직무에 중요하게 활용됐다. 그의 탁월한 관계형성 역량은 뛰어난 공감력으로 직원들과 우정을 나누고 대인이해력을 바탕으로 신뢰를 쌓았고 그걸 통해 필요한 정보를 수집하는 정보수집과 복합적으로 작용하며 그의 리더십에 빛을 더했다.

여기까지 핵심 역량요소 9개와 보조 역량요소 7개의 기본 개념과 그 의미를 소개했다. 읽을 때는 고개를 끄덕일 수 있지만 다 읽고 나면 기억이 어렴풋할 것이다. 부록으로 첨부한 역량사전을 일상에서 필요할 때마다 관심을 가지고 참조하기 바란다. 조직심리학이나 경영학적 배경이 없는 일반인이 역량진단 전문가로 훈련받는 것은 쉽지 않을 것이다. 많은 학습량이 요구되고 많은 기간이 소요되기 때문이다. 그러나 인사조직 컨설턴트는 아니더라도 성취예측모형에 따라 '사람 보는 안목'을 어느 정도 기르기 위해서는 20시간 정도의 기초적인 훈련프로그램(워크숍)에 참가하여 개념과 의미를 조금 더 명확하게 익히고, 익힌 내용을 지속적으로 일상생활에서 반복하면 '사람 보는 안목'이 어느 정도는 생길 것이다.

이 책을 읽고 워크숍에 참가하면 역량 개념, 역량요소들, 역량진단방법론과 그 요령 등을 비교적 쉽게 익힐 수 있을 것이다. 방금 요령이라는 말을 썼는데 우리 사회는 인사에 관한 한 요령부득要領不得의 상태에 빠져 있다. 인사실패가 지속되고 있음에도 그 원인을 제대로 파악하지 못하고 있고 이렇다 할 대안도 마련하지 못하고 있다. 정말 그렇다. 인사에 관한 한 우리 사회는 총체적 난국이고 후진국이라고 할 만하다.

이제 우리 사회는 어째서 인사실패가 계속되고 있는지 그 근본 원인을 알아보자.

3장

인사실패가
반복되는 이유

이제 역량요소란 어떤 것인지, 어떤 방식으로 역량을 진단할 수 있는지, 어떤 기준으로 인재를 선발하는 것이 좋을지 안목이 조금 생겼을 것이다. 그러나 성취예측모형은 겉에 드러난 표피적 모형일 뿐이다. 성취예측모형을 떠받치고 있는 인문학적 배경을 이해하는 것이 훨씬 더 중요하다. 왜 우리 사회에서 인사실패가 반복되는가? 그 근원을 이해하려면 인사실패가 거의 없는 선진국에서 역량진단방법론이 개발되어 활용되는 이유와 그렇지 못한 우리의 현실을 알 필요가 있다.

많은 경우 배우자를 잘못 선택해서, 자녀교육을 잘못해서, 회사의 임직원을 잘못 임용해서, 고위공직자를 잘못 선출하거나 임용해서 많은 갈등을 일으키고 문제를 해결하기 위해 에너지를 쓰지만 결국 불행으로 끝난다.

톨스토이는 『안나 카레니나』의 첫 문장을 이렇게 썼다.

"행복한 가정은 모두 모습이 비슷하고 불행한 가정은 모두 제각각의 불행을 안고 있다."

나는 이렇게 쓰고 싶다.

"행복한 조직은 모두 모습이 비슷하고 불행한 조직은 모두 제각각의 불행을 안고 있다."

내가 스타트업에서 삼성전자까지, 인천국제공항공사에서 강원도 태백의 탄광회사까지, 부산의 중견기업에서 목포의 조선소까지 경영 자문과 교육 프로그램을 의뢰받아 가르친 경험에 비추어보면 정말 그렇다. 생산성이 높고 창의적인 기업의 특징은 그 자리에 적합한 인물을 임용한다. 생산성이 낮은 기업은 제각각의 이유로 다양한 문제를 안고 있다.

인사가 만사다. 이런 말을 수없이 하고 있지만 제대로 인사가 이루어지지 않는다. 민간기업이나 사조직에서야 인사가 잘못되면 그들의 문제로 그치지만 공공부문에서는 그렇지 않다. 인사실패로 인한 국민의 불신과 갈등 그리고 좌절과 체념으로 사회는 역동성을 잃고 무력감에 빠질 수밖에 없다. 고질적인 인사실패라는 문제를 해결하기 위해서는 그 원인을 찾아야만 한다.

1

인재를 선발하고 활용하는
시스템이 없기 때문이다

역대 정부는 늘 행정관료들에 포획되어 대통령이 공약했던 비전과 목표를 제대로 이루어내지 못했다. 퇴임 후에는 대부분이 비극적이었다. 행정관료들이 자기들 마음대로 할 수 있도록 방치한 원인은 무엇인가? 자리에 적합한 사람을 앉히지 못했기 때문이다. 왜 적합한 사람을 찾지 못했을까? 권력의 정점에 앉아 있는 청와대 인재들에게 사람 보는 안목이 부족했기 때문이다. 그들은 왜 사람 보는 안목이 부족했을까? 어떤 사람이 공약을 실현할 역량을 갖추었는지 제대로 검증하는 방법을 모르기 때문이다.

인간의 타고난 역량을 진단하려면 과거 행적을 잘 살펴보아야 한다. 문제는 그런 자료가 거의 없을 뿐더러 설사 있더라도 그 자료가 무엇을 의미하는지 해석할 실력이 없다는 점이다. 쉽게 말해서 과거의 어떤 행적을 찾아 어떻게 진단할지 알지 못한다는 뜻이다.

우리는 조선 시대에 과거시험 성적과 그 인품을 보아 등용하는 방식 이외의 과학적 방법이나 시스템을 갖추지 못했다. 인품이라는 것도 사람 보기에 따라 다르기 때문에 합리적이고 객관적인 기준이라고 할 수 없다. 인사를 제대로 하려면 시스템을 설계해야 한다. 시스템이 우리를 구원할 수는 없지만, 시스템이 없으면 우리는 지옥으로 떨어진다. 시스템 설계system design가 그래서 중요하다. 우리에겐 그런 시스템이 없을 뿐더러 그런 시스템을 설계하지도 않는다.

역량진단시스템의 부재

현재 공직 사회의 인사시스템으로는 고위공직 후보자의 역량을 제대로 진단할 수가 없다. 성과와 역량을 진단하는 프로그램이 없기 때문이다. 이 글을 읽는 인사 담당 공무원들은 아마도 매년 성과항목과 역량항목에 따른 인사고과 결과를 반영해 인사를 한다고 즉각 반박하고 싶을 것이다. 하지만 그것이 요식행위에 불과하다는 것을 공무원들은 대부분 알고 있다. 현재의 인사평가는 실질을 반영하지 않는다. 관료화된 조직에서 20년을 보냈고 여러 번 정부 자문을 경험한 내 결론은 이렇다. 우리나라의 입법부, 행정부, 사법부 등 모든 영역에서 조직의 근간이 되는 인사조직기능은 정상적으로 작동하지 않는다. 그래서 나는 희망을 놓았다.

해방 후 역대 정부에서 역량진단 개념을 제대로 이해한 인물은 없었다. 이것이 비극의 출발이다. 역량진단 개념을 모른다는 말은 그들을 비난하려고 하는 말이 아니다. 2장에서 설명했듯이 적성, 재능, 능력, 역량의 개념 차이를 구분하지 않고, 그저 멋있게 보이는 용어를 가져다 쓰고 있을 뿐이다. 그리고 자신들이 임의로 만든 기준으로 산하기관들을 평가한다. 평가할 능력이 없는데 상위기관이 하위기관을 평가하는 것이다. 그러니 평가가 제대로 될 리가 없다.

생각해보자. LH는 2020년도에 아주 좋은 기관경영평가를 받았는데 2021년 초 LH 직원들이 내부 정보를 이용한 땅 투기 사건이 벌어졌다. 이 사건으로 전국이 떠들썩했고, 여당은 서울과 부산의 보궐선거에서 참패했다. 경영평가가 얼마나 엉터리였는지 보여준 사건이다. 이건 빙산의 일각이다. 우리나라엔 기관의 역량capability이나 공직자의 역량competency을 평가할 수 있는 전문기관과 전문가가 없다.

나는 성취예측모형을 제대로 실행할 수 있다면 우리나라의 모든 평가를 폐지할 수 있다고 생각한다. 아니, 폐지해야 한다고 생각한다. 공직자들이 하는 인사고과나 기관평가를 전혀 신뢰할 수 없기 때문이다. 더 나아가 지금까지 해온 평가로 인해 공직 사회의 질적 수준이 크게 뒤떨어졌기 때문이다.

잘 알다시피 공직 사회의 가장 큰 문제는 승진제도다. 승진은 공무원들의 모든 에너지를 집어삼키는 블랙홀이 됐다. 공무원들은 공익을 생각하기 전에 자신의 승진을 위해 일한다고 해도 과언이 아니다. 승진을 위해서는 타당성도 신뢰성도 없는 엉터리에 불과한 근무평가를 잘 받아야 한다. 승진에 유리한 자리로 옮기려면 일단 상관의 눈에 드는 것이 중요하다. 인사고과자인 상관이 사실상 모든 것을 좌우하기 때문이다. 공무원들의 업무활동을 잘 관찰해 보면 상관의 일을 대신하거나 의전 행위가 대부분이다. 각자가 맡은 직무의 본질도 결국은 상관에게 잘 보이기 위함이다. 상관이 지시하는 일 이외에는 사적 이익을 얻기 위한 행동을 할 뿐이다. 그러니 상관이 신경을 쓰지 않는 업무는 자율적으로 잘 돌아갈 리가 없다. 그들에게 공익을 생각하라고 하는 말은 배부른 소리다.

인사조직에 관한 근본적인 사고전환이 일어나야 한다. 현재 우리가 사용하는 인사조직이론은 일제강점기로부터 내려온 것이다. 여기서 벗어나야 한다. 인사고과제도 자체를 철폐해야 한다. 잘못 설계된 평가가 구성원들과 조직을 망치고 있다. 이제라도 사회적 성취에 직간접적으로 영향을 미치는 역량요소들을 종합한 성취예측모형과 같은 과학적인 역량진단시스템이 필요하다.

성과계약시스템의 부재

역량진단시스템이 없다면 최소한 직무의 본질(존재목적)이 무엇인지 직무담당자에게 명확히 알려주는 성과계약시스템이라도 있어야 한다. 특히 임명직 고위공직자에게 반드시 작동해야 하는 시스템이다. 그래야 직무담당자가 직무의 본질에서 탈선하지 않도록 미연에 방지할 수 있다.

고위공직에 요구되는 기대성과expected output는 주권자에게 더 나은 서비스를 제공하기 위한 사회적 성취다. 모든 공직은 사회적 성취를 이루기 위해 만들어진 직무이기 때문에 시민들이 무엇을 기대하는지를 파악하는 것이 중요하다.

여기서 직무의 개념이 무엇인지 생각해보자. 직무란 주권자가 기대하는 성과를 창출해야 하는 공직자 한 사람이 담당하는 모든 업무수행 단위의 총체다. 이러한 직무의 본질, 즉 직무의 존재목적을 규명할 때는 다음 세 가지를 고려해야 한다. 물론 성과계약서에는 이 세 가지가 명확하게 기록되어야 한다.

첫째, 꼭 이루어야 할 사회적 성취
둘째, 절대로 해서는 안 되는 일
셋째, 자율적으로 처리해도 괜찮은 일

첫째(꼭 이루어야 할 사회적 성취)는 완수해야만 하는 전략적 과제인데, 이를 이니셔티브$_{initiatives}$라고 부른다. 우리말로 뭐라고 번역할 마땅한 용어가 없어 그냥 외래어처럼 쓴다. 정책과제 또는 전략과제라고 번역해서 쓰는 경우가 있다. 그런데 과제라는 단어가 붙으면 누가 그 과제를 만들어내고 실행하는 주체인지가 명확하지 않다. 공직 사회에서 일하는 방식은 품의제도를 따른다. 하위직이 기안해서 상위직으로 올라가 최종결재권자의 결재가 떨어지는 방식이다. 모든 일은 그것을 기안하여 품의하는 하위직이 따로 있다. 그 때문에 사실상 최종결재권자는 정책과제 또는 전략과제에 거의 개입하지 않게 되는 문제가 발생한다. 이게 왜 문제냐 하면, 최종결재권자가 정책과제 또는 전략과제에 대해 세밀한 부분을 전혀 모르고 결정하기 때문이다. 우리 사회에서 고위공직에 오르면 자신이 직접 기안하는 일이란 사실상 거의 없다.

결재문화의 가장 큰 문제점은 기안문서를 작성하는 사람과 최종 결재하는 사람 사이에 많은 중간단계가 있다는 점이다. 나중에 자세히 설명하겠지만, 일제강점기의 유산인 품의제도에 의한 결재제도는 조직의 생산성과 창의성을 떨어뜨리는 주범이다. 여기서는 일단 그렇다는 점만 이해하고 넘어가자. 뒤에서 자세히 설명하겠다.

전략적으로 추진해야 할 과제의 기획, 실행, 결과에 대한 책임자를 명확하게 지정하는 의미에서 이니셔티브라는 말을 그대로 쓰는 것이 좋다. 의사결정 책임자가 직접 과제를 만들어내야 하기 때문이다. 과제는 일상적으로 일어나는 업무를 뜻하는 것이다. 반면 이니셔티브는 그 직무담당자, 특히 단위조직의 장이 직접 기획하고 실행한다는 점에서 주권자의 기대 수준에 부합하는 사회적 성취를 달성해야 할 사명mission 또는 전략적 과제strategic task다. 그러므로 이니셔티브는 반드시 완수되어야 한다. 여기에는 성취의 질적 수준quality, 비용cost, 기간delivery이 명시되어야 한다. 이니셔티브는 하나만 있는 것이 아니라 여러 개가 있을 수 있다. 중장기적이라면 로드맵roadmap과 마일스톤milestone이 있어야 한다.

고위공직자를 임용하기 전에 그가 맡을 직무의 본질을 규명하는 것을 직무분석job analysis이라고 한다. 여기에는 그 직무와 관련된 이해관계자들의 역사의식diachronic horizon과 시대정신synchronic horizon을 반영해야 한다. 예를 들어 검찰조직의 흑역사를 조금이라도 살펴보면 검사들이 '허가받은 범죄집단'의 일원처럼 일해왔다는 사실을 잘 알 것이다. 그렇다면 검찰청 최고책임자의 직무는 무엇이어야 할까? 그 직무의 본질에 검찰조직을 언제까지 어떻게 개혁할 것인지를 첫 번째 이니셔티브로 넣어야 한다. 개혁이 완료된 모습을 기술하고 그것을 성취해가는 로드맵과 마일스톤을 명확히 해야한다. 이에 따른 비용도 계산에 넣어야 한다. 이외에도 필요한 이니셔티브를 추가할 수 있다. 만약 반드시 추진해야 하는 이니셔티브에서 일탈하거나 잘못된 방향으로 추진하면 해임 사유가 되어야 한다. 앞에서 몇 차례 언급한 독일 연방총리 브란트는 동방정책 Ostpolitik과 민주주의의 민주화Demokratisierung der Demokratie라는 두 가지이니셔티브를 스스로 맡아서 추진했다. 이니셔티브란 그런 것이다. 이것 또한 5장과 6장에서 자세히 설명하겠다.

둘째(절대로 해서는 안 되는 일)는 행동강령code of conduct이라고 한다. 직무담당자가 절대로 해서는 안 되는 것이 있어야 담당자의 탈선을 방지할 수 있다. 예를 들어 공적 자원을 활용할 때는 반드시 비례의 원칙 또는 과잉금지의 원칙을 무너뜨리지 못하도록 해야 한다. 이것은 고위공직자에게는 매우 중요한 가치다. 소 잡는 데 쓰는 칼로 모기를 잡아서는 안 된다는 얘기다. 비례의 원칙을 벗어나 직무를 수행했다면 직무권한의 한계와 범위를 일탈했기 때문에 해임 사유가 될 수 있다. 고위공직자들의 해임 사유를 강조하는 것은 고위공직자의 잘못된 판단으로 결국 정부에 대한 국민의 신뢰가 무너지기 때문이다.

독일에서 있었던 한 사건을 예로 들어보자. 2015년 8월이었다. 독일 연방법무장관인 하이코 마스Heiko Maas는 연방검찰총장인 하랄트 랑에Harald Range를 전격적으로 해임했다. 왜 그랬을까? 내용을 요약하면 이렇다. 직원이 30명밖에 안 되는 인터넷 언론사 기자 둘이서 연방헌법보호청의 기밀문서에 담긴 내용을 두 차례에 걸쳐 보도했다. 기자들이 어떻게 입수했는지는 밝혀지지 않았지만 문서에는 급진적이고 극단적인 일파들의 프로필을 분석하고 모니터링한 내용이 담겨 있었다. 연방헌법보호청장은 즉각 두 명의 기자를 검찰에 고발했다. 연방검찰총장은 국가반역죄 의혹이 있다고 보았다. 조사관들은 수사를 시작했다.

그러자 언론탄압을 중지하라는 데모가 일었다. 이 사건은 일파만파로 퍼져나갔다. 독일의 주요 일간지인 『쥐트도이체 차이퉁Süd-deutsche Zeitung』과 대중의 신뢰를 받고 있는 주간지 『슈피겔Der Spiegel』도 이 사건을 다루었다. 전국에서 시위가 일어나며 걷잡을 수 없는 양상으로 변하자 연방법무장관은 연방검찰총장을 전격 해임했다. 이유는 간단했다. 연방검찰총장의 잘못된 판단으로 연방정부가 시민들에게 신뢰를 잃게 됐다는 것이다. 이 사실만으로도 해임 사유가 된다. 이것이 공직자의 행동강령이고 민주주의가 작동하는 원리다. 시민이 곧 국가의 주권자라는 사실을 독일 정치인들은 알고 있었던 것이다.

나는 선출직인 입법부의 고위공직자를 제외한 행정부의 모든 임명직 고위공직자의 임기를 규정한 것을 개선해야 한다고 생각한다. 국민적 신뢰를 받으면서 주어진 사명을 잘 완수하면 계속 일하는 것이고 사회적 성취가 시원찮으면 해임하면 된다. 선출직이 아니라 행정부의 임명직에 임기를 두는 것은 잘못된 것이다. 정치적 입김을 없애서 중립성과 독립성을 갖게 하려고 임기 동안 무슨 짓을 해도 아무도 건드리지 못하도록 한 것은 올바른 문제해결 방법이 아니다. 행정부는 정치적으로 독립되는 것이 아니라 행정부를 구성한 정치집단의 지배를 받는 조직이어야 한다. 특히 검찰청이나 공수처와 같은 사정기관은 더욱 그렇다. 검사는 모두 독립된 자율적 단독관청으로 일하게 하고 모든 직무수행 과정을 투명하게 공개하여 시민들이 판단하도록 하면 된다.

법원 판사는 임기를 정할 수 있지만 일하는 방식은 마찬가지다. 누구의 지시와 명령 없이 자율적인 단독관청으로서 직무를 수행하게 하고 모든 재판 과정을 투명하게 해야 한다. 판사가 쓴 판결문은 법률가뿐만 아니라 시민들의 엄중한 심판을 받아야 한다. 이것은 모든 공직자에게 적용되어야 할 기본 원칙이다. 법원개혁에 대해서는 판사들이 탈선하지 못하도록 하는 조직설계의 삼중방어선 three lines of defense 개념으로 5장에서 설명한다.

셋째(자율적으로 처리해도 괜찮은 일)는 재량적 업무discretionary task라고 한다. 고위공직자의 재량범위가 매우 넓다. 따라서 해야만 하는 것과 해서는 안 되는 것 외에도 자율적인 재량으로 처리할 수 있는 범위도 반드시 기술해야 한다. 예를 들어 조직에 할당된 업무추진비의 배부 기준 같은 것은 내부 구성원들 간의 자율적 합의에 맡길 수 있다.

임명직 고위공직에는 이렇게 세 가지 내용을 담은 성과계약서를 만들어 계약을 맺어야 한다. 거듭 강조하지만, 계약서에는 합의된 계약대로 업무를 추진하지 못하거나 직무 범위를 탈선하거나 주권자인 국민의 신뢰를 얻지 못하는 경우 언제라도 해임된다는 약속이 포함되어야 한다. 이 계약은 주권자의 대리인인 대통령과 임용 대상자 사이에 맺어야 하고 투명하게 공개해야 한다. 물론 사정이 변경되면 계약은 쌍방합의에 따라 언제라도 수정하고 보완할 수 있다. 그렇게 되면 주권자인 국민은 고위공직자가 과연 일을 잘하는지 알 수 있고 언제라도 통제할 수 있을 것이다. 이것이 민주주의가 건전하게 작동하는 방식이다.

그러나 역대 모든 정부에는 역량진단시스템은커녕 성과계약시스템마저 없었다. 어떤 정부라도 인사실패는 예정되어 있었던 것이다. 선거 과정에서 신세를 진 사람이거나 평소에 권력자와 친분이 있었거나, 믿을 만한 사람의 추천이 있었거나, 그냥 알음알음 평소에 알고 있던 사람이거나, 아니면 세간의 평판 등과 같은 전통적인 방식으로 인사검증을 했을 것이다. 출신학교, 지역 안배, 경력 등 인사청문회의 소위 칠거지악* 같은 조잡한 기준으로 인사검증을 했을 것이다. 직무의 존재목적을 정의하지 않은 채 주먹구구식 인사를 했다는 말이다. 이런 방식은 얼마든지 포장할 수 있고 적합한 인물인지에 대해 아무도 보증할 수 없기 때문에 위험하다. 이런 인상적 평가보다 훨씬 안전한 성취예측모형과 같은 과학적 인사검증시스템을 반드시 도입해야 한다.

---

* 국회의 인사청문회에서 자주 등장하는 일곱 가지 항목을 의미한다. 위장전입, 논문표절, 병역기피, 부동산 투기, 탈세, 가족관리 부실, 다운계약서와 같은 개인적인 비리를 검증한 것에서 유래되었다.

2

교육, 정치, 역사, 노동에 관한
교육이 없기 때문이다

우리 사회에 인사실패가 만연한 더 근본적인 원인은 교육에 있다. 잘못된 교육은 사회를 뒤틀리게 만들고 그런 사회에 사는 우리의 '사람 보는 안목'도 뒤틀릴 수밖에 없기 때문이다.

언어의 중요성

1980년대 후반과 1990년대 초반에 독일에서 사는 동안 두 아이 모두 초등학교에 다녔다. 큰아이는 인문계 중고등학교인 김나지움에 다니다가 귀국했다. 아이들은 점점 독일어를 편하게 여기더니 한국어가 어색해졌다. 아이들이 잠시 여행 삼아 독일에 온 할머니의 옷을 만지면서 "아이, 부끄럽다."고 말하는 것이 아닌가. 초등학교 아이들이 우리말의 부드럽다와 부끄럽다를 헷갈려 했다. 집에서 아무리 한국어를 가르치려 해도 한계가 있었다. 나는 학위를 마치면 귀국할지 독일에 남을지 고민하다가 여러 가지를 고려해서 귀국하기로 했다. 그중 하나가 바로 아이들의 한국어 때문이었다.

나는 독일에서 언어가 곧 사고력의 중심이며 인간의 정체성을 구성하는 핵심 요소라는 걸 깨달았다. 적어도 독일 정치인들이 언론이나 TV에 나와 대화하거나 토론할 때 상식에 어긋나거나 비합리적인 내용을 떠벌리는 것을 보지 못했다. 유명한 정치인일수록 자신이 추구하는 가치와 정체성을 명확히 했다. 그런데 우리 사회를 보자. 토론이 불가능한 수준의 언어구사력을 가진 정치인들이 다선의원이거나 고위공직자입네 하면서 문제의 본질에 직접 다가가지 못하고 있다. 역대 대통령 중에 대화나 토론을 제대로 할 수 있는 사람이 몇이나 될까 생각해보라.

한국인으로 태어나 한국어를 제대로 할 수 없다는 것은 한국인의 정체성을 제대로 갖추지 못한 것이다. 나는 일상적으로 떠오르는 생각을 자주 SNS에 쓰면서 세상과 소통한다. 나는 무엇을 추구하는 사람인지, 어떤 세상을 바라는지, 어떤 고민을 하는지 스스로 확인하면서 살아간다. 내가 무제한으로 활용할 수 있는 모국어를 통해 스스로를 만들어간다. 정제된 단어를 쓰기 위해 애쓰지도 않는다. 생각을 쏟아낼 뿐이다. 언어로 세상과 소통하면서 나만의 세계를 만드는 이 순간에 충일감을 느낀다. 나는 죽을 때까지 이렇게 살아갈 수 있기를 바란다. 내 생각을 이렇게 잘 표현할 수 있는 언어와 한글이라는 문자가 있다는 것은 하늘이 내려준 축복이라 하겠다.

그래서 마르틴 하이데거는 '언어는 존재의 집'이라고 했던가. 그는 모든 인간이 그 집에서 살고 있으며 사상가와 시인이야말로 인간들이 살아가는 그 집의 파수꾼이라고 했다. 나는 내 아이들이 마음껏 뛰어놀 수 있는 '존재의 집'을 지어주고 싶었다. 그들이 어떤 직업을 갖든 자신만의 세계를 구축하는 사상가이자 시인이 되어야 한다고 생각했다. 한국인이 한국어를 제대로 할 수 없다는 것은 자기 정체성이 허술해진다는 뜻이다. 아이들이 한국어를 완벽하게 익힌 후에야 원하는 세계에서 원하는 것을 마음껏 하도록 했다. 나는 지금도 이런 결정이 아주 잘한 일이라고 생각한다. 외국어를 잘할 수 있으면 좋다. 하지만 직업상 필요한 것이 아니라면 반드시 그래야 하는 것은 아니다.

서계차경의 함정과 사고력

나는 어린아이들이 외국어에 쏟아붓는 열정이 지나치다고 생각한다. 외국어는 그저 익혀두면 필요할 때 써먹을 수 있는 기술일 뿐이다. 인간의 자기 정체성을 이루는 근간이 될 수 없다. 아이들을 길러본 내 경험에 의하면 적어도 초등학교와 중학교까지는 우리말의 중요성을 더 강조해야 한다. 외국어를 몇 마디 잘하고 못하는 것이 그렇게 중요한가. 그보다는 언어로 표상되는 이 세계에 대해 사유하는 능력, 즉 생각하는 힘을 기르는 것이 더 중요하다.

도대체 무엇을 생각한다는 말인가? 이 우주의 모든 것에, 관심이 가는 것에, 흥미를 느끼는 것에, 우리를 놀라게 하는 것에, 우리를 불편하게 하는 것에 대해 생각할 수 있어야 한다. 나타난 현상들의 인과관계를 생각해보는 것도 좋다. 불합리하다고 느껴지는 것을 비판적으로 생각하는 것은 더 좋다. 남들이 생각하지 못한 것일수록 좋다.

그런 점에서 나는 우리 교육이 근본적으로 잘못됐다고 생각한다. 아이들을 시험성적으로 서열화序列化, 계급화階級化, 차별화差別化, 경쟁화競爭化하기 때문이다. 나는 이런 현상을 줄여서 '서계차경序階差競의 함정'이라 부른다. 우리 교육이 이 함정에 빠져 있기 때문에 학교에 가면 아이들의 영혼이 죽고 만다. 시험성적 때문이다. 교육을 개혁하지 않고는 절대로 인류문명을 선도하는 국가가 될 수 없으며 앞으로 우리가 꿈꾸는 문화강국이나 과학기술대국의 위상을 구현할 수도 없다.

이 문제는 교육계가 자체적으로 해결할 수 있는 사안이 아니다. 사회구조 전체가 서계차경의 함정에 빠져 있기 때문이다. 교육과 사회 전체를 혁명적으로 개혁해야 한다. 둘 중에 어느 것을 먼저 해야 하느냐의 논쟁은 불필요하다. 교육이 바뀜으로써 사회의 변화를 이끌 수 있고 사회 변화가 교육개혁을 이끌 수 있어야 한다. 이 둘의 밀접한 상호작용을 통해 개혁의 상승작용이 일어나야 한다. 이제 구체적으로 무엇이 문제인지 생각해보자.

우리 교육엔 '교육에 대한 교육'이 없다

교육이 무엇인지 모르는 사람은 없다. 그런데 교육이 곧 언어라는 사실을 아는 사람은 많지 않다. 내로라하는 학자들이 내세우는 인간에 관한 철학적 개념을 경영학자로서 거칠게 종합하자면 영혼, (순수)이성, 실존, 마음, 정신, 심리, (순수)의식 등의 개념은 학문적 엄밀성으로 보면 미세한 차이가 있을 뿐 사실상 같은 의미이다.

우리는 이런 추상적인 개념을 언어로 이해하며 행동의 방향성을 결정한다.

교육은 인간에 관한 것이므로 인간에 관한 철학적 토대를 굳건히 할 필요가 있다. 나는 칸트의 인간관으로부터 교육의 근거를 세울 수 있다고 생각한다. 인사조직이론을 전공하던 젊은 시절에 칸트의 철학적 사유에 매료됐고 '인간이란 무엇인가'를 이해할 수 있었다. 그의 연구결과물은 인류 역사 전체를 아우르는 위대한 사회적 성취 그 자체였다. 오늘날 인류는 칸트의 철학을 알든 모르든 칸트의 세례를 받고 살아간다고 해도 과언이 아니다.

성취예측모형으로 진단한 칸트는 뛰어난 분석적, 개념적 사고력과 영재성(사실발견의 도구적 역량), 탁월한 학습능력과 미래지향성(자기인식 능력의 추상화 역량), 끈질긴 성취지향성과 정직성실성(열린 지평의 목적지향적 역량)에서 가히 누구도 넘볼 수 없는 인물이었다.

인간의 이성이란 무엇인가

칸트는 전통적인 인식론의 주된 흐름인 합리론과 경험론을 종합하여 이성주의 철학을 정립한 철학자다. 칸트 철학의 위대함은 이성의 기능과 역할을 규정함으로써 '인간이란 무엇인가'라는 질문에 관한 사유의 지평을 확장했다. 다음 두 문장은 칸트가 인간을 어떻게 파악하고 있는지 칸트의 인간관을 가장 핵심적으로 드러내고 있다.

"인간의 이성은 자연적 본능을 훨씬 능가하여 자신의 모든 힘을 사용하는 규칙과 의도를 확장하는 능력이며, 그 기획력은 한계를 모른다. 그러나 그것은 본능적으로 작동하는 것이 아니므로 통찰력의 한 단계에서 다음 단계로 점진적인 발전을 위해서는 다양한 시도, 연습, 수업이 필요하다."

첫 번째 문장이 핵심이다. 이 문장이 내포하는 것은 인간은 이성적 존재라는 것이다. 우선 '인간의 이성'이란 무엇인가? 칸트는 대륙 합리론과 영국 경험론의 약점을 분석해서 인간은 선험적으로 진선미를 분별하여 종합·판단하는 능력이 있음을 명확히 했다. 그러니까 사태의 진위, 선악, 미추를 경험 이전에 분별할 수 있는 순수한 이성은 모든 인간에게 디폴트로 주어졌다고 했다. 마치 컴퓨터의 운영체계operating system처럼 말이다. 이것은 인류가 지금까지 생각하지 못했던 매우 소중한 통찰이었다.

그런데 우리가 흔히 쓰는 이성은 일반적으로 영어 리즌reason의 번역어다. 이해와 지식과 사고 등을 대표하는 용어로 이성의 작용이라는 포괄적 함의를 갖는다. 리즌은 독일어에서만 독특하게 두 개의 용법으로 나뉜다. 페어슈탄트Verstand와 페어눈프트Vernunft가 그것이다.

페어슈탄트는 겉으로 보이는 단순한 이해와 지식을 뜻하는 이성 작용을 말한다. 지성intelligence이라고 번역하기도 한다. 예를 들어 애완견이 주인을 알아보고 꼬리를 흔들면서 반기는 수준의 이해와 지식, 역량진단과 인사실패의 중요성을 알고 이 책을 집어 들고 읽는 수준의 이해와 지식 등이 여기에 속한다.

페어눈프트는 세상의 이치나 그들의 관계를 추상하고 추론하는 사유 능력을 말한다. 자기 자신에 대해 스스로 질문하면서 어떤 사건의 이면에 어떤 원인이 있었을지를 캐묻고 인과관계나 상관관계를 밝혀내는 능력이다. 예를 들어 우리 사회에 유독 인사실패가 반복되는 원인이 무엇인지를 파악하기 위해 그 원인을 분석하고 종합해 판단하는 능력이 여기에 속한다. 칸트가 사용하는 이성은 비판적으로 생각하는 힘으로서의 페어눈프트를 지칭한다.

인간의 이성은 '자연적 본능을 훨씬 능가'한다는 점이 특징이다. 인간의 이성은 동물적 본능을 통제하면서 동시에 그것을 넘어설 수 있는 능력이다. 인간도 동물의 일종이기 때문에 본능에 사로잡힌다. 배고프면 먹으려는 본능, 잠이 부족하면 자려는 본능, 위험을 회피하려는 본능 등과 같이 생명체로서 자연적 본능을 가지고 있다. 그리고 그런 본능을 초월하는 능력을 가지고 태어난다. 이것을 자기초월自己超越 능력이라고 한다.

자연적 본능을 넘어서 '자신의 모든 힘을 사용하는 규칙과 의도를 확장시키는 능력'은 스스로 규칙을 만들어 그 규칙에 자기 몸과 마음을 복종시키면서 동시에 그 규칙을 확장해가는 능력을 말한다. 이것을 자기입법自己立法 능력이라고 한다. 이 또한 우리의 정신세계에 디폴트로 주어졌다.

이 두 가지 능력, 즉 자기초월 능력과 자기입법 능력이 바로 자기인식을 가능케 한다. 인간의 눈은 밖에 있는 사물을 감각할 수는 있지만 자기 내부를 들여다볼 수는 없다. 그런데 인간의 인식 능력은 놀랍게도 자기가 인식하는 내용과 방법을 인식할 수 있다. 이것이 자기인식이다. 예를 들어 어떤 사람이 정치나 사업에 과연 적합한 성향의 사람인가를 자기 자신에게 질문할 수 있다. 이것을 1차적 인식이라고 할 수 있다. 이를 근거로 그렇게 질문하는 이유, 내용, 방법에 대한 인식 내용을 다시 점검하는 2차적 질문을 제기할 수 있다. 3차적 인식은 2차적 답변에 대한 궁극적 질문으로 자신이 정치나 사업을 하려는 궁극적 목적이 무엇인가라고 질문하고 대답할 수 있다.

사실 자기 자신에 관한 질문은 꼬리에 꼬리를 물고 제기될 수 있다. 나는 이러한 실존적 질문을 초월론적 사고transzendental thinking라고 생각한다. 칸트 철학을 초월 철학이라고 부르는 이유이기도 하다. 칸트에게 있어 초월은 경험의 근거, 즉 인식을 가능케 하는 그 무엇을 말한다. 인간의 고유한 초월기능과 입법기능은 철학, 특히 형이상학의 핵심이며 인간의 존엄성에 대한 확고한 근거를 제공한다.

나는 동네를 산책하다가 종종 나 자신에게 묻는다. 이제 은퇴자로서 나의 정체성은 무엇인가? 이제 남은 생애를 어떻게 살아야 할까? 은퇴한 경영학자로서 사회적 역할은 무엇인가? 이 역할을 과연 잘해왔는가? 더 잘할 수 있는 길은 없는가? 주변의 사람들과 온전한 관계를 맺고 있는가? 내가 하는 일이 과연 사회적으로 의미가 있는가?

이것을 자기인식이라고 한다. 이 결정보다는 다른 결정을 하려는 자신의 의지와 행동에 대해 이것이 과연 옳은지 그른지, 선한지 악한지, 아름다운지 추한지 다시 한번 생각해보는 것이다. 자기인식을 통해서만 자기성찰이 가능하다. 요즘 인지심리학에서 이것을 초인지 또는 메타인지meta-cognition라고 부르면서 학습이론에 적용하기도 한다.

더 놀라운 것은 이성이 가진 '그 기획력은 한계를 모른다.'는 점이다. 이는 자기를 스스로 초월하고 스스로 입법하는 에너지가 무한하다는 의미다. 즉 인간이 이 세계를 상상하면서 기획할 수 있는 데는 한계가 없다는 뜻이다. 그런데 우리 사회는 인간의 무한한 능력을 마음껏 발휘할 수 없도록 온갖 제약을 가하고 있다. 우리는 상관의 지배와 통제, 지시와 명령, 억압과 착취가 작동하는 구조와 시스템 속에서 살아간다. 이제라도 타고난 이성의 능력을 마음껏 발휘할 수 있도록 우리 사회의 모든 구조와 시스템을 다시 설계해야 한다.

정리해보자. 인간의 이성은 자기초월 능력과 자기입법 능력이 있다. 이성은 곧 능력이며 그 능력은 무한하다. 모든 인간은 자기를 스스로 인식하여 욕망의 세계를 초월하는 능력을 갖추고 있으며 자신의 에너지를 어디에 어떻게 쓸 것인지 그 규칙을 만드는 능력을 갖추고 태어난다. 그러므로 초월과 입법의 능력인 이성은 자기 자신이 어떤 사람인지 스스로 인식할 수 있다. 성취예측모형에서 말하는 자기인식이라는 필터를 가진 추상화 역량을 강조했던 이유가 바로 이 때문이다.

자기인식과 자기기만

그러나 우리는 인간에게 내재된 이성의 능력을 충분히 활용하지 못하고 있다. 왜 그럴까? 이성의 능력이 작동하는 자기인식self-awareness이 불가능하거나 자기인식을 무시할 때 자기기만self-deception 현상이 생겨나기 때문이다. 인간에게는 자기인식 능력이 디폴트로 주어졌기 때문에 웬만해서는 자기기만이 일어나지 않는다. 그러나 우리 사회는 자기기만의 사회가 되고 말았다.

어쩌다 이렇게 됐을까? 우리 사회 전체가 온통 서계차경의 함정에 빠져 있기 때문이다. 인간은 자신이 처한 환경조건에 매우 민감하게 반응하는 존재다. 서계차경으로 구조화된 사회에서 인간의 민감성은 어떻게 발휘될까? 살아남기 위해서는 자기인식보다는 자기기만을 선택하게 된다. 문제의 원인은 자기기만이 아니라 그것을 강요하는 서계차경의 함정이다.

자기기만 사회에서는 진실을 추구하지 않는다. 오로지 경쟁에서 이겨야만 살아남을 수 있기 때문이다. 진실과 거짓을 따질 필요도 없다. 승자독식과 약육강식의 원리만 작동한다. 자기 내면을 들여다보는 것은 거추장스러운 일이 됐다. 그럴 여유가 없다. 서열을 높이기 위해 어떻게든 시험성적을 올려야 한다. 가짜 뉴스를 살포해서라도 남보다 더 빠르게 더 높은 계급으로 승진해야 한다. 다른 사람들이 따라오지 못하도록 해서 차별적 대우를 받아야 한다. 이런 사회에서 사실을 발견하기 위해 노력하는 것은 어리석을 뿐이다.

검찰조직은 수사권과 기소권을 독점해 온갖 불법을 저지르고 있다. 법원 판사들이 명확한 증거도 없이 심증만으로 판결문을 쓰고 있다. 그런데도 이것을 바로잡기 위해 검찰개혁과 사법개혁을 외치는 법률가와 법학 교수는 지극히 소수에 불과하다. 재벌 대기업의 횡포를 뻔히 보면서도 재벌개혁을 위해 애쓰는 경영학 교수를 찾기 어렵다. 가짜 뉴스를 펴 나르는 언론사 직원들의 행태를 보면서도 언론개혁을 외치는 언론학 교수도 별로 없다. 국회의 신뢰도가 세계 최악인데도 정치판을 근본적으로 개혁해야 한다고 말하는 정치학 교수도 별로 없다. 이 모든 것을 종합하여 우리 사회의 썩은 곳을 도끼로 추상같이 내려치는 철학 교수조차 별로 없다. 소위 지식인을 자처하는 자들이 승자독식의 사적 이익을 계산하느라 우리 사회는 인간의 이성이 파괴된 자기기만의 사회가 됐다.

이성의 능력과 교육

자, 이제 칸트의 인간관을 드러내는 다음과 같은 두 번째 문장을 보자.

"그러나 그것(이성)은 본능적으로 작동하는 것이 아니라 통찰력의 한 단계에서 다음 단계로 점진적인 발전을 위해서는 다양한 시도, 연습, 수업이 필요하다."

이성의 놀라운 능력은 아무 노력 없이 자연스럽게 발휘되는 게 아니기 때문에 교육과 훈련이 필요하다. 여기서 교육의 중요성이 강조된다. 오늘날 독일 교육은 칸트의 관점에서 출발하여 확장됐다고 해도 과언이 아니다. 단순히 지식을 머릿속에 집어넣는 것이 아니라 자기 자신에 대한 인식과 더불어 이 세계에 대한 통찰력을 길러야 하며 그렇게 하려면 점진적으로 여러 시도Versuche와 연습Übung과 수업Unterricht이 필요하다는 것이다. 쉽게 말해 미지의 세계로 나가기 위해 생각하는 힘을 점진적으로 기를 수 있는 다양한 교육이 필요하다는 뜻이다.

우리의 교육은 어떠한가? 아이들은 학교에서 무엇을 배우는가? 이미 만들어놓은 기존 지식을 배운다. 아이들은 페어슈탄트(이해와 지식)를 작동하여 시험성적을 높일 수 있는 많은 지식을 기억하도록 강요받는다. 시험성적이 능력이라고 간주하기 때문이다. 시험성적은 생각하는 능력을 나타내지 못한다. 시험성적은 여러 특수한 능력 중 하나에 불과하다. 우리 교육은 아이들을 서계차경의 함정에 빠뜨린다. 그로 인해 아이들은 사유하는 힘을 잃고, 영혼이 서서히 죽어간다.

이런 상태로 교육을 마친 아이들은 특수한 정보와 지식은 있을지 모르나 '생각 없음'의 상태에 빠지고 현실에 순응하면서 '서계차경'에 함몰되고 만다. 이 현실에서 벗어나고 싶지만 벗어날 수 있는 길이 없다고 생각한다. 우리 사회에만 독특한 반사회적인 집단적 행태가 생겨났다. 범죄를 조작하는 검찰조직과 그런 조작된 증거들을 가지고 판결문을 작성하는 법원조직의 판·검사들이 가득하다. 우리 사회의 목탁이어야 할 언론사 종업원들은 '기레기'를 넘어 이제는 혐오의 대상인 '기더기'로 진화했다. 나아가 인간의 존엄성을 상실했음은 반사회적이고 반지성적인 '일베'와 '메갈리아' 현상으로 나타났다. 이 문제를 해결해야 할 국회의 정치인들은 자신들의 권력 연장에만 관심이 있을 뿐이다.

거듭 말하거니와 우리 교육엔 교육이 없다. 사고력을 기르는 교육이 아니라 시험문제의 정답을 찾기 위해 단순한 지식을 암기하게 하기 때문이다. 분석적 사고력과 개념적 사고력의 안경을 끼고 세상을 보지 못하면 사실을 발견할 수 없다. 사실에 근거하지 않은 지식은 일상생활에서도 거의 쓸모없다. 문명의 진보는커녕 사회에 해악을 끼친다. 인간사에는 각자 자율적으로 해결해야 할 문제들로 가득 차 있으며 어디에도 정답은 알려져 있지 않다. 우리는 미지의 세계, 초월적 세계, 이상적 세계를 향해 고독한 여행을 하도록 태어난 존재다.

그러므로 교육에서 중요한 것은 자기인식이다. 칸트는 『순수이성비판』의 머리말에 인간의 이성은 형이상학 전통에서 볼 때 특수한 운명을 지니고 있다고 썼다. 왜 그런가? 이성은 자기 외부의 대상을 인식하면서 동시에 자기 내면을 인식할 수 있기 때문이다. 자기인식은 이성의 가장 독특하고도 중요한 능력이며 모든 인간에게 부과된 것이어서 피할 수도 없다고 했다. 자기 자신을 인식하는 것은 이성의 가장 독특하고도 중요한 능력이다. 그래서 2장에서 자기인식을 주도하는 추상화 역량의 중요성을 그토록 강조했던 것이다.

만약 내가 인간에 대해 수없이 많은 말을 하면서도 정작 나는 내가 누군지 모르고 있다면 어떻게 될까? 내가 하는 모든 사회적인 말과 행동은 허상을 추구하는 것이 된다. 만약 교사가 교육이 뭔지 모르면서 교육하고 있다면 어떻게 될까? 아이들을 헛된 길로 인도하게 된다. 기업가가 기업의 본질을 잘못 알고 있다면 어떻게 될까? 그 조직은 살벌한 경쟁터로 바뀔 것이다. 경영학자가 경영학의 본질을 이해하지 못한다면 어떻게 될까? 현실의 기업은 올바른 방향으로 나아가지 못할 것이다.

이제 칸트의 인간관에 기초하여 교육이 무엇인지 알아보자. 교육이 지식을 머릿속에 집어넣는 것이 아니라면, 교육은 무엇이어야 하는가? 앞에서 이성이란 선험적으로 진선미를 분별하여 종합·판단하는 능력이라고 정의했다면, 교육은 이성의 기능을 최대한 발휘할 수 있도록 환경조건을 정비하는 행위여야 한다. 이 세상의 다양한 이슈들에 대해 스스로 사유하는 힘을 기를 수 있는 교육환경을 만들지 않은 채 닭장 같은 곳에서 종일 시험문제를 풀고 있다면 어떻게 될까? 그런 문제풀이 훈련을 통해 높은 시험성적을 얻어내는 기계로 자라난 아이들이 나중에 어떤 생각과 행동을 할까?

라캉의 사상과 교육의 역할

여기서 철학자이자 정신분석학자인 라캉의 사상을 적용해보자. 나는 오래전부터 라캉의 정신분석 개념을 통해 현대 문명의 파괴적 특성을 이해하고 그의 사상을 교육 현장에서 활용해야 한다고 생각해왔다. 이제 라캉의 사상에 의존하여 인간에게 고유한 욕망의 특성, 욕망의 작용과 부작용, 나아가 욕망을 어떻게 자기실현을 위한 에너지로 승화할 것인지를 제안하려고 한다. 여기에는 우리가 사용하는 언어가 개입된다. 교육이란 아이들에게 '존재의 집'을 스스로 만들어가도록 언어를 확장하는 일이기 때문이다. 일부 정치인들이 토론하는 과정에서 사용하는 언어가 매우 유아적이어서 그들의 사유능력을 능히 짐작할 수 있다. 어디 정치인들뿐이겠는가.

언어와 관련된 얘기를 이어가 보자. 아기가 태어나는 과정을 상상해보자. 자궁의 양수 속에서 엄마와 한몸 상태에 있을 때는 가장 안정감이 있는 상태였을 것이다. 이 상태를 우리는 모두 체험했으나 기억할 수 없고 다만 상상할 수 있을 뿐이다. 우리는 그런 상태를 계속 유지할 수 없으며 세상 밖으로 분리되어 나온다. 이 분리는 아기에게 단순한 분리가 아니라 생명을 건 찢어짐으로 경험됐을 것이다. 이 생생한 체험도 인간은 기억하지 못한다. 다만 엄마의 가슴에 안겨 젖을 빠는 가장 평온한 상태를 인간은 상상할 수 있다. 여기까지는 갓난아기가 경험하고 생각하는 전부이며 원하는 것이 모두 이루어지는 세계에 머물러 있다. 우리는 이 체험을 신비롭게도 기억하지 못한다. 이것이 상상계The Imaginary다.

그러나 인간은 이런 안정적이고 평온한 상태에 머물 수 없다. 엄마가 보살펴주는 안정된 세계와는 별개의 세계로 점차 분리되어야 한다. 이 세계는 자신이 원하는 것과는 전혀 다르다. 누구나 그 사실을 알고 스스로 상상계를 떠나 자신만의 세계를 만들기 위해 주어진 현실을 조심스럽게 탐험하는 여행을 하게 된다. 이 여행은 매우 생소한 체험이라서 지혜와 용기가 필요하기에 교육을 받아야 한다. 나이가 들었음에도 엄마가 보살펴주는 세계, 즉 자신이 원하는 것은 뭐든지 이루어지는 세계로 퇴행하는 것을 '유아적'이라고 표현하는 것은 그 때문이다. 우리 사회에 재벌 2, 3세와 유명인의 자녀들이 유아적인 상태에 빠져 있는 경우가 많은 것은 아직 부모로부터 분리되어 독립된 자율적 주체를 형성하지 못했기 때문이다. 왜 그럴까? 상상계에서 빠져나와 온갖 잡다한 것들로 뒤덮인 현실세계인 상징계The Symbolic로 진입하지 못했거나 상징계를 아직 이해하지 못했기 때문이다.

이게 무슨 말인가? 현실은 온통 언어로 뒤덮여 있다. 이 언어는 우리가 태어나기 이전에 타자들the others에 의해 만들어진 것이다. 우리는 이 언어로 세상을 이해할 수밖에 없다. 산, 강, 물, 개 등 언어는 세상을 이해하기 위한 기호일 뿐이다. 언어란 곧 현실세계를 표상representation하는 상징체계다. 우리 주변은 온통 상징으로 둘러싸여 있다. 그래서 라캉은 '우리는 상징계에서 살고 있다.'고 말한다. 우리가 사용하는 언어는 실제의 산, 강, 물, 개가 아니다. 우리가 현실세계에서 운전할 때 사용하는 내비게이션이 아무리 정교해도 도로가 아닌 것과 같다.

우리는 정말 상징계라는 매트릭스에 살고 있는지도 모른다. 언어라는 매트릭스 안에 갇혀 있다. 그 너머에 있는 실재를 알지 못한다. 이 실재의 세계를 라캉은 실재계The Real라고 했다. 우리는 상징계에 살기 때문에 언어를 통해서만 자신만의 '존재의 집'을 지을 수 있으며 거주의 영역을 확장할 수 있다. 우리의 존재는 생각하는 언어를 통해 성숙해지며 성인이 되면 상징계 너머의 세계를 향해 진정한 탐험 여행을 하게 된다. 인간은 뒤틀린 상징계에 머물지 않고 미지의 세계, 즉 초월적 세계이며 이상적 세계로 나가려고 한다. 왜 그럴까? 그것은 인간의 욕망 때문이다. (이 욕망의 이슈는 잠시 후에 이어질 것이다.)

　라캉의 사상을 원용하여 여기까지 설명하면 어렵다는 사람들이 많다. 다시 한번 정리해보자. 라캉은 매트릭스와 같은 상징계의 너머에 실재계가 존재한다고 말했는데 우리의 삶을 곰곰이 생각해보면 실제로 그렇다. 내가 지금 이 글을 쓰는 이유가 나와 우리 공동체뿐 아니라 우리 후손이 도달해야 할 어떤 곳이 있다고 믿기 때문이다. 그것이 어딘지 어떤 곳인지 어떤 모습인지 나 자신도 모른다. 그러나 지금 내가 살고 있는 이런 부조리하고 뒤틀린 현실은 분명 아니어야 한다. 그래서 어딘지 모르지만 그곳을 향하여 나의 에너지를 이렇게 쏟아붓고 있는 것이다. 우리는 현실세계가 언어로 표상되고 있다는 사실을 이해하고 있을 뿐 그 너머에 있는 실재를 알 수 없다. 우리는 결코 알 수 없는 이 실재하는 세계, 즉 실재계를 향하여 나아가고 있다. 지배와 통제, 지시와 명령, 억압과 착취가 있는 상징계의 현실을 떠나 우리가 추구하는 이상의 세계를 만들어보려는 욕망이 있기 때문이다.

　인간이 실재계를 알 수 없다는 것은 마치 칸트가 인식 가능한 현상계現象界, Phenomenon와 인식 불가능한 '물자체物自體, Ding an Sich'의 세계를 구분하고 인간은 물자체를 알 수 없다고 한 것과 같다. 또한 물리학자 데이비드 봄David Bohm이 세계는 주름져 있어서 인간의 감각으로는 펼쳐진 질서explicate order(unfolded world)만 볼 수 있을 뿐 접혀진 질서implicate order(enfolded world)는 드러나지 않는다는 이론과도 상통하는 것처럼 보인다.

아무튼 나는 유아적 상상계에서 벗어나 상징계로 진입한 후 언어로만 둘러싸인 현실세계를 파악하는 교육기간이 인생에서 가장 중요한 시기라고 생각한다. 상징계, 곧 현실세계는 아이들이 태어나기 이전에 불완전하기 짝이 없는 타자들에 의해 만들어졌다. 따라서 아이들은 스스로 자기 정체성을 확립하여 자신만의 세계를 구축하려고 노력해야 한다. 자기 주변에서 무엇이 불합리하고 부조리하며 왜곡된 것인지 파악할 수 있는 사고력을 길러야 한다. 이것은 아이들이 자라나면서 자기 자신에 대한 인식이 점차 확고해져야만 가능하다. 그러므로 교사와 학교의 역할이 막중하다.

그러나 아이들은 이 세계가 결코 자신이 원하는 대로 되지 않는다는 사실을 조금씩 경험하게 된다. 더 이상 유아적 상상계가 아니라 자기가 원하는 수준의 원숙한 상징계를 스스로 만들어가야 한다. 자기만의 세계를, 즉 상징계 속에서 자기 정체성을 정립해야 한다는 말이다. 이 모든 것을 적어도 그리고 늦어도 18년간의 미성년 시기에 완성해야 한다. 이 시기의 교육이 얼마나 중요한지 능히 짐작할 수 있을 것이다. 성인이 된 사람들은 그동안 스스로 확립해온 자기 정체성을 탑재하고 미지의 세계, 초월적 세계, 이상적 세계인 실재계를 향해 여행을 떠나야 한다. 이 탐사 여행이 성공할 수 있을지는 아무도 모른다. 그러나 우리는 떠나야 한다. 때때로 두렵고 고통스러울 수도 있지만 때때로 신나는 장면을 경험하기도 할 것이다.

욕망이라는 이데올로기와 철학의 중요성

여기서 우리는 욕구$_{needs}$와 욕망$_{desire}$이 다르다는 사실을 알아야 한다. 이미 은퇴한 우리 세대는 연식이 10년도 넘은 작은 국산 차를 교통수단으로 만족한다. 사람마다 정도의 차이가 있겠지만 육체의 쇠퇴는 욕망의 쇠퇴를 가져오는 것 같다. 요즘 스타트업으로 돈을 많이 번 젊은이들은 성능, 디자인, 퀄리티 등 모든 면에서 비슷해도 국산 차보다 더 비싼 외제 차를 선호한다. 왜 그럴까? 인간은 라캉의 말대로 타자의 욕망을 욕망하기 때문이다. 타자들이 만든 상징계에 포획되어 있기 때문이다. 독립된 자율적 주체로서 정체성을 확보하지 못한 채 현실의 상징체계에 매몰됐다는 말이다. 그래서 다음과 같은 등식이 성립한다.

라캉의 욕망이론:

$$\text{욕구}_{needs} - \text{요구}_{demand} = \text{욕망}_{desire}$$
$$\text{결핍} \quad - \quad \text{사탕} \quad = \quad \text{사랑}$$

라캉의 욕망이론을 확장한 인사조직 차원의 자기인식이론:

$$\text{욕망}_{desire} - \text{역량}_{competency} = \text{탐욕}_{greed}$$
$$\text{결핍} \quad - \quad \text{실현가능한 능력} \quad = \quad \text{자기기만·자기상실}$$

인간의 욕구는 생존의 기본적인 필요사항이기 때문에 결핍과 요구가 발생한다. 그러나 인간의 결핍에 대응하는 요구로는 욕구가 충족되지 않는다. 이것이 인간에게만 부여된 독특한 특성이다. 요구만으로는 충족될 수 없는 어떤 것을 추구하기 때문이다. 욕구에서 요구로는 충족되지 않는 것을 욕망이라고 한다. 예를 들어 어린 아이들을 생각해보자. 아이가 엄마에게 사탕을 달라고 칭얼댈 때 엄마가 사탕을 주면 끝나는 것이 아니라 사탕으로는 채울 수 없는 욕망이 남아 있다. 그것은 엄마의 사랑이다. 엄마의 사랑이 아무리 넓고 깊어도 그 사랑으로 욕구가 충족되지 않으며 여전히 결핍은 남아 있다. 이 충족되지 않는 욕구가 바로 욕망이다.

재벌 2, 3세가 아무리 비싼 외제차와 자가용 비행기를 가지고 있어도 그들의 욕망은 결코 충족되지 않는다. 더 큰 자극을 통해 욕망을 충족하려고 한다. 아무리 좋고 아무리 비싼 것으로도 욕망이 충족되지 않자 그들은 마약에 손을 댄다. 이런 이유로 재벌가문과 유명인사의 자식들이 마약에 중독되는 사례가 많다. 인간은 적당한 수준의 결핍을 통해 자기반성과 성찰에 이르며 인격적으로 성숙한다. 진실한 고등종교가 욕망의 실체를 파악할 수 있도록 하는 명상과 묵상, 기도와 참선을 실천하도록 요구하는 이유가 바로 여기에 있다.

인간이 자신의 욕망을 적절히 통제하지 못하는 경우, 즉 욕망이 자신의 타고난 역량을 벗어나는 경우 탐욕의 상태에 빠진다. 그래서 앞서 지속적으로 자기인식의 중요성을 강조해왔다. 일단 자신이 발휘할 수 있는 역량 수준을 넘어서는 욕망을 충족하려 할 때 욕망은 탐욕이 된다. 탐욕 현상은 자기기만 또는 자기상실 상태에 있을 때에만 나타난다. 여기서부터 자신보다 약해보이는 타자the others에 대한 억압과 착취가 발생한다. 인간의 존엄성이 크게 훼손될 수밖에 없고 동물을 학대하는 이유도 여기에 있다. 우리나라는 지금 전반적으로 이런 상태에 빠져 있다.

다시 한번 더 정리해보자. 아마도 이 책에서 가장 어려운 부분이 여기일 것이다. 욕망은 필요하고 자연스럽다. 인류 문명은 욕망에 의지하여 발달해왔다. 하지만 욕망이 절제되지 않으면 자신이 실현할 수 있는 역량수준을 넘어서 탐욕의 단계로 나아간다. 탐욕은 언제나 본인과 타인에게 고통을 준다. 탐욕은 자신의 능력을 넘어서는 욕심이어서 타인을 억압하거나 착취할 수밖에 없다.

『신약성서』의 「야고보서」 1장 15절에서도 똑같은 경고를 하고 있다. "욕심이 잉태한즉 죄를 낳고 죄가 장성한즉 사망을 낳느니라."

현실의 상징체계는 탐욕을 부추기며 탐욕이 마치 사회적 성취를 이루는 덕목인 것처럼 찬양하는 세상이 됐다. 그래서 고등 종교는 언제나 탐욕을 없애는 자기성찰 의식ritual을 발전시켜왔다. 기도, 묵상, 참선 등으로 말이다. 종교인이 욕망을 절제하면서 무소유를 실천하기 위해 애쓰는 것은 인간의 탐욕이 본인과 타인에게 치유할 수 없는 고통을 준다는 사실을 알기 때문이다. 세속적인 인간사에서도 명상 등을 통해 자기성찰을 유도하고 있듯이 자본주의가 만들어내는 비인간적 상황에서 각자 좋은 삶을 살아갈 수 있는 길을 찾고 있다.

여기서 이 책을 읽을 만큼 배운 지식인 그룹에 속하는 우리는 어떻게 할 것인가? 자본주의 상징계에서 살아가는 인간에게 가장 강력한 영향력은 인문학이다. 그중에서도 철학은 우리의 삶에 결정적인 영향을 주기 때문에 매우 중요한 학문이다. 내가 중고등학생일 때 그것을 알았더라면 아마도 철학을 전공했을지도 모른다. 경영학을 평생의 학문으로 선택한 이후 나는 경영학의 궁극적 근거가 철학이라는 사실을 알고 그 근거를 찾아 여기까지 왔다.

나는 학문의 근거뿐만 아니라 내 행위의 굳건한 근거를 찾는 일이 중요했다. 우리는 매 순간 자신의 행동을 선택해야 하는데 철학이 이 행동의 근거를 제공한다는 것을 알았다. 날씨 좋은 날 산책을 할 것인지, 책을 읽을 것인지 선택해야 한다. 또 다른 선택도 있다. 경마장의 마권을 사서 찰나의 쾌감을 느껴볼 수도 있다.

예를 들어 철학책을 선택했다고 치자. 자신의 선택 이유를 이성적으로 설명할 수 있어야 한다. 왜 소설책이 아니라 철학책을 선택했는가? 그중에서도 왜 장 폴 사르트르Jean-Paul Sartre의 전기를 선택했는가? 그 많은 철학 사조 중에서 하필이면 왜 실존철학을 선택했는가? 실존철학은 제2차 세계대전이라는 처참한 전쟁을 경험한 후 인류에게 '인간이란 무엇인가?'를 본격적으로 사유하는 과정에서 이전과는 완전히 다른 문명을 만들어가는 데 결정적인 역할을 했기 때문이다. 왜 그런 주제에 관심을 가지게 됐는가? 오늘날 자본주의 세계를 보자. 제2차 세계대전 중에 저지른 반인도적인 행위가 시장경제라는 합법적인 이름으로 과거보다 더 참혹하고 반인도적인 관행으로 지속되고 있다. 그와는 완전히 다른 문명을 만들려면 어떤 철학과 전략이 필요한지 깊이 연구할 가치가 있다고 생각하기 때문이다. 이렇게 각자 자기가 자기에게 이 세계에 대한 다양한 질문을 던지고 대답을 찾아 나아갈 때 결국 철학이 그 궁극적 근거를 제공한다. 그래서 철학이 중요하다.

이렇게 철학은 이 세계를 이성적으로 이해하는 굳건한 개념적 틀conceptual framework을 제공한다. 더구나 철학은 인간이 존엄한 존재 라는 사실을 명확히 알려주었고, 이 사실은 움직일 수 없는 확고한 개념적 틀이 되었다. 그러므로 내 전공분야인 경영학의 근거 역시 인간의 존엄성이다. 조직의 생산성과 창의성이라는 사회적 성취는 반드시 인간의 존엄성을 존중하고 보호하는 것을 목적으로 했을 때에만 의미가 있다.

실제로도 그렇다. 경영과 경영학 그리고 행정과 행정학이 인간 의 존엄성에 기반했을 때라야 비로소 높은 생산성과 창의성을 발 휘할 수 있다. 아마도 경제학, 사회학, 교육학, 심리학, 언론학, 정치 학, 법학 등 모든 정신학문Geisteswissenschaften이 그럴 것이다. 인간을 억압하고 착취하는 것을 목적으로 하는 학문은 없을 것이다. 그럼 에도 오늘날 일부 몰지각한 경제학도들, 행정학도들, 교육학도들, 정치학도들의 말과 행동은 인간의 존엄성이 아니라 자본의 존엄성 을 중시하는 것으로 보인다. 철학 없는 학문은 자본에 복무하는 기 술일 뿐이다. 심지어 마권의 일시적 쾌감을 선택한 사람에게도 철 학은 자신이 어떤 이데올로기에 빠졌는지를 알려준다. 그래서 철 학이 중요하다.

다시 현실로 돌아와서, 현실의 상징계는 자신의 원하던 세계가 아니기 때문에 대부분은 더 나은 세계를 향하여, 성숙한 '존재의 집'을 구축하기 위하여 인생의 길을 떠난다. 어딘지 모르는 미지의 세계(초월적 세계, 이상적 세계)로 여행을 떠나게 된다. 물론 이 여행을 포기하고 타자들이 만들어놓은 언어와 상징의 질서에 어쩔 수 없이 순응하는 사람들도 있을 것이다. 이들도 여행을 떠나는 우리와 함께 살아야 하며 우리는 그들의 삶도 보살펴야 한다.

서계차경에서 빠져나오는 교육

아이들이 자기 정체성을 스스로 정립하려면 이 세계에 대한 상징체계로서 언어를 익혀야 한다. 이 언어가 곧 인간이 거주하는 '존재의 집'이다. 교육의 사명은 자신의 언어로 자기 정체성을 확립하고 스스로 미지의 세계, 초월적 세계, 이상적 세계로 나아갈 수 있는 생각하는 힘을 길러주는 것이어야 한다.

생각하는 힘은 어디서 오는가? 자기인식에서 온다. 자기인식이 없으면 사실을 발견하려는 노력을 기울이지 않는다. 경쟁에서 승리할 수만 있다면 얼마든지 자신과 타인을 속일 수 있다. 이것이 자기기만이다. 생각하는 힘은 사실에서 출발하여 역사의식과 시대정신이라는 두 요소가 상호작용할 때 드러난다. 자신과 이 세계에 대해 스스로 생각하기 때문이다. 이것이 교육의 역할이다. 우리가 어디서 와서 어디에 있으며 어디로 가야 하는지 깨닫는 순간은 교육을 통해서만 경험하기 때문이다. 시험문제의 정답을 맞히는 기계가 되어 상징체계의 노예로 살아가는 인간을 양산해서는 안 된다. 생각하는 힘은 결코 정답을 몇 개 맞히느냐 따위의 시험성적으로 평가될 수 없기 때문이다.

그런 점에서 시험점수로 서계차경의 함정에 빠져 허덕이는 우리 교육을 더 이상 신뢰할 수 없다. 지금의 교육제도는 전근대적인 일제강점기의 제국주의 방식에서 한 발자국도 벗어나지 못했다. 인터넷 시대, 4차 산업혁명 시대, 인공지능 시대, 자율주행 시대, 블록체인 시대에서 여전히 견고한 계급질서 아래 지배와 통제, 지시와 명령, 억압과 착취가 만연한 교육 현장을 어떻게 신뢰할 수 있겠는가?

억압적인 교육제도, 교육내용, 교육관행을 갈아엎어야 한다. 이 뒤틀린 교육은 누가 왜 만들었는가? 일제강점기로부터 독재 시대를 거치면서 우리 사회에서 한 줌도 안 되는 기득권층이 자신들의 체제를 강화하고 국민이 순응하도록 충효교육, 인성교육, 윤리교육을 해야 한다는 정신으로 만들었다. 생각하는 힘을 잃고 오로지 남보다 더 많은 부와 명예와 권력을 차지해 더 큰 위세와 자랑거리를 쌓는 것을 목표로 삼도록 만들어왔다. 이런 상징체계에서 할 수 있는 것은 오로지 성공하는 요령과 출세의 비법을 익히는 것이다. 가진 자들끼리 서로 인맥을 쌓고 밀고 끌어주면서 현대판 매관매직의 전관예우를 받기 위해 노력한다. 이런 고위공직자들이 대부분인 현실에서 진정으로 유능한 인재를 선발할 수 있을까? 인사실패는 당연한 것이다.

이 상징체계에서 좋은 시험성적을 받아 엘리트 계층으로 올라선 사람들이 과연 왜곡되고 억압적인 교육제도와 상징체계를 개혁하는 사회적 성취를 이룰 수 있을까? 불가능한 얘기다. 그래서 우리의 교육계에 교육이 없다고 비판하는 것이다.

단순한 지식의 양을 측정하는 서열화 교육이 아니라 언어를 자유롭고 의미 있게 사용하는 글쓰기와 말하기를 통해 사고력을 향상하는 교육이어야 한다. 승패를 가르는 경쟁적 교육이 아니라 상생하고 대화하고 협력하는 교육이어야 한다. 교육기관과 각종 행정기관도 위계적 지시와 명령 관계에서 수평적 네트워크 구조로 바뀌어야 한다. 서계차경의 함정에 빠져 있는 대학과 일상의 생활 환경도 마찬가지다.

우리 교육에서 정치를 가르쳐야 한다

우리 교육은 정치가 무엇인지 가르치지 않는다. 심지어 교실에서 정치 현안에 대해 토의를 거친 후 모의투표를 하는 것을 금지하고 있다. 중앙선거관리위원회는 서울시교육청이 추진해온 학교 내 모의선거 교육을 선거법 위반이라며 사실상 불허했다. 친일독재세력의 후예들과 연대한 각종 교원단체에서 학교 내 정치활동을 전면 금지하는 내용의 법 개정을 주장하는 등 '교실의 정치화'를 염려하고 있다. 한국전쟁 직후에 태어나 군사독재 시대를 지나온 기성세대는 정치의식에 대한 몰상식을 넘어 거의 파시즘적 사고방식에서 벗어나지 못하고 있다.

잘못된 낡은 정치관행이 우리의 교육을 망치고 있다. 시대가 완전히 바뀌었음에도 여전히 냉전 시대의 사고방식을 주입하는 바람에 아이들의 세계관이 뒤틀리고 있다. 우리의 삶 자체가 정치인데 정치를 가르치지 않으니 무능하고 더러운 정치판이 투명하고 유능한 정치로 바뀌지 않는다. 실제로 우리의 정치 현실을 보라. 지역 토호들에게 기생하는 사람이 국회의원과 지방의원이 되기 위해 온갖 권모술수를 써서 당선된 후 그들에게 은혜를 갚는 방식의 정치 관행이 아직도 계속되고 있다.

그들은 정치가 더러운 것이라는 것을 스스로 알고 있다. 그래서 교실의 정치화를 두려워하고 있다. 정치란 무엇인가? 마트에 가서 물건을 사는 것도, 어떤 차를 타는 것도, 누구를 만나 수다를 떠는 것도, 어떤 맥주를 마실 것인지를 선택하는 것도 따져보면 정치적 행위다. 일상에서 벌어지는 모든 거래 행위와 노동 행위가 곧 정치다. 우리는 정치를 떠나서 살 수 없다. 이렇듯 인간이 하는 대부분의 행위는 정치와 밀접한 관련을 맺고 있다.

그렇다면 교육도 정치일까? 당연하다. 교육이야말로 가장 정치적인 행위다. 정치란 주권자로부터 위임받은 합법적 권한을 가진 정치인이 주권자인 시민에게 더 좋은 사회적 서비스를 하도록 관료조직을 지배하는 행위를 말한다. 서비스할 수 있는 자원은 언제나 한정되어 있기 때문에 자원배분의 우선순위를 정해야 한다. 우선순위를 정하려면 가치관이 먼저 정립되어 있어야 한다. 가치란 우리 사회가 소중하게 여기는 것을 말한다. 그러므로 주권자는 자신이 선택할 정치인들이 소중히 여기는 가치가 무엇인지 따져보아야 한다. 그리고 자신이 원하는 가치를 위해 일할 수 있는 정치인을 선택해야 한다.

우리 교육은 이런 정치 과정을 전혀 가르치지 않고 있다. 우리가 추구해야 할 다양한 가치가 있는데 그 가치를 얻으려면 어떻게 해야 하는지를 전혀 모른 채 학교를 졸업한다. 그러니 우리 사회가 어찌 제대로 발전할 수 있겠는가?

보이텔스바흐 합의
독일은 히틀러의 나치즘을 경험한 후 연방과 주 차원에서 민주시민교육을 위한 정치교육센터를 설치해서 정치교육을 해왔다. 다시는 과거를 반복하지 않기 위해서였다. 독일어로 정치교육을 폴리티셰 빌둥politische Bildung이라고 한다. 우리말로 직역하면 '정치적 교양'인데 의역하면 '민주시민교육'이다.

독일의 사례는 우리 교육에 많은 시사점을 준다. 1968년 5월 프랑스에서 시작된 68혁명이라는 사회변혁운동이 유럽을 휩쓸었다. 베트남전쟁에 대한 반전운동은 급기야 유럽과 북미를 거쳐 아시아에까지 확산됐다. 반전운동과 더불어 남녀평등과 여성해방운동, 학교와 직장의 민주화 운동, 인간성 회복운동, 자연보호운동, 히피 운동 등이 전개됐다.

당시 독일도 교육문제에 있어서 68혁명으로부터 결정적인 영향을 받았다. 무엇을 어떻게 가르쳐야 할까? 1969년에는 보수적인 기민당CDU 정부에서 진보적인 사민당SPD 정부로 바뀌었다. 연방총리로 앞에서 몇 차례 언급했던 빌리 브란트가 취임했다. 이때부터 독일도 본격적으로 보수와 진보가 이념적 성향에 따라 나뉘었다.

같은 교과서라도 교사들의 정치적 관점에 따라 교수법과 내용이 달랐다. 역사적 사실에 기초한 다양한 해석을 일방적으로 가르쳤는데, 학교 안에서뿐만 아니라 학교 밖에서도 마찬가지였다. 이것은 커다란 사회적 논쟁거리가 되었다. 독일 학제상 7~8학년이 되면 정치 이슈가 담긴 사회과목을 가르쳐야 한다. 이것이야말로 현실의 문제였다. 독일 교육계는 정치와 역사와 노동을 보는 이념적 차이를 해소해야 할 뿐 아니라 교수법도 정비해야 했다.

이 문제를 어떻게 해결했을까? 바덴뷔르템베르크Baden-Württemberg 주의 정치교육센터가 주관하여 교수법 전문가, 각 정당의 정치인,

종교인이 함께 소도시 보이텔스바흐Beutelsbach에 모여 회의를 했다. 여기서 정치교육과 관련하여 다음과 같은 세 가지 원칙에 합의했다.

첫째, 강압금지의 원칙Überwältigungsverbot이다. 교사는 학생에게 자신의 견해를 강요해서는 안 된다. 한마디로 어떤 것이 정답이라고 알려주는 주입식 교육을 해서는 안 된다는 것이다. 학습자들은 독립적 주체로서 사회적 이슈에 대해 스스로 생각할 능력을 갖추고 있다는 점을 인정해야 한다.

둘째, 논쟁거리의 원칙Kontroversitätsgebot이다. 교사는 학생들이 자유롭게 토론하고 스스로 의견을 형성할 수 있는 논쟁적 주제를 선정해야 한다. 선정된 주제는 현실 정치에서 공개된 논쟁거리여야 한다. 현실 정치의 논쟁거리가 교실에서 논쟁거리가 되지 않아야 할 이유는 없다. 여기서 중요한 것은 교사가 학생들의 견해를 압도해서는 안 된다는 점이다. 그렇다고 해서 교사가 논쟁거리에서 반드시 기계적 중립을 지켜야 하는 것은 아니다.

셋째, 학습자 이해관계의 원칙Schülerorientierung이다. 학습자 지향적 learner-oriented 원칙이라고도 할 수 있다. 수업에서 이루어지는 정치교육은 철저하게 학생의 이해관계를 고려할 수 있도록 설계되어야 한다. 학습자가 현실의 (논쟁적인) 정치 상황을 이해하고 자신이 처한 입장을 분석함으로써 정치 과정에 스스로 참여할 수 있도록 도움을 주어야 한다. 나아가 학습자가 자신의 이해관계에 따라 정치 상황에 영향을 미치는 방법과 수단을 모색할 수 있어야 한다.

이러한 교육에 영향을 받은 학생들은 이르면 18세부터 늦어도 20대 초반에 자신이 원하는 정당에 가입해 정당 활동을 시작한다. 자기 스스로 정치적 역량이 있다고 판단되면 정치인의 커리어를 쌓게 된다. 정치인의 커리어를 밟지 않은 시민들도 민주주의에 적극적으로 참여하는 계기가 됐고 그렇지 않더라도 민주시민으로서 정치의식을 높이게 됐다. 각 정당은 정책에 시민의식을 반영할 수밖에 없었다. 그리하여 시민집단이 정치집단을 선택하고 정치집단은 관료집단으로 하여금 시민집단에게 공정한 서비스가 이루어지도록 했다. 시민집단 → 정치집단 → 관료집단 → 다시 시민집단으로 이어지는 선순환 고리를 이어가게 됐다. 그러나 우리 사회엔 낡고 노회한 정치인들이 판을 치고 있고, 정작 2030의 젊은 정치지망생들은 정치판에 발을 들여놓기 어렵게 되어 있다. 정당민주화는 학교교육에서 시작되어야 한다.

교육은 어떤 사회 이슈에 대해 일방적으로 정답을 외우게 하는 것이 아니라 학습자 스스로 자신의 입장을 고려하여 문제를 분석하고 개념을 정립한 후 자율적으로 의사결정을 할 수 있는 사고력을 형성하게끔 하는 것이다. 앞에서 언급했듯이, 교육이란 '이성의 기능을 최대한 활성화하는 환경조건을 정비하는 행위'여야 한다. 학교와 교육은 이것을 위해 존재해야 한다. 「보이텔스바흐 합의 Beutelsbacher Konsens」를 통해 이러한 교육이 가능했다. 이 합의에서 독일인들의 원칙적이면서 동시에 실현 가능한 실용주의적 사상을 읽을 수 있다.

교사들의 정치활동

독일 유학 중 내가 살던 도시의 홈페이지를 찾아보니 현직 시장이 교사 출신이다. 그 도시의 시의원 중 상당수는 현직 교사들이다. 의회가 정기적으로 소집되는데 평일에는 주로 저녁 6시부터 열리고 급한 일이 있으면 주말에도 열린다. 그와 달리 왜 우리는 교사들의 정치활동을 금지하는가? 부패한 정치인들이 그들만의 리그를 만들어서 배울 만큼 배운 지식인들의 손발을 묶어 정치에 개입할 수 없게 하려는 것이다. 얼마나 부조리한 현실인가? 교사들의 지식과 경험을 지역사회 발전을 위한 동력으로 활용할 수 있어야 한다. 왜 토건업자와 지역 토호들이 좌지우지하는 지자체를 만들어놓고 정작 그 지역의 지식인 계층인 교사들에게 시민의 기본권인 정치활동을 금지하고 있을까? 대학 교수들에겐 허용하고 초중등 교사들에겐 금지하는 이유가 뭘까?

중앙선거관리위원회와 국회의 지도부가 낡은 구시대적 발상에 매몰되어 있음이 분명하다. 세계 최초로 시민들의 자발적인 촛불시위로 현직 대통령을 끌어내렸다. 국회가 갈팡질팡할 때도 시민들은 분명한 의사를 표시했다. 시위 과정에서 단 한 명의 사고가 나지 않았다. 그뿐 아니라 시위 장소는 시민들이 자발적으로 쓰레기를 치워 깨끗한 거리로 변모했다. 주최하는 단체가 있었던 것도 아니었다. 이런 높은 시민의식에도 불구하고 왜 교실의 정치교육을 막는 것일까? 무엇이 두려운 것인가?

우리 공직 사회에서 국회는 가장 불신받는 기관이다. 국회의원들 한 사람 한 사람은 독립된 자율적 주체로서 단독관청의 역할을 해야 한다. 누구의 지시와 명령을 받아 움직이는 존재가 되어서는 안 된다. 민주정이 성립되는 근거다. 그럼에도 그들은 재벌과 그에 연루된 언론사에 비굴하다. 입법안은 기득권자들에게 유리한 방향으로 작성된다. 그 결과 부익부 빈익빈 현상이 지속되고 양극화가 극심해졌다. 국민행복지수는 경제협력개발기구OECD에서 꼴찌 수준이다. 노인 빈곤율, 빈곤에 의한 자살률, 출생률, 산업재해 사망률, 고독사, 절망사의 숫자는 여전히 심각하다. 이것은 국회의원들이 그렇게 법률을 만들었기 때문이다.

우리 국회는 더 이상 주권자들을 위해 일하지 않는다. 정당 운영이 비민주적이기 때문이다. 그들 간에도 위계질서가 있어서 계파를 만들고 서로 더 많은 이권과 공천 권한을 가지려고 싸운다. 선거 때만 되면 정말이지 가관이다. 기자협회, 의사협회, 변호사협회 등 각종 이익단체에서 자기들의 이익을 대변하는 자를 국회의원으로 만들기 위해 로비를 벌인다. 그런 이익단체에 가입되지 않은 일반 서민들의 삶은 갈수록 정치에서 소외되고 피폐해진다.

국회 운영 또한 대단히 비민주적이고 불투명하다. 가장 큰 문제는 국회 예산결산위에서 결정되는 예산이 불투명하다는 점이다. 쪽지예산과 터무니없는 의전 관행까지 있다. 국회 구성도 주권자의 의사에 비례하여 반영되지 않는다. 그러니 국회가 주권자의 대리인이라고 할 수 없을 지경이다. 그들은 주권자를 대신한 일꾼으로 일하는 게 아니라 주권자 위에 군림한다. 독일 의회를 보다가 우리 국회를 보면 봉숭아학당을 보는 것 같다. 이토록 불합리한 것을 국회의장과 부의장을 비롯한 자칭 중진이라고 부르는 다선의원들은 고칠 생각조차 하지 않고 있다.

현재 우리의 정치판을 잘 보라. 정치인 중에 주권자를 위한, 공동체를 위한 사회적 성취를 누가 얼마나 했는지를 알 수 없게 되어 있다. 언론 노출도가 유능함의 척도가 됐다. 미디어를 통해 얼굴을 많이 알리고 방송에서 많이 떠든 사람을 뽑아주는 어처구니없는 일이 벌어지고 있다. 누구를 뽑아야 주권자의 삶이 평안해질 수 있는지 알 수 없다는 얘기다. 그러니 언론 노출이 압도적으로 많았던 이명박과 박근혜를 뽑게 된 것이다. 선출직이든 임용직이든 고위 공직자들의 세계가 거의 다 그렇다. 인사실패는 그래서 일어난다.

인사실패에 따른 비극적 정치문화를 바로잡으려면 교실에서부터 정치교육을 제대로 할 수 있어야 한다. 국회를 장악하고 있는 세력이 기득권을 내려놓거나 내려놓도록 했을 때만 개혁이 가능하다. 결국은 주권자가 정치에 적극적으로 관심을 갖도록 제대로 된 정치교육을 할 수밖에 없다. 교육기관과 교육제도를 근본적으로 다시 설계해야 한다.

역사를 모르는 민족에겐 희망이 없다

역사교육의 중요성에 대해 아무리 많은 말을 해도 부족하지만 아주 간단히 정리해보자. 왜 우리는 역사를 알아야 하는가? 역사교육은 우선 우리의 삶이 어디서 와서 어디에 있으며 앞으로 어디로 가야 하는지를 이해하기 위한 것이다. 이를 위해 암울했던 역사와 위대했던 역사, 비극적 사건과 찬란한 성취를 동시에 가르쳐야 한다. 우리에게 필요한 것은 균형 잡힌 역사의식을 갖는 것이다. 그러나 우리는 비극적 사건을 소홀히 하는 경향이 있다. 애국심을 고취하려는 의도 때문인지는 모르겠으나 커다란 성취와 찬란한 문화 그리고 위인들만 골라 가르친다. 이순신도 세종 임금도 배워야 하지만 우리는 그런 인물이 될 수 없으며 그럴 필요도 없다는 사실을 동시에 가르쳐야 한다. 역사는 역사로서 기억될 수밖에 없기 때문이다.

모든 인간은 불완전하다. 인간이 불완전하다는 것을 인식할 때 성찰적 자아가 형성된다. 나는 인간의 불완전성 때문에 인류문명이 발전하고 있다고 생각한다. 인간이 완전하다면 노력할 필요도 없고 미지의 세계, 초월적 세계, 구원의 세계를 동경할 필요도 없다.

인간을 구원하는 것은 기억이다

1945년 강제수용소에서 살아남은 16세의 엘리 위젤Elie Wiesel을 보자. 그는 아우슈비츠수용소에서 어머니와 여동생을 잃었고 부켄발트수용소로 이송된 후 아버지를 잃었다. 고아가 된 그는 전후 프랑스로 가게 됐고 그곳 지식인들의 도움을 받아 고전철학 등을 공부했다. 자신의 경험을 기록한 책 『밤La Nuit』은 영어로 번역되어 1,000만 부가 팔리는 베스트셀러가 됐다. 그는 미국으로 건너가 보스턴대학교에서 가르쳤고 세계 곳곳에서 벌어지는 억압과 착취의 현장을 기록해 세계인들에게 알렸다. 1986년 노벨 평화상을 받았을 때 수상식에서 기자들이 물었다. "무엇이 인간을 구원할 수 있을까요?" 그의 대답은 간명했다. "그것은 다름 아닌 기억입니다."

우리는 기억해야 한다. 위젤의 말대로 인간을 구원하는 것은 기억이다. 인간을 움직이는 것은 미래를 향한 찬란한 상상이지만 인간을 구원하는 것은 우리가 저지른 잘못에 대한 기억이다. 이 기억이 없다면 우리의 삶은 다시 비극으로 빠지고 만다. 자신들이 저지른 반인도적 만행에 대한 반성적 성찰이 없는 일본을 보라. 장래에 일본은 구원받을 수 없을 것이다.

그러므로 우리는 일제강점기에 친일파들이 저지른 일들, 해방 후 이승만 정권이 저지른 반인도적 만행, 군사쿠데타로 집권한 박정희가 저지른 수많은 민주인사에 대한 탄압, 전두환과 그 일행이 일으킨 군사쿠데타와 광주에서의 학살 등 어떤 일이 벌어졌는지 소상히 가르쳐야 한다. 그 후 우리의 현대사에서 김영삼, 김대중, 노무현, 이명박, 박근혜 정부를 거치면서 벌어진 비극적인 일들을 가르쳐야 한다. 김영삼의 5·18특별법에 따른 전두환 일당의 처벌, 외환 위기, 김대중의 남북관계 개선, 노무현의 죽음과 검찰조직의 행태, 이명박의 비리와 불법행위, 박근혜의 국정농단 사태 등에 대한 역사적, 논쟁적 사건을 가르쳐 역사의식을 갖도록 해야 한다.

학생들은 그 역사적 사실 앞에 스스로 어떤 관점을 가지고 어떻게 행동해야 하는지 판단할 수 있어야 한다. 교과서는 우리의 일상과 너무나 동떨어져 있다. 기득권층이 일방적으로 만든 정답만을 강요하고 있기 때문이다. 우리 공동체가 구원받기 위해서는 과거의 잘못에 대한 기억과 그로 인한 우리 시대의 과제가 무엇인지 시대정신을 스스로 찾아가도록 해야 한다. 이런 역사를 어떻게 가르칠 것인가? 정치교육을 위한 「보이텔스바흐 합의」를 응용해야 한다. 학교 밖에서 벌어진 논쟁은 그대로 학교 안으로 끌어들여 학생들이 그 논쟁을 통해 과거와 현재와 미래를 사고하는 훈련을 해야 한다. 이런 과정을 통해 역사의식을 갖게 되고 자기 정체성을 확립하면서 라캉이 말한 상징계에서 실재계로 탐구 여행을 시작할 수 있다.

제대로 된 역사교육 없이 자기 정체성을 확립한다는 것은 불가능하다. 역사를 선택과목으로 가르치는 나라에 무슨 희망을 걸 수 있겠는가? 정치인들의 몰역사적인 망언들을 고려할 때 역사교육의 중요성을 새삼 강조하지 않을 수 없다.

노동이 곧 삶이라는 사실을 가르쳐야 한다

노동이 무엇인지 모르는 사람은 없다. 우리는 노동으로 삶을 영위하기 때문이다. 노동 없는 삶이란 상상하기 어렵다. 모든 인간은 어떤 형태로든지 노동과 직간접적으로 관련을 맺고 있다. 그런데 사실 우리는 노동이 무엇인지 잘 모른다. 교실에서 노동을 가르치지 않기 때문이다.

노동이란 무엇인가? 『구약성서』에 기록됐듯이 '신이 내린 형벌'에서 시작된 노동은 고대와 중세까지만 해도 노예, 노비, 농노의 일이었다. 소수의 귀족이나 자유인은 노동을 하지 않았다. 독일어 아르바이트Arbeit라는 단어 자체에 고통이라는 의미가 함축되어 있다. 노동은 마르틴 루터와 장 칼뱅의 종교개혁자들에 의해 '신이 내린 소명'으로 점차 바뀌었다. 이에 대해 막스 베버Max Weber가 『프로테스탄티즘의 윤리와 자본주의 정신』에 잘 설명하고 있다.

산업혁명이 일어나고 자본주의적 생산방식이 도입되면서 노동의 양태가 달라졌다. 공장에 취직해 사업주와 노동자의 관계에서 임금을 받는 임금노동으로 변했다. 노동이 부정적 인식에서 오히려 인간을 인간답게 만드는 긍정적이고도 적극적인 의미로 바뀐 것이다. 자본주의가 심화된 오늘날은 자본 중심의 임금노동 사회가 됐다.

내가 유학 중이던 1980년대에 독일에서 벌어진 핵심 주제는 '노동의 인간화Humanisierung der Arbeit'였다. 왜 이런 일이 벌어졌을까? 자본주의 사회와 임금노동 사회에서 노동은 더 이상 신성한 것도 아니었고 인간을 인간답게 만드는 소명이 아니었다. 그저 고통스러운 그 무엇이 됐기 때문이다. 당시 독일 대학에서는 인사설계와 조직설계에서 노동자들을 괴롭히는 요소들을 걷어내야 한다고 가르쳤다.

우리나라 노동의 역사는 어땠는가? 일제강점기는 차치하더라도 해방 후의 노동 상황은 잔인했다. 노동자들은 피와 땀과 눈물을 흘려야 하는 긴 세월을 보냈다. 한국전쟁 직후에 태어난 우리 세대는 노동이란 곧 전쟁을 치르는 것과 비슷했다. 산업전사라는 말도 그래서 나왔다. 우리에겐 노동의 인간화라는 개념 자체가 없었다. 사실 지금도 없다.

우리의 노동운동사에서 가장 중요한 사건은 아마도 전태일 분신 사건일 것이다. 누구나 조영래 변호사가 쓴 『전태일 평전』을 읽어야 한다. 17세의 전태일은 평화시장 피복노동자 시다로 들어갔다. 환기시설도 없는 좁은 작업실에서 고작 12세에서 15세 정도 되는 여공들이 하루 16시간씩 노동을 하고 있었다. 물론 전태일도 그렇게 일했다. 그러다 근로기준법을 배우게 되고 사업주들이 불법을 저지르고 있다는 사실을 알게 됐다. 그는 이 열악한 환경을 개선하고자 했다. 근로기준법을 지킬 수 있도록 해달라고 노동청장에게 진정서를 수없이 보냈다. 효험이 없자 근로감독관들에게도 보냈고 심지어 대통령에게도 보냈다. 그러면 그럴수록 오히려 업주들은 그에게 더 큰 횡포를 가했고 불이익을 주었다.

비인간적인 노동환경을 개혁하려는 것이었지만 번번이 실패했다. 여공들이 편안히 일할 수 있는 회사를 운영하는 꿈도 꿨다. 그럴수록 노동청 공무원들은 전태일을 더욱 멸시했고 탄압했다. 노동자들의 정당한 요구는 공권력에 의해 짓밟혔다. 불행하게도 오늘날의 노동부 관료들은 이런 전통을 그대로 이어받고 있어 재벌과 대기업을 위한 노동정책은 달라지지 않았다.

당시 전태일이 할 수 있는 일은 아무것도 없었다. 1970년 22세의 나이에 '근로기준법 화형식'을 치르면서 자신도 분신하고 만다. 그가 분신하면서 외친 말은 "근로기준법을 준수하라! 우리는 기계가 아니다! 일요일은 쉬게 하라! 노동자들을 혹사하지 말라! 내 죽음을 헛되이 하지 말라!"였다. 『전태일 평전』은 눈물 없이는 읽을 수 없는 책이다. 전태일은 우리 민족이 저지른 커다란 죄과를 짊어지고 간 희생제물이었다.

이 충격적인 사건 이후, 특히 개신교 신학계에서는 노동환경이 얼마나 열악한지 제대로 알지 못했다는 점을 반성했다. 신학자 안병무 교수가 앞장서서 한국 신학의 새로운 방향을 설정하게 됐다. 그는 일찍이 독일 대학에서 '역사적 예수'를 연구해 신학 박사학위를 받았고 귀국 후 학생들을 가르치는 와중에 전태일 사건을 접했다. 그는 전태일이 바로 이 시대의 예수라고 생각했다. 독일 교회의 재정 지원을 받아 1973년 한국신학연구소를 세워 민중의 삶을 신학적으로 연구했다. 우리는 그의 신학을 '민중신학'이라 부른다. 지금까지 좋은 문헌들이 쏟아져 나왔고 나도 많은 가르침을 받았다.

최근에는 김근수 선생이 독일에서 가톨릭 신학을, 남미에서 해방신학을 연구하고 귀국한 후 우리 사회에 많은 경종을 울리고 있다. 1996년 작고한 안병무 선생이 개신교 신학자로서 민중신학을 이끌고 있다면 오늘날 김근수 선생은 가톨릭 신학자로서 해방신학을 이끌고 있는 셈이다. 그는 『슬픈 예수』『가난한 예수』『평화의 예수』『행동하는 예수』『교황과 나』『예수 평전』『여성의 아들 예수』 등의 책으로 예수의 가르침이 진실로 무엇인지 우리에게 알려주고 있다. 노동 현장이 배제된 한국 기독교의 뒤틀린 모습은 노동을 가르치지 않는 한국 교육계의 뒤틀린 모습과 닮았다.

전태일 사건은 신학자들만이 아니라 독재자의 철권통치에 반대하며 '호헌철폐'와 '독재타도'를 외치던 대학생들과 일반 지식인들에게도 큰 충격을 주었다. 독재자는 대기업 중심의 경제 성장만을 외치면서 노동자들을 탄압하고 인권의 사각지대에 눈을 감았다. 오히려 인권을 말하는 사람들은 죄다 빨갱이로 몰아갔다. 그럼에도 불구하고 양심 있는 지식인들은 이때부터 잔인한 환경에 처한 노동자들의 현실과 도시 빈민들의 삶에 관심을 두기 시작했다. 이들 중 일부는 야학을 만들어 노동자들을 교육하고 권리 의식을 고취하는 활동을 하거나 공단에 직접 취업해 노동조합을 조직하려고 시도했다. 라캉의 말대로, 그들은 타자가 만든 현실의 암울한 상징계에서 벗어나 실재계를 향해 자신의 몸과 마음을 불살랐다.

그러나 이런 노력만으로는 사회구조적으로 고착화된 노동조건이 크게 달라지지 않았다. 독재자는 여전히 노동자들을 탄압했다. YH 사건이 대표적이다. 1966년에 설립된 YH무역은 국내 최대 가발 수출업체로 급성장했다. 하지만 사업주의 자금유용과 무리한 기업확장으로 심각한 경영난에 빠졌고 노동조합이 결성되어 적극적으로 활동하자 폐업 공고를 냈다. 1979년 8월이었다.

조합원들이 회사 정상화를 요구하면서 장기농성에 돌입했으나 여의치 않자 야당이었던 신민당에 호소하기로 했다. 신민당 총재 김영삼은 이들의 요구를 받아들여 신민당사를 집회 장소로 내주었다. 당직자들을 동원해 경찰의 접근을 차단했다. 그러나 1,000여 명의 경찰기동대가 신민당사에 난입해 노동자들을 무자비하게 폭행하고 강제 연행했다. 이 작전은 23분 만에 종료됐다. 하지만 그 과정에서 노조 집행위원이었던 김경숙(1958년생 21세)이 사망했다. 김영삼 총재는 상도동 자택으로 끌려갔다. 공화당, 검찰과 경찰, 법원이 한몸이 되어 야당 총재인 김영삼을 국회의원직에서 제명했다. 이런 일은 헌정사상 초유의 일이었다. 김영삼은 "닭의 모가지를 비틀어도 새벽은 온다."는 유명한 성명문을 발표했다.

YH 사건은 박정희 군사독재의 유신체제를 종식시키는 사건이 됐다. 부산과 마산을 중심으로 대규모 시위가 발생한 부마민주항쟁이 촉발된 것이다. 계엄령이 떨어졌고 계엄군은 무자비했다. 거리에서 사인을 모르는 시체가 발견되곤 했다. 당시 경호실장 차지철은 박정희에게 "신민당이 됐건 학생이 됐건 탱크로 밀어 캄보디아에서처럼 200~300만 명만 죽이면 조용해집니다."라고 말했다. 이 발언으로 결국 차지철과 박정희가 동시에 죽임을 당하는 비극적 드라마로 끝났다. 1979년 10월 26일 박정희는 궁정동 안가에서 여대생과 술판을 벌이다가 심복이었던 중앙정보부장 김재규의 총에 맞아 죽었다.

아직도 재벌 대기업 위주의 노동정책은 바뀌지 않았다. 최근에 일어난 산업재해 사망 사건을 보자. 2018년 12월 11일 새벽 한국발전기술 소속 계약직인 김용균(1994년생 26세)이 태안발전소 석탄이송 컨베이어 벨트에 끼어 현장에서 사망했다. 시신은 5시간여 뒤에서야 경비원에 의해 발견됐다. 2021년 4월 22일 평택항 컨테이너를 점검하던 이선호(1998년생 23세)는 노후화된 개방형 컨테이너가 오작동해 300킬로그램의 무게에 깔려 숨졌다.

이름 모를 청년 노동자들이 오늘도 일터에서 숨지고 있다. 2020년 42명, 2019년 51명의 청년이 중대한 산업재해 사고로 만 18~29세의 안타까운 나이에 숨졌다. 그 숫자는 좀처럼 줄어들지 않는다. 2021년 1~3월에만 청년 7명을 포함해 노동자 238명이 산재사고로 세상을 떠났다. 하루 평균 2.6명꼴이다. 사고 사망자는 2020년 같은 기간 253명보다 15명이 줄어들긴 했지만 질병에 걸려 숨진 산재 사망자 수 336명까지 더하면 12명이 늘었다.

나는 왜 이런 우울한 얘기를 여기까지 끌고 왔는가? 우리의 참혹했던 과거와 현실을 보여주고 싶기 때문이다. 반인도적이고 반문명적인 현실을 고쳐야 하기 때문이다. 그런데 고쳐지지 않는다. 교육에서 노동을 가르치지 않기 때문에 노동 현장에서 무수한 젊은 이들이 목숨을 잃고 있다.

나는 젊은 날에 노동을 타자들이 만든 상징계의 언어로만 이해했다. 노동을 오로지 삶의 수단으로만 생각했다. 공부도 마찬가지였다. 삼시 세끼를 먹고살아야 했고 미래에도 걱정하지 않고 살 수 있게끔 만들기 위해 노동을 했다. 가족이 생기면서는 더욱 미래의 불안을 없애기 위해 어떻게 해야 먹고살 수 있을지를 고민했다. 내가 그럴 필요가 없다고 생각하게 된 것은 독일 생활을 통해서였다. 국가의 존재목적은 인간의 삶을 건강하고 쾌적한 환경에서 살 수 있도록 돕는 것이어야 한다는 점을 알았다. 대한민국이라는 국가는 과연 그런가? 아직도 노동자는 산업전사여야 하는가?

학교는 학생들에게 노동의 본질을 가르쳐야 한다. 노동은 삶의 수단이 아니라 삶 자체라는 사실을 가르쳐야 한다. 인간은 노동을 통해서만 삶의 흔적을 남기고 그 흔적은 뒤에 올 후손들에게 인류가 가야 할 이정표가 되거나 아니면 우리가 존재했다는 표지가 될 것이다. 인류 문명은 그렇게 발전해왔다. 우리가 최선을 다해 문명을 발전시켜야 하는 것은 우리 뒤에 올 사람들에게 우리의 존재가 희망적이었다는 사실을 보여주어야 하기 때문이다. 노동의 가치도 가르치지 않고, 정치의 가치도 가르치지 않고, 역사조차 가르치지 않는 교실은 죽은 교육일 뿐이다.

이런 환경에서 훈련된 사람들이 고위직에 임용되면 어떤 일이 벌어질까?

4장

직업적 무능함이
만연한 이유

인사실패의 원인은 시스템의 부재와 교육의 부실 때문이라는 사실을 알았다. 아무리 좋은 시스템을 갖추었어도 교육이 부실하다면 인재를 양성할 수 없다. 서열과 계급, 차별과 경쟁을 중시하는 교육제도와 강압적이고 일방적인 주입식 교수법이 문제라는 것도 알았다. 이 문제를 어떻게 고칠 것인지는 5장과 6장에서 다루고자 한다.

이 장에서는 직업적 무능함professional incompetence에 대해 알아보고 직업적으로 무능한 인간을 양산하는 구조적, 시스템적 이슈에 관해 살펴보려고 한다. 여기서 직업적 무능함의 사전적 의미는 고위공직자로서 지니고 있는 지식knowledge, 기술skill, 태도attitude가 해당 직무를 수행하기에는 적합하지 않은 경우를 말한다. 직업적 무능은 도덕적 흠결이 있다는 말이 아니고 더구나 인격적으로 덜 성숙했다는 의미는 더더욱 아니다. 처음 공무원으로 임용되어 일을 시작할 때는 선진국 공무원들과 비교해 뒤처지지 않을 것이고 오히려 지성intelligence의 측면에서는 더 뛰어날 수도 있다. 그런데 그들이 공직사회에 적응하고 승진을 거듭하면서 생각하는 힘으로서 이성의 기능은 점점 퇴화한다. 직업적으로 무능해질 수밖에 없다. 이것은 한마디로 성취예측모형의 각 역량요소가 제대로 발휘되지 않고 있다는 뜻이다.

우리 사회에 고질적인 병폐가 있다. 일단 고위공직자가 됐다면 경력을 쌓아가는 과정에서 어떤 사회적 성취가 있었기 때문에 그 자리까지 오를 수 있었지 않았을까 지레짐작한다. 우리의 오랜 전통에 관존민비官尊民卑 사상이 깊이 각인되어 있다 보니 일단 높은 관직에 오르면 유능한 사람이려니 생각하는 경향이 있다. 그러나 생각해보자. 1987년 민주화 이후 장관급 고위공직자 중에서 기억나는 사람을 떠올려보라. 그리고 그들이 이룬 사회적 성취가 어떤 것이었는지를 생각해보라. 국회의원, 장관, 차관, 국·실장 등의 고위공직으로 올라선 사람들이 어떻게 그 지위에까지 나아갈 수 있었는지 그 과정을 살펴보라. 그들이 과연 능력이 있었기 때문일까? 그렇다면 그들의 능력을 판단하는 기준은 무엇이었을까?

물어보자. 재벌들의 하청업체, 재하청업체, 재재하청업체에 대한 억압과 착취구조를 개혁하겠다고 나선 고위공직자가 있었던가? 매년 2,000명이 넘는 노동자들이 산업재해로 사망한다. 그런데 이를 근본적으로 개선하려고 생각하는 고위공직자가 있었는가? 고독사 내지 절망사 등 매년 수천 명씩 아무도 모르게 이름도 없이 죽어간다. 이런 끔찍한 사회문제를 해결하려고 노력한 사람이 있었는가? 자본권력에 부화뇌동하는 정치권력을 근본적으로 개혁하려고 노력한 사람이 있었는가? 세계적으로 신뢰도 최하위로 망신을 당하는 한국 언론을 개혁하겠다고 대책을 내놓은 사람이 있었는가? '허가받는 범죄집단'인 검찰조직을 혁파해야겠다고 노력한 사람 중에 기억나는 사람이 있는가? 그토록 엉터리 판결문을 양산하는 법원을 근본적으로 개혁해야겠다고 주장한 고위공직자가 있었는가? 신자유주의 시장경제로 양극화가 극심해져서 불평등을 해소하려고 노력을 기울인 사람이 있었는가?

김대중, 노무현, 문재인은 사회적 성취를 위해 노력한 정말로 탁월한 사람들이다. 노력의 결과물이 어땠는지는 각자의 평가가 다를 수 있지만 정치인으로서 고위공직을 맡아 민주주의를 발전시키기 위해 노력한 것은 분명한 사실이다. 나는 한반도의 기나긴 역사에서 필요한 시기에 적절한 인재들이 나타나 자신에게 맡겨진 역사적 과제를 자신들의 역량수준에서 풀어갔다고 생각한다. 이들의 역할수행에 불만이 있을 수도 있겠지만 인간의 역사에는 양자적 量子的 도약이 가능하지 않다는 점을 고려한다면 우리의 역사도 한 걸음씩 아주 느린 걸음으로 진보할 뿐이다.

다시 이름을 불러보자. 김대중, 노무현, 문재인. 이들의 공통점은 놀랍게도 우리 사회가 깊이 빠져 있는 서계차경으로부터 자유로운 사람들이었다는 점이다. 학벌에 구애받지 않고 서열과 계급에 연연하지 않았다. 서로 경쟁하느라 아귀다툼인 현실에서 자기 정체성을 발휘하면서 서계차경의 함정을 뚫고 스스로 자신의 길을 개척한 사람들이다. 오히려 그들은 서계차경을 없애려고 애썼다.

서계차경을 이용해 엘리트 기득권층으로 출세한 사람들은 오히려 국정농단, 사법농단, 검찰농단, 감사농단을 일으키며 사회에 해악을 끼쳤다. 김대중, 노무현, 문재인을 통해 우리가 알게 된 분명한 사실은 사회적 성취를 가능케 하는 역량은 서계차경을 이용해 출세한 사람에게는 기대하기 어렵다는 것이다. 나는 우리 사회가 더 역동적으로 발전할 수 있는 세계로 나가려면 서계차경의 정신을 연대와 협력의 정신으로 바꿔야 한다고 생각한다. 어떻게 그렇게 할 수 있는지 그 구조와 시스템에 대해서는 다음 장에서 간략히 다루려고 한다.

더 놀라운 것은 김대중, 노무현, 문재인 이외에도 고위공직은커녕 서계차경의 현실에서 어떤 혜택도 받지 못했던 사람들이 서계차경으로 출세한 고위공직자들보다 더 많은 사회적 성취를 이루었다는 점이다. 그들은 사회정의를 위해 시민운동에 헌신했던 사람들이다. 대표적으로 전태일을 빼놓을 수 없다. 그는 열악한 노동현장을 개선하기 위해 자신의 몸을 던졌다. 그밖에도 이름도 없이 빛도 없이 여러 분야에서 헌신한 분들이 있다. 그분들의 헌신과 희생 덕분에 우리나라가 여기까지 발전해왔다.

고위공직자 중에서 정말 자기 몸을 던져 시대정신을 실현한 사회적 성취를 찾아보기 쉽지 않다. 국회의원 등 정치인들, 판·검사들, 장·차관들, 국·실장들의 과거 기록을 분석해 엄격하게 역량을 진단해본다면 대부분은 공직 부적합 판정을 내려야 할 것이다. 왜 우리나라 고위공직자들은 이렇게 직업적으로 무능할까? 이제 그 얘기를 해보려고 한다. 우리 사회가 안고 있는 고질적인 문제, 즉 고위공직자들의 직업적 무능함의 근원은 일제강점기에서 시작한다. 일본인이 한반도를 어떻게 통치했는지 생각해보자.

우선 한반도를 통치하기 위해 총독을 파견했다. 총독 휘하의 여러 보좌진은 물론 입법, 사법, 행정을 장악하기 위해 일본인들이 대거 한반도로 건너왔다. 한반도에 사는 한국인들에 비해 턱없이 적은, 비유하자면 한 줌도 안 되는 일본인들이었다. 그들은 한국인을 자신의 명령과 통제하에 두고 억압하고 착취하기 위해 적은 인원으로 조직을 통제하는 가장 효율적인 방법인 피라미드형 계급구조로 조직을 설계했다. 그것이 조선총독부였다. 피라미드 정점에 있는 사람에게 모든 권력을 몰아주고 그가 조직 전체를 통제하도록 했다. 그 하위조직의 설계 또한 마찬가지였다. 총독은 식민지 통치에 관한 절대적 권력을 행사했다. 조선총독부는 그의 역할을 떠받들었다. 이것이 제국주의적 경영방식이다. 총독은 자신의 명령으로 총독부령을 공포할 수 있다. 필요한 경우에는 식민모국의 재가를 받아 법률을 제·개정할 폭넓은 권한을 가지고 있었다. 일본인들은 조선시대의 국정운영 관행을 변형해 피라미드형 계급구조의 강력한 명령과 통제에 따라 움직이도록 조직을 설계했다.

제2차 세계대전이 끝나면서 피라미드형 계급구조로 지탱했던 제국주의 이데올로기는 사라졌다. 식민지를 통치하던 일본인들도 사라졌다. 한반도에는 한국인만 남았다. 그래서 어찌됐는가? 불행하게도 한반도의 남쪽은 잠시나마 민주주의 체제를 갖추는 듯싶더니 제국주의 시대에 일본인들에게 충성하던 소위 친일파들이 곧바로 정권을 잡았다. 피라미드형 계급구조는 그대로 살아남았고 친일 인사들이 그 정점을 차지했다. 해방됐으나 민주주의는 맛도 보지 못한 채 군사독재의 시대로 접어들었다.

여기서 어떤 부류가 친일행각을 벌였을까 따져볼 필요가 있다.

그 당시의 기득권을 차지하고 있던 엘리트들이었다. 을사오적乙巳
五賊을 보라.

- 학부대신 이완용李完用: 전라북도와 평안남도 재판소 판사
- 외부대신 박제순朴齊純: 평리원 재판장서리
- 군부대신 이근택李根澤: 평리원 재판장
- 내부대신 이지용李址鎔: 평리원 재판장
- 농상공부대신 권중현權重顯: 평리원 재판장서리

여기서 평리원平理院이란 1899년 5월부터 1907년 12월까지 존
치됐던 최고법원을 말한다. 현재의 대법원과 같은 기능을 했다.

그들은 공동체를 생각하기보다 사적 이익에 복무했던 사람들
이다. 친일행각을 벌인 자들 중에서도 매국노들은 조선시대 탐관
오리보다 더 심각했다. 그들은 일제강점기에도 권력자의 편에 붙
어 동족이 피와 땀과 눈물을 흘리도록 했고 국가와 공동체를 배신
했다. 이런 자들의 후손이 지금도 기득권층을 형성해 우리의 입법,
사법, 행정에 상당한 영향력을 행사하고 있다.

지금 우리는 좁쌀 같은 공정을 논하기보다 먼저 일제강점기로부
터 내려오는 거대한 역사적 불공정성을 어떻게 치유할 것인가를
논해야 한다. 그 이유는 이 책의 주제가 아니므로 생략하겠으나,
해방 후 75년이 넘었음에도 친일파의 잔존 세력이 국가운영을 좌
지우지하는 지위에 앉아 있다는 사실만은 분명히 할 필요가 있다.
친일파와 그 후손들은 아직도 떳떳하게 대한민국의 엘리트 계층을
차지하고 있다.

내가 여기서 누구라고는 말하지 않겠지만, 민주 정부에서 임용된 고위공직자들의 내력을 조사해보면 그 뿌리가 친일인사와 연결되는 경우가 많다. 본인들은 알 것이다. 그들이 단순히 친일파의 자손이라거나 친일적인 사상을 가졌다는 사실 때문에 불이익을 주어야 한다고 말하려는 것이 아니다. 그들은 지금까지 형성된 기득권을 유지 확대하기 위해 어떤 개혁도 반대한다는 점 때문에 문제가 된다. 그들은 현재와 같은 방식이 영원히 자자손손 지속되기를 원한다. 그래서 개혁은 늘 저항에 부딪힌다. 개혁이 지지부진한 것은 그들 때문이다. 개혁을 반대하거나 혁신 프로그램의 핵심 내용을 후퇴시키는 정치인들을 잘 보라. 그들은 친일파의 후손이 아니더라도 군사독재 시절의 부정부패에 연루되어 어떤 분야에서든 기득권층을 형성했다. 공직을 맡았음에도 사적 이익을 위해 노력하는 사람들의 행태를 늘 예의주시해야 한다.

이런 사람들은 대개 학력과 경력이 화려하지만 자신의 타고난 역량으로 사회적 성취를 이룬 것이 아니다. 조상 덕택에 해외유학 등으로 학력과 경력을 세탁한 사람들이 많다. 그러므로 출신에 상관없이 누구라도 공적 직무를 맡았을 때 어떤 사회적 성취를 이루었는지를 잘 살펴야 한다. 그가 아무리 학력과 경력이 화려해도 사회적 성취가 없었다면 무능한 사람이다. 이것을 꼼꼼히 점검하는 것만이 인사실패에서 벗어날 수 있는 유일한 길이다.

조상 덕으로 살아온 사람들 말고 평범한 사람들이 온갖 노력을 통해 고위공직에 오른 경우에도 그리 유능하지 않은 경우가 많다. 고위공직자들을 보라. 탁월한 인재를 거의 만날 수 없다. 고위공직자들의 과거 행태를 보면 알 수 있다. 스스로 이니셔티브를 만들어 실행하지 못한다. 청와대에서 뭐라고 하면 뜨끔해하면서 일하는 척한다. 대통령이 뭐라고 하면 그제야 찔끔 뭔가를 하는 시늉을 한다. 대통령이 콕 집어서 이렇게 하라고 지시하지 않으면 고위공직자들은 자신이 뭘 해야 하는지 모르거나 수수방관하고 있다. 그러니 청와대와 대통령이 일일이 개입해야 한다. 대통령의 지시가 있어야 움직인다. 이것이 우리나라에서 벌어지는 전형적인 사건처리 방식이다.

왜 그럴까? 이 문제의 근원을 살펴보자. 두 가지 함정에 빠져 있기 때문이다. 일제강점기에서 시작된 서계차경과 미국으로부터 온 환원주의가 그것이다.

1

서계차경의 함정에
빠져 있기 때문이다

사실 교육계뿐만 아니라 정치, 사법, 행정, 경제, 기업, 문화, 예술, 하다못해 유치원까지 우리 사회 전반이 서계차경의 함정에 빠져 있다. 우리가 지금 이런 비참한 함정에 빠져 있으면서도 그 상태를 제대로 인식하지 못하고 있다. 왜 그럴까? 이 서계차경의 함정은 어떤 특성이 있는가? 왜 우리가 이 함정에서 벗어나지 못하는가? 그 원인을 살펴보려고 한다.

인간의 역사는 조직의 역사다. 인간은 조직 내에서 타인과의 관계를 통해 자기인식이 가능하며 그런 과정을 거쳐 성장한다. 만약 조직이 인간의 타고난 이성에 부합하는 방향으로 설계되어 있다면 어떻게 될까? 인간은 조직에서 잠재력을 마음껏 발휘하게 되고 조직은 자연스럽게 높은 생산성과 창의성을 확보할 것이다.

인간이 조직을 만든 이유는 더 높은 성과를 내기 위해서다. 제각각 역량수준이 다른 평범한 개인들이 조직을 통해 협력했을 때 탁월한 성과를 낼 수 있기 때문이다. 그래서 경영자는 조직구성원들이 자신의 역량을 마음껏 발휘하면서도 서로 협력하도록 환경을 조성함으로써 그 잠재력을 끌어내야 한다. 이것이 경영자의 본연의 역할이다. 하지만 현대 경영은 이런 방향으로만 발전하지 않았다. '어떻게 성과를 낼 것인가?'라는 질문에 대해 좀 더 빠르고 쉬운 방법을 찾는 인간의 동물적 본능은 경영 현상에 그대로 반영됐다.

경영학을 포함한 사회과학은 시대의 패러다임을 반영한다. 패러다임이란 특정 시대를 살아가는 사람들의 사고를 규정하는 체계이자 프레임이고 이데올로기다. 동시대 사람들이 공유하고 있는 사유방식을 말한다. 사회가 일반적으로 '조직의 생산성과 창의성을 높이려면 이렇게 하는 것이 옳다.'고 합의하면 그 집단과 사회의 경영 패러다임이 된다. 그래서 특정 시대의 조직운영에서 나타나는 수많은 현상을 해석하려면 먼저 그 지역과 그 시대의 경영 패러다임을 이해해야 한다. 패러다임의 변화에 따라 지배적인 가치판단의 기준과 사고방식이 결정되고 문제해결방식도 변화한다. 그러므로 새로운 변화를 요구하는 환경이 도래하고 혁신이 요구되면 정치든 사회든 기업이든 가정이든 기존 패러다임의 파괴 없이는 근본적인 변화가 불가능하다.

오늘날 세계에는 다양한 경영 패러다임이 각축을 벌이고 있다. 대륙마다 다르고 국가마다 다르다. 매우 거친 방식으로 분류한다면 인사조직 측면에서 크게 두 종류의 패러다임이 있다. 하나는 영어권을 중심으로 하는 앵글로색슨 모형이다. 이는 강력한 중앙집권적 경영방식으로 피라미드 구조로 조직을 설계한다. 다른 하나는 독일어권을 중심으로 하는 게르만 모형이다. 이는 분권화된 경영방식으로 수평적 네트워크 구조로 조직을 설계한다.

사실 모든 조직은 수직적 계층화를 기반으로 하는 앵글로색슨 모형이든 수평적 네트워크를 기반으로 하는 게르만 모형이든 정도의 차이는 있지만 폭력성을 드러낼 위험이 있다. 조직이 처음 만들어질 때는 언제나 위계구조와 계급질서 속에서 생겨나기 때문이다. 일단 조직이 완성되면 조직은 기존 질서를 계속 유지할 수 있도록 시스템화하려는 경향이 나타난다. 구성원을 시스템으로 규제한다는 의미다. 이것이 조직이 갖는 태생적 폭력성이다. 국가도 기업도 심지어 가장 작은 단위조직인 가정도 마찬가지다. 조직의 운영을 시스템화하려는 경향이 강해질수록 구성원들은 자신의 노동을 인간화하려는 성향을 억눌러야 한다.

라캉이 말한 상징체계란 이데올로기를 의미한다

앞에서 설명했던 라캉의 정신분석체계를 상기해보자. 모든 인간은 상상계에서 상징계로 태어난다. 상징계는 타자들이 만든 매트릭스와 같다. 이곳은 우리가 꿈꾸던 세계가 아니다. 우리는 자신의 정체성으로 무장해 더 나은 이상적 세계, 초월적 세계, 미지의 세계로 탐험 여행을 떠나야 한다. 라캉은 이 이상적 세계를 실재계라고 했다.

우리가 살아가는 현실의 상징계는 이미 자본주의 사회가 됐고 피라미드 구조로 설계되어 있다. 이런 조직을 유지하려면 위계질서가 굳건히 잡힌 시스템을 구축해야 한다. 구성원을 서열화하고 계급화해 차별하고 명령과 통제에 따라 움직이는 경쟁적 성과주의 이데올로기 현상이 생겨난다. 다시 한번 반복하자면 3장에서 자본주의식 성과주의 이데올로기 현상을 서열화, 계급화, 차별화, 경쟁화를 줄여서 '서계차경의 함정'이라 명명했다.

서계차경의 이데올로기가 무서운 이유는 두 가지다. 첫째, 인간의 존엄성이 훼손된다는 것이다. 그런데 이보다 더 심각하게 생각해야 할 점은 서계차경이 내면화됨으로써 사람들이 자신의 존엄성이 훼손되고 있다는 사실 자체를 인식하지 못한다는 점이다. 둘째, 사회적으로 부익부 빈익빈 현상이 초래되어 결국은 오늘날과 같은 승자독식과 약육강식의 잔인한 사회로 변화된다는 점이다. 그래서 서계차경의 이데올로기를 제대로 이해하고 대처해야 한다.

이데올로기라는 환상

이데올로기라는 독일어는 관념을 뜻하는 단어 이데Idee와 학문 또는 논리를 뜻하는 단어 로직Logik이 합성된 용어다. 그러니까 관념의 학문, 즉 이 세계를 바라보는 특정한 관점의 논리를 말한다. 인간은 이 세계를 어떤 이론적 프레임을 가지고 본다. 자신만의 독특한 안경을 끼고 세계를 관찰한다는 말이다. 이 세계관Weltanschauung 없이 세계를 이해할 수 없기 때문이다. 이데올로기라는 용어도 결국은 세계관이라는 뜻이기도 하다. 오늘날 사회민주주의 세계관과 자본주의 세계관은 세상을 보는 방식이 근본적으로 다르다. 인간을 무엇으로 보느냐에 따라 세계를 설명하는 방식이 전혀 다르기 때문이다.

세상을 이해하려면 먼저 개념체계가 있어야 한다. 밀림에서만 사는 원시인들이 스마트폰을 본다면 무엇에 쓰는 물건인지 이해할 수 없을 것이다. 스마트폰 개념이 형성되어 있지 않기 때문이다. 그러므로 세상을 이해하려면 그것이 무엇인지 알 수 있는 개념체계를 미리 가지고 있어야 한다. 그 개념은 인간의 의식 속에서 만들어진다.

이토록 신기한 스마트폰을 만든 사람들을 생각해보자. 스마트폰의 설계도를 머릿속에서 미리 개념화해 생산할 수 있도록 사전에 기획해야 한다. 이 모든 것을 인간의 사고력이라는 이성이 만들어낸다. 헤겔Georg Wilhelm Friedric Hegel은 이 모든 과정을 인간의 의식작용이라고 생각했다. 스마트폰이라는 사물이 현실에서 존재하려면 인간의 의식작용이 선행되어야 한다. 이처럼 의식이 곧 존재를 규정하는 것이다. 이렇게 독일 관념론은 헤겔에서 완성된다. 헤겔은 세계관이라는 특정한 관념을 가졌을 때 비로소 이성이 작동한다고 생각했다. 이성적인 것은 현실적인 것이 되고 현실적인 것은 반드시 이성적이어야 한다는 것이다. 즉 절대적 관념론을 정립했다.

그런데 카를 마르크스Karl Marx는 생각이 달랐다. 인간의 의식은 어떤 환경조건에 처해 있느냐에 따라 달라진다고 생각했다. 밀림에서만 사는 원시인의 의식은 밀림이라는 환경조건에서 형성된 것이다. 기술문명이라는 환경조건에 사는 현대인들의 의식이 원시인과 전혀 다른 것은 존재가 의식을 규정하기 때문이라는 것이다. 모차르트Wolfgang Amadeus Mozart 음악을 듣고 셰익스피어 연극을 감상하는 귀족의 존재는 밭에서 종일 일해야 살 수 있는 농노들의 존재와 동일한 의식을 가질 수 없다는 것이다.

그러므로 마르크스는 의식이 존재를 규정하는 것이 아니라 존재가 의식을 규정한다면서 헤겔의 관념철학을 유물론으로 뒤집었다. 그 후 많은 사람이 이데올로기라는 용어를 원인과 결과 또는 목적과 수단이 뒤집힌 경우에 대해 사용하게 됐다. 어떤 이념이 이데올로기가 됐다는 말은 그 이념이 애초에 주장할 때 기대했던 좋은 효과는 사라지고 부작용만 남았다는 뜻이다.

예를 들어보자. 자유주의liberalism 이념이 대표적이다. 자유는 매우 소중한 가치다. 오늘날 자유가 없다면 우리가 어찌 살아갈 수 있겠는가? 중세를 벗어나면서 토마스 홉스Thomas Hobbes, 존 로크John Locke, 장 자크 루소Jean Jacques Rousseau와 같은 위대한 사상가들은 자유의 중요성을 일깨워주었고 그에 따라 제도가 많이 바뀌었다. 영국으로부터 독립을 외쳤던 미국의 패트릭 헨리Patrick Henry는 "나에게 자유가 아니면 죽음을 달라."고 했을 정도였다.

이렇게 자유의 가치를 소중히 여겼던 인류는 모든 것에 자유를 부여했다. 자유주의가 당연해졌다. 자유주의 시장경제 체제를 만들었다. 교육, 의료, 주택 등 인간의 삶에 필수적인 것까지 시장경제가 자유롭게 침투하자 부익부 빈익빈 현상이 생겨났다. 그로 인해 자유는 오로지 기득권층에서만 누릴 수 있는 사치품이 됐다. 많은 사람이 자유를 누릴 수 없는 지경에 빠졌다. 하루 세끼를 걱정해야 하는 상황으로 몰리거나 노숙자가 되어야 했다. 인류는 무엇을 위해 자유를 쟁취한 것인가?

자유가 이데올로기로 둔갑한 것이다. 관념의 학문이라는 이데올로기는 원래 그런 뜻이 아니었지만, 마르크스 이래로 많은 지식인이 이데올로기라는 용어를 이렇게 원인과 결과가 전도됐거나 목적과 수단이 뒤바뀐 상태가 지속되어 그것을 당연하게 받아들이는 현상을 말하게 됐다.

여러 소중한 이념의 견제와 균형

오늘날 정상적인 국가라면 적어도 다음과 같은 네 가지 이념 곧 이데올로기를 추구하도록 헌법이 정하고 있다. 자유주의, 민주주의, 법치주의, 공동체주의* 등 네 가지 이념을 소중히 여긴다. 우리 헌법이나 독일의 기본법도 이런 정신을 담고 있다. 여기서 어느 하나의 이념이 다른 이념을 압도한다고 생각해보자. 만약 자유주의 이념이 다른 이념을 압도한다면 어떻게 되겠는가? 우리가 이미 경험했듯이 부익부 빈익빈의 양극화 현상이 발생한다. 그러므로 자유주의는 소중한 이념이지만 민주주의 이념에 의해 견제되어야 한다.

민주주의도 마찬가지다. 시민이 주권자라는 사실은 맞는 말이지만 이것이 다른 이념을 압도하면 무정부 상태에 빠질 수 있다. 그러므로 민주주의 이념도 법치주의에 의해 견제되어야 한다. 법치주의도 마찬가지다. 법치만 주장하다 보면 사법농단과 검찰농단이 발생하게 된다. 그러므로 법치주의도 공동체주의에 의해 견제되어야 한다. 공동체주의 역시 다른 이념을 압도하면 파시즘과 같은 독재적인 애국주의나 히틀러의 나치즘과 같은 상황에 빠지게 된다. 그러므로 공동체주의도 역시 자유주의에 의해 견제되어야 한다. 네 가지 소중한 이념들이 서로 견제와 균형을 잡지 못하고 어느 하나의 이념이 다른 이념을 압도하게 되면 심각한 문제가 발생한다.

---

* 사회주의 또는 공화주의라고도 할 수 있다.

역사는 늘 그래 왔다. 어떤 하나의 이념이 전부가 아님을 알아야 한다.

이렇게 이념이 생겨난 목적을 잃지 않고 끊임없이 성찰할 수 있도록 하는 견제와 균형의 원리가 작동하지 않는 국가는 하나의 이념에 치우치는 극단에 빠지고 만다. 쇠망하는 길로 들어선다는 말이다. 후진국이 후진 이유는 이런 다양한 이념 간의 균형을 잡지 못했기 때문이다. 이 균형을 잡아가는 것이 정치가 해야 할 일이다.

한겨레, 조선, 중앙, 동아 등의 언론

예를 들어보자. 한겨레 신문이 1988년 창립 초기의 굳건한 이념을 잃어버리고 파행의 길로 들어선 것은 조직운영의 거버넌스가 망가졌기 때문이다. 그 이유를 나는 서계차경의 함정과 인사조직 이론의 무지 때문이라고 생각한다.

앞에서도 설명했듯이 우리 교육은 깊은 서계차경의 함정에 빠져 있지만 그렇다는 사실조차 제대로 인식하지 못하고 있다. 그런 교육을 받고 자라난 젊은 사원들이 서계차경의 함정에 빠져 있음은 명약관화하다. 기자를 포함한 사원들이 회사의 핵심 경영진을 직접 선출한다. 회사 구성원들은 다수에 의한 직접민주주의를 절대화했다. 직접민주주의가 필요하지만 그것만으로 충분하지 않다는 사실을 이해하지 못했다. 절대다수인 사원들이 직접 회사를 통제하는 것이 옳다는 직접민주주의 이데올로기에 함몰된 것이다. 민주주의가 만능이라고 생각하는 이데올로기는 아주 쉽게 무정부주의, 전체주의, 사회주의 등으로 빠져들게 된다. 정상적인 지배구조가 파괴된다. 그러면 그 사회와 조직은 쇠퇴할 수밖에 없다.

직접민주주의는 간접민주주의에 의해 견제를 받아야 하고 그 반대도 마찬가지다. 어느 조직이나 어떤 사회나 소중한 몇 개의 이념이 상호작용함으로써 균형을 잡도록 해야 한다. 언론사 경영을 위한 지배구조를 직접민주주의 방식으로만 채택하면 견제와 균형의 원리가 사라진다. 사원들과 경영진의 인사조직에 대한 무지 때문에 시민들의 출자로 만들어진 언론사가 시민들과 출자자들을 내팽개친 채 때때로 망가지는 것을 보면 참으로 안타깝다. 뉴스와 신문편집에 관한 사상도 철학도 사라진 것이다. 경향신문도 같은 길을 가고 말았다.

조선, 중앙, 동아는 그 자체가 자본주의 이데올로기에 최적화된 세계차경의 화신이다. 여기에 대해서는 설명이 필요 없을 것이다.

의회의 탈선과 국민발안제도

신문사 지배구조만의 문제가 아니라 국가운영도 마찬가지다. 국회를 보자. 우리 헌법은 기본적으로 의회민주주의라는 간접민주정을 택했다. 국민이 직접 정책결정이나 입법기능을 할 수 없도록 만들었다. 국회의원이라는 대리인을 통해서만 국민의 의사가 반영되도록 한 것이다. 그래서 대리인들이 국민을 속이고 사익을 위해 의사결정을 하면 막을 길이 없다. 국가운영의 지배구조가 아주 허술하게 설계된 것이다. 재벌 대기업과 기득권층 위주의 입법을 해오는 바람에 양극화가 심화됐다. 의회가 제 역할을 못 하고 탈선하기 때문이다. 이것은 의회민주주의 국가들의 공통된 특징이다.

그러나 의회민주정의 탈선을 막은 스위스를 생각해보자. 스위스는 26개의 주(칸톤)로 이루어진 연방국가인데 부분적으로 실시되던 직접민주제도가 연방 차원으로 확대된 것은 1874년이었다. 그 후에도 몇 차례 헌법개정을 통해 오늘날과 같은 완벽한 직접민주제도가 확립됐다. 즉 의회민주정의 단점을 보완하는 직접민주정이 실행된 것이다. 국민발안Volksinitiative 제도가 실행되어 연방의회의 입법안이 국민의 뜻에 부합하지 않으면 무산될 수도 있으며 헌법까지도 국민발안 절차를 거쳐 개정될 수 있다. 의회민주주의 단점을 완벽하게 보완함으로써 의회민주정과 직접민주정이 서로 견제와 균형을 이루고 있다.

내가 아는 한 유럽에서 가장 아름답고 가장 안전하며 가장 풍요로운 나라가 스위스다. 각종 통계가 증명하고 있다. 1986년 내가 처음 스위스를 경험한 이후 몇 번인지 모를 정도의 여행 체험으로도 그렇다. 이렇게 스위스 수준으로 의회의 탈선을 견제할 수 없으면 국민은 속절없이 당하고 만다. 우리가 부익부 빈익빈의 양극화 사태를 치유하는 길은 의회의 탈선을 막는 국민발안과 같은 직접민주주의제도를 도입하는 것이다.

라캉의 상징계라는 이데올로기

자, 이제 우리의 논의로 돌아와서 무엇이 이데올로기화됐다는 말인가? 어떤 목적에 의해 조직이 만들어지면 자연스럽게 위계를 나타내는 계급이 생긴다. 그리고 이 위계질서를 유지하기 위한 각종 규정으로 내부 시스템을 만든다. 결국은 이 위계질서를 유지하는 의사결정, 의사소통, 근무평가, 급여보상, 문서관리 등의 각종 시스템이 작동함으로써 조직은 거의 자동으로 움직인다. 시간이 갈수록 조직의 목적은 사라지고 위계질서와 각종 시스템을 작동시키기 위해 조직이 굴러간다. 조직이 조직 내부의 시스템에 의해 이데올로기화됐기 때문이다. 이 이데올로기가 라캉이 말했던 상징계다.

그럼 이런 이데올로기는 누가 만들었는가? 우리가 태어나기 전에 우리의 조상 선배들이 만들었다. 우리가 만든 것이 아니다. 그러므로 현대를 살아가는 사람들은 이 이데올로기화된 시스템, 즉 상징체계가 과연 우리의 요구에 부합하는지, 나아가 우리가 추구하는 가치를 실현할 수 있는 환경조건인지를 검토해야 한다. 그러기 위해 우리는 끊임없이 역사의식과 시대정신으로 깨어 있어야 한다. 우리의 지평을 활짝 넓혀야 한다는 말이다.

역사상 특정한 이데올로기가 인간을 지배할 때 벌어진 일들을 보자. 중세의 기독교라는 종교적 이데올로기는 성직자를 위한 교회를 만들어 인간을 통제했다. 하나의 신앙, 하나의 명령, 하나의 해석만이 존재하는 시대였다. 시장 메커니즘을 작동시키는 자본주의체제는 자본을 위해 존재하는 인간을 만들었다. 자본가를 위한 이익이 인간의 존엄성보다 우선하고 급기야 인간도 인적자본human capital 또는 인적자원human resource으로 이해된다. 아무리 심각한 반사회적 범죄를 저지른 자들이라도 그들이 소유한 자본 규모에 따라 재판 결과가 달라지는 것은 이미 알려져 있다. 유전무죄 무전유죄라는 말은 우리의 현실이 됐다.

한국 사회의 자본주의가 이데올로기화되어 우리의 일상을 매우 기형적으로 만들었다. 자본주의가 다른 가치체계인 자유주의, 민주주의, 법치주의, 공동체주의에 의해 견제받지 않고 있기 때문이다. 이렇게 목적과 수단을 뒤집어버린 이데올로기는 현실의 강력한 상징체계를 만들어낸다. 그것은 인간에게 내재된 영혼의 능력을 잃게 하고 인간의 존엄성을 훼손한다. 우리가 자본주의 이데올로기에 포획됐기 때문이다.

이러한 상징체계에 순치된 사람들이 고위공직자가 되면 그 이데올로기가 지시하는 신호에 최적화된 로봇처럼 움직이는 인간으로 변한다. 그들은 승진도 빠르고 유능한 인재로 여겨진다. 하지만 그들은 공동체를 위한 창조적인 혁신은커녕 최소한의 사회적 성취도 이루어내기 어렵다. 이 시대의 인사실패는 당연하다.

피라미드형 계급구조에는 치명적인 결함이 있다

우리는 피라미드형 계급구조가 주는 해악과 폐해를 제대로 이해하지 못하고 있다. 왜 그런가? 계급질서가 이데올로기화됐기 때문이다. 이 심각성을 잠시 짚어보고 넘어가야 한다. 약 3,500년 전 모세가 기록했다는 『구약성서』의 「출애굽기」 18장 21~22절의 이야기는 피라미드형 조직설계가 매우 오래전 인간의 역사 속에 뿌리내렸음을 보여준다.

"재덕이 겸전한 자를 뽑아 백성 위에 세워 천부장과 백부장과 오십부장과 십부장을 삼아 그들로 때를 따라 백성을 재판하게 하라."

이집트에서 이스라엘 사람 60만 명을 구출해 시나이반도에 도착한 모세는 혼자 백성의 문제를 해결해주고 하느님의 법도를 가르치느라 아침부터 저녁까지 과중한 업무에 시달렸다. 이를 안타깝게 여긴 모세의 장인 이드로는 '1,000명을 통솔할 천부장, 100명을 통솔할 백부장, 50명을 통솔할 오십부장, 10명을 통솔할 십부장을 두라.'고 조언했다. 집단을 작은 그룹으로 나누고 작은 그룹은 조금 더 큰 그룹에 편입하는 방식으로 층위를 두어 관리하면 큰 힘을 들이지 않고도 백성을 통제할 수 있다는 아이디어다. 전형적인 피라미드형 조직설계다. 모세는 이드로의 조언을 받아들였다. 제안은 상당한 성과가 있었다. 이스라엘 사회를 피라미드 구조로 조직한 후 확실히 이전보다 효율적으로 집단을 통솔할 수 있었다.

피라미드 구조가 매우 효율적이며 생산적이라는 인류의 믿음은 상당히 견고하다. 3,500년 전, 아니 그보다 훨씬 이전부터 존재했을 피라미드 구조는 현대까지도 건재하다. 그러나 동시에 피라미드 구조가 과연 구성원의 창의성과 생산성을 높이고 경쟁력을 확보할 수 있는지에 대해서 지속적인 의문과 반론이 제기되어온 것도 사실이다. 특히 '서번트 리더십servant leadership'의 개념을 창안한 미국의 경영사상가 로버트 그린리프Robert Greenleaf는 "모세가 치명적인 결함이 있는 이드로의 충고를 받아들임으로써 인류는 조직의 구조설계에서 실패했다. 지배와 통제, 명령과 복종, 억압과 착취가 가능한 형태의 피라미드 구조를 만들었다."고 한탄했을 정도였다.

그린리프는 인류가 오랜 역사를 거쳐 현대에 이르기까지 이드로의 충고를 철칙인 양 받아들이는 건 '피라미드 정점에 있는 1인 중심의 중앙집권적 체제가 질서 유지에 매우 효과적이라고 믿기 때문'으로 분석했다.

조직의 피라미드 구조는 기본적으로 구성원을 서열화하고 계급화한다. 계급조직은 차별을 전제로 하며 경쟁을 유도하는 방식으로 운영된다. 소수의 기득권층이 다수를 지배하고 통제하는 데 있어서 가장 효율적인 체계라 할 수 있다. 그러나 지배와 통제를 위한 차별과 경쟁은 필연적으로 불신과 갈등, 아첨과 배신이라는 치명적 결함이 나타난다. 규모가 크든 작든 조직이 서계차경의 함정에 빠지면 그 집단은 비인간화 현상을 피할 수 없다.

1. 우리 학교에선 전교 20등 안에 드는 아이들은 점심 급식 때 줄을 서지 않고 먼저 배식을 받아요. 다른 아이들은 줄을 늦게 서는 날이면 5분 만에 밥을 먹고 숨 돌릴 틈도 없이 다시 수업을 받아야 해요. 공부 못한다고 밥도 늦게 먹으라는 건 너무한 것 같아요. (울산 지역 학생)

2. 성적 우수자만 사용할 수 있는 자율학습실에 가면 카펫이 깔렸고 정수기도 따로 있어요. 공부 못하는 애들은 자습실 근처로 가면 교실로 돌아가라고 해요. 수행평가에서도 공부 잘하는 애들은 '건들지 말라'는 인식이 있는 것 같은데 박탈감이 드는 게 사실이에요. (경기 수원·용인 지역 학생)

한국 사회의 시험성적 지상주의를 지적한 2015년 기사의 일부다. 이것이 바로 서열화, 차별화에서 일어나는 비인간화 현상이다. 고유한 영혼의 능력과 인간의 존엄성이 무시된 비극적 장면이다. 이런 환경에서 자라난 아이들은 계급주의적 세계관을 내면화하게 된다. 이렇게 계급화된 구조에서 노동하는 인간은 자신이 맡은 직무의 본질에 몰입할 수 없다. 비인간화된 현실에서 비굴하게라도 살아남는 방법을 익히거나 어떻게든 빠져나갈 방법을 찾는 것이 더 시급하기 때문이다. 이것은 민간부문뿐만 아니라 공공부문에서도 마찬가지다. 사법농단이나 검찰농단을 강요하는 권력자 앞에서 살아남기 위해 옳고 그름을 내팽개친 판·검사들이 바로 이런 사람들이다.

노동 현장에서 인간으로서의 존재 의미와 가치를 찾지 못할 때 생산성과 창의성이 낮아지는 건 자연스러운 일이다. 이때 피라미드형 조직은 본연의 작동원리에 충실하게 대응한다. 더 높은 생산목표 수치를 들이대며 윽박지르는 것이다. 실제로 현장에서는 시간 단위로 업무성과를 확인하거나 노동자의 모든 것을 숫자로 기록하며 끊임없이 서열화하는 일들을 어렵지 않게 목격할 수 있다. 성적이 높은 아이에게 먼저 밥 먹을 권리를 주느라 성적이 떨어진 아이들의 점심시간을 빼앗는 것과 같은 방식의 당근(인센티브)과 채찍(페널티)을 통해 차별한다. 이런 비인간적 대우를 받지 않으려면 더 치열하게 경쟁하라고 부추기는 것이다.

하지만 인간은 외부의 명령에 따라 창의성을 발휘하고 생산성을 무한대로 끌어올리는 존재가 아니다. 지시와 통제로 쥐어짜는 생산성은 단기간은 숫자를 끌어올릴 수 있을지 모르나 반드시 한계에 도달한다. 조직이 더 강력하게 통제하고 서열화하고 경쟁을 유도할수록 비인간화 현상이 촉진되고 결국 생산성이 낮아지는 악순환이 반복된다. 이런 상황에서 어떻게 유능한 인재가 육성될 수 있겠는가? 이렇게 육성된 사람들을 대상으로 역량을 진단해도 별로 진단할 것이 없다.

위계적 사고는 효율적이지만 위계구조는 위험하다

우리 사회에서 위계구조에 대한 반감은 이미 상당한 수준에 도달해 있다. 피라미드 구조가 조직의 생산성과 경쟁력을 떨어뜨린다는 데는 공감하는 분위기다. 특히 기업조직은 수평적 문화를 강조하며 혁신을 부르짖고 있다. 일례로 '직급 파괴'는 수평적 조직문화로 혁신을 추진할 때 자주 등장하는 단골 과제다. 직급이 수직적 위계질서의 상징이므로 이를 없애자는 얘기다. 대신 이름에 '~님'을 붙이거나 영어 이름과 예명을 부르기도 한다. 하지만 효과는 없다. 직급을 부르지 않는다고 서계차경이 확연한 조직에서 수평적 조직문화가 형성되지는 않는다. 조직문화란 구조와 시스템에 영향을 받기 때문이다.

위계구조의 역사는 매우 길다. 문명화된 사회에서 위계구조가 아닌 조직은 없다. 심지어 천상의 세계에 있는 천사들 사이에도 위계질서가 있다. 스타트업 문화의 특징 중 하나는 위계질서를 거의 볼 수 없다는 것이다. 그런데 기업 규모가 커지면 정도의 차이가 있을지언정 반드시 위계구조가 살아난다. 피라미드 구조를 만들고 위계질서로 채우는 것은 인간의 본성일까? 과학적인 해답을 찾지는 못했지만 한 가지 분명한 사실이 있다. 인간이 복잡한 세상을 효과적으로 이해하는 데는 위계적 사고가 필요하다는 점이다.

스타트업의 초기 상황을 보자. 소수의 구성원으로 이루어진 조직은 단순하고 이해가 쉽다. 그런데 조직이 성장하면 상황이 달라진다. 구성원이 폭발적으로 증가하고 구조는 점점 복잡해진다. 이런 복잡성을 통제하는 방법은 단순화하는 것이다. 예를 들어 자동차 1대를 완성하는 데 대략 3만여 개의 부품이 필요하다고 한다. 이 부품들을 쭉 늘어놓고 자동차를 조립해야 한다고 하자. 무엇부터 조립을 시작해야 할지 눈앞이 캄캄할 수밖에 없다. 이때 3만여 개 부품들에 번호를 매기고 작은 부품들은 미리 조립한 다음에 크기가 작은 조립품들을 묶어서 더 큰 조립품을 만드는 방식으로 3만여 개 부품을 100여 개 미만의 덩어리로 만들어놓으면 완성된 자동차의 모습을 조금 더 선명하게 이해할 수 있다. 물론 조립에 걸리는 시간도 크게 줄일 수 있다. 이것이 모듈화다. 조직을 모듈화하면 관리 요소가 크게 줄어들고 지배 효율성이 높아지며 통제가 쉽다. 위계적 사고의 핵심은 순서와 단계를 정해 질서를 부여하는 것이다. 피라미드 구조는 복잡성을 최대한 단순화하는 위계적 사고의 산물이다.

순서를 매기고 층위를 나누는 위계구조는 사람들의 심리적 욕구를 충족시켜주는 효과도 있다. 조직에서 승진은 성과를 유도하는 상당히 유용한 수단이다. 부장이 되고 임원이 되고 사장이 되는 '계급의 사다리'는 그 자체로 성취 욕구를 자극한다. 많은 기업이 조직혁신을 추진하는 과정에서 결재단계를 줄이지만 얼마 안 가서 다시 늘어나는 현상을 반복한다. 어떻게든 위계구조를 만들고자 하는 구성원들의 심리가 강하게 작용하기 때문이다.

계급의 사다리를 오르려면 상대평가와 급여 차등화 등의 차별적 체제를 수용해야 한다. 이 과정에서 발생하는 병폐와 불합리에도 불구하고 위계적 사고에 익숙한 사람들은 이 같은 방식이 제한된 자원을 분배하는 합리적 방법으로 인식하는 경향이 있다. 즉 서열화방식의 평가를 통해 서열을 결정하는 것이 공정하다고 믿는다. 평가를 통한 자원의 분배는 사회적으로 합의된 사항이기 때문에 평가방식의 불공정함이나 평가 없는 새치기 등에 분노한다. 하지만 위계질서를 유지하는 데 더 유용한 평가관행에 대해서는 '대안이 없다.'라거나 '현실이 그렇다.'라는 태도를 보인다.

위계적 사고와 위계구조는 '효율성'이라는 분명한 장점을 발휘한다. 그러나 문제는 조직의 규모가 크든 작든 위계구조가 형성되는 순간 조직의 폭력성이 드러난다는 점이다. 가장 작은 규모의 사회조직인 가정도 구성원 중 한 명이 위계의 정점에 군림하는 순간 육체적이든 정신적이든 폭력이 발생하는 것을 어렵지 않게 볼 수 있지 않은가. 직장 내 괴롭힘 역시 위계구조와 질서가 공고한 조직에서 더욱 뚜렷하게 나타난다.

피라미드형 조직의 정점에 오른 사람은 대부분 자신의 능력을 과신한다. 실제 그만한 능력이 있든 없든 상관없다. 인간은 계급이 높다는 것만으로도 낮은 계급의 타인보다 더 나은 능력이 있다고 착각한다. 초등학교 반장만 되어도 우쭐하고 아파트 주민회장이라도 되면 마치 신분제 시대의 왕이라도 된 듯 아파트 관리직원들에게 갑질을 해댄다. 이런 쓸데없고 한심한 착각은 피라미드형 조직에서 흔히 일어나는 병폐다.

능력을 과신하는 사람은 의사결정 과정에서 조언과 비판을 잘 받아들이지 못한다. 계급구조에서 상관에 대한 솔직한 피드백은 쥐가 고양이 목에 방울을 다는 일만큼이나 어렵다. 피라미드형 조직에서 커뮤니케이션이 왜곡되는 현상은 사실 꽤 자연스럽다. 집중된 권력 주변엔 가신 그룹kitchen cabinet이 형성된다. 비공식 경로로 의사결정에 관여하는 추종자들은 주로 권력자의 입맛에 맞는 정보를 제공하며 권력자 주변에 장막을 친다. 최종 의사결정권자의 올바른 판단력은 점점 더 기대하기 어려워진다.

조직의 올바른 의사결정은 커뮤니케이션시스템이 건강할 때 가능하다. 모든 구성원이 자유롭게 참여할 수 있는 수평적 의사결정 시스템이라야 한다. 최근 많은 기업이 집단지성의 중요성을 강조하며 시스템을 손보느라 분주하지만 한계가 너무도 분명하다. 조직구조가 수직적 피라미드형인데 의사결정시스템만 수평적일 수는 없기 때문이다.

피라미드형 조직은 권력자에 의해 조직의 운명이 결정되기 때문에 누가 정점에 앉느냐가 매우 중요해진다. 만약 고결한 성품과 탁월한 능력이 있는 자가 권력을 독점한다면 위에 열거한 많은 부정적 영향이 현저히 낮아질 것이다. 하지만 인류는 오랜 역사의 교훈을 통해 독점된 권력의 부작용을 경험했다. 인간은 제한적 합리성을 발휘하는 존재라는 사실은 분명하다. 그러므로 조직의 운명을 단 한 명의 성품에 맡기는 건 도박이나 다름없다. 조직의 결정은 예측가능성이 매우 중요하다. 사람이 바뀔 때마다 계획이 바뀌거나 미래를 좌우할 의사결정이 즉흥적으로 이루어지는 문제를 통제할 수 있어야 한다.

이런 위계구조에서 생활하는 사람들에게는 타고난 창의성, 미래지향성, 성취지향성, 정직성실성 등의 역량요소들을 기대하기 어렵다. 높은 역량요소라는 씨앗을 가지고 태어났더라도 그것을 꽃피울 환경이 뒷받침되지 않았기 때문이다. 훌륭한 인재를 발굴할 수 없고 역량을 진단할 수 있는 기록도 찾아볼 수 없다. 우리가 지금 그런 상황에 부닥쳐 있다.

피라미드형이 아니라 네트워크형 사회를 만들어야 한다

그렇다면 피라미드 구조가 태생적으로 안고 있는 치명적 결함과 한계를 수평적 구조는 해결할 수 있는가? 먼저 서로 다른 두 개의 조직도를 비교해보자. 사실 내가 인사조직이론을 내 전공분야로 선택하게 된 것은 다음 그림에서 보는 한국은행과 독일연방은행의 조직도 때문이었다.

전두환 군사독재 정권의 말기로 접어든 1986년 당시 출퇴근하던 소공동 길거리에 최루탄 가스의 여운이 남아 있고 깨진 보도블록이 밟히곤 했다. 해외연수가 쉽지 않았던 시절이다. 한국은행의 배려로 당시 독일연방은행에 연수를 갔다. 그 후 독일 대학에서 공부하게 된 것도 이 연수 기간에 많은 것을 배웠기 때문이다. 독일에서 내가 품었던 문제의식을 해결해야겠다고 생각했다.

프랑크푸르트에 있는 독일연방은행에 도착해서 연수 담당 직원의 안내와 설명을 들었다. 조직도와 함께 직원의 설명을 들으면서 바로 '이거다!'라는 느낌을 받았다. 한국은행의 일하는 방식이 매우 불합리하다고 생각하고 있던 터였다. 나는 모든 일을 내 고유한 권한과 책임으로 하지 못했다. 내 윗사람을 위해 대신해서 일하고 있었다. 내 윗사람은 다시 그보다 윗사람을 위해 일하고, 그보다 윗사람은 다시 자신의 윗사람을 위해 일하고 있었다. 나는 이것이 매우 비효율적인 업무수행방식이라고 생각하고 있었다. 이런 결재 방식이 도대체 어디서 유래된 것인지를 조사했고 일본식 품의제도에 기반한 것임을 알았다. 일제강점기의 유산이었다. 이걸 어떻게 고쳐야 할지 대안을 생각하지 못하고 있던 차에 독일연방은행의

한국은행 조직구조(피라미드형 명령과 통제)

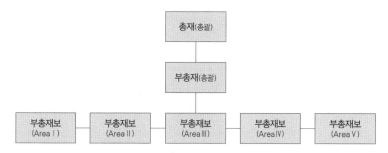

독일연방은행 조직구조(네트워크형 연대와 보충)

조직구조를 어떻게 설계할 것인가는 조직설계이론에서 가장 뜨거운 이슈다. 우리는 이제 마땅히 제국주의적 피라미드형 구조에서 현대식 네트워크형 구조로 설계해야 한다.

조직도와 그들의 일하는 모습을 살펴보게 됐고 "유레카!"를 외치지 않을 수 없었다.

한국과 독일의 중앙은행 조직도는 시각적으로 뚜렷한 차이를 보인다. 먼저 한국은행 조직도를 보자. 가장 눈에 띄는 건 정점에 있는 총재다. 아래로 부총재가 있고 그 아래 부총재보들이 있다. 한국은행법에는 부총재보는 부총재와 총재를 보좌하게 되어 있고 부총재는 총재를 보좌하도록 규정되어 있다. 임원들 사이에 위계질서가 분명한 전형적인 피라미드 구조다. 이 구조에는 언제나 피라미드 정점에 최종 의사결정권자가 존재한다. 여기에 절대적인 권력이 집중된다.

독일연방은행의 조직도를 보자. 한국은행 조직도와 시각적으로 확인할 수 있는 가장 큰 차이는 총재의 위치다. 총재 옆으로 독립된 위치가 분명해 보이는 부총재와 이사들이 있다. 총재와 부총재도 이사로서의 고유한 업무를 맡고 있다. 총재 또는 부총재라는 부가적인 역할이 주어졌을 뿐이고 계급구조를 나타내지 않는다. 이 조직도만으로는 최종 의사결정권자가 누구인지 확인이 어렵다. 정점이 존재하지 않기 때문이다.

실제로 독일연방은행 총재는 대내적으로 최종 의사결정권자가 아니다. 다시 말하면, 총재는 이사 중 한 명으로서 독립된 고유 업무를 수행하며 동시에 총재로서 최종 의사결정을 위한 이사회의 협의와 합의를 이루어낼 의무와 권한이 있을 뿐이다. 이런 형태를 네트워크형 수평구조라고 한다. 수평구조는 고유한 권한을 가진 독립적이고 자율적인 구성원들의 직무수행 관계로 구성되어 있다.

조직중심형 사회 대 인간중심형 사회

조직중심형 피라미드 구조는 한눈에 봐도 조직이 일사불란한 모습이다. 이 조직의 구조에 물을 채운다고 가정해보자. 상부에서 물을 흘려보내면 하부의 컵에 차례로 물이 차는 시스템이다. 전체에 물을 채우기 위해 각 컵에 일일이 물을 채울 필요가 없다. 정점의 컵 하나만 공략하면 전체를 공략할 수 있다. 지배와 통제가 매우 편리한 조직체계다. 피라미드 구조는 조직중심형 사고로 설계된 체계다. 제국들이 식민지를 지배하기 위한 구조였다.

반면 인간중심형 네트워크 구조는 정점에 있는 1인이 보이지 않는다. 직무의 크기(권한과 책임)가 다른 구성원들이 연결된 그물망 구조다. 이 구성원들이 컵이라고 상상하고 역시 물을 채워보자. 이 때 독립된 컵들에 일일이 물을 채우지 않으면 전체 시스템에 물을

조직중심형 피라미드 구조　　　　　**인간중심형 네트워크 구조**

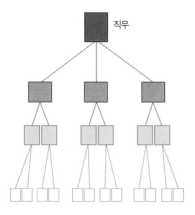
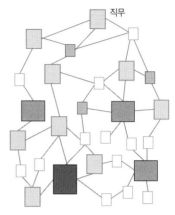

우리는 이제 5장에서 설명하는 분권화, 자율성, 네트워크의 3대 원칙에 따라 인간중심형 네트워크 구조로 설계해야 한다.

채울 수 없다. 기본적으로 지배와 통제의 방식이 통하지 않는 조직체계다. 네트워크 조직은 독립된 개인들이 서로 협조하지 않으면 전체로서 완전해질 수 없다. 그래서 직무의 크기나 위치보다 모든 직무와 직무담당자는 그 자체로 의미가 있고 존중되는 문화가 형성된다. 네트워크 조직이란 직무담당자인 인간을 중심으로 하는 철학에 바탕을 둔 조직설계다. 제2차 세계대전으로 제국주의 시대를 마감한 후 연대solidarity와 보충subsidiarity의 원칙은 현대적인 조직설계의 기본이 됐다.

　물론 네트워크 구조의 게르만 모형에도 경쟁은 있다. 또 성향에 따라 유독 경쟁적이고 성취지향적인 구성원도 존재한다. 그러나 개인의 경쟁적이고 성취지향적인 태도가 능력으로 평가되거나 당연한 것으로 인식되지 않는다. 국가 차원에서 사회구조를 수평적 시스템으로 조직하고 운영해온 덕분이다. 어느 사회에서나 인간은 독불장군으로 성공하기 어렵다. 사회적 성취는 기본적으로 다른 사람들의 도움이 필요하다. 특히 네트워크 구조는 독립된 개인들의 자발적 협력이 주요 동력이다. 지시와 명령이 아니라 협의를 통해 공동의 목표를 달성하는 시스템이다. 그러다 보니 사람들은 경쟁보다 협력을 더 중요한 가치로 여긴다.

그렇다면 한국은 어떤가. 현재 우리 사회의 구조를 가장 명확하게 설명하는 단어가 있다면 '금수저와 흙수저'다. 계층 이동이 매우 어려운 심각한 지경의 피라미드형 계급사회가 지금의 우리나라다. 무한경쟁에서 살아남지 않으면 아래 계급으로 굴러떨어질지 모른다는 불안과 공포가 협력의 가치를 밀어낸 지 오래다.

우리 사회의 계급구조는 과거 일제강점기의 피라미드형 조직설계와 미국의 경쟁적 성과주의가 결합한 산물이다. 1997년 외환 위기는 이 피라미드 구조를 더욱 강화하는 결정적 계기였다. 국제통화기금IMF의 지원을 받는 대가로 외환과 자본시장의 완전한 개방을 선택한 후, 특히 노동시장의 유연화라는 이름과 함께 비정규직이 급증했고 정규직과의 차별이 강화됐다. 알바라는 이름의 새로운 일용직 노동계급이 탄생했다.

통상 어느 사회든 1인당 국민소득 2만 달러를 기점으로 계급화가 심화된다. 소득의 차이가 교육의 불평등으로 연결되는 기점이 바로 소득 2만 달러의 사회다. 능력이 세습되는 '능력주의meritocracy'는 다시 피라미드 구조를 더 견고하게 지탱하는 이데올로기가 된다. 능력주의는 원래 세습주의를 반대하는 개념이었다. 그러나 역설적으로 능력은 교육제도를 통해 육성되고 검증된다. 계급화된 사회에서 제도는 기득권 계급의 이익을 지키는 데 활용된다. 교육을 포함한 모든 제도가 세습주의적 능력주의에 정당성을 부여하는 건 피라미드형 계급사회와 조직에서 공통으로 나타나는 현상이다.

규제하는 당국이 규제당하는 산업에 포획되어, 규제당해야 하는 산업이 자신들의 이익을 위해 규제 당국을 오히려 좌지우지하는 '규제 포획regulatory capture' 현상도 마찬가지다. 피라미드 구조가 견고해질수록 피라미드 상층부를 차지한 직업군(혹은 산업)은 국가의 감독 당국을 활용할 정도로 충분한 영향력을 갖게 되고 기존 제도를 통해 기득권층으로 새로 진입하려는 사람과 기업과 산업을 통제한다. 구성원을 계급별로 차별하는 사회는 상호운용성interoperability이 크게 떨어지고 사회적 창의성, 생산성, 경쟁력 저하로 이어진다. 이것이 오늘날 우리 사회가 겪는 심각한 문제다.

반면 강력한 신자유주의적 경쟁 패러다임에도 불구하고 수평구조의 사회 시스템이 무너지지 않도록 노력해온 독일어권 국가들과 북유럽 국가들은 각자도생의 사회가 아니다. 입시경쟁, 입사경쟁, 승진경쟁을 통해 피라미드 위층으로 올라갈 유인이 우리처럼 그렇게 강력하지 않다. 각자의 역량수준에 맞게 일할 수 있도록 설계된 사회구조 덕분이다.

수직적 위계구조의 장점을 강조하는 관점에서는 이런 사회시스템을 비판한다. 가령 교육기관과 제도의 수평화는 하향 평준화라는 주장이 대표적이다. 경쟁하지 않으면 경쟁력이 떨어진다는 논리다. 과연 그럴까? 독일, 스위스, 오스트리아 등 게르만 모형의 국가들과 북유럽 국가들은 어느 대학을 졸업하든 졸업장의 가치를 똑같이 인정한다. 대학을 평준화했기에 가능한 일이다. 그렇다고 이들 국가의 대학교육이 하향 평준화됐다고 말하는 사람은 없다.

이들 국가에서는 누구든 공부할 의지가 있다면 기회를 제공하겠다는 사회적 합의가 있고 대학교육을 받는 데 돈이 들지 않도록 제도를 만들었다. 기회의 문턱을 최대한 낮추는 대신 대학은 인정할 만한 수준의 실력을 갖춘 자에게만 졸업장을 수여한다.

어떻게 세습주의와 능력주의의 결합을 최소화할 수 있는가에 대한 답이 바로 여기에 있다. 최근 우리 사회를 뜨겁게 달구고 있는 이슈는 공정이다. 세습되는 능력주의와 서계차경의 폐해는 사회가 피라미드형 수직구조로 설계되어 있기 때문에 발생한다. 세습이 가능한 능력주의라는 이데올로기가 우리의 계급주의적인 정신세계를 사로잡은 것이다.

개천에서 용이 날 수 있는 기회를 확충하려면 네트워크형 수평구조로 설계해야만 한다. 경쟁주의에 세뇌된 상태에서는 수평구조로 설계된 사회를 상상하기 쉽지 않다. 그러나 우리가 사는 지구상에 이런 구조와 시스템으로 운영되는 사회가 분명히 존재한다. 인간의 존엄성에 대한 이해를 바탕으로 조직을 설계한다면 우리에게도 충분히 실현 가능한 미래임을 보여주는 좋은 선례다.

미래의 우리 사회가 필요로 하는 탁월한 인재는 네트워크형 수평구조로 설계됐을 때만 육성할 수 있다. 서계차경의 함정에서 빠져나올 능력을 길러줄 수 있기 때문이다. 그래야 제대로 된 인재를 선발할 수 있고 성취예측모형이 온전히 작동할 수 있을 것이다. 아직 갈 길은 멀다. 하지만 지금부터라도 4차 산업혁명에 맞는 인재상을 가진 시민과 공직자들을 육성하려면 성취예측모형의 의미를 잘 이해하는 것이 무엇보다 중요하다.

2

환원주의의 함정에
빠져 있기 때문이다

능력주의가 정말 문제일까? 나는 그렇게 생각하지 않는다. 누군가 능력이 있다면 사회적 성취를 이루었을 것이고 사회적 성취를 이루었다면 능력이 있는 것이다. 진정한 의미에서 능력주의를 실현하지 않기 때문에 문제가 생길 뿐이다. 여기서 말하는 능력은 성취예측모형의 역량요소들로 규정할 수 있는데 중요한 것은 무엇을 사회적 성취로 정의할 것인가 하는 점이다.

우선 능력의 이슈를 생각해보자. 나는 문제의 핵심은 능력이 아니라 능력을 시험성적으로 측정하는 우리 사회의 환원주의라고 생각한다. 환원주의란 한마디로 정의하면 전체를 부분으로 환원해 설명하는 것이다. 이 글을 쓰는 나는 작은 세포들로 구성되어 있다. 나를 이해하기 위해 세포를 떼어내 분석함으로써 나를 이해할 수 있다는 것이 환원주의 세계관이다. 나의 정체성은 결국 세포의 특성으로 환원되는 것이다. 극단적으로 말하면 그렇다.

전체는 부분으로 쪼갤 수 있고 쪼개진 부분의 특성을 연구하면 전체의 운영 원리를 이해할 수 있다는 믿음이 환원주의 이데올로기다. 물론 자연과학에서는 환원주의적 실증실험이 필요하다. 하지만 생물의 세계에서는 어떤 경우에도 전체는 부분의 합과는 전혀 다르다. 그러므로 환원적 실증주의를 기본 연구방법론으로 삼고 있는 자연과학이 아무리 발전해도 인간사에서 벌어지는 현상을 연구하는 사회과학과 인문과학을 포섭하는 날은 영원히 오지 않을 것이다. 그러므로 인간의 능력을 단순히 시험성적으로 환원하여 측정해서는 안 된다. 능력은 반드시 개인적 또는 사회적 성취로 측정하고 평가해야 한다.

그러면 능력으로 이루어야 할 사회적 성취란 무엇인가? 어떤 직무를 맡고 있느냐에 따라 다르다. 여기서는 고위공직에 대해서만 살펴보자. 고위공직자는 국가운영의 비전과 전략을 명확히 설정하고 그 범위 내에서 다른 고위공직자들과 한 팀을 이루어 합의된 비전과 전략을 실행해야 한다. 비전을 향한 전략으로 조직을 하나의 팀이 되도록 만드는 것이 사회적 성취의 출발점이다. 이 출발점이 잘못되면 그 후에 이루어지는 모든 것이 뒤틀리고 만다.

우리는 한 팀이 된다는 것의 의미를 잘 모른다. 역대 정부에서 대통령도 국무총리도 국무위원들을 한 팀으로 만들지 못했으며, 조직운영에서도 환원주의적 태도로 일관했다. 국무위원들이 각개 전투와 각자도생이라는 생존요령으로 버텨왔다는 말이다. 각 구성원에게 일을 맡겨놓고 나 몰라라 하는 방식이다. 조직은 항상 팀으로서 전체를 볼 때 그 성과가 명확해진다. 고위공직자 개인은 팀의 멤버일 뿐이다. 리더십이 없는 팀은 오히려 무정부 상태가 된다. 정부 전체가 한 팀이 되어야 한다. 한 팀을 만들지 못하면 리더십이 없는 것이다. 한 팀이 되었을 때 팀의 비전과 전략이 강력하게 실행된다. 이것은 가정도 기업도 국가도 마찬가지다.

나는 독재정부든 민주정부든 국가운영의 비전과 전략을 분명하게 드러내고 실행하는 것을 본 적이 없다. 아니, 애초부터 그런 게 있었는지 없었는지조차 모르겠다. 말만 있을 뿐 그 실체를 모르겠다. 그러니 시민들은 정부가 도대체 뭘 하려는지 모를 때가 많다. 특히 문재인 정부에서는 법무부의 외청에 불과한 검찰청의 하극상이 벌어졌다. 이 사태를 그저 법무장관 한 사람에게 내맡겨두고 다들 강 건너 불구경하듯이 했다. 이런 모습은 정당도 마찬가지다. 한 팀으로 움직이지 않는다. 수시로 공약을 바꾸니 뭘 하겠다는 것인지 알 수 없다. 공직을 움직이는 합리적 관행도 없고 리더십을 발휘하는 규범도 없는 것 같다. 장관들이 왜 그 자리에 있는지도 모르겠다. 다들 공익에 대해 말하면서 사익을 취하기 위해 노력하는 것으로 보인다. 겉으로는 예의 바르지만 뒤로는 상대방을 헐뜯는 경우도 자주 본다.

정부 내각 자체가 팀스피릿team spirit 없이 모래알처럼 운영되고 있으니 각 부처의 운영은 어떻겠는가? 인사조직에 관한 한 어떤 합리적 관행이나 규범도 없이 그저 주먹구구식이다. 2000년대 초반 나는 중앙부처를 여러 번 자문했는데 대단히 비인간적이고 비합리적인 방식으로 인사가 이루어졌다. 인사이동과 승진의 모든 권한을 쥔 사람들과 그들을 떠받드는 핵심 인맥으로 얽힌 패거리가 다른 직원들을 차별하고 억압하고 하인처럼 부려먹었다. 이너서클inner circle에 속하지 못한 직원들은 그저 소모품처럼 취급됐다. 그런 세계에서 오래 근무하다 보면 세상이 다 그런 줄 알게 되고 다른 길이 없어서 그냥 적응하면서 근근이 살아가게 된다. 영혼이 점차 피폐해져 좀비처럼 살다가 은퇴해서야 겨우 생기를 되찾는다. 이것은 총체적으로 인사조직의 문제이며 정치인들의 리더십에 관한 문제다.

고위공직자들이 리더십을 발휘할 줄 모르는데 어떻게 사회적 성취를 이룩할 수 있겠는가. 리더십이란 저항세력의 반대를 극복하고 결과를 만들어내는 것이다. 리더십을 위한 기본원칙과 계명은 6장에서 간략하게 다룬다.

능력주의 체제는 엘리트 집단 체제일 뿐이다

능력에 따라 적재적소에 배치하는 능력주의 인사시스템에서 능력은 무엇인가? 1장에서 설명한 것처럼 능력은 광의로 어떤 일을 해낼 힘을 말한다. 걸을 수 있는 힘, 수학문제를 풀 수 있는 지식, 쇼팽Fryderyk Franciszek Chopin의 「녹턴」을 칠 수 있는 스킬, 원활한 대인관계를 유지할 수 있는 태도 등을 포괄하는 용어다. 이 능력을 시험성적으로 환원하면 어떻게 될까? 전체, 즉 능력을 여러 개의 다양한 부분으로 쪼개어 그중 일부인 시험성적이 곧 전체라고 주장하는 것과 같다.

어처구니없는 일이다. 인간의 능력은 거의 무한으로 쪼갤 수 있고 분류하기조차 어렵다. 2장에서 영재성을 설명했다. 영재성에는 다양한 영재성이 있기 때문에 단순한 지적 능력만으로 이해해서는 안 된다고 설명했다. 그러나 우리는 지금 단순히 시험성적을 높이는 능력, 그것도 정답을 맞히는 능력만 요구하고 그것을 측정해서 능력의 여부를 가리고 있다. 매우 불합리한 제도다.

다시 한번 간단히 살펴보자. 얼핏 눈에 띄는 것만 봐도 그렇다. 박세리나 손흥민과 같은 심체적psychomotor 능력도 있고, 조성진이나 백남준 같은 예술적sensual 능력도 있고, 해리포터 시리즈의 작가 롤링 같은 상상적imaginary 능력도 있고, 파인만 같은 지적intellectual 능력도 있고, 테레사 수녀와 같은 감정적emotional 능력도 있다. 어디 이것뿐이겠는가? 수많은 종류의 능력을 단지 학교의 시험성적만으로 환원해서 측정하고 그것으로 평생을 좌우하는 현재의 제도적 장치는 근본적으로 잘못된 것이다. 인간사의 이슈를 자연과학에서 활용하는 실증적 환원주의 방식으로 해결하려고 했기 때문이다.

이것만이 문제가 아니다. 더 큰 문제는 이렇게 시험성적으로 측정된 능력이 세습된다는 점이다. 이제는 개천에서 용 나는 현상이 사라졌기 때문이다. 이 때문에 많은 사람이 능력주의의 폐해에 대해 여러 말들을 하고 있다.

사실 능력주의는 그렇게 나쁜 것이 아니다. 애초에는 아주 좋은 의도로 생겨났다. 능력주의는 세습주의nepotism라는 중세적 관행의 폐습을 없애기 위한 대안이었다. 신분과 지위의 세습주의가 점차 사라지게 된 것은 18세기 중엽에 일어난 1차 산업혁명이 계기가 됐다. 공장을 움직이기 위해서는 적정한 공교육을 통해 산업노동력을 배출해야 했기 때문이다. 영국은 1870년 최초로 교육법을 제정하고 초등학교 공교육을 시작했다. 공무원 채용을 위한 시험제도가 도입됐고 시험성적으로 승진 여부를 결정했다.

이런 사회현상을 관찰한 영국의 사회학자 마이클 영Michael Young이 1958년에 처음 출간한 풍자소설『능력주의: 2034년, 평등하고 공정하고 정의로운 엘리트 계급의 세습 이야기』에서 능력주의meritocracy라는 용어를 사용했고 이후 널리 알려졌다. 1870년부터 2034년까지의 현실과 상상을 조합한 소설인데 출간되자 당시 7개국 언어로 번역됐고 수십만 부가 팔렸다.

영은 능력merit을 지능지수와 노력으로 정의했다. 지능지수가 높은 사람의 노력하는 정도가 곧 능력이다. 따라서 능력은 쉽게 측정될 수 있다고 본 것이다. 당시에 유행하던 지능지수 테스트가 능력의 중요한 요소였다. 곧바로 시험성적이 능력을 대체했다. 대부분의 나라에서 이런 제도를 채택했고 우리나라도 역시 그랬다. 교육기관이 제공하는 시험성적이 곧 능력의 보증수표가 된 것이다.

잘 알다시피 능력주의 체제는 많은 장점이 있다. 귀족이 세습으로 권력을 독점하는 행태를 타파하고 검증된 소수의 능력자가 국가를 운영한다는 점에서 국가운영의 공정성과 투명성을 높일 수 있다는 것은 큰 장점이었다. 더구나 능력주의 체제는 공직에 나아가는 수단이었던 연줄이나 뇌물 등과 같은 정실주의를 사라지게 했다. 물론 이런 정실주의와 뇌물 관행은 아직 남아 있다. 하지만 권한과 책임이 큰 지위로 나아가는 데 정실주의가 조금이라도 영향을 끼치면 안 된다는 믿음은 확고해졌다. 우리는 사회에서 출세하는 데는 개인의 능력이 유일한 잣대여야 한다고 믿는다. 능력주의가 산업사회의 특징이 된 것만은 확실하다.

우리는 핏줄과 뇌물로 권력을 차지한 사람들이 운영하는 일부

후진국을 비웃는다. 우리나라는 그런 국가체제에서 벗어났다고 생각하기 때문이다. 이제는 민주주의 방식으로 선출된 능력 있는 소수의 엘리트가 지배하는 사회가 당연하다고 생각한다. 기득권 세력은 언제나 시험성적으로 엘리트 집단에 진입하는 능력주의 체제에 "만세! 만만세!"를 외친다. 그러나 마이클 영은 능력주의 체제가 펼치는 암울한 미래를 풍자적으로 예감했다.

이제 우리는 질문해야 한다. 능력주의 체제는 우리가 기대했던 자유, 평등, 연대, 공정, 정의와 같은 인류가 추구하는 보편적 가치를 실현해왔는가? 능력주의에 기대했던 개인적 수월성과 사회적 책임성이 강조되는 방향으로 발전했는가? 대답은 오히려 반대 방향으로 퇴보했다는 것이다. 왜 그런가? 능력주의 체제는 엘리트 집단에 의해 사회를 망치기 때문이다.

우리는 이미 경험했다. 판·검사 집단, 고위공직자 집단, 국회의원 집단, 교수 집단, 언론인 집단, 재벌 가문 등과 같은 소위 지식 상류층을 형성하는 엘리트 집단이 창조적 소수로서 혁신을 일으켜 국가경쟁력을 높이는 데 일조하지 못하고 있기 때문이다. 오히려 국민이 기대했던 사회적 책임을 버려둔 채 오직 자신들의 기득권을 유지하고 확장하는 일에만 열심이었다. 능력을 측정하는 시험 제도를 통해 사회정의와 공정성을 확보하려고 노력하면 할수록 시민사회는 점점 기득권층으로 진입하기 어려워지고 오히려 더욱 불공정한 계급사회가 됐다.

마이클 영이 예견했던 대로 우리나라는 '헬조선'이라는 디스토피아dystopia가 됐다. 코로나19 대유행이라는 엄중한 상황에서 의사 집단까지 국민을 인질로 잡고 진료를 거부했다. 나는 개인적으로 큰 충격을 받았다. 2000년 의약분업 때의 파업은 그나마 명분이라도 있었지만 2020년에는 전염병으로 국가적 의료붕괴의 위험에 몰려 있었던 때다. 의사들은 의과대학과 의사 정원을 늘리겠다는 정부의 방침에 반기를 들고 환자들을 볼모로 파업을 강행했다. 그들의 몰지각한 행태는 우리 사회가 엘리트 집단에 너무나 많은 특혜와 특권을 부여했기 때문에 생긴 현상이다. 그들은 그 특혜와 특권을 놓을 수가 없었던 것이다.

그들은 국회의원 집단과도 또 다르다. 의회는 4년마다 심판을 받지만 의사 집단은 마르고 닳도록 특혜와 특권을 누린다. 같은 의료인이라도 의사와 간호사의 계급적 차별은 넘사벽이다. 그들은 합법적인 억압과 착취 관계에 놓여 있다. 교수와 시간강사도 마찬가지다. 같은 일을 하면서도 정규직과 비정규직의 계급적 차별 또한 엄청나다. 일단 엘리트 집단으로 들어가면 자신들이 누리던 특권과 특혜에 조그마한 스크래치도 용납하지 않는다. 그들에겐 조금의 사회적 책임감도 없다. 의사들이 저지르는 불미스러운 사건, 사고는 이루 헤아릴 수 없이 많다. 판·검사 집단보다 더하면 더했지 덜하지 않다. 의대생들의 집단 진료거부 사태를 통해 민낯이 그대로 드러났다.

나는 이미 이런 사회를 서계차경 사회라 명명했다. 언제나 어디서나 모든 것을 상대화하여 서열화하고 계급화하고 차별화하고 경쟁화하기 때문이다. '인간의 존엄성'이 사라진 사회, 승자독식과 약육강식의 사회가 됐다. 시험성적으로 모든 것을 결정하는 능력주의 체제가 만든 사회다.

그뿐인가? 서울과 지방, 도시와 농촌, 재벌과 대기업, 대기업과 중소기업, 중소기업과 영세기업, 1등 시민과 2등 시민, 일류 대학과 나머지 이삼류 대학으로 계급화되어 있다. 이 거대한 계급화 원리는 다시 미세하게 아파트 평수만큼이나 세분화되어 사회 계급으로 자리매김된다. 하위층 시민은 상위층 시민의 하인 노릇을 해야한다. 계급주의적 억압과 착취가 만연한 사회가 된 것이다.

많은 사람이 오히려 능력주의가 민주주의에 해롭다고 말한다. 능력주의를 신랄하게 비판한 책 『능력주의는 허구다』에서 이렇게 말한다.

"시험에서 가장 높은 점수를 받은 사람들은 가장 중요한 직책을 맡고 가장 많은 보상을 받는다. 능력에 따라 엄격한 위계질서가 생겨나고 유지되는 것이다. 이는 처음에는 매우 공평하고 공정한 시스템처럼 느껴지지만 점차 무자비한 제도로 변질된다. 능력에 따라 엘리트로 분류된 사람들은 자신들이 다른 사람들보다 뛰어나다고 생각하면서 능력이 떨어지는 사람들을 노골적으로 경멸한다. 고귀한 지위를 얻은 그들은 완벽하고 완전하게 사회를 통제한다. 반면 시스템의 가장 아랫부분에 위치한 사람들은 저항 한 번 해보지도 못한 채 자신들을 억압하는 사람들에게 항거할 능력 또한 영구적으로 박탈당한다. 이는 마치 '암울한 디스토피아dystopia' 같다."

이 진술은 미국 사회의 현상을 묘사한 것이지만 우리에게도 뼈아픈 진실로 다가온다. 이 진술은 환원주의를 아주 잘 표현하고 있다. 능력이란 곧 학교에서의 시험성적으로 환원된다. 대학에서도 마찬가지다. 대학에서 학생이 좋은 성적을 받기 위해서는 교수가 말한 것을 그대로 적었다가 암기해서 시험답안에 적어야 한다. 실상은 능력주의가 아니라 암기력을 테스트하는 시험성적주의다. 엄밀히 말하면 시험성적주의보다는 학벌주의라고 해야 옳다. 시험성적도 재산에 따라 좌우되기 때문이다. 미국에서도 부모의 재산과 자식들의 SAT 점수 간의 상관관계가 매우 높다. 기득권층이 세습되는 이유는 학벌주의 때문이지 능력주의 때문이 아니다. 이제 능력주의라는 신화에서 벗어날 때가 됐다.

영미식 교육은 철저한 계급주의 사회를 만들었다

나는 엘리트와 기득권층의 세습을 공고히 하는 영미식 교육과 그 제도를 혐오한다. 교사들은 교육을 상품으로 개발해서 학교라는 시장 바닥에서 판다. 학생들은 그 시장에서 형편대로 상품을 골라 구매한다. 그 상품의 가격만큼 유명한 브랜드의 대학에 들어간다. 교수들은 대학에서 자신들이 만든 교육상품을 학생들에게 판다. 비쌀수록 좋은 상품이라고 믿는다. 졸업한 후에는 그 상품가격에 맞는 수입을 보장하는 기업에 취직한다. 그들만의 리그를 형성해 세상을 지배한다. 그것이 바로 월스트리트다. 월스트리트는 정치, 사회, 법조, 문화 등 모든 분야를 자본으로 지배한다. 여기엔 공정이고 뭐고 없다. 돈이 모든 것을 말한다.

돈 → 학벌 → 엘리트(기득권층) → 돈이라는 순환 사이클을 돌려온 지금까지의 결과는 어떤가? 미국은 철저한 계급주의 사회를 만들어냈다. 뒤로 되돌릴 수 없게 된 것이다. 처음부터 미국이라는 나라는 그렇게 시작됐다. 엘리트 집단이 미국을 지배하고 통제해왔다.

  우리도 같은 길을 걸어왔다. 집권정당이 바뀌어도 크게 달라지는 게 없다. 학벌로 고위공직자가 된 엘리트들은 아무런 사회적 성취를 이루어내지 못하고 있다. 그들이 직업적으로 무능한 것은 당연하다. 이렇게 무능한 정치인들이 이제는 내각제 개헌을 꿈꾸고 있다. 서계차경의 함정에 빠진 국가에서 내각제는 최악의 정부운영시스템이다. 일본을 보면 알 수 있다. 수구적 보수당과 덜 수구적 보수당이 합세하면 일본의 자민당처럼 마르고 닳도록 집권해 그 영광을 연년세세 누릴 수 있게 된다. 여당이든 야당이든 기득권을 잡은 정치인들이 서로 합세하면 이렇게 달콤한 꿈이 실현되는데 마다할 리가 있겠는가? 학벌 없는 유능한 젊은이들이 아예 정치계로 나아가지 못할 뿐더러 설사 정치에 입문했더라도 엘리트 정치인들에게 왕따되기 십상이다. 일본의 망국적 파벌정치가 바로 이것 때문에 생겨난 것이다.

  독일이나 스위스, 더 나아가 북유럽과 같은 수준으로 국가운영체계를 개혁해본 경험이 없는 우리에게 내각제 개헌은 망국의 길로 들어서는 것과 같다. 게르만 모형을 전공한 나는 당연히 내각제 개헌론자다. 그러나 국가운영 패러다임이 인간의 존엄성을 존중하고 보호하는 시스템으로 대전환된 후에 내각제를 추진해야 한다. 지금과 같은 상태에서 내각제 개헌은 용납되어서는 안 된다.

  거듭 말하거니와, 교육은 상품이 아니다. 학교가 교육을 독점해야 할 이유도 없다. 학교는 시험성적을 매기기 위해 존재하는 기관은 더더욱 아니다. 학교의 역할은 이미 20세기 중반부터 완전히 바꿔었다. 학교는 학생들에게 이성의 기능을 맘껏 발휘할 수 있도록 생각하는 힘, 즉 합리적 사고, 비판적 사고, 추론적 사고 등을 기르기 위해 존재하는 공적기관으로 바뀌었다.

이에 따라 학교는 가르치는 방법을 근본적으로 바꿔야 한다. 그런데 능력주의라는 미명하에 학교가 아직도 시험성적을 올려주는 기관으로 남아 있다. 그것도 못미더워 사립학원에서 비싼 상품을 구매한다. 2018년에 일어난 숙명여고 교무부장과 그 두 딸의 시험지 유출사건은 정말 슬픈 이야기다. 이들이 죄가 없다는 말이 아니라 이들에게만 죄를 뒤집어씌운다고 해서 문제가 해결되지 않는다는 말이다. 다시는 이런 일이 없도록 해야 한다. 그러려면 혁명적인 변화가 있어야 한다. 사회의 구조와 시스템을 완전히 새롭게 설계해야 한다. 기득권 세력의 반발과 저항을 뚫고 해내야 한다. 조직구조와 시스템을 어떻게 설계할 것인가는 자본의 관점에서 벗어나 인간의 관점에서 출발해야 한다. 조직은 직무의 집합으로 설계되지만 직무담당자의 집합이 됐을 때 비로소 공적 기관으로서 조직이 성립되기 때문이다. 인사조직이론에서 가장 중요한 질문이 '인간의 존재란 무엇인가'인 이유다.

인간과 비전vision, 인간과 전략strategy, 인간과 조직organization, 인간과 성과performance, 인간과 역량competency, 인간과 인사personnel 등 이 모든 질문과 답은 인간에서 출발해서 인간으로 귀결된다. 인간이 어떤 존재인지 알지 못하면 인간의 인간에 대한 지배와 통제를 그대로 수용하게 된다. 그 순간 인간은 자율적인 주체로서 상호협력할 때 창의성을 발휘한다는 사실을 확인할 기회조차 사라진다.

피라미드 구조에서는 인간이 국가와 사회 그리고 기업과 집단의 성장과 경쟁력 향상에 이바지해야 할 자원으로 이해된다. 자원과 자본은 알뜰하게 써야 효율적인 법이다. 효율을 앞세운 논리는 억압과 착취에 정당성을 부여한다. 자원으로서 인간을 알뜰하게 활용하는 방법이 바로 경쟁이다. 경쟁은 피라미드 구조가 작동하는 핵심 원리다. 동료와 경쟁에서 이겨야 상위 계단으로 오를 수 있다. 계단을 올라가야 기득권층에 편입된다. 그런데 그들이 일단 기득권층에 속하면 이익을 내려놓지 않기 위해 다른 사람들의 진입 경로를 통제하기 시작한다. 점점 더 치열한 경쟁으로 유도하는 경쟁의 악순환은 피라미드 구조를 더욱 견고하게 유지할 수 있는 동력이 된다. 그래서 우리 사회는 병목사회가 됐다.

조직의 전통적 개념은 '공동의 목적(목표)을 달성하기 위해 전략을 수립하고 실행하는 협동체'다. 하지만 조직을 피라미드 구조로 계급화하고 경쟁을 부추기는 방식은 인간의 협력의지를 제거한다. 협력의지가 사라진 조직은 협동체가 아니라 각자도생을 위한 전투장으로 변한다. 그럼에도 피라미드 구조가 경영 패러다임의 핵심이 된 이유는 바로 계량화가 만들어낸 생산성에 대한 어마어마한 환상 때문이다.

내 결론은 이렇다. 교육제도의 혁명적 개혁을 통해 학교는 학생들이 타고난 다양한 재능을 발견하고 훈련할 수 있도록 교양교육 기관으로 전환해야 한다. 대학은 전국의 모든 국립대학을 하나의 국립대학으로 묶어야 한다. 현재의 국립대학 소재지의 캠퍼스를 도시별 캠퍼스로 전환하여 대학의 교육환경을 전국적으로 평준화해야 한다.

졸업생들은 입사시험이 아니라 다양한 기회로 취업할 수 있는 게르만 모형의 국가운영 패러다임으로 전환하자는 것이다. 이렇게 하려면 5장에서 다룰 조직설계의 세 가지 원칙에 따라 조직을 재설계해야 한다.

국가조직이 이렇게 설계되면, 다양한 학습기회로 판·검사도 될 수 있고, 다양한 훈련기회로 의사가 될 수 있고, 다양한 교육기회로 공무원이 될 수 있고, 다양한 기회로 다양한 직업으로 자신의 삶을 향유할 수 있게 된다. 이것은 곧 시험성적으로만 출세가 보장되는 사회가 아니라 다원화된 사회를 지향한다는 의미다.

우리나라처럼 획일화된 사회에서 개인적으로 만나 얘기해보면 대단히 유능해 보이는 사람들이 자신의 직업과 관련해서는 대단히 무능한 것을 알 수 있다. 내가 직장생활을 하면서 처음에 직면한 문제의식이 이런 것이었다. 독일 유학을 마치고 한국은행에 복귀해서 임직원들에게 몇 년에 걸쳐 가르친 내용을 책으로 엮어 출간했다.

그 책이 바로『똑똑한 자들의 멍청한 짓 - 한국 관료조직의 개혁을 위한 진단과 처방』이었다. 이 책으로 컨설팅 시장에 이름이 알려져 한국은행에서 정년퇴직하려던 계획이 무산됐다. 2001년 한국은행을 떠나 컨설팅업계에서 경영컨설턴트로, 대기업의 경영진으로, 대학에서 경영학자로 학생들을 가르치는 다양한 경험을 했다. 2014년 은퇴한 이후에도 지금까지 이 문제의식을 놓아본 적이 없다.

일제강점기에 만들어진 제도가 하나도 바뀐 것이 없다. 관료조직의 운영방식에서 공정성, 투명성, 효율성을 확보하여 유능한 고위공직자들을 선발하지 않으면 우리는 문화강국이자 과학기술 대국의 지위를 확보할 수 없을 것이다.

인간은 숫자로 판단하고 예측할 수 없다

지난 20세기 100년간 경영학은 위계질서와 계량화를 전제로 변화해왔다. 사실 경영학이 아니라도 인간은 본래 모든 것을 숫자로 바꿔서 측정하려는 욕구가 있다. 행복할 때는 크기가 궁금하고, 사랑할 때는 깊이가 궁금한 게 인간이다. 나의 행복과 사랑은 남보다 몇 배 정도 크고 깊은지 숫자로 확인해야 비로소 안심된다. 숫자가 주는 신뢰는 실로 어마어마하다. 효율과 성과를 다루는 경영에서 계량화는 곧 합리성을 의미한다. 숫자로 판단하고 예측할 수 없다면 과학적으로 관리할 수 없다. 하지만 동시에 큰 문제가 생겼다. 모든 걸 숫자로 바꿔 측정하고 관리하는 합리성에 대한 신뢰는 급기야 인간의 정신과 역량까지도 계량하고 관리할 수 있다는 믿음을 만들어버렸다.

현대 경영학은 기업조직을 '주주 이익을 극대화하기 위해 경제활동을 하는 협동체'로 정의한다. 주주를 위한 이익의 극대화가 이데올로기가 된 조직에서 개인은 곧 '계량화된 노동행위'를 의미할 뿐이다. 생산성 극대화를 위해 억압하고 착취할 수 있는 대상으로 인식되는 것은 너무도 자연스러운 일이다. 하지만 인간이 오직 기업의 이윤추구를 위해 존재한다면 노예와 다를 바가 없다. 기업경영의 목적을 주주이익의 극대화로 축소한 것이 바로 미국식 경영이 보여주는 환원주의의 대표적인 사례다.

현대 경영학의 아버지로 추앙받는 드러커는 계량화에 지배받는 현대 경영의 흐름을 정면으로 비판했다. 그는 1950년대 이미 '이윤은 기업의 목적이 아니라 생존 조건'임을 분명하게 강조했다. 인간은 영혼을 가진 자율적 주체로서 조직의 부품이 아니라 조직의 핵심이다. 따라서 구성원이 '자율적으로 목표를 설정하고 실행하고 통제하는' 시스템의 중요성을 설파했다. 이것이 드러커의 '목표관리제도Management by Objective and Self-control'다. 하지만 드러커의 자율 경영사상도 계량화에 대한 맹목적 신뢰 앞에서는 큰 힘을 발휘하지 못했다. 계량화는 이미 앵글로색슨 모형의 지배적 관념, 즉 이데올로기가 됐기 때문이다.

계량화의 신화를 만들어낸 인물은 미국 국방부 장관과 포드 자동차 사장을 역임한 로버트 맥나마라Robert McNamara다. 그는 '목표 달성을 위해 자원들을 가장 효과적으로 배분하는' 것에 관심이 있었고 계량 분석을 통해 투입 대비 산출을 극대화하는 가장 효과적인 대안을 찾는 수단으로써 '비용편익분석cost-benefit analysis' 기법을 창안했다. 계량화를 통해 시스템적 예측이 가능하도록 한 그의 관리기법은 세계 여러 나라의 정부와 기업에서 큰 환영을 받았다.

계량화된 수치의 신봉자였던 맥나마라는 기업과 정부의 주요 정책에서 수학적 계산을 통한 '효율성 최대화'를 기준으로 의사결정을 내렸다. 그러나 비용편익분석을 기반으로 한 의사결정은 심각한 오류가 있었다. 포드 자동차의 핀토Pinto 사건이 대표적이다. 1970년대 포드가 개발한 핀토는 뒤에서 차량 충돌이 발생하면 폭발해버리는 고질적 문제를 안고 있었다. 사고분석 결과 연료탱크

내부에 고무 라이닝만 끼워 넣으면 해결될 간단한 문제였다. 그런데 포드는 왜 고무 라이닝을 끼우지 않았을까? 실수였던 걸까? 그렇지 않았다. 이 사고는 철저히 계산된 것이었다.

맥나마라가 창안한 비용편익분석에 따르면 고무 라이닝을 끼우는 비용이 폭발로 인한 화상이나 사망사고 등을 보상하는 비용보다 훨씬 많이 들었다. 포드는 고무 라이닝을 빼는 게 더 큰 이익이라는 합리적(?) 의사결정을 내린 것이다. 그렇다면 맥나마라는 품질의 중요성을 무시한 경영자인가? 그렇지는 않다. 그는 품질이 중요하다는 것을 잘 알고 있었다. 다만 품질이 무엇을 의미하는지를 몰랐던 것이다.

맥나마라는 품질도 계량화해서 숫자로 표시할 수 있어야 합리적 관리가 가능하다고 생각했다. 품질관리에 꼼꼼한 계량화는 매우 중요한 요소이고 옳은 생각이다. 그러나 그는 진정한 품질은 인간의 영혼에서 나온다는 사실을 전혀 이해하지 못했다. 포드는 '영혼 없는 숫자의 정신numerical mind'이 만들어낸 이 사건으로 비의도적 살인reckless homicide 혐의를 받은 최초의 자동차 회사가 됐다. 맥나마라도 경영의 환원주의자였다.

맥나마라가 계량화를 신앙으로 만들었다면 그 이전 계량화의 원조는 미국의 경영컨설턴트인 프레더릭 테일러Frederick Taylor였다. 테일러는 육체노동과 정신노동을 구분하고, 실행과 계획의 개념을 분리하고, 당근과 채찍으로 구성원을 쥐어짜는 계량화 모델인 '과학적 관리법scientific management'을 창안했다. 그의 이론은 테일러리즘Taylorism으로 불린다.

테일러는 젊은 시절 법률가가 되고자 했지만 건강 문제로 꿈을 접고 제철소에 취직했다. 그는 공장의 노동자들이 많이 일할수록 성과급을 더 받기 때문에 수입이 증가하는데도 열심히 일하지 않는 것에 의문을 가졌다. 청교도 집안에서 자라 엄격한 노동윤리로 무장한 테일러는 노동자들이 더 일하게 할 방법, 즉 개인 생산성을 높이는 방법을 혼자 연구하기 시작했다. 그는 하루 노동시간, 휴식시간, 그리고 평균 생산량을 계산하는 방식으로 노동자 1명당 최고 생산량과 표준 생산량을 수치로 도출했다. 단위 노동시간당 생산량을 수학적으로 분석한 것이다.

인간의 노동 행위를 수치로 전환하려면 먼저 작업을 구성요소로 세분화해야 한다. 예를 들어 부품을 조립하는 작업이라면 먼저 전체 작업 과정을 단계별로 분리한다. 이렇게 세분화한 작업 요소를 합치면 전체 작업이 된다. 자전거를 모두 분해한 후 다시 조립하면 자전거가 되는 원리다. 테일러는 노동자의 능력이 단위 시간당 최대한 발휘될 수 있도록 규격화된 노동 형태를 만들어냈다. 이런 방식으로 노동량을 수치로 표준화하고 그 표준을 기준으로 성과급을 지급하는 방식을 '과학적 관리'라고 불렀다. 과학적 관리란 인간의 노동 행위를 계량화한다는 의미로서 이것이 테일러리즘의 핵심이다.

테일러가 자신이 창안한 과학적 관리를 처음 공장에 적용했을 때 노동자들은 반대하지 않았다. 개인의 생산량이 증가하는 만큼 성과급으로 계산되어 지급되는 시스템이므로 '일한 만큼 벌 수 있다.'고 단순하게 생각한 것이다. 그런데 막상 현실은 달랐다. 생산량이 증가하는 만큼 노동량이 증가했지만 성과급은 늘지 않았다. 이유는 표준 생산량과 성과급의 설계방식 때문이었다.

가령 노동자 1명이 10분 동안 해낼 수 있는 최대 생산량을 계산해서 이를 하루 10시간 작업으로 환산하면 1일 최대 생산량이 나온다. 테일러는 여기에 임의로 휴식시간을 적용해 보정하는 방식으로 최종 표준 생산량을 정했다. 성과급은 이 표준 생산량을 초과할 때만 지급됐다. 과학적 관리법을 적용하면 관리자는 노동자들이 표준 생산량에 도달하도록 스톱워치를 들고 노동시간을 체크만 하면 됐다. 이런 비인간적 방식에 노동자들이 반항했다. 하지만 테일러는 오히려 표준 생산성 수준을 30퍼센트 이상 높여야 한다고 주장하며 반대하는 노동자는 가차 없이 해고했다. 테일러리즘이야 말로 환원주의의 극단이었다.

테일러리즘은 사람도 기계처럼 똑같은 상황에서는 언제나 똑같이 일할 수 있다는 생각을 전제로 한다. 시간당 작업량과 성과급으로 노동자를 일하게 만드는 방식은 실제로 생산성을 높였고 기업가의 환영을 받았다. 포드 자동차의 창업주 헨리 포드가 제조공정에 이동식 조립라인을 설치한 것은 테일러리즘의 참모습을 보여주는 장면이다.

노동자들이 긴 이동식 조립대에 서서 정해진 시간 동안 기계처럼 같은 일을 반복했다. 볼트를 조이는 사람은 볼트만 조였고 바퀴를 다는 사람은 바퀴만 달았다. 이런 노동방식으로 포드의 생산성은 크게 향상됐다. 1914년 포드는 수익 중 1,000만 달러를 노동자 임금에 썼고 11달러였던 주급이 30달러로 올랐다. 계량화 관리는 누이도 좋고 매부도 좋은 합리적 비법이었을까? 물론 아니다. 당시 포드의 생산성은 노동자 1인당 30달러가 아니라 무려 120달러를 지급할 수준으로 향상됐다. 경영진과 주주들은 노동자에게 지급한 돈보다 더 많은 돈을 챙겼고 더 큰 부자가 됐다. 하지만 1929년 대공황이 시작되자 헨리 포드는 가장 먼저 노동자의 임금을 대폭 삭감해버렸다.

테일러리즘은 생각하는 인간을 부정한다. 그 대신 인간을 성과급을 더 받기 위해 근육을 움직이는 기계이며 오직 숫자로 통제되는 존재로 인식한다. 테일러의 관심은 오로지 합리화와 생산성이었다. 테일러리즘을 양분으로 삼아 발전해온 미국식 경영 패러다임에서 경쟁적 성과주의는 이데올로기가 됐다. 구성원 스스로 자신의 삶을 성과급에 연연하는 기계의 부속품처럼 생각하게 만드는데 지대한 공을 세웠다.

테일러로부터 100년이 지난 오늘날 플랫폼 기업에서 노동하는 택배기사들의 노동환경을 생각해보라. 사실상 달라진 것이 없다.

인간의 정신과 능력은 계량화할 수 없다

앵글로색슨 모형을 활용하는 미국 경영계에서도 숫자로 노동자를 쥐어짜는 방식으로 성과를 높여가는 경영에 대한 반성이 있었다. 미국 경영학사에서 탁월한 경영사상가로 인정받는 체스터 바너드Chester Barnard는 일찌감치 조직을 '인간이 상호작용하는 협동시스템'이라고 정의했다. 기업조직을 실제 운영해본 바너드는 숫자만으로는 더 높은 생산성을 기대할 수 없다는 사실을 잘 알고 있었다. 그는 경영자의 역할은 조직의 효율성과 동시에 구성원의 협력을 끌어내는 것으로 정의했다. 숫자와 인간의 감정적 에너지가 조화될 때 기업의 생산성이 향상된다고 본 것이다.

경영학사에서 바너드의 가장 큰 공로라면 경영의 효과성effective-ness과 효율성efficiency을 개념적으로 분리한 것이다. 효과성은 조직의 목적을 달성하는 정도를 말한다. 효율성은 목적달성 과정에서 구성원의 동기가 충족되는 정도를 말한다. 효과성이 결과, 즉 성과라면 효율성은 충성심, 신뢰, 팀워크, 만족감 등의 추상적 요소들이다. 그런데 효과성과 효율성은 항상 일치하는 것은 아니다. 효과성이 좋아도 효율성은 낮을 수 있고 효율성이 높아도 효과성은 낮을 수 있다.

바너드는 다소 추상적인 효율성의 개념을 '개인이 선택할 수 있는 여러 대안 중 최대의 이익을 조직에 가져다주는 대안을 선택하도록 하는 것'이라고 명확하게 정리했다. 그리고 효율성을 숫자로 측정해 시각적으로 보여주었다. 그런데 바너드가 효율성을 숫자로 계산한 이유는 계량화를 신봉해서가 아니었다. 경영자에게 눈에 보이지 않는 애사심과 만족도 등 효율성의 가치를 강조하려면 숫자로 보여주는 게 가장 설득력이 있다고 판단했기 때문이다. 하지만 그의 의도와 다르게 바너드의 성과는 미국 경제학계가 계량화를 더욱 신봉하게 만드는 계기가 됐다.

경제·경영학자들은 인간을 수학적 모델로 설명하는 데 올인했다. 급기야 인간도 자본으로 보는 인적자본의 개념이 등장했고 교육과 같은 사람에 대한 투자에도 투자수익률과 같은 모형을 적용하기에 이르렀다. 노동, 결혼, 이혼 등 삶의 모든 의사결정에 합리적 비용과 혜택을 계산하기 위해 수학 모델을 적용하는 세상이 열린 것이다. 특히 자본시장에서 수학 모델은 인간의 행동을 예측하는 도구로서 환영받았다. 2008년 글로벌 금융위기로 드러난 고위험 파생상품들은 자본시장의 모든 가격결정을 수학 모델로 예측한 결과의 산물이었다.

경영은 인간을 숫자로 이해한다. 하지만 인간이 만든 계량화 모델들은 인간 세상을 완전히 설명하지 못한다. 세상은 숫자로만 구성되어 있지 않기 때문이다. 그렇다면 계량화는 버려야 할 대상인가? 전혀 그렇지 않다. 다만, 인간의 삶에는 합리화되지 않는, 즉 계량화할 수 없는 영역이 있다는 사실을 인정해야만 한다. 대표적으로 인간의 정신과 능력은 계량화할 수 없다. 창의성과 생산성은 $1+1=2$가 아니라 $1+1=2+a$이기 때문이다. 인간의 잠재력은 숫자에 맞추어 계산되지 않는다. 영혼의 능력은 인간이 자율적 주체로 활동할 때 발휘되고 협력할 때 강화된다. 천재라도 협력하지 않고는 높은 성과를 내지 못한다.

미국의 통계학자 에드워즈 데밍w. Edwards Deming은 모든 것을 계량화하는 숫자의 위험성을 경고하고 숫자보다 경영철학을 가르친 위대한 사상가다. 정작 그의 경영사상에 귀를 기울인 건 미국이 아닌 일본이었다. 데밍은 일본 기업에 "품질관리는 통계적 기법이 반드시 필요하다. 하지만 품질을 완성하는 것은 숫자가 아니라 인간의 정신이다."라고 가르쳤다. 진정한 품질혁신은 인간존중의 경영에서 비롯된다는 것이다. 데밍의 사상을 일본 기업은 경영에 그대로 적용했다. 그 결과 일본은 1980년대 미국을 뛰어넘는 품질의 제품을 생산해냈고 가격과 품질경쟁력을 모두 확보하며 세계 시장을 점령했다.

데밍은 네 가지로 구성된 '심오한 지식시스템System of Profound Knowledge'을 가르쳤다. 데밍의 가르침을 우리나라가 처한 상황에 부합하도록 정리하여 간략히 소개한다.

1. 시스템에 대한 이해

시스템system이란 원래 목표 달성을 위해 서로 협력하는 구성원들의 네트워크를 말한다. 내부 구성원들이 서로 경쟁할수록 시스템은 파괴될 위험성이 높다. 그 때문에 경쟁보다는 협력해야 한다. 구성원들 간에 상호의존성이 높아질수록 협력은 더욱 긴밀해져야 한다. 이 말은 어떤 구성원은 시스템 전체의 최적화를 위해 손해를 보면서 일해야 할 때도 있다는 뜻이다. 부분 최적화는 전체 최적화를 망친다. 서로 잘났다고 독불장군이 되어 경쟁하면 안 된다. 경영자와 정치가는 시스템 사고system thinking가 중요하다.

2. 변동에 대한 이해

경영자와 정치가는 통계에 관한 지식, 특히 평균값의 의미를 이해해야 한다. 예를 들어 우리나라 1인당 국내총생산이나 소득에 대한 평균값을 보면 이미 선진국의 반열에 올랐다. 그러나 그 변동variation을 이해하지 못하면 양극화와 불평등의 수준이 얼마나 심각한지 파악할 수 없다. 요즘 기본소득 논쟁이 한창인데 반대이론을 들어보면 기존의 복지패러다임에서 한 발짝도 벗어나지 못한 주장이 대부분이다. 전체 최적화와 부분 최적화의 관계를 이해하지 못하기 때문이다. 국가 전체의 불평등과 양극화를 해결하는 가장 좋은 방법은 복지제도의 확충을 넘어서는 기본소득제도의 실현이다.

기본소득제도와 같은 창발적 아이디어는 기존의 복지시스템을 주장하는 내부 구성원에게서 나오기 어렵다. 내부에서 문제를 해결하려고 하면 할수록 더 깊은 함정에 빠지게 된다. 문제를 일으킨 공무원이나 정치인들이 그 문제를 해결하려 손을 댈수록 엉망진창이 되는 것과 마찬가지다. 시스템이 발생시킨 문제의 원인은 시스템 밖에서 오는 지식에 의존해야 한다.

3. 지식이론에 대한 이해

지식의 토대는 이론이다. 이론이 없으면 학습도 일어나지 않으며 잘못된 것을 수정할 것도 없고 질문할 것도 없다. 암기한 지식은 올바른 지식이 될 수 없다. 이론에 근거한 지식이라야 한다. 이론은 세상으로 통하는 창문이기 때문이다. 이론은 예측을 끌어내 새로운 지식으로 이끈다. 자신만의 이론을 가지고 있지 않으면 성공 사례를 모방한다 해도 오히려 손실을 초래하고 말 것이다. 내가 기업체에 컨설팅이나 자문 서비스를 제공할 때 의뢰인들은 내 말을 대부분은 그대로 받아 적는다. 그리고 이렇게 변화된 사례가 있는지를 묻는다. 나는 당연히 없다고 대답한다. 이 지구상에 똑같은 상황이란 존재하지 않기 때문이다.

그 기업체가 변화됐을까? 전혀 변화되지 않았다. 왜 그런가? 남들이 가지고 있던 이론을 모방해서는 절대로 변화할 수 없다. 자신의 이론을 가지지 못했기 때문이다. 그러므로 세상에 통계적 참값 true value이란 존재하지 않는다. 지식도 이론에 의해 끊임없이 점검되어야 한다. 이론 역시 현실의 변화에 대한 관찰과 측정을 통해 새롭게 변화해야 한다.

4. 심리학 지식에 대한 이해

사람은 모두가 다르다. 학습방법이나 이론을 구성하는 경로도 다르게 마련이다. 한마디로 경영에서 인간에 대한 이해가 중요하지만 쉽지 않다. 어떤 행동의 동기를 유발하도록 하는 수많은 잘못된 메커니즘이 제공되고 있기 때문이다. 주로 자본가를 중심으로 만든 잘못된 지식이다.

노동에 대한 동기부여방식은 당근과 채찍으로 가득 차 있다. 여기서 당근과 채찍이란 급여, 승진, 칭찬, 징계, 처벌 등과 같은 것을 말하는데, 이것을 전형적인 외재적 보상extrinsic reward이라고 한다. 이러한 외재적 보상은 노동의 동기를 감소시킨다. 일 자체가 즐거운 경우나 사회적 의미가 크다고 느껴 그것을 신나게 하는 경우라면 내재적 동기intrinsic motive가 작동한다고 말한다. 우리 사회에 가장 큰 해악은 근무평가에 있다. 상대평가에 의한 인사고과는 전형적인 외재적 보상시스템이다. 이것은 세계차경을 부추기는 악습이다. 외재적 보상이 내재적 동기를 손상한다는 사실은 수많은 연구결과로 이미 증명됐다. 그러나 월스트리트를 장악한 자본가와 기득권층은 사람들의 정신세계를 돈과 권력으로 묶어놓았다. 여기서 빠져나오기 위해서는 올바른 심리학 지식이 있어야 한다.

데밍이야말로 환원주의 폐해를 누구보다 잘 알고 있었다. 또 기업 경영 전체를 아우르는 세계관을 갖고 있었다. 그는 환원주의에서 벗어나 전체를 봐야 한다는 전일주의全一主義, holism 사상을 제자와 의뢰인들에게 가르쳤다. 데밍에게 배웠던 일본 경영자들은 품질에서 세계를 제패했다. 그러나 일본은 여전히 우리와 같은 세계차경의 함정에서 벗어나지 못하고 있다. 선진국의 지위에 올라서자 더 이상 배워야 할 대상을 찾을 수 없었다. 일본인들은 인류가 지금 까지 가보지 못한 새로운 세계로 나아갈 상상력이나 창의성을 발 휘하지 못하고 있다. 일본인들은 새로운 패러다임을 만들어내지 못 하고 서계차경에 매몰된 채 주저앉았다. 우리나라는 혁명적으로 개 혁되지 않고는 일본의 전철을 밟을 가능성이 크다. 온 국민이 정신 을 차려야만 한다.

명령·통제 시스템은 파멸할 수밖에 없다

"조직은 계층구조가 아니라 아이디어로 운영되어야 한다."

스티브 잡스가 한 유명한 말이다. 애플뿐만 아니라 아마존, 페이 스북, 넷플릭스, 구글 등 미국을 먹여 살리는 서부 기업들의 경영 방식은 전통적인 앵글로색슨 모형과는 차이가 있었다. 실리콘밸리 에 모인 초기의 창업가들은 차별과 경쟁은 조직의 건강한 상호관 계성을 해칠 뿐 아니라 구성원들에게 실패에 대한 두려움을 갖게 해 도전을 회피하는 문화가 만들어진다고 생각했다. 그래서 그들 은 99퍼센트의 실패를 인정함으로써 1퍼센트의 창조적 성과로 사 회적 성취를 이루는 혁신적 문화를 만들었다. 실리콘밸리는 월스 트리트 방식으로는 혁신의 싹을 틔우는 게 불가능하다는 사실을 알았다. 그래서 월스트리트에서 가장 먼 반대편 땅에서 새로운 경 영방식을 실험했다.

실리콘밸리는 '사람이 일을 창조한다.'는 정신에서 출발한다. 스스로 일할 동기를 가진 인간의 자율성을 존중하고, 연대와 협력의 가치를 강조한다. 이런 의미에서 실리콘밸리의 경영은 게르만 모형과 일맥상통하지만, 분명한 차이가 있다. 실리콘밸리는 의사결정의 수평구조를 채택하지 않는다. 구성원들이 독립된 자율적 주체로 일하는 분권화된 구조가 아니다. 강력한 리더십의 중앙집권적 체계를 활용한다. 이는 실리콘밸리가 특유의 빠른 속도로 시장을 선점하고 신속한 성공의 길로 들어설 수 있었던 주요 배경이다. 중앙집권적 의사결정구조에서는 설령 리스크가 크더라도 아이디어의 창의성만으로 빠른 사업화가 가능하다. 의사결정을 위한 합의에 긴 시간을 쓸 필요가 없다. 1인자가 결단하면 그만이다. 반면 게르만 모형의 핵심인 분권화 구조는 속도전에 약하다. 뭐든 다수의 협의를 통해 의사결정을 해야 한다.

앵글로색슨 모형을 주도했던 월스트리트 이데올로기는 '경쟁적 성과주의'다. 피라미드 구조로 조직을 계층화하고 개인에 서열을 매겨 능력에 딱지를 붙이고 그렇게 평가된 능력에 따라 성과급과 권력을 부여한다. 그러면 구성원들은 피라미드의 계단을 오르기 위해 끊임없이 경쟁하고 그 과정에서 조직은 더 높은 성과를 달성하게 된다는 논리다.

경쟁적 성과주의는 사람이 일을 창조하는 게 아니라 일에 필요한 사람을 활용한다는 관점이다. 그러므로 인사조직도 인재 육성보다 인재 활용에 무게를 두고 계급질서를 중시한다. 경쟁을 강화하기 위해 차별적 대우를 하는 시스템은 매우 효과적인 통제 수단이다. 임금은 철저히 노동의 대가로서 성과만큼 보상하는 게 공정하다는 능력주의는 경쟁적 성과주의에서 정당성을 확보한다.

하지만 이토록 공정성을 주장하는 능력주의 조직도 인사평가의 공정성에 대한 불만이 늘 존재한다. 이유는 간단하다. 피라미드형 위계구조는 의사결정 권한이 상위직에 집중되어 있기 때문이다. 인사권이 상위직의 고유한 권한이 될 때 객관적 인사와 평가는 구조적으로 쉽지 않다. 인사권자가 앞서 설명한 데밍의 '심오한 지식profound knowledge'을 알고 실천하는 것이 어렵기 때문이다. 가장 손쉬운 방법이 전통적으로 해왔던 서계차경의 함정으로 들어가는 것이다.

실리콘밸리 창업자들은 20~30년이 지난 지금 거대 기업들로 성장했다. 지금은 어떻게 됐을까? 꿈의 직장으로 많은 사람이 아직도 선망하고 있을까? 초기에 설립자들이 꿈꾸었던 비전이 기업을 통해 실현되고 있을까? 그럴 수도 있고 그렇지 않을 수도 있다. 이들 기업은 치열한 경쟁 때문에 주변의 유사 기업들을 잡아먹는 제국이 됐다. 그런 규모로 성장하면 당연히 조직운영이 관료화될 수밖에 없다. 조직구성원이 많아질수록 복잡한 구조와 시스템을 갖추어야 하기 때문이다.

거대 조직을 이끌어가려면 더 능력 있는 인재를 영입해야 한다. 능력이 있다면 성과를 낼 것이고 성과를 내면 능력이 있음을 입증하는 것이다. 피라미드의 정점에서 의사결정을 독점하는 기업은 상의하달의 명령·통제 시스템을 작동해야 한다. 이런 방식의 조직운영은 구성원 개인의 역량을 충분히 활용하지 못하는 결정적 문제가 발생한다. 실리콘밸리 기업들은 사내에서 권력을 분권화함으로써 이러한 문제를 극복하고 있다. 구성원들에게 분권화된 자율적 주체가 되어 일할 수 있도록 하는 지혜로운 조치를 한 것이다.

제국은 언제나 명령·통제 시스템의 비효율성을 극복하지 못해

멸망했다. 이들 실리콘밸리의 새로운 제국들이 공룡과 괴물로 변해 스스로 멸망의 길로 들어설지 아니면 분권화decentralization, 자율성autonomy, 네트워크network라는 조직설계의 3대 기본 원칙에 충실함으로써 강력한 제국의 상태를 계속 유지할 수 있을지 지켜보기로 하자. 진정한 능력주의는 조직설계 3대 원칙과 함께 인간의 존엄성을 존중하고 보호하는 시스템을 갖추어야 한다. 그래야 서계차경의 함정과 환원주의의 함정으로 빠지지 않는다.

여기서 우리가 주목할 것은 일본이다. 일본은 데밍의 가르침을 받아 한때 탁월한 품질로 세계를 제패했다. 그러나 일본 기업들뿐만 아니라 일본 정치가 '서계차경의 함정'과 '환원주의의 함정'에서 헤어나지 못했다. 새로운 대전환기를 맞아 일본은 조직설계의 3대 원칙인 분권화, 자율성, 네트워크 조직으로 변화하지 못했다. 대하소설 『토지』의 작가 박경리 선생은 "역사를 부정하는 일본에게 미래는 없다."고 단호히 말했다. 과거에 대한 반성적 성찰이 없는 일본이 쇠퇴할 수밖에 없었다는 점을 우리 기업, 정부, 정치계, 교육계, 시민단체들이 명심해야 할 것이다.

그러면 다음 장에서 조직설계의 3대 기본원칙이 무엇인지 살펴보기로 하자.

5장

인재를 양성하는 구조와 시스템

이 책에서 유능함 또는 탁월함이란 직무 상황에서 높은 사회적 성취를 이루는 경우를 말한다. 유능함은 반드시 사회적 성취와 직접적인 관련이 있다. 유능하면 성취하고 성취하면 유능한 것이다. 무슨 말을 했느냐는 중요하지 않다. 누구라도 멋진 말을 할 수 있기 때문이다. 말로 약속했다면 그것이 실천됐느냐가 중요하다.

어떻게 유능하다는 것을 검증할 것인가? 그건 실제로 성과가 있었느냐는 것을 확인하면 된다. 우리가 잘 아는 인물들만 보자. 차범근, 박지성, 손흥민, 김연아, 박세리, 최경주, 조성진, 임동혁, 봉준호, 윤여정, BTS 등을 보라. 그들은 예체능 분야의 유능함으로 이렇게 높은 개인적 성취를 이루었다. 개인적이든 사회적이든 성과를 냈으면 유능한 것이다. 그들의 개인적 성취가 때로는 모든 사람에게 귀감이 되는 사회적 성취로 연결됐다. 문제는 고위공직자들이다.

마땅히 사회적 성취를 이루어야 할 정치인을 포함한 엘리트들의 경우가 심각하다. 어떤 사회적 성취도 없는 사람들이 높은 지위를 차지하기 위해 온갖 수단을 동원해 주권자인 시민들의 눈과 귀를 가리고 있다. 정치인들은 국정농단, 사법농단, 검찰농단 등과 같은 수많은 농단 사태를 보면서도 그 원인을 구조와 시스템에서 찾지 않고 사람의 문제로만 생각한다. 다시는 그런 상황이 발생하지 않도록 입법안으로 제압해야 했는데 전혀 그러지 못하고 있다. 국정개혁, 사법개혁, 검찰개혁을 해야 함에도 기존 제도의 틀을 그대로 방치하고 있다. 앞으로 어떤 사태가 또 발생할지 아무도 모른다.

경제협력개발기구OECD 국가 중에서 우리나라의 국민행복지수, 언론신뢰도, 사법신뢰도와 같은 지표는 최하위에 있다. 고위공직자들이 잘못하고 있기 때문이다. 주권자인 국민이 행복하게 살아갈 수 있도록 할 만큼 유능한 고위공직자가 없거나 아주 적다. 경력이 쌓이고 높은 지위로 올라가는 동안 잘못된 훈련을 받았기 때문에 정말 유능한 인재를 찾기가 쉽지 않다. 인사고과는 쓸모없다. 상사에게 잘 보이면 사회적 성취가 없어도 이렇게 저렇게 연줄을 잘 타면 된다. 이런 연줄을 잘 활용하면 좋은 자리와 높은 자리로 출세할 수 있는 길이 마련된다. 그래서 관료들은 공직을 맡는 동안 대과大過 없이 학연, 지연, 혈연, 직연 등을 잘 이용하는 요령을 습득한다. 우리는 이런 사람이 유능하다고 평가한다. 겉으로는 유능해 보이지만 일상적으로 처리하는 기존 과제를 다루는 것이지 변화하는 시대에 걸맞은 상상력이나 창의성을 발휘할 줄 모른다.

유능한 인재들이 이룬 사회적 성취는 매일 반복되는 일상의 과제를 잘 처리하는 것을 의미하지 않는다. 예를 들어보자. 우리 사회가 안고 있는 양극화와 불평등, 공교육의 피폐화 현상, 판·검사를 포함한 고위공직자들의 '직업적 무능함', 저출생과 노인빈곤 등 세계차경의 함정에서 빠져나올 수 있는 대책을 세우고 장기적이고 난해한 문제를 어떻게 풀어갈지 그 근원을 찾아 치유하는 수준이라야 사회적 성취라 할 수 있겠다. 물론 이러한 거대 담론도 중요하고 이보다는 작지만 일상적으로 벌어지는 전례가 없는 이슈들을 하나씩 해결해나가는 것 또한 사회적 성취라 할 수 있다.

중앙정부든 지방정부든 공직사회의 가장 큰 문제는 인사조직이 완전히 잘못 설계되었다는 점이다. 겉으로 드러난 현상을 단순하게 기술해보자. 공무원들에게 가장 중요한 것은 승진이다. 우리 공직사회에 승진만큼 중요한 것은 없다. 모두들 승진에 목을 매도록 인사시스템이 설계되어 있다. 승진을 위해서 인사권자에게 자기 삶의 모든 것을 걸어야 한다. 승진은 공직의 모든 것을 빨아들이는 블랙홀이 됐다. 그래서 다음과 같은 파생적인 현상이 나타난다.

첫째, 다음번 정기 인사이동에 온통 관심이 쏠린다. 자신이 맡은 일에 신경을 쓸 겨를이 없다. 다음 인사에 어디로 갈 것인가? 공무원들은 승진을 보장하는 자리가 어딘지 알고 있다. 그래서 그 자리를 차지하기 위해 최대한 가까이 가려고 애쓴다. 내가 아는 한 순환보직은 한국과 일본에만 있는 독특한 관행이다. 그 폐해가 얼마나 심각한지는 공무원들도 잘 알고 있을 것이다.

둘째, 그러다 보니 인사고과 시기만 되면 신경이 날카로워진다. 인사고과를 잘 받기 위해 어떻게 처신해야 하는지 요령을 터득해 그대로 하면 좋은 결과를 얻는다. 한 번이라도 삐끗하면 승진에서 멀어질 수 있다. 옳고 그름이나 선과 악을 떠나 상관에게 잘 보이도록 행동하는 요령을 타고난 사람들이 있다. 이런 사람일수록 유능하지 않다. 일은 잘해도 낯간지러워 상관과의 케미를 잘 맞추지 못하는 사람은 어쩔 수 없이 운이 나쁘다. 이건 순전히 '운빨'이다.

셋째, 모든 업무는 상관의 명령과 통제에 의해 이루어진다. 상관의 권위와 위신을 깎아내리는 일은 절대로 해서는 안 된다. 스마트한 복종만이 상관의 마음을 기쁘게 한다. 아무리 잘못된 지시라 하더라도 일단 받아들이고 나서 도저히 안 되겠다면 다른 전략을 써서 잘못된 지시를 피해갈 방법을 찾아야 한다. 특히 검찰조직의 상명하복 관행은 그 어떤 조직보다 심각하다. 검찰농단은 그래서 생겨난다. 이 모든 관행을 통해 우리가 알 수 있는 것은 고위공직에 오를수록 무능해진다는 점이다.

공직자들이 국가운영의 부조리, 불투명성, 비합리성에 대해 문제의식을 느끼고 개선해왔다면 이렇게까지 고위공직자들의 '직업적 무능함'에 직면하지 않았을 것이다.

K-방역과 질병관리청

질병관리청 책임자인 정은경 청장이 직업적으로 무능하다고 말하는 사람은 없다. 왜 그럴까? 우리는 고도로 불확실한 상황에서 훌륭한 사회적 성취를 이루었다는 사실을 잘 알고 있기 때문이다. 나처럼 보건의료 분야에 문외한이 보더라도 세계적인 찬사를 받아 마땅하다. 기존 시스템을 완전히 바꿨다. 그들이 어떻게 시스템을 바꿨는지 보자. 정은경과 함께했던 사람들은 기존 보건의료 분야 전문가와 행정관료들과는 전혀 다른 패턴을 보였다. 박근혜 정부 시절 전염병에 대해 제대로 준비하지 않은 바람에 중동호흡기증후군인 메르스MERS 사태를 맞아 허둥지둥했다. 심지어 낙타 고기를 먹지 말라는 지침까지 나왔다. 웃어야 할지 울어야 할지 한심한 지경이었다.

그 후 정은경을 포함한 보건의료분야의 학자와 관료들은 미국 질병통제예방센터CDC 조직과 일하는 방식을 벤치마킹해 국내 보건의료시스템을 재설계했다. 전염병이 들어왔을 때 어떻게 행동해야 할지 도상훈련과 실전훈련을 하고 소위 3T 원칙을 정립했다. 검사test - 추적trace - 치료treat 매뉴얼을 만들고 이에 따른 병원시설과 의료장비를 갖추었다. 전염병을 통제할 만반의 준비를 했다. 단 한 명이라도 끝까지 추적해 바이러스로부터 국민을 보호하겠다는 확고한 의지를 읽을 수 있었다.

2020년 1월 20일 중국 후베이성에서 입국한 중국인이 국내에서 첫 확진자로 판명됐다. 바이러스가 국내에 들어왔음을 공식적으로 확인한 것이다. 방역당국은 감염병 위기경보 수준을 '관심'단계에서 '주의'단계로 올렸다. 주의단계는 바이러스가 국내로 유입됐다는 의미다. 한 달가량 해외에서 유입되는 바이러스를 잘 막아왔다. 그런데 문제가 생겼다. 2월 18일 대구 거주 신천지 교인 60대 여성이 31번째로 확진됐다. 자신의 신분도 동선도 역학조사관에게 제대로 설명하지 않는 등 방역 당국에 협조하지 않았다. 그 때문에 대구 일대 확진자가 급증했다.

방역시스템의 한계를 넘어서지 않을까 조마조마한 상황에 이르렀다. 상황이 급박해지자 보건진료를 담당하는 구성원과 시민들에게서 창의적인 아이디어가 나오기 시작했다. 천막으로 선별진료소를 설치하자는 아이디어부터 드라이브스루 검사까지 다양한 아이디어가 나왔다. 자율성과 집단지성의 힘은 놀라운 결과를 가져왔다.

여기서 중요한 것은 메르스 사태의 처참한 경험을 전화위복의 기회로 삼았다는 점이다. 회고와 반성이 놀라운 결과를 가져온 것이다. 더 놀라운 것은 K-방역이 미국 질병통제예방센터 방역을 월등하게 능가했다는 점이다. 진실한 반성은 새로운 도약을 가져다준다. 이것이 핵심이다.

보건의료뿐만 아니라 우리나라의 모든 행정, 입법, 사법 분야도 이러한 철저한 반성을 통해 새 출발의 마음가짐이 있어야 한다. 그러나 사법농단이 드러나도 법원은 하나도 바뀌지 않았다. 검찰농단이 드러나도 검찰개혁에 저항하느라 여념이 없다. 국가를 부도 지경까지 몰고 간 재정금융 관료들은 아직도 반성하지 않고 있다. 오히려 그 세력이 지금까지 국정의 핵심 역할을 하면서 국가 기반을 흔들고 있다. 국민의 상당수가 고독사, 절망사, 산재사에 내몰리며 극빈층으로 전락하고 있는데도 방치하고 있다. 반성은커녕 자신들이 신봉하는 행정시스템에 대해 어떤 문제의식도 없다. 그들은 세상이 어떻게 변하는지 이해하지 못한 채 일제강점기에서 유래한 낡은 시스템을 유지하기 위해 온갖 에너지를 쏟고 있다.

송파 세 모녀 사건

박근혜 정부 시절이었다. 2014년 2월 소위 '송파 세 모녀 사건'은 우리 모두에게 충격적인 사건이었다. 서울 송파구의 세 모녀가 번개탄을 피웠다. 32세, 35세였던 두 딸은 어려운 생활과 지병으로 신용불량자가 됐고 병원비 부담 때문에 치료를 받지 못했다. 60

세 어머니가 150만 원을 받으며 해왔던 식당 일도 한 달 전쯤 팔을 다쳐 그만둬야 했다. 그들은 막막한 절벽 끝에서 하늘로 날아오르는 마지막 순간에 집주인에게 '정말 죄송합니다.'라는 메모와 함께 월세 50만 원과 공과금 20만 원을 남겼다.

이 충격적인 사건 후 그해 12월 기획재정부와 보건복지부는 소위 '송파 세 모녀 3법'(「국민기초생활보장법」「긴급복지지원법」「사회보장급여의 이용·제공 및 수급권자 발굴에 관한 법률」의 개정안)의 국회 통과 후 보도자료를 배포했다. 개정의 취지는 세 가지다. 첫째, 급여별 선정기준을 다층화하고 상대적 빈곤 개념을 도입하며 부양의무자 기준을 완화한다. 둘째, 긴급복지지원 대상 기준을 완화해서 활발하게 선정한다. 셋째, 수급권자 보호를 강화하고 맞춤형 복지 기반을 마련한다. 좋은 말은 다 갖다 붙였다.

그래서 어떻게 됐나? 그 후에도 굶어 죽는 사건은 많아졌으면 많아졌지 줄어들지 않았다. 법을 바꾸고 예산을 더 투입했어도 현실에는 아무런 소용이 없었다는 말이다. 눈 가리고 아웅 하는 것이다. 왜 그럴까? 선별이라는 필터가 있기 때문이다. 불완전한 인간이 누가 더 고통받고 있는지를 감별한다는 것 자체가 오만한 자세다. 누가 누구에게 시혜를 베풀겠다는 발상 자체가 인간에 대한 모욕적인 처사일 뿐 아니라 매우 비효율적인 행정이다. 그렇게 해서 복지의 사각지대는 사라지지 않는다.

송파 세 모녀 사건은 정부가 재정을 얼마나 잘못 배분해왔는지를 보여주는 대표적인 사건이었다. 공무원들은 질병관리청의 보건의료 전문가들이 했던 그런 반성과 성찰이 전혀 없었다. 그들은 법을 개정했지만 현실은 아무것도 바뀌지 않았다. 제도는 바뀌었는데 왜 현실은 바뀌지 않았을까? 문제가 있는 제도적 장치는 그 제도 내에서 아무리 개선해도 발생한 문제의 근원을 해결하지 못한다. 여전히 누군가가 빈곤한 사람들을 선별해서 얼마나 가난한지를 증명하도록 강제해야 한다. 재정 관료들이 자신들의 손으로 은혜를 베풀겠다는 발상에서 조금도 벗어나지 못한 것이다. 그들의 은혜를 받는 당사자들의 마음에 상처를 주는 제도다. 한마디로 인간의 존엄성을 침해하는 제도라 할 수 있다. 정상적인 문명국가라면 있을 수 없는 일이다.

나는 늘 인간의 손이 개입하지 않는 제도 그 자체가 인간을 구원하도록 한다면 그것이 가장 좋은 제도라고 생각해왔다. 왜 그런가? 제도 자체가 인간을 구원해야지 불완전한 인간의 손길이 인간의 존엄성을 건드리도록 해서는 안 되기 때문이다. 노예제도 자체를 없애야지 주인에게 노예를 너무 가혹하게 다루지 못하도록 하는 법률을 제정하는 것은 나쁜 제도라는 것이다. 아무리 촘촘한 복지제도라 해도 송파 세 모녀 사건과 같은 사각지대를 피할 수 없기 때문이다. 더구나 고독사 또는 절망사로 죽는 사람들은 매년 수천 명에 이른다. 그들을 무슨 수로 선별한다는 얘긴가?

일제강점기로부터 내려온 제도를 그대로 유지하려는 관료조직에서 유능한 공직자를 선발하려고 보니 주권자의 인사실패는 당연하다고 할 수밖에 없다. 행정시스템, 특히 일하는 방식의 근본적 대전환이 있어야 한다. 관료조직이 변화해야 한다는 말은 많이 하지만 어떻게 해야 할지에는 명확한 대안을 내놓지 못하고 있다. 이제 유능한 고위공직자를 육성하려면 관료조직의 구조와 시스템이 어떻게 설계되어야 하는지 간단히 살펴보자.

1

인재를 육성하는 조직설계에는
세 가지 원칙이 있다

2019년 5월 독일은 향후 10년간 국가의 조직설계와 운영원칙을 담은 문서를 발표했다. 이 문서의 핵심은 제2차 세계대전 이후 1949년 독일연방공화국이 내세운 조직설계의 3대 원칙, 즉 분권화, 자율성, 네트워크를 새로 변경한 것이다. 70년 만에 4차 산업혁명을 맞아 새로운 원칙을 정립했다. 독일은 이미 분권화 원칙은 확립됐으므로 자율성 원칙을 포함해 개인의 주권을 더 확고히 하는 자주성 원칙으로 전환했다. 그리고 연대와 보충의 원리를 담보했던 네트워크 원칙은 일생을 거쳐 다양한 직종에 적응하면서 타인과 협업하고 기계와도 순조로운 상호작용man-machine interaction을 할 수 있도록 상호운용성interoperability 원칙으로 바뀌었다. 최근에는 환경environmental, 사회social, 지배구조governance를 뜻하는 ESG 논의의 부상을 고려해 지속가능성sustainability 원칙을 추가했다.

'게르만 모형'의 직무설계와 조직설계 원칙

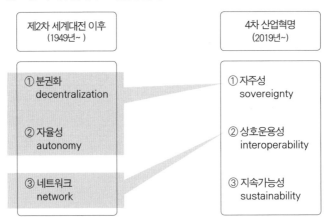

독일의 조직설계 원칙은 20세기형에서 이미 21세기형으로 변했다. 4차 산업혁명에 부합하기 위해서다. 우리의 조직설계 원칙은 무엇인가?

인사조직 차원에서 독일 사회를 이해하기 위해서는 독일인이 일하는 방식을 살펴볼 필요가 있다. 어떤 사회 문제가 나타나면 현상을 그대로 기술하고 접근 방법을 정립한 후 해결방안을 위한 원칙을 세운다. 문제 현상을 곧바로 해결하려고 들기보다는 해결의 대원칙을 정립하는 것을 중시한다. 큰 사회적 이슈일수록 급하게 해결방안을 찾지 않는다.

여기서 원칙이란 일종의 조직설계를 위한 가이드라인 역할을 한다. 이 가이드라인이 없으면 목소리 큰 사람이 이기는 싸움이 된다. 원칙을 세우려면 현상을 기술하고 그 현상에서 드러난 문제의 본질이 뭔지 정확히 파악해야 한다. 큰 사회적 사건이나 평소와 다른 현상이 나타났을 때 그것을 어떻게 인식하고 해석할 것인지를 알기 위해 노력한다. 사건이나 현상의 본질이 무엇인지 파악하는 것이다. 다른 말로 하면 문제의식을 정립하는 것이다. 이 문제의식을 명확히 드러내기 위해 사건과 현상을 있는 그대로 기술하여 전문가들에게 문의한다.

그 문제의 해결방안을 마련하기 전에 사전작업 형식으로 만든 문서를 녹서green paper라고 한다. 그 사전문서에는 사건 또는 현상을 올바로 접근하기 위해서 어떤 점에 유의해야 하는지 관련 분야의 전문가 견해가 담겨 있다. 이 녹서를 기초로 종합적으로 판단하여 미래지향적인 해결방안을 제시하는 백서white paper를 발간한다. 일반적으로 백서에는 향후 조직설계 또는 조직운영의 원칙이 담겨 있다.

우리의 경우는 어떤가? 세월호, 천안함, 다양한 중대 재해 등 사회적 참사가 났을 때 어떻게 하는지 관찰해보라. 공무원들이 허둥지둥하면서 잽싸게 해결책부터 내놓는다. 심지어 해경을 해체하겠다는 발표도 했다. 미봉책인 경우가 다반사다. 세월호와 천안함은 증거자료와 기초 자료조차 훼손됐고 전문가의 견해는 상충하고 있다. 아직도 해결되지 않았다.

젊은이들의 암호화폐 투자가 폭발적으로 늘어나자 블록체인 기술과 비트코인이 어디에 쓰는 물건인지조차 모르는 법무부 장관이나 금융위원장이 암호화폐 거래소를 없애겠다고 여러 차례 경고함으로써 산업 자체가 위축되었다. 그들은 블록체인 기술의 사회적 효용성에 대해서는 물론이고 문명사적 의의와 기존 화폐금융시스템에 대한 변혁적 의미에 대해 전혀 관심이 없다.

게르만 모형을 활용하는 나라들은 암호화폐를 전문적으로 취급하는 은행 설립을 허가하고 암호화폐로 세금을 낼 수 있도록 했다. 스위스의 추크Zug 주에는 블록체인 기술을 활용하는 세계인들이 재단을 세우기 위해 모여들었다. 암호화폐를 불법 거래에 활용하지 못하도록 합법화했고 암호화폐로 자유롭게 비즈니스할 수 있도록 하는 샌드박스_sandbox*를 만들었다. 스위스를 여행한 사람들은 알겠지만 아름다운 추크 호수 인근에는 블록체인 기술자와 사업가들이 모여들어 크립토밸리_Crypto Valley라는 명칭이 붙었다.

그런데 우리의 고위공직자들은 왜 이럴까? 이들 역시 세계차경의 함정에 빠져 있어 신호와 잡음을 분별할 능력이 없기 때문이다. 자신들이 아는 정답이 아닌 것에 대해서는 이 세상에 존재해서는 안 되는 것으로 인식한다. 자신이 알고 있는 것을 넘어 그 이상으로 사유하거나 상상할 힘을 가져본 적이 없기 때문이다.

다시 원칙에 관한 얘기를 계속하자. 독일인뿐만 아니라 세계인들은 나치정부의 홀로코스트와 같은 반인륜적 만행을 잘 알고 있다. 핵심은 이런 현상이 다시는 재현되지 않도록 하는 데 있다. 어떻게 할 것인가? 구체적인 해결방안을 마련하기 위한 원칙을 세워야 했다. 잘 알다시피 철저한 민주주의제도로 설립된 바이마르공화국에서 히틀러는 국민투표로 권력을 장악했다. 인류 역사상 가장 민주적인 정치제도에서 어떻게 히틀러 같은 사람이 정권을 잡았고 또 그의 만행을 제어할 수조차 없었느냐는 의문을 제기하는 사람들이 많다. 한마디로 말해 국가운영을 위한 조직설계가 잘못됐기 때문이다. 민주주의가 모든 것을 해결해주지 않는다. 아무리

---

* 샌드박스는 원래 놀이터에서 아이들이 다치지 않고 안전하게 놀 수 있도록 놓아둔 모래를 담은 상자를 일컫는 말이다. 요즘은 각국에서 신생 산업을 보호 육성하기 위한 규제정책을 의미한다.

민주적인 제도라 해도 견제와 균형의 원리가 작동하지 않으면 민주주의 자체가 무너진다. 바이마르공화국은 투표로 일꾼을 선출하는 국가조직에서 피라미드의 정점을 차지한 인물의 선의에 국가 운명을 내맡긴 꼴이 됐다. 실패한 조직설계였다.

제2차 세계대전에서 패배한 후 나치정부에 저항하다 살아남은 지식인들은 폐허 속에서 처음부터 다시 생각해야 했다. 핵심은 인간과 국가조직의 관계를 정립하는 문제였다. 지식인들은 인간의 존엄성을 가장 중요한 조직설계의 궁극적 목적으로 내세웠다. 1949년에 공포된 기본법 제1조 1항은 '인간의 존엄성은 건드릴 수 없다. 이것을 존중하고 보호하는 것은 모든 국가권력의 의무다.'라고 명시하고 있다. 여기서 인간의 존엄성은 그냥 선언적 의미의 추상적 개념이 아니었다. 연방헌법재판소의 수많은 기념비적인 판결을 통해 인간의 존엄성이 어떤 것인지를 독일인들에게 분명하게 각인시켰다. 인간과 국가의 관계에서 인간의 존엄성을 위해 국가조직이 존재한다는 사실을 명확히 했다. 인간이 목적이고 국가는 수단에 불과하다. 이러한 기본법 정신을 달성하기 위해 조직설계의 원칙을 정립했다. 다시는 히틀러 같은 사람이 정치판에 나와서는 안 되며 홀로코스트와 같은 불상사가 일어나지 않도록 하기 위한 원칙이었다.

우리나라는 군사독재 정권이 1987년 헌법을 개정해 대통령직선제로 바꾼 이후에도 정치민주화, 정당민주화, 경제민주화, 산업민주화, 기업민주화, 직장민주화라는 용어가 계속 회자되고 있다. 그 이유는 민주화 개념이 명확하지 않고 정치조직이나 기업조직의 조직설계 원칙이 존재하지 않기 때문이다. 굳이 원칙이 있다면 두 가지를 들 수 있는데 이윤추구와 각자도생이다. 우리 사회의 민주화는 아직 멀었다. 민주화를 위한 조직설계 원칙도 없고 민주화의 개념 정의도 명확하지 않다. 그런데다 사람마다 민주화에 대한 기대와 방법론 그리고 그 수준이 제각각이다.

독일은 앞에서 말했듯 1949년 국가조직을 포함한 모든 조직설계의 기본 원칙을 분권화, 자율성, 네트워크 세 가지로 정립했다. 이 세 가지 원칙이 잘 작동하지 않는다면 민주화되지 못했다는 증거다. 민주화가 중요한 이유는 민주화되지 않은 조직에서 유능한 인재를 양성할 수 없기 때문이다.

여기까지 읽어온 독자들은 이것이 내가 설명하려는 이 책의 하이라이트라는 것을 짐작할 것이다. 이 원칙이 지켜지지 않으면 성취예측모형으로 역량을 진단하는 것이 사실상 불가능하고, 그러면 인사실패는 계속 반복될 것이기 때문이다. 너무도 중요한 원칙이라서 소리내어 다시 읽어보자.

첫째, 분권화의 원칙
둘째, 자율성의 원칙
셋째, 네트워크의 원칙

이제 이 세 가지 조직설계의 원칙을 하나씩 살펴보자.

분권화의 원칙

나는 거의 평생을 분권화의 의미를 배우고 가르쳤다. 돌아보면 이 개념을 가르치는 것이 가장 어려웠다. 처음에는 사람들이 개념 자체는 이해하지만 현실에서 실현하기 불가능하기 때문에 어려울 것으로 생각했다. 나중에 안 것이지만 개념 자체를 이해하지 못했다. 우리 사회는 모든 조직이 피라미드 구조로 설계되어 계급화된 상태에서 경쟁하며 살고 있기 때문에 '분권화된 상태decentralized state'에서 살아보지 못한데다가 학교에서 분권화 개념을 가르치지 않기 때문이다.

많은 사람이 민주화되어 투표로 선발하는 조직은 분권화된 것으로 착각한다. 중앙정부를 보면 조직이 각 부처와 여러 기구로 나누어져 있어서 업무가 분권화되어 있고 중앙정부와 지방정부도 업무가 분권화된 것이 아닌가 생각한다. 천만에 그렇지 않다. 히틀러의 나치정부도 투표로 권력을 장악했고 나치의 중앙정부도 조직이 나뉘어 있었다. 투표제도는 민주주의를 실현하는 매우 불완전한 수단일 뿐 온전히 민주화된 증거가 될 수 없다. 정부기구가 기능별로 나뉜 것은 분권화를 의미하지 않는다. 그렇다면 온전한 민주주의 또는 민주정democracy이란 무엇인가? 그것은 조직이 분권화된 상태를 말한다. 즉 민주화됐다는 말은 권한과 권력이 한 곳에 집중되어 있지 않고 각각의 노드로 분산된 상태를 말한다. 다시 말하면 중앙이 없는 상태로 각각의 노드가 자율성을 맘껏 발휘할 수 있는 네트워크라야 한다.

여기서 노드란 조직 내에 자율성을 가진 주체로서의 요소들이다. 예를 들어 중앙정부는 각 부처가 독립된 행정관청으로서 자율성을 가진 하나의 노드이며 그 부처 내의 여러 국·실장이라는 직무 역시 독립된 자율적 하위관청으로서 노드가 된다. 각 국·실장의 하위단위직무인 과장 직무도 독립된 자율적 노드가 된다. 지방정부도 입법부도 사법부도 마찬가지다. 모든 정부기관은 각 노드가 자신의 재능을 최대한 발휘하면서 다른 노드와 연대solidarity와 보충subsidiarity을 통해 서로 협력한다. 하지만 행정 행위의 모든 절차와 활동이 투명하게 공유되어 견제와 균형의 원리가 작동하도록 설계되어 있다. 중요한 것은 국가기밀 행위를 제외한 모든 공적 행위가 투명하게 공유되어야 한다는 점이다. 어디서 무슨 일이 벌어지는지 이해관계자들이 다 들여다볼 수 있어야 한다는 말이다. 그래야 견제와 균형의 원리가 작동하기 때문이다. 이 원리가 중요한 이유는 모든 인간이 불완전하기 때문이다. 여기서 상하위 관청 또는 상하위 단위조직이란 일방적인 명령과 통제의 관계가 아니라 연대와 보충의 관계일 뿐이다.

조직 내의 최소단위로서 노드, 즉 각 직무 또는 각 직무담당자는 반드시 외부로부터 압력을 받지 않는 독립성을 확보해야 한다. 독립성은 곧 자율성을 의미한다. 이는 옳고 그름 또는 선악을 분별하여 종합·판단할 수 있는 이성의 기능이 작동하는 상태를 말한다. 조직 내의 각 직무가 그 존재목적, 업무범위, 재량의 한계를 명확히 규정하는 방식으로 설계되지 않았다면 민주화된 조직이 아니다. 마찬가지로 각 직무담당자가 스스로 판단해 행동할 수 있는 자율성을 발휘할 수 없다면 그 역시 민주화된 조직이 아니다.

그러므로 분권화decentralization란 중앙 또는 일인이나 소수의 지배와 통제가 없는 상태, 지시와 명령이 없는 상태, 나아가 억압과 착취가 없는 상태를 말한다. 이것이 진정한 의미의 분권화된 민주주의다. 생각해보자. 우리나라에 이런 상태의 조직이 있는가? 단언컨대 없다. 관념 속에서만 상상할 뿐이지 현실에서 전혀 경험할 수 없다. 우리는 피라미드 구조로 설계된 조직 속에서만 살았다. 스타트업과 같은 작은 기업들이 분권화된 상태로 시작하지만 구성원이 수십 명으로 늘어나고부터는 점점 1인 또는 소수의 독재체제로 나아간다.

이와 반대로 앞에서도 언급했지만, 비교적 민주적인 구조로 되어 있던 몇몇 언론사들인 한겨레나 경향은 조금 더 민주화된 조직 운영방식을 채택한다고 사원들의 직접 투표로 간부를 선출하는 체제로 바꾸었다. 그래서 어떻게 됐는가? 언론사의 창립 정신은 물론이고 언론사 본연의 정도마저 벗어난 상태가 되고 말았다. 조직설계가 잘못됐기 때문이다. 민주화 개념뿐만 아니라 견제와 균형의 원리를 중시하는 인사조직이론에 대한 무지에서 나온 결과다.

일본 제국주의 유산

불행히도 우리나라의 법률체계는 일제강점기로부터 넘어온 것이다. 지배와 통제, 명령과 복종, 억압과 착취를 강요하는 제도적 장치가 고스란히 남아 있다. 조직이 피라미드형 계급구조로 설계되어 있어 권위주의적 인사조직 체계가 우리 국민의 정신세계를 장악하고 있다. 주요 기관의 최상위 직무의 권한에 관한 규정을 보자.

- 정부조직법(11조) 대통령 직무

  대통령은 정부의 수반으로서 법령에 따라 모든 중앙행정기관의 장을 지휘 감독한다.

- 법원조직법(13조) 대법원장 직무

  대법원장은 대법원의 일반사무를 관장하며, 대법원의 직원과 각급 법원 및 그 소속 기관의 사법행정사무에 관하여 직원을 지휘 감독한다.

- 감사원법(4조) 감사원장 직무

  감사원장은 감사원을 대표하며 소속 공무원을 지휘하고 감독한다.

- 검찰청법(12조) 검찰총장 직무

  검찰총장은 대검찰청의 사무를 맡아 처리하고 검찰사무를 총괄하며 검찰청의 공무원을 지휘 감독한다.

총괄, 지휘, 감독하는 것이 직무의 존재목적이라면 그것은 식민지에 파견 나간 총독의 직무에 해당한다. 해방된 나라에서 우리 국민들끼리 누가 누구를 총괄, 지휘, 감독한다는 말인가? 우리는 누군가의 보호를 받아야 할 유치원생이 아니다. 이성의 기능이 작동하는 어엿한 사회인으로 옳고 그름, 선과 악, 미추를 분별할 수 있는 성인이다. 문명국가에서 조직의 특정한 직무에만 총괄, 지휘, 감독하도록 조직설계를 했다는 것 자체가 부끄러운 일이다.

자, 그러면 우리 사회에서 벌어지는 일반적인 직무수행 관행을 보자. 일단 계급구조의 최상위 직무에 모든 권한을 몰아준다. 최상위 직무담당자가 정해지면 그는 자신의 권한을 하위 직무담당자에게 배분한다. 물론 여러 규정에 따라 업무처리 절차가 정해져 있다는 것을 관련자들은 잘 알고 있다. 그러므로 정상적인 최상위 직무담당자라면 사적 이익을 위해 아무렇게나 직무권한을 배분하지 않으며 권위를 내세우거나 더 많은 기득권을 차지하기 위해 함부로 지시하고 명령하지 않는다. 그럼에도 하위직은 상위직의 총괄, 지휘, 감독하에 있다는 것을 잘 알고 있다. 상위직의 명령과 통제에 무조건 따라야 한다. 과연 이렇게 설계된 조직이 제대로 운영될 수 있을까?

조직이 명령과 통제 그리고 억압과 착취의 구조로 설계됐더라도 최상위직을 세종 임금이나 이순신 장군 같은 위대한 인물이 담당했다면 모르되 폭군이나 사익을 취하려는 사람이 담당했다면 어떻게 되겠는가? 그 조직 전체가 패망의 길로 가고 만다. 직무설계와 조직설계가 잘못됐기 때문이다. 우리나라는 1987년 민주화됐다고 하지만 대통령직선제 이외에 인사조직 측면에서는 전혀 민주화되지 않았다.

독일인들은 이 문제를 어떻게 처리했을까?

독일은 제2차 세계대전에서 패망한 후 깊은 반성과 성찰을 했고 과거를 청산하고 나치와 결별하기 위해 부역자들을 색출해 처벌했다. 나치 시대의 모든 습속을 금지시켰고 반인도적인 범죄에 대한 소멸시효를 없앴다. 지금도 처벌은 계속되고 있다.

살아남은 지식인들은 칸트의 이성주의 인간관에 기반해 새로운 국가를 세우기로 했다. 1949년 독일연방공화국(서독)을 창건했다. 기본법(헌법) 제1조 1항을 다시 한번 보자. '인간의 존엄성은 건드릴 수 없다. 이것을 존중하고 보호하는 것은 모든 국가권력의 의무다.' 그 이하의 모든 조문은 이 두 문장의 정신을 이어받는다. 기본법은 모든 권력기관에게 인간의 존엄성을 존중하고 보호하기 위해 무엇을 어떻게 하라고 요구하고 있다.

기본법은 권한이 가장 많이 집중된 연방총리 직무를 다음과 같은 네 문장으로 설계했다.

독일 기본법 제65조 연방총리 직무

- 연방총리는 연방정부 운영을 위한 정책지침을 정하고 그에 대해 책임진다.
- 각 연방장관은 그 정책지침 내에서 자신의 소관업무를 자기 책임하에 수행한다.
- 연방정부는 연방장관들 간의 다양한 의견을 수렴하여 하나의 정책안을 마련한다.
- 연방정부는 연방대통령이 승인한 절차에 따라 업무를 처리한다.

이 네 문장은 독일인의 조직설계에 관한 기본 정신을 담고 있다. 그 어떤 직무에도 절대권력을 몰아주지 않는다는 것이다.

첫째 문장은 총괄, 지휘, 감독이라는 용어가 아예 없다. 대신 연방총리는 구체적으로 무엇을 어떻게 해야 한다는 직무 내용과 수행 방법을 정의하고 있다. 연방정부 운영을 위한 정책지침을 마련할 권한과 책임을 부여한 것이다. 이것이 직무의 한계를 규정한 '총리직무권능의 원칙Kanzlerprinzip'이다.

둘째 문장은 막강한 권한을 가진 연방총리라도 연방장관들의 소관업무에 대해 일일이 관여할 수 없도록 규정하고 있다. 이것이 '소관업무의 원칙Ressortprinzip'이다.

셋째 문장은 연방장관들 간의 이견이 발생할 때 연방총리는 내각이 하나의 목소리를 내도록 해야 한다고 정의하고 있다. 즉 한 팀이 되도록 리더십을 발휘하라는 것이다. 이것이 '합의의 원칙 Kollgialprinzip'이다.

넷째 문장은 연방정부가 정하고 대통령이 승인한 합리적인 업무수행 절차를 거쳐야 한다는 내용이다. 이것이 '절차의 원칙Verfahrensprinzip'이다.

이런 직무설계와 조직설계의 원칙은 공공조직뿐만 아니라 민간조직에도 거의 그대로 적용된다. 독일인들은 이런 헌법 정신에 부합하는 인사조직이론을 개발했다. 인간의 존엄성을 존중하고 보호하면서도 높은 생산성과 창의성을 발휘할 수 있는 인사조직이론이어야 했다. 그러기 위해 가장 중요한 원칙을 분권화로 규정했다. 분권화란 어떤 경우에도 권한을 한 곳에 집중하지 않고 각 직무로 골고루 분산한다는 의미다. 독일인들의 경험상 한 곳에 집중된 권한은 남용되거나 부패하는 부작용을 낳고 독재 상태에 빠지기 때문이다. 권한 집중에 따른 권한남용과 부정부패는 동서고금을 막론하고 치명적이다.

이것을 미리 방지하기 위해 분권화는 직무와 조직의 두 차원에서 이루어진다. 이 책에서는 사법부 개혁과 관련한 예를 들었다.

직무 차원의 분권화란 337쪽에서 예를 든 것과 같이 요즘은 각 개별 판사의 업무 부담이 가중되어 제대로 된 판결문을 쓸 수도 없는 지경에 이르렀으므로 이런 업무량을 줄이기 위해 판사의 수를 대폭 확대하여 직무 자체를 기능별로 분권화하는 것을 말한다.

조직 차원의 분권화는 338쪽의 설명처럼 거의 절대적 권력을 가지고 있는 대법원장과 대법관들의 권한을 분권화해야 한다는 것이다. 이것은 하나의 대법원을 독일 연방대법원처럼 5~6개의 기능별 대법원으로 분권화하고 이를 다시 지역별로 분산함으로써 하나의 기관과 하나의 직무에 모든 사법권력을 몰아주는 위험천만한 조직설계를 바로잡아야 한다는 의미다. 이 모든 잘못된 것들이 일제강점기로부터 내려온 억압과 착취를 위한 조직설계였음을 우리는 명심해야 한다.

우리나라는 이런 권한남용과 부정부패 현상이 권력기관에서 특히 청와대, 군대, 국정원, 법원, 검찰, 경찰, 감사원 등에서 이미 경험했고 현재도 경험하고 있으며 그 후유증이 심각하다. 그럼에도 아직 고쳐지지 않고 있다. 분권화 없이는 정상적인 민주주의가 불가능하다. 유능한 인재를 지속적으로 육성하기 위해서는 분권화를 통해 독립된 주체로 일할 수 있는 구조를 만들어야 한다.

자율성의 원칙

분권화된 독립적인 직무는 마땅히 그 담당자에게 자율성이 부여되어야 한다. 자율성이란 각 직무담당자가 주도적으로 업무를 추진하려는 의지와 환경조건을 의미한다. 의지는 있는데 환경조건이 받쳐주지 못하면 자율성이 사라지고 환경조건이 확보됐음에도 의지가 없다면 자율성은 작동하지 않는다. 그 누구로부터도 지시와 명령을 받지 않고 타고난 재능을 마음껏 발휘하면서 직무에 부여된 고유한 과제, 즉 이니셔티브를 수행하는 것이 곧 자율성이다.

여기서 이니셔티브가 무엇인지 분명히 해야겠다. 이니셔티브는 조직의 비전(장기적 목표)을 달성하기 위한 장기적 과제로서 실현가능성이 불확실한 프로젝트를 말한다. 하위직 담당자들에게 맡겨져서는 절대로 실현될 수 없는 것들이다. 반드시 고위공직자가 자신의 고유한 과제로 인식하여 추진하는 프로젝트여야 한다. 이니셔티브는 명확한 목표와 합리적인 전략을 이해관계자들과 합의하여 수립한 후 조직구성원들과 공유하고 실행 과정에서 미세 조정하면서 추진해야만 성공할 수 있다.

이는 기업 경영뿐만 아니라 국가 경영에서도 마찬가지다. 예를 들면 기업에서는 미국 애플의 잡스, 독일제국의 오토 폰 비스마르크Otto von Bismarck, 그리고 빌리 브란트 등이 장기적으로는 조직의 가치를 크게 높이지만 매우 불확실한 과제, 즉 이니셔티브를 직접 고안하고 실행함으로써 오늘날과 같은 기업과 국가를 만들어낸 사람들이다.

그러므로 이니셔티브란 직무담당자가 자율적으로 구성원들과 함께 확고한 목표를 세우고 합리적인 전략을 실행에 옮기는 과제를 말한다. 여기서 직무담당자에게 필요한 것은 자신의 직무에서 오랫동안 숙련 과정을 거쳐 직무의 역사적 맥락을 이해하고 동시에 직무가 추구해야 하는 시대정신을 이해하는 것이다. 이렇게 이니셔티브를 실행함으로써 당초의 목표가 달성되고 조직 혁신과 개혁이 일어나며 조직이 발전한다.

자기인식과 지평융합

자율성은 자기인식과 지평융합Horizontverschmelzung에서 온다.

첫째, 앞에서 대강 설명했지만, 자율성과 관련한 자기인식의 중요성을 다시 한번 더 정리하자. 인간은 누구나 진실과 착함을 추구하려는 욕구가 있다. 하지만 억압적인 환경조건 때문에 어쩔 수 없이 자기를 기만하고 타인을 속이는 경우가 있다. 인간은 그런 속임수에서 오는 내면의 불안과 대면하게 되는데 거짓과 불안 속에서 일생을 살아가길 원하지 않는다. 그러나 세계차경의 상황이 지속되는 경우에 자기기만과 속임수 전략이 내면에 고착된다. 이런 상황은 인간에게 고유한 (순수)이성의 기능을 철저히 파괴한다. 그러므로 분권화를 통한 독립된 자율적 주체가 되도록 하는 것은 아무리 강조해도 지나침이 없다.

분권화에 의한 독립성과 자율성 개념은 민주주의 체제의 가장 중요한 핵심 요소다. 만약 구성원들에게 독립성과 자율성이 없다면 주체적 인간으로서 자유시민이 될 수 없고 정신적으로 노예의 상태에서 벗어날 수 없다. 헤겔이 말한 주인과 노예의 관계에서 노예로 전락한다는 뜻이다. 사실 세계차경 상태에 있는 우리 사회 구성원 대부분은 노예 상태로 있는 셈이다. 그러므로 자기인식이 매우 중요하다. 자신이 지금 어떤 상태에 있는지를 객관적으로 감지할 때 노예 상태에서 벗어나 외부로부터 압력을 받는 환경조건을 혁파할 수 있게 된다.

둘째, 자율성은 지평융합에서 나온다. 지평융합은 독일의 철학자 한스 게오르그 가다머Hans-Georg Gadamer가 사태의 해석학적 이해와 의미를 분명히 하려고 만들어낸 개념이다. 나는 이 개념을 응용하여 직무 상황에서 필요한 두 개의 지평이 항상 융합되는 과정에 있어야 한다고 생각한다. 즉 직무의 역사적 맥락을 포함하는 역사인식과 직무가 추구해야 하는 시대정신이다. 이 두 개의 지평이 직무담당자의 내면에서 융합될 때 반드시 추진해야 할 이니셔티브가 명확해지기 때문이다.

일반적으로 역사적 맥락에 대한 깊은 역사인식을 통시적 지평 diachronic horizon이라고 부르며 직무가 추구해야 할 강렬한 시대정신을 공시적 지평synchronic horizon이라고 한다. 이 두 지평이 융합됐을 때 직무담당자는 직무에 대한 압도적인 전문성을 갖게 되고 커다란 사회적 성취를 이룰 수 있다. 즉 지평융합은 사회적 성취를 이뤄야 하는 고위공직자에게는 필수 역량이라 할 수 있다. 목적지향적 역량군의 핵심 키워드가 '열린 지평open horizon'이라고 말한 이유가 여기에 있다.

예를 들어보자. 역사인식이란 해방 후 반민족행위특별조사위원회(일명 반민특위) 사건이 언제 어떻게 됐다는 단순한 사실 정보와 지식을 넘어 반민특위의 사명과 좌절의 역사적 맥락과 그 의미를 온몸의 세포가 기억하는 것을 말한다. 역사적 존재로서의 대한민국 국민 개개인이 그 역사적 사실을 기억하고 있다면 고위공자자라면 어떠해야 하겠는가? 강제수용소에서 살아남은 위젤의 말처럼 인류를 구원하는 것은 기억이다. 여기서 기억이란 역사인식을 말한다. 과거에 있었던 끔찍한 기억은 오늘날 시민들이 그리고 나아가 고위공직자들이 어떤 이니셔티브를 어떻게 실행해야 하는지를 알게 해준다.

시대정신도 마찬가지다. 예를 들어 하루 세끼를 제대로 먹을 수 없던 시대엔 식량 증산이 핵심 과제였을 것이고 국가의 에너지를 거기에 집중할 수밖에 없었을 것이다. 경제 성장기에는 중후장대 산업에 대한 집중적인 육성이 핵심 과제였을 것이다. 개발도상국 에서 선진국으로 진입한 오늘날에는 어떤 것이 핵심 과제인지 생각해야 한다. 개발도상국 시대에 활용하던 경제운용 패러다임에서 벗어나 선진화된 복지국가를 향한 혁신적 패러다임으로 바뀌어야 한다. 이제 우리에게 필요한 것은 구시대적 발상에서 벗어나 완전히 새로운 창조적 상상력을 발휘하는 것이다.

이러한 열린 지평의 융합은 자율적이고 주도적인 업무추진의 핵심 요건이다. 그래야 직무의 본질에 충실할 수 있다. 그러므로 지평융합이 가능한 자율성이 고위공직자의 실존과 직무수행을 위해 반드시 필요하다. 자율성이 없다면 노예 상태에 처한 것이나 다름없다. 나아가 자율성이 발휘되는 상태가 곧 인간의 존엄성이 존중되는 상태다. 자율성이 보장되지 않는 민주주의는 민주주의라고할 수 없고 이런 곳에서는 유능한 인재가 육성되지 않는다.

우리나라에서 직무수행의 자율성을 훼손하는 가장 큰 요인은 순환보직이다. 이변이 없는 한 관료들은 정기적으로 이동하기 때문에 직무에 대한 전문성이 거의 없는 상태다. 인사이동으로 새로운 직무를 맡으면 그 직무의 상황을 파악하고 익숙해지는 데 몇 달이 걸리고 어느 정도 익숙해지면 다시 다음 직무로 이동하는 일을 반복한다. 그러니 그 사안에 대한 역사적 맥락을 꿰뚫고 있는 공무원이 거의 없고 한 분야에 압도적 전문성을 가진 관료가 존재할 수없다.

독일인들은 인간의 존엄성을 존중하고 보호하는 헌법 정신에 부합하도록 인사조직이론을 개발했다. 인간의 존엄성을 존중하고 보호하면서도 높은 생산성과 창의성을 발휘할 수 있는 인사조직이론이어야 했다. 자율성 개념이 나오면 반드시 따라 나오는 반론이 있다. 모든 구성원에게 자율성을 부여하면 조직 통솔과 지휘가 곤란해지며 나중에는 무정부 상태가 될 수 있다는 주장이다. 그러나 인사조직이론은 그렇게 무책임하거나 단순하지 않다. 직무설계와 조직설계이론은 공공조직뿐만 아니라 민간조직에도 거의 그대로 적용되어 제2차 세계대전 이후 70여 년이 넘도록 분권화와 자율성의 원칙으로 설계된 조직에서 문제가 일어난 적이 없다. 오히려 생산성과 창의성이 크게 향상됐다. 독일이 4차 산업혁명에서, 특히 제조업 분야에서 세계를 선도하는 것은 바로 이 조직설계 덕분이다.

독일 사회에서는 모두에게 독립된 자율적 주체로 일하도록 하지만 자율이 멈추는 곳에서 강력한 타율이 시작된다. 조직설계론에서는 이 자율성이 무너졌을 경우를 대비해 최소한 삼중방어선三重防禦線 개념으로 대처한다. 이 방어선 때문에 조직의 민주적 운영에서 이탈하지 않는다. 즉 직무담당자의 자기기만과 속임수 현상이 나타나지 않도록 통제한다.

우리나라는 최상위 직무담당자 이외에는 직무수행 과정에서 자율성이 거의 없다. 게다가 정기적인 순환보직이라는 관행 때문에 전문성은 거의 기대할 수 없다. 여기에 인사고과와 승진까지 겹쳐서 공무원들에게 순환보직은 당연한 것으로 여겨졌다. 그들의 무지와 무책임은 순환보직이 원인이다. 나아가 인사고과의 권한을 가진 상위직의 지시와 명령에 거의 무조건적으로 따라야 한다. 자율성이 없는 구성원은 유능함을 발휘할 기회조차 상실한다. 그 때문에 고위공직자가 되더라도 자기기만과 속임수로 유능함을 포장할 뿐이다.

네트워크의 원칙

분권화의 원칙으로 각 구성원에게 독립성을 부여하고 자율적으로 업무를 추진하도록 했다면 한 가지 남는 문제가 있다. 그들이 조직의 공동목표를 향해 서로 협력하지 않거나 서로 경쟁하게 되면 조직은 모래성을 쌓은 것처럼 위험하게 된다. 그래서 세 번째 네트워크 원칙이 필요하다. 네트워크의 원칙이란 독립된 자율적 주체인 구성원이 생산한 모든 정보를 다른 구성원과 투명하게 공유하고 연대하고 보충한다는 의미다. 자율적 주체인 구성원들은 자연스럽게 위계가 없는 수평구조 속에서 일해야 한다. 명령과 통제가 사라지고 연대와 협력으로 일하는 습관을 기르도록 시스템을 설계해야 한다. 여기서 가장 중요한 것은 튼튼한 네트워크를 구성하고 집단지성의 지혜를 모으기 위해서 마치 블록체인 기술이 만들어내는 것처럼 모든 과정의 전모가 숨김없이 공유되어야 한다는 점이다.

네트워크의 원칙은 이해는 쉽지만 실행하기는 어렵다. 우리나라는 업무수행 과정에서 생산된 정보를 대내외에 투명하게 공개하지 않으며 내부 구성원들끼리도 정보를 제대로 공유하지 않는다. 먼저 승진하기 위해 서로 경쟁하고 무슨 일이 일어나는지 숨긴다. 상위직과 하위직 간에만 최소한의 소통이 이루어진다. 조직에는 전형적인 사일로silo 현상이 만연해 있다. 이에 따른 조직효율성 저하는 심각한 수준이다. 네트워크의 원칙만 잘 준수한다면 유능한 인재는 자연스럽게 길러지며 유능성의 여부 또한 쉽게 드러난다. 사회적 성취를 누가 어떻게 이루었는지가 투명하게 드러나기 때문이다.

조직설계의 세 가지 원칙, 즉 분권화, 자율성, 네트워크는 삼위일체로서 어느 것이 더 중요하고 덜 중요하지 않다. 이 세 원칙 간의 상호관계는 분권화에서 출발하지만 분권화는 구성원들의 자율성을 위한 것이다. 자율성을 보장하는 이유는 더 튼튼한 네트워크를 유지하기 위해서다. 더 튼튼한 네트워크를 유지하는 이유는 분권화를 위해서다. 이렇게 될 때 비로소 한 팀으로서 팀워크를 위한 팀스피릿을 갖게 된다.

이 관계를 이해해야 하는 이유는 간단하다. 분권화는 된 것 같은데 자율성이 확보되지 않으면 잘못된 것이다. 자율성은 확보됐는데 네트워크가 튼튼하지 않고 취약하다면 잘못된 것이다. 네트워크는 튼튼해졌는데 분권화가 되지 않았다면 연줄이라는 정실 문화일 뿐이다.

인재육성이 가능한 직무설계

독일인들은 모든 조직을 '분권화된 자율적인 네트워크 조직decentralized autonomous networked organization'이 되도록 설계했다. 이것을 줄여 다노DANO라는 이름을 붙였다. 이런 정신이 명령과 통제 없이 자율적으로 각자의 이니셔티브를 추진하여 높은 생산성과 창의성을 발휘할 수 있는 인사조직이론을 발전시켰다는 것이 중요하다. 독일의 노동시간은 세계에서 가장 적은 나라에 속한다. 이렇게 적은 노동시간으로도 독일은 우리의 노동생산성보다 1.5배쯤 높다.* 다노의 조직이론이 실무에 그대로 적용됐기 때문이다. 우리는 안타깝게도 이렇게 발전해온 인사조직이론이 없다.

인사조직이론의 출발점은 직무분석을 기반으로 하는 직무설계와 조직설계다. 직무분석이란 그 직무에 기대되는 성과expected performance가 무엇인지 사전에 규명해 성과책임accountability을 확정하는 것이다. 이러한 직무설계를 기반으로 조직을 설계하면 조직의 최상위 직무담당자가 사익을 추구하기 위해 농단을 할 길이 막히게 된다.

이러한 게르만 모형의 인사조직이론은 세계에서 가장 적은 시간 노동하면서도 높은 생산성과 창의성을 발휘하는 조직구조와 시스템을 낳았고 인간중심적 조직문화와 경영 관행으로 정착됐다. 이제 우리도 근본적인 혁신을 해야 한다. 대상은 모든 공적 기관이다. 그 중요도에 따르면 우선 국회와 법원이다. 행정조직은 워낙 방대한데 그중에서 검찰청, 경찰청, 감사원, 기획재정부(재정), 금융위와 금융감독원(금융), 한국은행(통화금융), 행정안전부(자치와 분권), 교육부(대학), 국토교통부(부동산과 교통), 국방부(군대) 등을 포함한 소위 권력기관이다. 지방정부도 마찬가지다. 가급적 빠른 시일 내 분권화, 자율성, 네트워크의 원칙에 따라 조직설계가 이루어지는 개혁 조치를 해야 한다.

여기서는 대법원을 포함한 법원의 인사조직 개혁방안을 중심으로 설명하고 나머지 기관들은 이런 조직설계의 방법론을 원용하

---

* 국제통화기금 2021년 4월 명목추정치 독일 5만 1,860달러, 한국 3만 4,870달러

여 개혁을 추진할 수 있을 것이다. 법원을 예로 드는 이유는 국가의 건강성을 유지하는 최후의 보루이기 때문이다. 나는 우리 법원을 생각할 때마다 가슴이 답답해진다. 인사조직이론 차원에서 보면 우리 법원은 너무나 낙후됐기 때문에 전근대적이라고 말할 수도 없는 상태다. 우리 법원의 사법신뢰도는 경제협력개발기구OECD 국가 중 최하위에 머물러 있다. 대법원장은 전혀 문제의식을 가지고 있지 않다. 판사들도 법원조직의 문제가 무엇인지 전혀 이해하지 못하고 있다.

간단히 살펴보자면, 대법원은 재판권이라는 사법권력을 독점하고 있다. 어떤 경우에도 권력을 한 곳에서 독점해서는 안 된다. 권력남용뿐만 아니라 전관예우와 같은 부정부패가 발생할 개연성이 매우 높기 때문이다. 그래서 사법농단이 생긴 것이다. 독점적 권력을 가지면 그들만의 성채에 갇혀 세계의 변화를 외면한다. 판결문이 시민들의 보편적 상식에 맞지 않는 경우가 자주 발생할 수밖에 없다.

문제의 본질은 이것이다. 법원은 시민을 위한 법률서비스 기관이다. 그런데 법관들은 법원에 종사하는 공복公僕이라는 의식이 없다. 마치 식민지에 파견된 총독처럼 시민들을 지배하고 가르치고 군림하려 한다. 법원이 개혁되는 만큼 국가가 개혁될 수 있다.

사회정의를 위해 헌신하도록 만들어주는 시험이란 존재하지 않는다. 사법시험에 통과했다고 해서 갑자기 정의감이 불끈 솟아오르지 않는다. 대법관으로 임명되는 순간 슈퍼맨으로 변하지 않는다. 법관도 평범하고 불완전한 인간에 불과하다. 사법시험을 통과한 사람들을 만나보면 거의 대부분 자격증을 가지고 어떻게 돈을 많이 벌 수 있을지를 고민한다. 심지어 고위직에 있는 판사도 마찬가지다. 법원을 떠나서 어떻게 살아남을지를 고민한다. 돈' 때문이다. 이것이 현실이다. 사법부는 지금 서계차경의 함정에 빠져 병목사회가 됐다. 누가 유능한지를 판별하는 기준조차 없다. 관료들의 인사고과 평정은 전혀 타당성과 신뢰성을 가지고 있지 않다. 법원이라고 다르지 않다. 게다가 아무나 높은 자리에 갈 수 없도록 해놓고 자기끼리 이너서클을 만들어 밀어주고 끌어주는 관행이 정착되어 있다.

생각해보라. 대법관 14명이 어떻게 그 많은 상고심을 재판하겠는가? 시민에 대한 법률서비스의 질적 수준을 획기적으로 높이려면, 대법관의 수를 최소한 150명 내지 200명 수준으로 증원해야 한다. 현재 3,000여 명의 직업법관을 대략 1만 명 내지 1만 5,000여 명 수준으로 대폭 증원해야 한다. 이것이 직무 차원의 분권화다. 인구 8,400만 명인 독일은 연방대법원의 대법관과 연방헌법재판소의 재판관을 합쳐 345명, 직업법관 2만여 명, 참심법관 6만여 명이다. 독일과 비교하면 우리의 법관 수는 터무니없이 부족하다. 재판의 질적 수준이 높을 수가 없고 국민에 대한 법률서비스가 제대로 제공될 리가 없다. 자신들의 희소가치를 높이려는 수작에 불과하다.

나아가 우리 대법원도 독일 연방대법원처럼 일반 민형사 사건을 재판하는 일반대법원, 노동대법원, 사회대법원, 행정대법원, 재정대법원 등 기능별로 분할하고 지역별로도 분산해야 한다. 이것이 조직 차원의 분권화다.

이제 앞에서 언급한 삼중방어선이 법원조직에서 어떻게 설계되는지 살펴보자. 모든 인간은 개인적 욕망에 구속받는다. 법률가의

독일과 한국의 최고법원 구조 비교

〈독일〉

최고법원		구성	소재지	행정부서
연방헌법재판소		2개의 재판부, 각 8인의 법관으로 구성(임기 12년) 16명의 직업법관 중 여성 9명	칼스루에	독자적 자율권, 예산편성권
연방대법원	일반법원	일반 민·형사 사건의 상고심 13개의 민사부, 6개의 형사부, 8개의 특별부* 재판장 포함 3인의 직업법관+2인의 명예법관** 130명의 직업법관 중 여성 36명	칼스루에, 라이프치히 (일부 재판부)	연방법무부
	노동법원	18개의 재판부, 재판장과 2인의 직업법관+2인의 명예법관(노사양측 대표) 42명의 직업법관 중 여성 11명	에어푸르트 (동독지역)	연방노동부
	사회법원	14개의 재판부, 재판장과 2인의 직업법관+2인의 명예법관 42명의 직업법관 중 여성 11명	카셀	연방보건부
	행정법원	14개의 재판부 56명의 직업법관 중 여성 16명	라이프치히 (동독지역)	연방법무부
	재정법원	11개의 재판부 59명의 직업법관 중 여성 13명	뮌헨	연방법무부

* 공정거래, 변호사, 변리사, 회계사, 세무사 등에 대한 특별재판부를 포함한다.
** 명예 법관(참심 법관)은 법률가가 아닌 시민 중에서 임기 4년의 비상근 법관으로 임용된 사람으로서 직업 법관과 동일한 권능을 가진다.
※총 345명의 직업 법관 중 96명의 여성 법관. 여성 비율은 대략 27.8퍼센트
※연방특허법원, 연방징계법원, 연방법관직무법원이 별도로 설치되어 있다.
※직업 법관 2만여 명, 참심 법관 6만여 명(10만 명당 25명의 직업 법관이 재판)

〈한국〉

최고법원	구성
헌법재판소	소장 1명 포함 9명의 헌법재판관(임기 6년) 9명 중 여성 3명
대법원	대법원장 1명, 법원행정처장 1명 포함 14명 14명 중 여성 3명

※한국 법관 3,000여 명(10만 명당 6명의 직업 법관이 재판)

우리 법원이 낙후된 이유는 세 가지다. 첫째 주권자가 사법을 통제하지 못하기 때문이고, 둘째 법원조직이 분권화되지 않았기 때문이고, 셋째 법관들이 탈선하지 않도록 하는 삼중방어선이 없기 때문이다. 이 비교만으로도 우리 법원의 구조와 시스템이 얼마나 허술한지 알 수 있다.

개인적 욕망이 시민에 대한 공정한 법률서비스를 제공하는 자율적 에너지로 승화하려면 재판 과정 자체를 투명하게 공개해야 한다. 이것은 법관을 독립성과 자율성으로부터 탈선하지 않도록 돕는 역할을 한다(삼중방어선 중 일차방어선).

모든 심리 과정을 녹화해 필요할 때는 언제라도 공개해야 한다. 마찬가지로 모든 판결문도 공개함으로써 누구라도 잘못된 판결문을 비판할 수 있어야 한다. 잘못된 판결문을 쓴 법관에게도 인사상의 불이익을 주는 등 책임을 물어야 한다. 나아가 법관이 재판을 진행하는 과정 곳곳에서 시민들의 일반의지general will가 반영되도록 독일식 참심제를 도입하든가, 아니면 미국식 배심제를 도입해야 한다(삼중방어선 중 이차방어선). 이는 헌법개정 없이도 할 수 있는 국민참여재판제도를 도입하면 된다. 그리하여 모든 권력은 국민으로부터 나온다는 엄연한 사실을 법원구성원들에게 명확히 인식시킬 필요가 있다.

독일은 분권화와 자율성과 네트워크라는 세 가지 원칙에 따라 법원이 운영됨에도 법관들에 대한 법왜곡죄(독일 형법 제339조)가 있다. 고의로 법을 왜곡해 적용한 법관은 1년 이상, 5년 이하의 징역에 처한다(삼중방어선 중 삼차방어선). 나치정부에 부역했던 법관들, 통일 후 동독의 독재정부에 부역했던 법관들이 처벌됐다. 드물지만 최근까지도 현직 법관이 법왜곡죄로 처벌된 사례가 있다. 이렇게 개혁될 때 우리 법원의 기능 역시 정상적으로 작동할 것이고 비로소 유능한 법관들이 길러질 것이다.

끝으로 국회와 행정 각 부처를 포함한 모든 공적 기관들도 분권화, 자율성, 네트워크라는 세 가지 원칙을 기반으로 강력한 조직개혁을 실행해야 한다. 특히 조심해야 할 것은 공수처 설치만으로 검찰개혁이 완수될 수 없다는 점이다. 거듭 강조하거니와 독일 법원 수준으로 분권화, 자율성, 네트워크라는 직무와 조직설계 원칙이 살아 있을 때 개혁의 효과가 나타날 것이다. 이렇게 함으로써 우리가 얻고자 하는 것은 권력기관의 공공서비스에 대한 예측가능성을 높이는 것이다.

　내 결론은 개혁을 위해 독일형 인사조직이론을 모방하자는 것이 아니다. 열 길 물속은 알아도 한 길 사람 속은 모른다. 조직의 성과를 사람의 선의에 맡겨두어서는 안 된다는 교훈을 얻어야 한다. 직무와 조직을 분권화하고, 독립된 자율적 주체인 구성원들이 생산한 모든 정보를 투명하게 공유할 수 있는 조직구조와 시스템을 만들자는 것이다. 우리 사회가 인간의 존엄성을 존중하고 보호하는 사회가 된다면 높은 생산성과 창의성을 발휘할 수 있을 것이다.

2

서계차경에서 학습조직으로
바뀌어야 한다

앞에서 이 책을 써야겠다고 생각하게 된 계기는 고위공직자에 대한 거듭된 인사실패 때문이라고 했다. 여기까지 온 독자들은 짐작하겠지만 인사실패는 한두 가지 원인 때문에 나타나는 현상이 아니다. 매우 복잡하고도 다양한 원인이 중첩되어 있다. 조직설계의 원칙 몇 가지를 안다고 해서 인사실패에서 벗어날 수 없다.

그렇지만 아무것도 하지 않고 현재와 같은 상태로 내버려두면 앞으로는 더 심각한 문제가 발생할 것이다. 그 때문에 세 가지 조직설계 원칙을 지키려면 실무에서 구체적으로 어떻게 해야 하는지 알아보려고 한다. 서로 연대하고 부족한 경우에는 도움을 주는, 진정한 한 팀이 되어 팀스피릿으로 팀워크를 이루어내는 학습조직이 되어야 한다.

지배와 통제에서 연대와 보충으로

분권화의 원칙을 현실에서 실행하는 구체적인 방법은 모든 권한을 모두에게 골고루 배분하는 것이다. 배분이라는 말은 상위직의 합법적 권한을 혼자 독차지하지 않고 하위직에게 넘겨주는 것을 말한다. 무엇을 넘겨줄 것인가? 상위직이 타인에게 양도할 수 없을 만큼 중요한 전략적 과제는 넘겨줄 수 없다. 상위직이 스스로 감당해야 한다. 이것을 이니셔티브라고 한다.

상위직이 스스로 감당해야 할 이니셔티브 이외의 덜 중요한 과제를 하위직에 넘겨주는 방식은 권한위임delegation과 권한양도empowerment 두 가지가 있다. 우리에게는 임파워먼트라는 권한양도의 개념이 없다. 일제강점기에서 넘어온 제국주의 시대의 인사조직이론은 윗사람이 모든 것을 손아귀에 쥐고 있어야 했기 때문에 권한을 양도한다는 개념 자체가 아예 없고 오직 델리게이션이라는 권한위임 개념만 있다. 권한위임은 하위직, 즉 수임자로부터 언제든지 위임한 권한을 회수할 수 있다는 의미를 갖는다. 그러니 하위직은 항상 상위직의 일을 대신하는 셈이 된다. 그것이 바로 품의제도의 관행으로 굳어진 결재제도다.

이 결재제도가 얼마나 어처구니없는지 내 경험을 얘기해야겠다. 1980년대 초였다. 당시 나는 한국은행 은행감독원에서 시중은행의 여신한도초과분에 대한 은감원장의 특별승인 업무를 담당하고 있었다. 시중은행에서 관련 서류를 받아 검토한 후 품의서에 불승인 의견으로 조사역에게 올렸다. 조사역은 그런 사안을 눈치 없이 불승인하면 어떻게 하냐고 야단을 쳤다. 다시 가져다 품의서를 조

8	원장	승인결재
7	부원장	불승인
6	부원장보	승인결재
5	국장	불승인
4	부국장	승인결재
3	과장	불승인
2	조사역	승인결재
1	행원	불승인

1980년대 독일연방은행

4	Dezernat 총재, 부총재, 이사 (부문)
3	Zentralbereich 국 (큰 부서)
2	Abteilung 과 (큰 부서에 소속된 작은 단위조직)
1	Wirschaftswissenschaftler (이코노미스트)

계급주의 조직은 의사결정과정의 비효율성을 제거할 수 없다. 한국은행과 독일연방은행의 이 비교만으로도 얼마나 구조적 비효율이 있는지 알 수 있다. 독일연방은행에는 계급적 위세를 부리는 품의제도가 없다는 사실이 중요하다.

사역의 의도에 맞게 고쳐 올려서 조사역의 결재를 받고 그 윗사람인 과장에게 다시 올린다. 과장은 이렇게 중대한 사안을 승인하면 어떻게 하냐면서 불승인해야 한다고 한다.

애초 나의 견해와 같아졌다. 당초에 만든 품의서를 버리지 않고 보관했던 것을 그대로 조사역과 과장에게 결재를 받은 후 부국장에게 올리면 그는 이런 사안은 저 높은 곳에 있는 분들과 사전 협의가 됐을 텐데 불승인하면 어떻게 하느냐고 승인하도록 지시한다. 다시 조사역의 견해로 바뀐 것이다. 이렇게 품의제도란 하위직이 상위직에 '어찌하오리까' 하고 물어보는 방식으로 의사결정을 한다. 당시 나는 결재단계가 홀수면 불승인이고 짝수면 승인이라고 생각했다. 이런 의사결정제도가 내 눈에는 매우 비효율적으로 보였다. 업무의 중요도에 따라 결정권한이 있는 그 사람이 처리하면 될 것을 여러 사람이 들러붙어 일하는 매우 불합리한 제도였다.

당시에도 그랬고 40년이 지난 지금도 여전하다.

이런 불합리한 제도를 연구해야겠다고 생각하던 중에, 앞에서도 언급했듯이, 나는 독일연방은행의 일하는 방식을 보고 무릎을 쳤다. 그들에게는 결재제도 자체가 없다는 것을 알았다. 설사 결재를 받는다고 하더라도 한두 단계일 것으로 생각했다. 모두가 각자 자신의 고유한 직무를 가지고 있고 직무의 크기에 따라 각자의 역할과 책임이 다를 뿐이었다. 상위직과 하위직이라는 개념 자체가 없고 다른 사람의 일에 이래라저래라하는 지배와 통제의 개념이 아예 없었다.

나는 독일에서 인사조직이론을 전공하고 귀국한 후 본격적으로 품의제도에 관해 연구했다. 이 제도의 불합리성과 그 폐해에 대해서는 이미 책으로 펴냈다. 우리나라 행정학자들도 품의제도가 얼마나 비민주적이면서 동시에 반지성주의적 의사결정방식인지 제대로 이해하지 못하고 있다. 관심이 있는 독자들은 『똑똑한 사람들의 멍청한 짓: 최악의 의사결정을 반복하는 한국의 관료들』을 참고하길 바란다. 품의제도의 진정한 문제점이 무엇인지를 제목만 간단히 열거하면 다음과 같다.

1. 품의제도는 무슨 일이 어디서 어떻게 벌어지는지 알 수 없게 한다.
2. 품의제도로는 합리적 의사결정이 원천적으로 불가능하다.
3. 품의제도는 조직의 폐쇄성을 강화한다.
4. 품의제도는 결과에 대해 아무도 책임지지 않는다.
5. 품의제도는 전문성을 키울 수 없다.

6. 품의제도에서 중요한 결정은 오히려 품의 대상이 아니다.

똑똑한 사람들이 멍청한 짓을 하는 원인은 품의제도 때문이다. 이런 현상이 품의제도와 어떤 연관이 있는지에 대해서는 그 책에서 자세히 설명했으므로 여기서는 생략하겠다. 이 품의제도가 일제강점기에 일본인들에 의해 한반도에 이식된 제도로서 일제강점기의 유산인 것은 분명하다. 조선 시대에는 오늘날과 같은 품의제도로 의사결정을 하지 않았다.

이 품의제도에 의한 의사결정은 일본 관료와 정치인들의 속성에 잘 부합하는 것으로 보인다. 나는 출장과 여행으로 일본을 좀 다녔다. 일본 민중은 근면성, 철저함, 예의바름 등으로 무장한 채 평범한 삶을 살아간다. 일반적으로 정부 관료들의 정책을 저항 없이 그대로 수용하는 편이다. 그러나 나는 일본 지배계층에 문제가 많다고 생각한다. 그중에서도 최상층부 정치인들의 언행과 의사결정과정을 살펴보면 폐쇄성, 위선, 근시안, 비굴함 같은 것을 느낀다. 나는 일본의 민중과 지배계층 사이에 존재하는 이율배반적 괴리현상을 어떻게 설명해야 할지 궁리하다가 품의제도에 의한 계급주의적 결재문화 때문이라는 잠정적 결론을 내렸다.

그럼에도 우리에게 품의방식의 결재문화가 지금도 계속되는 이유는 친일독재세력이 아직도 상당수 우리의 지배층에 남아 개혁에 저항하고 있기 때문이라고 생각한다. 우리는 일제강점기의 유산을 완전히 청산하지 못하고 있고, 이 낡은 구조와 시스템이 한국인의 혁신적인 노력을 방해하고 있다. 이미 구한말 영국의 지리학자 비숍이 언급했듯이, 주체성과 독립심, 근면성과 집단 역동성, 불의에

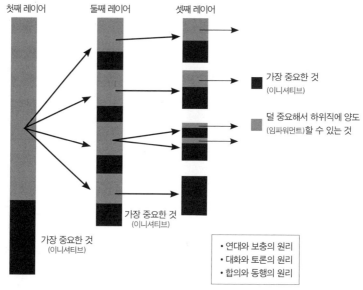

직무권한을 모두에게 배분한다(임파워먼트)

첫째 레이어 　　　둘째 레이어 　　　셋째 레이어

가장 중요한 것
(이니셔티브)

■ 가장 중요한 것
(이니셔티브)

■ 덜 중요해서 하위직에 양도
(임파워먼트)할 수 있는 것

가장 중요한 것
(이니셔티브)

가장 중요한 것
(이니셔티브)

• 연대와 보충의 원리
• 대화와 토론의 원리
• 합의와 동행의 원리

직무권한의 배부형식에는 권한위임delegation과 권한양도empowerment가 있다. 위임이 아니라 양도라야 직무의 분권화와 직무담당자의 자율성을 확보할 수 있다. 양보할 수 없는 중요한 과제, 즉 직무담당자의 시대정신이 담긴 창발적이고 전략적인 과제가 바로 이니셔티브initiative다.

대한 분노와 저항이 내재된 한국인의 특성에는 품의제도가 적합하지 않다.

　서계차경을 강화하는 품의제도를 버리고 모든 합법적 권한을 구성원들에게 골고루 배분하면 생산성과 창의성이 높아지는 학습조직이 될 수 있다. 어떻게 권한을 배분하는지 알아보자. 현재 피라미드 구조를 네트워크 구조로 전환하려면 피라미드의 정점에 몰려 있는 권한 중 이니셔티브를 제외한 과제는 하위직으로 권한양도, 즉 임파워먼트를 하면 된다. 하위직이 스스로 알아서 처리하도록 하는 것이다. 그러면 경영자는 자신의 이니셔티브에 더 많은 에너지를 쏟을 수 있게 된다. 하위직은 권한양도로 넘겨받은 과제 중 자신의 이니셔티브를 뺀 나머지 과제들을 자신의 하위직에게 다시 권한양도를 하면 된다.

이렇게 각 직무담당자는 자신이 직접 할 수 있는 가장 중요한 전략적 과제들, 즉 고유한 이니셔티브를 제외하고 덜 중요한 과제를 자신의 하위직으로 권한양도를 통해 넘겨준다. 그러면 자연스럽게 더 이상 넘겨줄 하위직이 없는 사람은 마지막으로 넘겨받은 일을 하게 된다.

직무의 역할과 책임이 골고루 배분되면 각자 자신에게 맡겨진 일을 자율적으로 처리하면 된다. 말은 쉬운데 막상 실무에 닥치면 결코 쉽지 않다. 왜 그런가? 아무도 이렇게 하라 저렇게 하라는 지시와 명령이 없기 때문이다. 모든 것을 기획 단계에서부터 전문가의 조언을 듣고 자료를 조사하고 이해관계자들에게 피드백 받고 실행단계에서 혹시라도 잘못되지 않을까 노심초사해야 한다. 더구나 실행 결과와 효과에 대해서도 스스로 평가해야 한다. 만약 잘못된 부분이 있다면 수정 보완을 통해 다음번에는 어떻게 해야 할지에 대해서 기록해두어야 한다. 단계마다 이해관계자들의 피드백을 포함한 모든 과정을 기록해 아카이브*를 관리해야 한다. 여기서 주변의 이해관계자들이 피드백을 보내주는 것이 바로 한 팀으로서 협력의지를 보여주는 것이다.

물론 자기 직무에 익숙하지 않은 신입자는 그 일에 익숙한 주변인들이 도와주거나 보충함으로써 서로서로 학습하는 조직이 될 수

---

* 데이터나 파일 등을 보관하는 것을 의미한다.

있다. 이런 조직이라야 유능한 인재들을 배출할 수 있다.

명령과 복종에서 대화와 토론으로

현재 우리는 모든 권한을 최상층의 1인에게 몰아주고 그의 총괄, 지휘, 감독을 받도록 제도화되어 있다. 그것은 이미 일제강점기에나 통하던 관행이라고 말했다. 이제는 이 관행에서 벗어나야 한다. 그런데 그러면 마치 큰일이 날 것처럼 말하는 사람들이 있다. 상명하복의 원조 격인 독일 군대에서도 명령과 복종이 사라졌다. 독일연방군 얘기다.

제2차 세계대전 후 새로 건국한 독일연방공화국은 국방군이 나치정부에 충성하고 반인륜적 만행을 저지른 죄과를 반성하면서 1955년 새롭게 독일연방군을 창설했다. 그때 내세운 캐치프레이즈가 바로 '제복 입은 시민Bürger in Uniform'이었다. 이를 위해 장병들은 정치교육과 역사교육을 통해 양심에 따른 윤리적 행동을 학습하도록 했다. 전투에 배치됐을 때뿐만 아니라 시민적 삶을 위한 세계관을 익히도록 해야 했기 때문이다. 여기서 가장 중요한 것은 기본법 제1조 1항에 명시된 '인간의 존엄성'이었고 장병이 터득해야할 것은 '정의'와 '자유'였다. 상관의 불합리한 지시나 양심에 거스르는 일은 거부할 권리와 의무가 보장됐다. 군인도 제복을 입었을뿐 민주시민으로서 권리와 의무는 동일하다.

군대의 복무환경이 이러할진대 민간기업과 공공기관은 어떠하겠는가? 각자 자신의 고유한 직무에 충실하면 된다. 상관의 일을 대신하거나 인사고과를 잘 받기 위해 충성심을 보이고 아첨하는 일이 없다. 불합리한 지시나 과업이 주어지는 일도 없다. 만약 어떤 일을 과외로 해야 하는 경우 규정과 절차를 따라야 한다. 이때도 모든 것은 토론을 거쳐 합의에 이르러야 한다. 이것을 의사결정에서 합의의 원칙Kollegialprinzip이라고 한다. 독일이 이 합의의 원칙을 의사결정의 기본 원리로 정립하게 된 계기는 나치정부에 부역했던 자들을 일망타진했기 때문이다. 독일인들은 이것을 탈나치화Entnazifizierung 작업이라고 부른다. 지금도 독일인들은 나치에 부역했거나 협조한 기록이 있으면 남김없이 조사해 처벌하고 있다. 나치 전력이 있다면 어떠한 공직도 맡을 수 없다.

독일에서 합의의 원칙이란 이성의 기능이 제대로 작동하는 사람들 간에 공동결정의 정신을 지키는 것을 말한다. 독일어의 콜레기알kollegial은 '친구로 삼을 수 있는' '대화와 토론이 가능한' '동료로 함께 일할 수 있는'이라는 의미로 쓰인다. 독일인들에게 운콜레기알unkollegial이라고 하면 모욕적인 언사로 인식한다. 대화와 토론이 불가능한 사람이라서 그 조직에서는 왕따가 되기에 십상이다. 내 실무 경험을 비추어보면 독일인들과 일하면서 물론 짧은 기간이지만 운콜레기알 인간을 만난 적이 없다.

그러나 우리나라에서는 심심찮게 이성의 언어로 대화가 불가능한 사람들을 만난다. 경영 실무에서, 경영 자문에서 그런 사람들을 만나면 난감해진다. 그런 사람들과 뭔가를 함께 도모했다가는 큰코다친다. 그럴 때 나는 물러나는 수밖에 없다. 더 큰 사회적 손실을 막기 위해 그냥 피하는 수밖에 없다. 여러 차례 그 사람의 입장에서 생각해보고 최대한 이해하려고 했으나 번번이 실패했다. 막무가내였기 때문이다. 이들이 원하는 것은 공익이 아니었다. 사익을 추구했으며 결국 돈이었다.

이런 사람들과 타협, 협치, 합의를 한다는 것은 공동체를 붕괴시키는 일이다. 나치와 협치를 할 수는 없다. 반민족행위자들을 발본색원해서 처리했어야 했다. 가난한 사람들의 고혈을 빨아먹으며 매관매직을 일삼았던 조선 지배층의 정신적 후예들과 협치를 한다는 게 말이 되는가? 을사오적은 나라를 통째로 일본에 넘겨준 후 일본과 협치를 잘하면 국권을 회복할 수 있다고 말했던 사람들이다. 그들의 육체적 정신적 후예들은 아직도 건재하다. 이들 대부분은 독재세력에 빌붙어서 꿀을 빨던 사람들이 아니던가? 부패한 친일독재세력과 어찌 협치를 운운할 수 있다는 말인가? 일본을 어버이처럼 모시는 친일파와 어찌 협치를 생각할 수 있겠는가? 이들이 꿈꾸는 것은 독일식 내각제가 아니라 일본식 내각제다. 일말의 역사의식과 시대정신이라도 있다면 내각제 발상은 시기상조이고 어불성설이다.

합의의 원칙이란 어떤 사안에 이해관계가 있는 사람들이 동등한 지위를 가지고 참여해 합의함으로써 의사결정에 이르는 것을 말한다. 이 원칙은 현실에서 공동결정법Mitbestimmungsgesetz이라는 법의 정신으로 구현됐다. 공동결정이란 권한을 가진 사람의 어떤 결정이 타인의 삶의 방식과 노동의 형태에 영향을 끼치는 경우 당사자의 동의 또는 합의를 거쳐야 효력이 발생하는 것을 말한다. 독일 사회에서 일방적인 결정, 일방적인 지시와 명령, 일방적인 업무 집행은 불가능하다.

인간의 존엄성을 존중하고 보호하려는 강력한 의지를 실천해온 독일의 전후 역사는 우리에게 많은 것을 시사한다. 우리도 이제부터라도 합의의 원칙과 공동결정의 정신을 제도적으로 정착시켜야 한다. 그렇지 않으면 지속적인 지배와 통제, 명령과 복종, 억압과 착취가 일어날 것이고 서계차경과 양극화는 더욱 심해질 것이다. 타락한 민주정으로 전락할 것이고 유능한 인재도 양성할 수 없을 것이다.

공동결정제도와 관행이야말로 진정한 민주주의로 가는 길이다. 독일도 가장 합리적인 민주주의 제도를 기획했던 바이마르공화국 시절인 1920년에 처음 노사공동결정 제도를 규정하는 법률이 제정됐다. '사용자와 근로자가 동등한 지위에서 임금과 근로 조건을 규율한다.'는 것이 핵심 내용인데 근로자에 대한 경영자의 일방적인 지시처분권을 제한한 규정이었다. 하지만 이 법은 히틀러 집권 후 폐지됐다. 당과 이데올로기를 초월했던 지도자 히틀러 1인의 독재적 지배방식, 즉 '지도자 원칙'을 강조했던 나치 정권은 공동결정의 사상을 수용할 수 없었다.

하지만 패전 후 새로운 독일은 1952년 공동결정 사상을 더 강화한 경영조직법을 제정했다. 초기 노사 간 이슈에 대한 공동결정을 넘어서 순수한 경영 사안에 대해서도 광범위하게 공동결정을 할 수 있는 제도를 확립했다. 보수당인 기민당CDU에서 진보당인 사민당SPD으로 정부가 바뀐 후 공동결정법을 일반법으로 제정함으로써 공동결정의 정신은 공식 제도로 굳어졌다. 일정 규모 이상의 기업에서는 반드시 노조에서 50퍼센트의 이사를 파견하는 감독평의회Aufsichtsrat를 두어 집행이사회Vorstand를 감독하도록 했다. 여기서 중요한 사안은 일방으로 결정할 수 없고 반드시 공동으로 결정해야 한다는 점이다. 아무도 절대적 권력을 행사할 수 없다.

게르만 모형을 활용하는 유럽국가에서 관행과 규정은 나라마다 조금씩 다르지만 공동결정의 정신은 노사 간의 협력과 평화를 가져왔다. 짧은 노동시간과 높은 생산성, 토론과 합의 과정에서 나타나는 혁신적 아이디어, 창의성은 우리에게 많은 것을 시사한다. 이런 대화와 토론문화가 인간의 존엄성을 존중하고 보호하는 길임과 동시에 조직의 생산성과 창의성을 높이는 길이다. 군대든 관공서든 중소기업이든 대기업이든 가정이든 학교든 모든 조직이 운영되는 원리는 동일하다. 누구라도 불합리하다고 생각하는 것에 반대할 의무obligation to dissent가 있다. 반대의견이 있으면 가장 합리적인 대안이 마련될 때까지 토론하여 결정하는 관행을 통해 구성원과 조직이 스스로 학습하는 기관으로 변화된다. 당연한 얘기지만 이런 조직은 생산성과 창의성이 높을 수밖에 없다. 조직구성원이 가진 정보, 지식, 경험이 조직 내부의 네트워크에 그대로 축적되기 때문이다.

독일이 이렇게 되기까지 그들이 쌓아온 인간의 존엄성에 관한 사상과 철학의 배경이 있었고 나치정부처럼 이것을 여지없이 파괴하는 반인도적인 범죄 행위도 있었다. 하지만 이들은 모든 역사적 사실 앞에서 반성적 성찰을 통해 새로운 출발을 할 수 있었다. 이런 경험을 토대로 누구도 일방적인 억압과 착취를 할 수 없도록 만들었다.

우리는 이런 상황을 상상할 수 있는가? 상상해야 하고 상상할 수 있도록 우리의 인문학적 상상력을 더 키워야 한다. 그래서 교육의 중요성을 강조해왔다.

억압과 착취에서 협력과 상생으로

우리가 일방적 지배와 통제 그리고 억압과 착취에서 벗어나 협력과 상생으로 나아가려면 공동결정의 정신을 배우고 구조와 시스템을 혁신해야 한다. 독일인들이 하는 그대로 하자는 것이 아니라 우리가 어떻게 하면 그런 비전을 향해 앞으로 나아갈 수 있을지 생각해보자는 것이다.

게르만 모형을 따르는 국가와 사회는 모든 조직설계에 공동결정의 정신을 그대로 반영한다. 공동결정의 관행은 네트워크형 수평구조에 근거한다. 조직의 모든 구성원은 직무의 크기, 즉 역할과 책임만 다를 뿐 각자 고유한 직무를 갖는다. 직무의 크기란 직무의 내용과 범위에 따른 권한의 크기로 설명할 수 있다. 각 구성원은 수평적 관계에서 공동결정을 하는 협력시스템을 구축한다. 이에 따라 기업조직은 인간의 존엄성을 존중하고 보호하는 사상을 실현함으로써 높은 생산성과 창의성이라는 결과를 얻는다.

독일의 민간조직이든 공적 조직이든 어느 조직에나 상위직과 하위직의 관계가 존재한다. 그러나 지시와 복종의 관계는 아니다. 상하좌우 직무담당자들은 직무의 크기가 다를 뿐 모두 평등한 위치에서 협의하고 최종 의사결정에 반영한다. 어느 날 갑자기 상부에서 뜬금없는 결정을 내리는 일이 발생할 가능성은 매우 낮다. 구성원 모두가 이해관계자들과 함께 공동결정하는 관행은 조직 의사결정의 예측가능성과 투명성을 높인다.

지배와 통제가 없는 대등한 관계에서는 지시와 명령이 통하지 않는다. 대신 견제와 균형이 작동하고 협의를 위해 반드시 필요한 신뢰와 협력의 문화가 자연스럽게 구축된다. 민주적이고 합리적인 의사결정의 확률이 높아지는 것이다. 모든 구성원은 각자의 직무에서 전문성을 존중받는다. 약점이나 단점을 책잡아 곤궁에 빠뜨리지 않는다. 이것이 신뢰다. 구성원들이 대화와 토론을 반복하는 과정에서 집단지성의 힘이 발휘되고 조직의 창의성과 생산성으로 직결된다. 이것이 수평구조의 경영 플랫폼이 갖는 가장 큰 이점이다.

토론과 합의 과정도 우리의 경우와 아주 다르다. 토론이 이루어지는 상황은 언제나 어떤 사안에 대해 다른 견해가 있을 때다. 우리가 흔히 정반합正反合이라고 배운 테제These, 안티테제Antithese, 진테제Synthese를 생각하면 된다. 테제는 진위나 선악을 분별할 수 있는 명제, 문장, 의견 등을 말한다. 예를 들어보자. 코로나19 대유행 상황에서 재난지원금을 전 국민 보편지원으로 하자는 의견이 나왔다. 이것이 테제다. 그런데 큰 피해를 본 사람들도 있지만 예전보다 더 많은 이익을 얻은 사람들도 있으니 더 큰 피해를 본 사람들에게 더 두터운 지원을 해야 한다는 의견이 나왔다. 이것이 안티테제다. 테제와 안티테제가 만나면 어느 것이 더 합리적인 대책인지 토론해야 한다. 이런 토론을 거쳐 테제와 안티테제를 포괄하는 진테제를 끌어낸다. 시간이 걸리더라도 진테제를 끌어내는 과정에서 혁신적인 대안이 도출되기도 한다. 창의성은 이러한 대화와 토론에서 발휘된다.

- 보편지급론(테제): 선별지급을 하면 공무원이 알 수 없는 사각지대가 반드시 발생하기 때문에 불공정할 수밖에 없다. 따라서 보편지급이 공정하다.

- 선별지급론(안티테제): 보편지급을 하면 피해가 전혀 없는 부자들에게도 지원해야 한다. 따라서 공정하지 못하다.

그렇다면 어떻게 하는 게 좋을까?

- 보편지급론(테제): 부자들에게 보편지급을 하더라도 일정 금액 이상으로 소득이 있는 사람들에게서 국세청의 연말정산이나 종합소득세 납부 시 지원금을 회수하면 된다.
- 선별지급론(안티테제): 어쨌든 보편지급을 하면 돈 많은 부자들에게도 지원해야 하기 때문에 피해가 큰 어려운 사람들에게 더 지원할 금액이 줄어든다.

이런 주장에 대해서는 어떻게 하는 게 좋을까?

- 보편지급론(테제): 선별의 기준을 소득과 자산 규모로 한다면 특히 건강보험료를 기준으로 하더라도 지금의 상황에 의한 것이 아니다. 과거 기준으로 선별하는 것이기 때문에 어차피 불공정하므로 보편지급이 더 공정하다.
- 선별지급론(안티테제): 보편지급은 부자든 가난한 사람이든 동일하게 지급하는 것이라서 어렵고 가난한 사람에게 더 많이 지급하는 것이 도덕적으로도 올바른 방법이다. 건강보험료를 기준으로 하면 크게 문제 될 것이 없다.

자, 이런 주장에는 어떻게 해야 하나?

- 보편지급론(테제): 단순히 어려움을 겪는 사람들뿐만 아니라 온 국민에게 소멸성 지역화폐로 지급하면 경제활성화 효과도 있다. 선별에 따른 행정비용도 절약할 수 있다.
- 선별지급론(안티테제): 선별지급이라야 한다. 더 큰 손해를 입은 소상공인들을 선별해 지급해야 한다. 보편지급은 재정 안정성을 훼손하기 때문에 곤란하다. 보편지급은 직을 걸고서라도 막을 것이다. 국민이 공짜 돈맛을 알면 고치기 어렵다.

우리의 상황은 보통 이렇게 전개되고 만다. 이쯤 되면 토론이 불가능해진다. 생떼를 쓰기 때문이다. 학교에서 서계차경의 훈련을 받아 승패 상황에서 패하면 안 된다고 생각한다. 패하는 것은 죽음이나 마찬가지다. 억지를 써서라도 이겨야지 지면 안 된다고 믿는다. 선별지원이 소신이라고도 말하면서 상대방에게 더 이상 말을 못 하게 할지도 모른다.

토론이란 이래서는 안 된다. 항상 사안의 본질에 근거해 서로 합리적 근거와 기준을 가지고 접근해야 한다. 새로운 혁신의 경우에 합리적 기준을 마련하기 어렵다면 실험해보면 된다. 그러면 다음과 같이 보편지급과 선별지급 중에서 어느 것이 더 합리적인지 판단하는 근거와 기준을 마련할 수 있게 된다.

- 보편지급론(테제): 그러면 이렇게 하자. 코로나19 상황이 적어도 1년 이상 상당 기간 지속될 것으로 예상되니 몇 차례로 더 재난지원금을 지급하기로 하고 보편지급과 선별

지급을 교차로 실행해 그 효과를 조사해보자.

- 선별지급론(안티테제): 좋다. 그러면 재난지원금의 효과를 시민만족도, 행정비용, 사각지대의 규모, 골목상권의 경제 활성화 등에 어느 정도 기여하는지를 측정해서 다음번 재난지원금 지급 시에 참고해서 결정하도록 하자.

- 새로운 지급론(진테제): 그러면 다음 기회에는 소멸성 지역 화폐로 지급해서 어떤 효과가 있는지 조사해보자. 그다음 에는 선별지원을 해서 그 효과를 비교해보자. 또 다른 한 방법을 더 조사해보자. 보편과 선별을 동시에 함으로써 어떤 차이가 생기는지도 조사 연구하도록 하자.

우리가 이런 수준의 대화와 토론을 한다면 창조적 합의, 즉 진테 제를 끌어낼 수 있다. 서로 자신의 견해를 양보하지 않으면서도 테 제와 안티테제를 포괄하는 새로운 대안을 만들어낼 수 있을 것이다. 여기서 우리는 대화와 토론의 보람을 느낄 수 있다. 이것이 바로 모순과 모순의 대결에서 서로 갈등과 다툼으로 또는 극단적 대결로 끝내는 것이 아니라 더 나은 창조적 대안으로 만들어가는 방법이다. 고대 그리스인들이 생각했던 것을 근대적으로 재해석한 헤겔의 변증법dialectic이다. 일본인이 변증법이라고 어려운 말로 번역하는 바람에 우리가 그대로 쓰고 있다. 고대 그리스인들의 일상적인 대화법이었다. 대화법 자체가 변증법이어야 한다.

변증법은 일방적인 주장이나 소신을 말하는 것이 아니라 더 합리적인 대안을 찾아가는 대화와 토론방식을 말한다. 우리는 학교에서 이런 대화와 토론방식을 거의 배우지 않는다. 게르만 모형의

의사결정은 합의를 거친다(Kollegialprinzip)

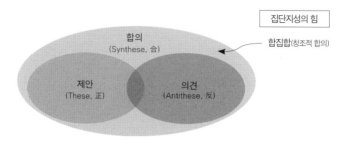

집단지성의 힘

합의
(Synthese, 合)

합집합(창조적 합의)

제안
(These, 正)

의견
(Antithese, 反)

정반합의 변증법에 따른 대화, 토론, 기록
→ 합의의 원칙: 평등한 네트워크 조직

합의한다는 것은 서로 다른 대안의 합집합을 구하는 창조적 과정이다.

국가들과 북유럽 국가들의 학교에서는 끊임없이 이런 토론방식을 가르친다. 변증법적 대화의 기술을 배운 아이들이 학교를 졸업하고 직업을 가지면 직장에서도 똑같은 방식으로 토론하면서 합의의 원칙을 실천한다. 지시와 명령이 없다는 말은 여기서 나온 것이다.

독일 연방총리 직무수행의 세 번째 원칙이었던 합의의 원칙이 바로 대화와 토론을 통해 더 합리적인 대안을 찾아 연방정부가 언제나 한목소리를 내야 한다는 원칙이다. 여기에는 어떤 강압도 없다. 이것을 합집합적 합의 또는 창조적 합의라고 한다.

그러나 우리는 자신의 견해를 한 발씩 양보해서 교집합적 합의 또는 타협적 합의를 하는 경우가 많다. 그런데 이는 위험한 합의다. 테제와 안티테제에 좋은 요소들이 있을 수 있다. 교집합적 합의를 하는 경우 좋은 요소들이 제외될 수 있기 때문이고 합의 이후에도 쌍방의 불만으로 합의가 파기될 위험성이 높다. 사안의 본질로 돌아가서 시간이 걸리더라도 창조적 합의를 하는 것이 가장 바람직하다. 유능한 인재는 이런 과정을 거치면서 육성된다.

6장

인재의 역량진단과
리더십의 본질

대부분 인사관리의 핵심은 인사고과에 있다고 생각한다. 인사고과에서 좋은 점수를 받아야 좋은 자리로 옮길 수 있고 승진도 먼저 할 수 있기 때문이다. 민간기업이든 공공기관이든 구성원들의 모든 에너지를 빨아들이는 것은 승진이다. 승진에 목을 매다시피 한다. 왜 그럴까? 승진할수록 권한과 권력이 많아지고 하위직에게 일을 마음대로 시킬 수 있고 급여가 오르고 사회적 권세를 누릴 수 있기 때문이다. 한마디로 돈과 권력과 명예를 한꺼번에 누릴 수 있다. 많은 사람이 이것을 당연시하고 세상의 모든 이치가 이렇게 작동하는 것으로 생각한다.

여기서 다시 내 경험을 말해야겠다. 1986년 독일연방은행 연수 때 일선 이코노미스트들이 과장으로 승진하는 것을 그렇게 달갑게 여기지 않는다는 것을 알았다. 이것 또한 충격적이었다. 그들은 왜 승진에 목을 매지 않을까? 승진할수록 일이 힘들어진다는 것이다. 더 중요하고 더 무게감 있는 일을 스스로 해야 한다. 여기에 더해 일선 이코노미스트들의 조사연구 과제에 대해 피드백과 코멘트를 해야 하는 양은 늘어난다. 과장으로 승진했다고 해서 위세를 부릴 수 없는데다 이코노미스트들과는 언제나 수평적인 관계에서 일해야 한다. 급여가 조금 더 많아지지만 그에 따른 업무량은 훨씬 더 많아진다.

당시 나는 내 문제의식을 풀어줄 열쇠가 여기 있다고 생각했다. 인사조직 현상에 관심이 많았던 터라 인사와 관련된 질문을 많이 했다. 연수담당자는 나에게 두툼한 인사기록철을 보여주었다. 대략 경력 10년 차인 어느 직원의 인사기록이었다. 이 기록에는 평가점수나 평가등급 같은 것은 없었다. 관련자들이 휘갈겨 쓴 내용뿐이었다. 자기들끼리는 알아볼 수 있을지 모르겠으나 내가 알 수 있는 독일어 단어는 거의 없었다. 마치 갯벌에 여러 마리의 지렁이들이 지나간 흔적처럼 보였다.

나는 이걸로 인사고과를 한다는 것에 큰 충격을 받았다. 지금도 그렇지만 당시 우리의 인사고과는 강제 배분된 비율에 따라 서열을 매기는 방식이었고 점수와 등급이 없는 인사고과가 가능하다는 사실은 상상해본 적이 없었던 탓이다. 우리의 인사고과가 강제적이고 폭력적이고 비인간적인 방식이라는 것을 처음으로 깨달았다. 독일의 인사조직은 우리와는 전혀 다른 패러다임이었다.

이제 역량진단 절차에 대해 간략히 정리하자. 역량진단은 다음과 같은 루틴을 따른다.

역량진단 절차

1. 진실한 인사기록
2. '성취예측모형'과 역량사전
3. 역량진단 결과의 해석과 합의
4. 역량진단 결과 보고서 작성
5. 진실한 리더십

첫째, 진실한 인사기록이 없이는 어떤 역량진단도 불가능하다. 수평적 네트워크 조직으로 탈바꿈하지 않는 한 진실한 인사기록을 남긴다는 것은 현실적으로 매우 어렵다. 그러므로 순환보직(정기적인 인사이동), 지시명령, 인사고과라는 세 가지 폐습을 없애야 한다. 왜 그런지는 곧 이어서 설명한다.

둘째, 거듭 강조하거니와 모든 인사는 진실한 인사기록을 확보하는 데서부터 시작된다. 인사기록과 함께 성취예측모형과 역량사전이 필요하다. 역량사전은 이 책 말미에 부록으로 첨부하였다. 물론 역량사전을 능숙하게 활용할 수 있을 정도로 훈련된 컨설턴트도 필요하다.

과거의 인사기록에서 중대한 사건들을 추려서 역량사전에 근거하여 코딩한다. 혹시 진실한 인사기록이 없는 경우 차선책은 앞서 2장에서 대인이해력이라는 역량요소를 설명하면서 예로 들었던 대학 신입생 선발인터뷰와 같은 종류의 행동사건인터뷰를 통해 진단한다. 이런 인터뷰는 대개 후보자 한 명당 2~3시간 정도 소요된다. 필요한 경우 몇 차례 더 인터뷰를 할 수도 있다.

셋째, 역량진단 결과에 대한 다수의 컨설턴트들 사이에 해석의 차이가 있을 경우 합의하는 절차를 거친다. 훈련된 컨설턴트라도 진단 결과에 미세한 차이가 있을 수 있어서 그들 간의 토의를 통해 합리적인 합의안이 도출되어야 한다. 이때 합의안에 이르게 된 경위를 반드시 기록에 남겨야 한다. 이런 기록이 장기간 충분히 축적되면, 역량요소들 간의 중요도와 역량요소별 수준의 변화 등을 고려하여 역량사전을 업데이트할 수 있게 된다.

넷째, 역량진단의 합의된 결과를 역량프로필로 만든다. 역량프로필을 그리는 특별한 양식은 없다. 73쪽의 역량프로필 양식을 참조할 수 있지만, 누가 보더라도 잘 알 수 있도록 역량요소별 수준별 그래프로 나타내면 된다. 이 프로필을 요약 정리한 역량진단 보고서를 작성한다. 보고서 작성의 목적은 두 가지다. 인사권자에게 제출하기 위한 것과 당사자 본인에게 피드백하기 위한 것이다.

다섯째, 이 모든 과정을 제대로 거쳐 온전한 조직운영을 위해서는 진실한 리더십이 필요하다. 여기서 가장 중요한 것은 거듭 강조하지만 진실한 기록이다. 최초의 기록 자료가 진실하지 않다면 그 후에 진행된 모든 진단과 평가는 물론 온전한 조직운영이 불가능하다. 우리는 지금 그런 상태에 있다. 인사실패는 진실한 기록의 부재에 기인한다.

성취예측모형의 궁극적 목적은 조직의 생산성과 창의성을 높이는 것이다. 이 책의 마지막 장을 리더십으로 끝맺는 이유는 진실한 리더십만이 지금까지 설명한 성취예측모형의 사상과 철학에 바탕을 둔 비전과 전략을 실현할 수 있기 때문이다.

우리에게 필요한 것은 진실한 기록에 근거한 진실한 리더십이다. 진실한 리더십이란 조직설계와 조직운영의 원칙과 계명을 철저하게 따르는 것을 말한다. 이는 구성원들에게 생명을 부여하고 투명하게 일할 수 있는 환경조건을 정비하는 것이다.

1

진실한 기록

서양 언어에서 진리와 진실은 같은 단어를 쓴다. 영어의 트루스 truth는 진리 또는 진실로 번역되고 독일어 바하이트Wahrheit도 마찬 가지다. 진리는 영원한 것이고 진실은 일시적인 것이 아니다. 우리 말에서만 이 둘이 마치 다른 것처럼 사용하는데 굳이 그럴 필요가 없다. 모든 학문과 문학과 종교는 진리를 추구한다. 예수의 가르침 을 생각해보면 정말 그렇다. '진리를 알지니 진리가 너희를 자유롭 게 하리라(「요한복음」 8장 32절).'

세상사의 모든 것에는 진리 곧 진실이 있다. 이를 기록함으로 써 우리 공동체를 구할 수 있게 된다. 앞에서 누누이 강조했듯 우 리 사회가 거짓과 가짜를 생산하도록 유인하게 된 원인은 서계차 경 때문이다. 더 높은 서열을 차지해야 하는 계급적 차별 사회에서 는 서로 경쟁할 수밖에 없고 그에 따른 사실 왜곡은 오히려 자연스럽다. 조직이나 공동체의 가장 큰 문제는 진실을 기록하지 않는 데 있다. 어떤 사태의 손익에 대한 평가와 판단은 나중에 해도 늦지 않다. 중요한 것은 진실이다. 타당성과 신뢰성이 없는 인사고과 양식에다 인사권자의 개인적 취향에 따라 꿰맞추는 방식의 평가는 그만두어야 한다. 그러면 어떻게 할 것인가? 인사조직의 핵심 이슈 또한 사실과 진실을 제대로 기록하는 것이다.

사실과 진실을 위하여

사실$_{\text{fact}}$이란 실제로 있었던 것을 의미한다. 여기에 인간중심적 또는 인간부합적 서사$_{\text{narrative}}$를 붙인 것이 곧 진실 또는 진리다. 우리가 『성서』의 기록을 진실 또는 진리라고 말하는 이유는 2,000년 전 팔레스타인에서 벌어진 사건들에 인간부합성$_{\text{Menschengerechtigkeit}}$을 가진 서사로 기록했기 때문이다. 신화도 마찬가지다. 누군가 창작했거나 전승해온 서사를 정리한 사건에 인간부합적인 것들을 붙여 다양한 해석을 만들어낸다. 인간부합성이란 어떤 사실이 인간의 존엄성에 부합해야 한다는 것을 말한다. 인간사에서 벌어지는 거짓, 조작, 왜곡, 아첨, 배신 등은 인간부합적일 수 없다. 왜 그런가? 인간의 존엄성이 훼손되기 때문이다. 이런 비틀린 사회를 진리에 부합하도록 만들려면 당연히 우리의 현실에서 인간부합적인 것을 당위로 받아들여야 한다.

우리 헌법에는 인간부합적인 규정과 명령이 아주 많다. 제31조에는 "모든 국민은 능력에 따라 균등하게 교육을 받을 권리를 가진다." 또 제34조에는 "모든 국민은 인간다운 생활을 할 권리를 가진다."고 규정해두었다. 이 두 조문으로도 불안했던지 헌법을 만든

이들은 제35조에 "모든 국민은 건강하고 쾌적한 환경에서 생활할 권리를 가지며"라고 한 번 더 쐐기를 박았다. 이것은 마땅히 지켜야 할 당위다. 이렇게 우리 헌법은 인간부합적인 명령으로 넘친다. 그러나 우리의 현실은 헌법의 조문들이 거의 실현되지 않고 있다.

인간은 본래 자유롭고 독립적이고 자주적이며 평등하게 태어났다는 사실과 앞으로도 계속 그래야 한다는 사실은 이 지구 어디에서나 인간에게 주어진 보편타당한 이성의 명령이다. 여기서 우리는 이런 질문을 해야 한다. 왜 당위로 규정된 것이 현실에는 존재하지 않는가? 왜 우리는 인간으로서 마땅히 누려야 할 당위를 실현하지 못하고 있는가? 그 원인은 분명하다. 경험적으로도 인지가 능하고 객관적으로도 설명가능한 현실적 사태와 인간의 본성에서 비롯된 존엄성 사이에 커다란 간격이 있기 때문이다. 다시 말하면 우리의 능력으로 마땅히 이루었어야 할 당위와 지금 벌어지는 참혹한 현실 사이의 간격을 우리의 정신과학이 메우지 못하기 때문이다.

나는 여기서 우리의 학문을 에드문트 후설Edmund Husserl처럼 다시 검토해야 한다고 생각한다. 후설은 대략 100년 전쯤 인간을 사물처럼 대하는 실증적 학문 풍토에 대해 경고했다. 그는 『유럽 학문의 위기와 선험적 현상학』이라는 기념비적인 저작을 출간했는데 핵심은 인간을 인간으로 대접하는 학문으로 전환해야 한다는 것이었다. 후설은 대안으로 현상학을 제시했다. '사태 자체로zu den Sachen selbst'라는 말은 '현상 그 자체가 본질이고 현상이 곧 진리를 드러낸다.'는 의미다.

우리의 일상생활은 늘 어떤 사건에 부딪힌다. 일상에서 지루하게 반복되는 사건도 있고 일회적이고 충격적인 사건도 있다. 이 사건을 사실 그대로 기록하려면 약간의 훈련이 필요한데 그렇게 어렵지 않다. 직무 상황에서 조직구성원이 사실을 기록하는 것은 일상의 업무수행과 관련한 피드백과 코멘트를 하는 것이다. 민주화된 조직이라면 어떤 직무라도 단독으로 또는 일방적인 지시와 명령으로 업무를 수행할 수 없다. 직무담당자는 자신의 이니셔티브든 일상의 지루한 과제든 주변의 업무 관련자들의 의견을 모아 가장 합리적인 대안을 모색해야 한다. 주변의 관련자들은 담당자에게 피드백과 코멘트를 해야 한다. 그것이 바로 구성원들 간의 연대와 보충의 정신을 발휘하는 것이고 협력의지가 공유되는 현상이다.

계급구조의 명령과 통제에 시달리는 구성원들은 연대와 보충의 정신을 구현하는 것이 불가능하다. 이런 피드백과 코멘트는 수평구조에서 이루어지는 독립된 자율적 주체들이라야 가능하다. 직무담당자는 자신이 추진해야 할 과제와 관련된 동료와 이해관계자들에게 피드백과 코멘트를 구하고 그것을 반영해 의사결정을 한다. 서로 피드백과 코멘트를 하는 것은 구성원으로서의 의무다. 그 사안에 대해 반대할 수도 있고 다른 의견을 제시할 수도 있다. 단순한 의견일 수도 있다. 하지만 이 모든 것은 언어로 기록되어야 한다. 이 모든 것이 곧 인사기록이 되기 때문이다. 이 기록이 여러 해 축적되면 그 기록만으로도 직무담당자의 역량을 진단할 수 있다. 직무수행 과정에서 사실 발견의 노력이 있었는지, 자기인식에 따른 미래지향적인 깨달음이나 창의성이 발휘됐는지, 열린 지평으로서 역사의식과 시대정신이 의사결정에 반영됐는지를 이해하게 된다.

그러나 우리에겐 이렇게 역량을 진단할 수 있는 어떤 기록도 없다. 인사고과 양식에 쓰인 등급이 고작이다. 이런 양식과 등급이 아무리 많이 쌓여도 역량진단은 불가능하다. 설사 그런 기록으로 역량을 진단하더라도 그건 신뢰할 수 없다. 서계차경의 상황에서 기록된 것이어서 조작되고 왜곡됐을 가능성이 크기 때문이다. 한때 360도 피드백이라는 평가모듈을 도입해봤지만 사실 부작용만 발생했다. 왜 그런가? 서계차경의 함정에 빠져 있는 상태에서 실행했기 때문이다.

아무리 수평구조의 네트워크형 조직이라도 피드백과 코멘트 기록이 과연 타당성과 신뢰성을 담보할 수 있는가 하는 의문이 생긴다. 물론 여기에도 왜곡과 조작이 있을 수 있다. 왜 없겠는가? 불완전한 인간의 행위는 늘 정도의 차이가 있을 뿐 왜곡이 있을 수 있다. 그러나 내 경험상 업무수행 과정에서의 피드백은 왜곡이나 조작이 거의 일어나지 않는다. 왜 그럴까? 피드백이 잘못되면 본래의 과제에 치명적인 영향을 미치고 그 영향에 따라 의사결정이 바뀌면 피드백한 사람에게도 영향을 주기 때문이다. 물론 그 과제 담당자가 일차적으로 책임을 져야 한다. 하지만 동료에게서 받은 피드백의 영향으로 좋지 않은 결과가 나왔다면 그가 왜 그런 잘못된 피드백을 주었는지를 살펴볼 것이기 때문이다.

이렇게 피드백과 코멘트를 통한 직무수행의 합리화는 적어도 다음과 같은 세 가지 전제조건이 갖추어져야 한다.

첫째, 정기적이고 일방적인 인사이동이 없다.
둘째, 상위자의 일방적인 지시명령이 없다.
셋째, 상위자의 일방적인 인사고과가 없다.

이 세 가지 전제조건이 무엇을 의미하는지 간단히 살펴보자.

순환보직 관행을 없애야 한다

왜 정기적으로 인사이동을 할까? 그것은 누군가를 승진시켜야 하기 때문이다. 승진하기 위해서는 꼭 거쳐야만 하는 자리가 있다. 대개 기획, 총괄, 전략, 조정이라는 이름이 붙은 자리다. 실제로는 상위직의 비서실 역할을 하는 자리라서 상위직의 신망을 받아야 하는 자리다. 일단 그 자리에 가면 승진이 가까워졌다는 의미다. 누구를 후임자로 앉힐 것인지는 철저하게 인사권자에게 달려 있다. 그러니 권력이 상위직에 집중될 수밖에 없다. 승진하면 권력, 돈, 명예만 따라오는 게 아니라 일하지 않아도 된다는 기막힌 특권을 누릴 수 있다. 일은 죄다 하위직에게 시키면 되기 때문이다. 자신은 다음번 인사에서 더 좋은 자리로 가기 위해 조직 내외의 다양한 정치활동에 전념할 수 있게 된다. 우리 사회는 자기 직무에서 유능한 사람보다 이렇게 조직 정치에 능한 사람들이 출세하는 구조로 되어 있다.

이런 순환보직 관행의 가장 큰 문제는 구성원들이 직무의 전문성을 갖지 못한다는 점이다. 이것이 치명적이다. 관료 생활을 오래한 사람들은 의외로 비전문적이라는 특징이 있다. 물론 그렇지 않고 전문성을 갖추기 위해 노력하는 관료들도 가끔 있다. 하지만 이런 사람들은 쉽게 출세하지 못한다. 대개는 자기 직무와 관련해 역사적 맥락과 시대적 흐름에 대해 거의 모르거나 지식이 얕다. 식사

자리에서 간략하게 자신의 견해를 펼칠 수 있는 수준이다. 10분 이상 자신이 맡고 있는 직무의 비전과 전략에 관해 설명할 능력이 없다. 그러니 먼 미래를 보고 전략적으로 판단할 수 있는 능력이 없다. 역량요소로 진단하자면 미래지향성이 거의 없다. 중앙부처의 과장만 되어도 자신의 다음 행보에만 관심을 두고 있다. 인사조직 분야의 선진국인 게르만 모형을 활용하는 국가의 관료들은 적어도 자기 분야에서 압도적인 전문성을 가지고 있어서 생산성이 높을 수밖에 없다.

순환보직의 장점을 말하는 사람들이 있다. 양지와 음지를 정기적으로 바꿔줘야 한다는 것이다. 양지에 오랫동안 있으면 그곳에서 부정부패가 생길 우려가 있으니 정기적으로 자리를 바꿔줘야 한다는 주장이다. 부정부패를 순환보직으로 막을 수 있다는 발상 자체가 큰 문제다. 모든 업무를 정해진 절차에 따라 수행하고 투명하게 공개한다면 부정부패가 생길 수 없다. 고질적인 순환보직 관행을 이제는 끊어야 한다.

지시명령을 못 하게 해야 한다

총괄, 지휘, 감독이라는 것은 식민모국에서 식민지로 파견 나간 총독에게나 적합한 용어다. 해방되고 문명화된 세상에서 멀쩡한 이성을 가진 우리나라 사람들끼리 누가 누구를 총괄, 지휘, 감독한다는 말인가? 어처구니없는 일이다. 총괄, 지휘, 감독한다는 법조문을 모두 삭제하고 각자 독립된 자율적 주체로서 일할 수 있도록 해야 한다. 물론 사람에 따라서는 총괄, 지휘, 감독한다는 의미를 리더십을 발휘하는 것으로 해석할 수도 있다. 그러나 현대적 의미에서 리더십은 총괄, 지휘, 감독한다는 의미와는 거리가 멀다. 지휘라는 용어에 약간의 리더십 개념이 들어 있기는 하지만 정확한 용어는 아니다. 그래서 외래어지만 그냥 리더십, 팀 리더, 팀 멤버, 팀 스피릿, 팀워크 등으로 쓰는 것이 의미 전달에 있어 명확하다.

현대적 의미의 리더십은 두 가지이다. 첫째 모든 구성원이 이성의 기능을 마음껏 발휘할 수 있도록 생명을 불어넣는 행위이다. 둘째 높은 생산성과 창의성을 발휘할 수 있는 환경조건을 정비하는 행위이다. 생명을 불어넣는다는 말은 인간 이성이 사태의 진선미를 분별하여 종합·판단할 수 있는 능력을 교육하고 육성한다는 의미다. 다시 말해 직장에서 이성의 기능이 마음껏 발휘될 수 있는 문화를 조성하는 것을 뜻한다. 군사문화가 아직 남아 있는 우리 사회에서 교육하고 육성한다는 말이 마치 훈련소 교관이 훈련병들에게 위협하고 윽박지르는 방식으로 알아들을까 조심스럽다.

직장에서 이런 일이 흔히 일어나고 있다. 직장 내 괴롭힘의 문제는 생각보다 심각하다. 정말 부끄러운 일이다. 하루빨리 없어져야 한다. 문명화된 국가에서 훈련을 명목으로 갑질문화가 다반사로 발생한다. 타인의 존재방식과 노동 형태에 영향을 주는 경우에는 반드시 대화와 토론을 거쳐 합의하는 관행이 정착되어야 한다. 이것이 성숙한 민주주의다.

환경조건을 정비한다는 말은 조직설계의 세 원칙에 따른 조직운영을 의미한다. 즉 분권화, 자율성, 네트워크는 총괄, 지휘, 감독 없이도 조직의 생산성과 창의성을 발휘하게 하는 원칙이다. 이 세 원칙에 따라 조직을 설계했다면 총괄, 지휘, 감독의 관행은 자연스럽게 사라진다.

총괄, 지휘, 감독이라는 용어가 없다는 말이 곧 지시명령이 없다는 말이다. 이것은 모든 구성원이 자율적으로 자신의 일을 처리한다는 것이다. 그런데 도대체 자율적으로 일을 처리한다는 것은 무엇을 어떻게 한다는 말인가? 자신의 일을 주도적으로 처리한다는 말이다. 모든 직무담당자에게 주도적으로 처리해야 할 과제를 준다는 의미다. 하위직이나 다른 사람에게 떠맡길 수 없고 직무담당자 자신만이 해야 할 고유한 과제가 있다는 뜻이다. 주도적으로 처리해야 하는 그런 과제를 이니셔티브라고 한다.

예를 들어보자. 여러 차례 언급했던 독일의 빌리 브란트는 연방총리로 취임하면서 두 개의 이니셔티브를 정했다. 하나는 냉전 시대를 종식하는 동방정책이었다. 다른 하나는 '더 많은 민주주의를 감행한다.'는 슬로건을 추진하는 것이었다. 독일 사회의 모든 분야에 더 강력한 민주화 정책을 추진하겠다는 것, 말하자면 민주주의를 민주화하겠다는 것Demokratisierung der Demokratie이었다. 이 두 가지 이니셔티브는 엄청난 프로젝트였다. 그는 독일 헌법에서 규정한 연방총리의 직무범위인 국가운영방침을 정하고 연방장관들의 서로 다른 의견들을 수렴하여 하나의 합의안을 도출하는 것으로 만족하지 않았다.

그가 추진했던 동방정책에 대해서는 많이 알려졌지만 민주화 정책에 대해서는 거의 알려져 있지 않다. 브란트 이전의 독일은 서방 세계에서 볼 때 대단히 민주화된 국가였다. 그럼에도 더 많은 민주화를 위해 독일의 민주주의 자체를 민주화하겠다는 결의였다. 그러나 아무도 무엇이 어떻게 바뀔지 잘 몰랐다. 동방정책과 민주주의를 민주화한다는 것이 무엇인지는 빌리 브란트가 퇴임한 후에야 알게 됐다. 그는 4년 반이라는 짧은 기간 연방총리로 재직했다. 하지만 동서독 통일의 기반을 닦았고 민주시민을 기르기 위한 정치교육의 기반을 만들었다. 또한 노동자의 권리를 강화하기 위한 공동결정제도를 만들어 민주주의의 굳건한 토대를 놓았다. 오늘날 노동시간이 가장 적은 경제 대국 독일이 되도록 기초를 닦았다. 그는 국가운영의 구조와 시스템을 새롭게 정초한 인물이었다. 이니셔티브란 이런 것을 말한다. 고위직일수록 역사의식과 시대정신을 반영한 자신만의 이니셔티브가 있어야 한다. 이런 이니셔티브를 가지고 있지 않다면 시민들이 원하는 사회적 성취는 불가능하다.

고위공직자로서 자신만의 이니셔티브가 없다면 그것은 품의제도하에서 모든 것을 하위직에 떠넘기고 무임승차를 하려는 것이다. 우리 정부조직은 이미 다음에 더 좋은 자리로 가기 위해 조직정치를 하는 사람들이 대부분인 관료사회로 고착됐다. 정치인들은 이런 강고한 관료사회를 전혀 장악하지 못하고 있다. 그들의 사회적 성취에 관한 진실한 기록마저 없는 상태에서 누가 얼마나 유능한지 어떻게 역량진단을 할 수 있겠는가?

인사고과를 없애야 한다

인사고과에 불만이 많다. 왜 그럴까? 직장생활을 하는 사람들은 인사고과가 공정하지 않다는 것을 다들 알고 있기 때문이다. 실제로도 공정하지 않다. 왜 공정하지 않을까? 평가할 수 없는 것을 평가하기 때문이다. 대개 인사고과에는 성과평가와 역량평가 항목이 있다. 이 모든 항목은 계량화된 수치로 상대평가를 하거나 주관적인 평가항목으로 판단하기 때문에 타당성과 신뢰성을 담보할 수 없다. 정부는 1990년대부터 지금까지 거의 30년 가까이 컨설팅 회사에서 인사평가와 관련된 여러 차례 컨설팅을 받았을 텐데도 결과는 언제나 똑같았을 것이다. 문제를 일으킨 관점에서 벗어나지 않는 한 무슨 수를 써도 그 문제를 해결할 수 없다.

그런데 왜 이런 불합리하고도 신뢰할 수 없는 근무평가를 계속하고 있을까? 대안이 없다고 생각하기 때문이다. 근무평가가 없다면 어떻게 급여 보상을 할 것인가를 걱정한다. 결론만 얘기하자면 직종별, 근무경력별 급여 보상 테이블에 따라 지급하면 된다. 구태여 고과등급에 따라 나눠주는 몇 푼의 성과급 때문에 구성원들을 기분 나쁘게 만들 필요가 없다. 근무평가가 불필요하다는 생각 자체를 못 하는 것은 상상력의 부족이다.

또 인사고과를 없애는 것에 놀라는 사람들은 그러면 어떻게 하위직들을 통솔하느냐고 물을 것이다. 장담하건대 총괄, 지휘, 감독하기 전보다 훨씬 더 높은 생산성과 창의성을 발휘할 것이다. 인간은 본래 이성적이고 자율적인 존재로 태어났기 때문이다. 인사고과를 없앤다는 말은 곧 성과급 같은 경쟁주의적 요소를 모두 없애야 한다는 뜻이다. 그 대신 각자가 맡은 직무의 역할과 책임을 명확히 하면 된다. 그리고 그 역할을 잘 감당할 수 있도록 서로 건강한 네트워크를 형성하여 정보를 공유하고 피드백하면서 견제와 균형의 원리가 작동하도록 하면 직무에서 탈선하는 경우는 거의 발생하지 않는다. 만약 부정부패의 길로 탈선했을 때는 처리하는 방법이 있다. 5장에서 사법개혁의 하나로 법원 조직설계를 설명하면서 삼중방어선을 언급했다. 행정개혁도 마찬가지다. 탈선하면 어떤 경우에도 패가망신한다는 사실을 모든 공직자가 알도록 해야한다.

평가와 판단이 없는 기록만이 진실하다

인사조직이론은 인간에 관한 이성주의와 실존주의 그리고 현상학과 해석학에 이르는 방대한 철학적 배경에 기초하고 있다. 이성주의는 칸트 철학에 근거하고 있으며 칸트에서 출발한 이성주의 철학은 여러 실존주의 철학자들에게 영향을 끼쳤다. 인간을 '실존적 존재'라고 말했을 때 실존existence이란 우주의 자연처럼 그냥 존재하는being 것이 아니라 이 세계를 규정하는 존재로서 삼라만상에 가치와 의미와 목적을 부여하는 존재라는 의미다. 그러니까 인간은 세상의 존재물들을 존재케 하는 존재라는 의미에서 '실제로 존재하는 존재'라고 할 수 있다. 이 우주의 삼라만상은 실존하는 인간의 부르심을 지금도 기다리고 있는 셈이다. 그래서 일본인들이 이그지스턴스existence를 존재라고 번역하지 않고 실존實存이라고 번역했고 우리가 그대로 사용하고 있다.

이러한 실존주의는 인간이 사물처럼 존재하거나 짐승들처럼 생존하는 것으로 만족하지 않는다는 사실을 가르쳐주고 있다. 삶의 이유를 찾고 가치와 목적을 추구하는 삶을 살아간다는 것을 분명히 한다. 그렇다. 인간에게는 분명 만나는 대상뿐 아니라 자신의 삶에도 의미와 가치와 목적을 부여하는 의식이라는 정신이 있다. 실존주의 철학은 모든 인간은 자신의 삶에 주인이 되어야 하며 자신의 실존에 대해 전적인 책임을 져야 한다고 가르친다. 이것이 그토록 중요한 이유는 그래야만 인간이 삶에서 의미와 가치와 목적을 찾고 행복할 수 있으며 비로소 인간의 존엄성이 드러나기 때문이다. 인사조직이론은 이러한 철학을 받아들여 독립된 자율적 주체로서 일하도록 직무와 조직을 설계한다.

인간은 각자 자신이 처한 환경에서 고유한 '실존적 체험', 즉 의미와 가치와 목적을 부여하는 삶을 살아간다. 인간의 의식은 언제나 어떤 대상을 향해 움직인다. 의식이 어떤 대상에 닿았을 때 심심함, 무심함, 놀라움, 감탄, 존경, 두려움, 실망, 좌절, 희망, 기쁨 등 다양한 작용이 일어난다. 이것이 실존적 체험이다. 이를 바탕으로 인간은 지향하는 바를 선택하고 삶의 궤적을 형성하며 미래의 방향을 설정한다. 그러므로 누군가의 진실한 모습은 그 사람의 실존적 체험이 드러난 삶의 궤적, 즉 과거에 이미 지나간 행동의 패턴을 통해서만 알 수 있다.

내가 어떤 사람이라고 표명하는 말은 별로 신뢰할 수 없다. 연인들끼리 사랑에 빠져 속삭이는 말은 별로 믿을 만한 것이 아니다. 마찬가지로 그가 무슨 말을 했느냐는 것보다 더 진실한 것은 그의 지속적인 행동 패턴과 일관성 있는 의사결정이다. 이것은 그가 자기인식에 근거한 실존적 체험에서 얻은 역사의식과 시대정신에 기반을 두고 있기 때문이다.

이렇게 인간의 의식을 포함한 모든 정신활동은 자연과학적 인과

관계만으로 설명할 수 없다. 계몽주의 시대 이후 오늘날까지 학문은 수학이나 물리학과 같은 계량화된 모델로써 설명해야만 학문으로 대접받았다. 경영학, 특히 인사관리나 조직관리의 영역에서도 계량화된 방식으로 인간을 통제할 수 있다고 생각했다. 그러나 철학자들은 계량화에 의한 통제방식이 지극히 일부일 수는 있어도 전체를 계량화된 실증모델로 설명할 수 없다는 것을 알게 해주었다. 특히 자연과학이 아니라 사회과학과 인문과학을 포괄하는 정신과학의 경우에는 특히 그렇다.

현상학과 STAIRS

후설은 현상학Phänomenologie의 기초를 만든 천재적인 인물이다. 현상학은 보이는 현상들의 본질적 성격과 그 의미를 이해하고 밝히려는 학문이다. 후설은 계량화된 평가와 판단 없이 '대상이 인간의 의식에 닿았을 때 직관적으로 나타나는 순수한 의식의 작용 현상'을 그대로 기술함으로써 사태의 진실과 본질에 다다를 수 있다고 생각했다. 즉 인간세계에서 벌어지는 다양한 사태는 자연과학적 방법론으로 그 사태의 본질을 해명할 수 있는 것이 아니라 그 '사태 자체가 곧 본질'이라는 것이다. 그러므로 사태 자체를 조작이나 왜곡 없이 있는 그대로 기술하고 묘사함으로써 사태의 본질을 파악할 수 있다.

정말 그렇다. 세월호 사건을 보더라도 사태 자체를 있는 그대로 기술했더라면 본질에 아주 쉽게 다가갈 수 있었을 것이다. 그런데 있는 그대로 기술하지 못하도록 방해한 세력이 있었고 초기 데이터가 오염됨으로써 사태가 미궁에 빠질지도 모르는 상황에 이르렀다. 후설 현상학이 경영학에 주는 메시지는 사태 그 자체에 집중하라는 것이다. 평가하거나 판단하지 말고 있는 그대로 기술하는 것이 중요하다.

여기서 이 얘기를 하는 이유는 역량을 진단하는 진실한 정보를 어떻게 축적하고 얻을 것인가를 알아보기 위해서다. 진실한 기록은 어디서 나오는가? 어떤 사건$_{event}$이나 사태$_{situation}$가 발생했을 때 어떤 일이 벌어졌는지를 평가와 판단 없이 있는 그대로, 즉 의식이 그 사건에 닿았을 때 직관적으로 나타나는 현상을 기록하는 것이 중요하다. 그것이 가장 진실하다. 선입견이 있어도 상관없다. 세상에 선입견이 없는 사람이 어디 있겠는가? 각자의 의식에 나타난 현상을 기록하면 된다.

그러면 어떻게 기록해야 할까? 동료들에게 피드백 또는 코멘트를 보낼 때 간단한 메모를 이렇게 작성하면 된다. 당사자가 어떤 상황$_{Situation}$에서, 어떤 과제$_{Task}$를 맡아서, 어떤 행동$_{Action}$을 했고, 그런 행동을 하게 된 의도$_{Intention}$가 무엇이었고, 그 행동의 결과$_{Result}$는 어땠으며, 그래서 최종적으로 새로운 상황$_{new\ Situation}$이 어떻게 바뀌었는지를 기록하면 된다. 이런 기록 방법을 STAIRS라고 한다. 여섯 항목을 생각하면서 기록하는 것인데 한두 가지 빠졌다고 해서 문제가 되지는 않는다. 신문기사는 누가, 무엇을, 언제, 어디서, 어떻게, 왜라는 육하원칙에 따라 작성하듯이 STAIRS에 따라 기록하면 된다.

어떤 주어진 양식이 있는 것은 아니니 특정한 틀에 맞추려고 애쓸 필요도 없다. 문자 그대로 의식의 흐름대로 STAIRS를 기록하면 된다. 다만 사건에 대해 평가하거나 판단하지 말고 기록하는 것이 중요하다. 이 기록은 개인의 주관적 체험에 의한 기록일 수밖에 없다. 자기인식에 의한 역사의식과 시대정신을 반영한 의식일 수밖에 없다는 의미다. 자기인식에서 비롯된 최초의 의식은 사건마다 사람마다 다를 수 있다. 선입견일 수도 있지만 당면한 사건에 대한 평가와 판단을 최대한 배제하고 최초의 순수한 의식을 기록하는 것이 바람직하다.

이런 기록은 사람마다 다를 수 있고 또 달라도 괜찮다. 의식의 지향성intentionality은 어차피 사람마다 다르기 때문이다. 자신에게 당면한 이니셔티브, 사건, 임무, 과제 등으로 불리는 '사태 자체에 대해' 기록하는 것이 무엇보다 중요하다. 물론 이런 기록이 나중에 어떤 방식으로 어떻게 쓰일 것인지는 아무도 모른다. 심지어 나중에 쓰일지 안 쓰일지도 모른다. 그러니 훗날을 생각할 필요도 없다. 그냥 기록하면 된다.

사실 후설의 현상학은 칸트철학에서 인식가능한 현상계와 현상계의 너머에 있는 인식불가능한 물자체物自體, Ding an sich를 구분했던 것에서 출발한다. 현상학은 인간이 인식할 수 있는 현상 자체에 집중해야 한다는 것이다. 그래서 후설은 우리가 직장생활에서 벌어지는 이니셔티브, 과제, 임무, 사건, 그리고 그 결과 등과 같은 '사태 자체로zu den Sachen selbst'라는 경구를 통해 인간이 인식하는 내용 전체를 절대적으로 확고한 토대 위에 두도록 했다. 각자는 사태를 주관적 의식으로 파악할 수 있지만 여러 사람이 파악한 사태 자체 Sachen selbst는 간주관적間主觀的, intersubjective으로 진실에 도달할 수 있다는 것이다.

1980년대 독일연방은행 연수담당자가 나에게 보여준, 휘갈겨 써서 전혀 알아볼 수 없었던 그 인사기록철이 바로 그런 기록을 담고 있었다. 자신에게만 나타난 현상을 기록하는 것은 일기가 된다. 그러나 각자 직무수행 과정에서 나타난 현상을 직관적으로 기록한 것들이 모이면 그 사건의 전모全貌, Gestalt를 밝힐 수 있다. 이러한 방식으로 사건의 전모를 파악하는 것을 사회과학에서 간주관적이라고 말하며 이는 객관성objectivity을 얻은 것으로 인정된다. 그러므로 학문이 되려면 적어도 간주관성Intersubjektivität을 얻어야만 한다. 이것이 곧 조작과 왜곡이 없는 진실한 정보다. STAIRS에 따른 기록들이 쌓이면 그 기록을 검토하여 훈련받은 컨설턴트들이 관련자의 역량을 진단할 수 있다.

역량진단과 해석학

역량을 진단하려면 적어도 2~3년 정도의 직무수행 과정에서 어떤 사회적 성취가 있었는지를 살펴야 한다. 물론 5년에서 10년 정도의 장기적인 기록을 볼 수 있다면 더 좋다. 여기서 중요한 것은 기록이다. 문서의 기록은 여러 가지가 있다. 그중에서도 의사결정 담당자, 즉 역량진단 대상자(후보자)가 직접 작성한 검토 문서와 의사결정 문서가 가장 중요하다. 역량진단 후보자가 동료들에게 받은 코멘트와 피드백 문서들 중에서 STAIRS에 따른 자료와 후보자가 직접 동료들을 위해 작성한 코멘트와 피드백 기록이 필요하다.

STAIRS에 적합한 것들을 분석해 코딩할 때 텍스트만 가지고 성취지향성, 개념적 사고, 미래지향성, 정직성실성, 대인영향력 등으로 직접 코딩해서는 안 된다. 어떤 사람의 인생을 분절하여 부분으로 판단하는 것은 매우 조심해야 한다. 그런 문장들이 쓰이게 된 맥락context을 살펴야 한다. 문장 자체가 아니라 그 문장의 맥락을 본다는 것은 그 문장을 포함한 인생의 궤적 전체를 해석하는 일이기 때문에 해석의 이슈가 생긴다. 어떤 문장을 해석하려면 그 사건의 전체 맥락을 이해했을 때만 올바르게 해석할 수 있고 사건 전체를 이해하려면 문장 하나하나를 제대로 파악해야 한다. 하나의 문장과 사건 전체는 떼려야 뗄 수 없는 관계를 갖는다.

이렇게 문장으로 작성된 기록을 해석하는 것이 역량진단의 최종 단계이기 때문에 해석학은 매우 중요하다. 해석이 곧 평가와 판단을 내리는 역량진단의 마지막 단계다. 역량진단 과정을 시작하기 위해서는 최초의 STAIRS 기록이 중요하고 마무리를 위해서는 기록의 해석이 중요하다. 진실한 기록 자료들을 가지고도 잘못된 해석을 하는 경우가 종종 발생하기 때문에 해석에 주의를 기울여야 한다. 인사실패는 종종 그동안의 기록을 잘못 해석해서 발생하기도 한다.

여기서 우리는 한스 게오르그 가다머Hans-Georg Gadamer의 해석학을 생각할 수 있다. 해석학은 본시 『성서』의 여러 기록을 어떻게 해석하는 것이 옳은지를 판별하기 위해 나온 학문으로서 19세기 와서야 독일 신학자들에 의해 정립되어 지금까지 발전해왔다. 내가 해석학에 관심을 두게 된 계기는 한국에서 독일로 파견된 선교사들의 행태를 경험했기 때문이다. 한국 개신교와 독일 개신교는 분명한 차이를 보이는데 특히 『성서』를 이해하는 방식에서 크게 다르다는 것을 알았다. 한국 개신교는 목사들이 『성서』의 기록을 아전인수격으로 끌어다 제멋대로 가르치는 경향이 있다. 하지만 독일 개신교는 『성서』가 쓰일 당시의 팔레스타인 모습과 20세기 현재의 독일 상황을 비교하면서 오늘의 현실에서 어떻게 살아가는 것이 그리스도인의 모습인지를 가르쳤다. 여기서 과거의 기록을 해석하는 것이 얼마나 중요한지 알 수 있었다.

귀국 후 경영 실무를 하면서 동일한 사태에 대해서도, 특히 인사 문제에서 서로 다른 평가와 판단에 이른다는 사실을 어떻게 해결할 것인지에 주목했다. 실제 내가 근무했던 조직에서도 중요한 자리에 기용할 수 없는 무능한 사람을 높은 자리에 앉히는 때가 많았다. 그러다가 결국 조직이 해체되는 경험도 했다. 공공부문에서도 일종의 탕평책으로 또는 학연과 지연 등으로 알음알음으로 알게 된 무능력한 사람을 적당히 배치하곤 했다. 아니나 다를까. 나중에 다들 고통을 받았다. 역대 모든 정부에서 시민들이 원하는 수준의 강력한 개혁을 이루지 못했던 가장 큰 이유도 인사실패였다.

컨설팅이나 자문을 할 때의 경험을 보더라도 기업규모에 상관없이 기업주들은 충성심을 보이는 아첨꾼들을 옆에 두는 경우가 많았다. 정치판도 그렇다. 예나 지금이나 시민들이 정치판의 '정치인을 보는 안목'이 없어 엉뚱한 사람을 중요한 직위에 선발하거나 임용해서 큰코다치는 경우가 많다. 참으로 안타까운 일이다.

민간부문의 인사실패는 당사자들의 손해와 고통으로 끝난다. 하지만 공공부문의 고위공직자 임용 과정에서 인사실패가 발생하면 치명적인 사회적 손실을 본다. 이런 인사실패의 근본 원인은 세계차경의 함정 때문이지만 직접적인 원인은 사람 보는 안목이 부족하기 때문이다.

사람 보는 안목을 기르려면 '그 사람의 전체'를 보는 눈을 갖도록 해야 한다. 어떤 사건을 제대로 이해하려면 사건 전체를 보아야 하듯이 말이다. 그렇다면 '전체를 본다.'는 것은 무슨 뜻인가? 그 사람이 살아온 인생의 궤적에서 그가 맞닥뜨린 사회적 사건과 그 역할을 함께 본다는 말이다. 어떤 사건에 직면해서 어떤 역할을 맡아서 어떤 의도로 어떤 행동을 했는지 살펴보고 나서 어떤 사회적 성취가 있었는지를 파악하는 것이다. 그럼에도 어떤 사건 하나만으로 그 사람 전체를 이해하기는 어렵다. 하나의 사건은 성인이 된 이후 삶의 궤적 전체를 이해한 후에 제대로 이해할 수 있기 때문이다. 그러나 그 사람의 전체를 이해하기 위해서는 어쩔 수 없이 개별 사건들을 살펴보는 수밖에 없다. 여러 사건의 다양한 맥락과 함께 봐야 한다. 전체를 보려면 부분을 알아야 하고 부분을 제대로 이해하기 위해서는 다시 전체 맥락을 이해해야 한다. 이것이 해석학이 갖는 순환 구조의 특징이다.

그런데 오늘날 영미 계열의 주류 경영학 교수들은 경영학을 마치 주주의 이익, 그것도 한 줌도 안 되는 대주주의 이익을 위해 복무하는 학문으로 축소시켰다. 그들은 주주자본주의의 하수인으로 전락했다. 우리나라도 마찬가지다. 기득권 카르텔을 해체해야 성숙한 민주주의로 나아갈 수 있다. 그런데 경영학이나 경제학 교수들은 이에 대한 문제의식이 거의 없다. 해석학의 입장에서 보면 오늘날 우리 학문 세계와 지식인 계층은 마치 기득권층의 카르텔이 시키는 대로 차안대遮眼帶를 쓰고 달리는 경주마처럼 행동한다.

경영학, 법학, 사회학, 경제학 등을 포함한 사회과학과 철학, 문학 등을 포함한 인문과학은 정신과학에 속한다. 인간의 정신이 만들어낸 현상을 연구하는 학문이기 때문이다. 정신과학은 자연과학처럼 인과관계를 계량화하거나 실증하기 어렵다. 삶의 다양한 측면에서 일어나는 실존적 체험을 다루기 때문이다. 실존적 체험의 기록을 어떻게 해석할 것인가의 문제는 세계관에 따라 달라질 수 있다. 조직구성원이 각자의 직무에서 이룬 사회적 성취를 진단하는 것 또한 마찬가지다. 진단은 언제나 사후적으로 일어나며 다양한 기록을 분석하고 해석해야 한다. 성취예측모형 또한 전체가 아니라 부분에 불과하다. 역량진단방법론을 훈련받은 컨설턴트의 선입견 또는 선지식에 의한 해석을 내릴 수도 있다. 이것은 어쩔 수 없다.

이런 문제를 이해하고 해결하려는 학문이 바로 해석학이다. 물론 해석학의 존재목적은 진리를 추구하는 정신과학의 방법론이라기보다는 정신과학 자체일 수도 있고 정신과학의 토대일 수도 있다. 하지만 나는 해석학을 경영학을 성립시키는 토대라고 생각한다. 해석학 없는 경영학, 그중에서도 인사조직이론은 성립할 수 없다. 다른 어떤 것보다 가다머의 『진리와 방법』은 경영학이 정신과학의 여러 분과학과 마찬가지로 진리를 추구하는 학문일 수 있다는 것을 보여주고 있다. 해석학은 경영학이 단순히 기업의 이익을 추구하기 위한 돈벌이 수단이 아니라 진리를 추구하는 진정한 학문, 즉 인간의 존엄성을 존중하고 보호하는 학문으로 거듭나도록 이끌고 있다. 이것은 가다머가 후학들에게 남겨준 선물이기도 하다.

경영학이 진리를 추구한다는 것은 무엇인가? 우리의 경영학적 인식, 지식, 깨달음이 우리가 일상생활에서 겪는 경영 현실과 일치되는 상태를 추구한다는 것이다. 그래야 경영학이 정신과학으로서 토대를 갖추게 된다. 경영학은 우리가 경험하는 경영 현실을 그것이 옳건 그르건 바람직하건 바람직하지 않건 상관없이 있는 그대로 드러내야 한다. 현상학이 그것을 요구하고 있고 해석학은 그것을 해석함으로써 경영학적 진리를 드러낸다. 경영의 인간부합성을 실현하도록 해야 한다. 경영학이 경영 현실을 진실하게 드러내지도 못하고 그래서 치유할 수도 없다면 도대체 어디에 쓸모가 있겠는가? 의학이 환자의 질병을 진단할 수도 없고 그래서 치료할 수도 없다면 아무짝에도 쓸모없는 것과 같다. 경영학이 학문이라면 언제나 진리를 추구하고 진리를 드러내야 한다.

우리 사회의 기득권 카르텔의 불법 행태는 어제오늘의 문제가 아니며 점점 더 심각한 수준으로 나아가고 있다. 경영학은 우리의 참혹한 경영 현실을 있는 그대로 드러내어 잘못된 것들을 치유할 방법을 제공해야 한다. 즉 병리적 증상을 드러내고 건강한 경영으로 회복할 수 있는 치유책을 제시해야 한다. 재벌기업 대주주들의 횡포와 비리, 기득권층의 비윤리적이고도 반사회적 행태, 모피아를 포함한 관료들의 집단 이기주의적 행태, 서계차경의 함정에 빠진 교육계의 반교육적인 교육 환경, 기업의 문어발식 족벌경영과 기업조직 내의 만연한 갑질 행태, 고위공직자들의 무지와 몰상식한 행태, 수구적 언론매체들의 뉴스 조작과 왜곡보도 행태 등을 투명하게 드러내야 한다.

기득권층은 오히려 이런 비리가 투명하게 드러나는 것을 보수와 진보라는 정치편향이나 진영논리라고 주장하면서 공격하고 있다. 부정부패와 몰상식을 묵인하고 있는 현 상황은 반드시 정리되어야 한다. 이 문제는 진영논리와는 아무 상관이 없다. 비판적 사유와 글쓰기가 가능한 사람들만이 할 수 있다. 인간의 존엄성과 직접적으로 관련이 있기 때문이다. 인간의 존엄성 앞에 우리는 모두 겸손해야 한다.

　많은 학자가 경영학, 특히 인사조직이론을 기존의 자연과학적 법칙에 따른 학문으로 착각했기 때문에 인간을 서계차경의 함정에 빠뜨렸다. 앞에서 언급했던 후설도 바로 이런 인식 때문에 유럽 학문을 위기 상태라고 진단했고 학문의 위기가 곧 인간성의 상실을 가져왔다고 생각했다. 경영학은 조직구성원들을 자연과학적 인과관계로 분석하여 인적자원으로 관리함으로써 인간을 사물화했다. 이는 경영학을 물리 법칙을 발견하는 학문쯤으로 변화시켰다는 말이다. 인간을 명령과 통제 그리고 억압과 착취의 대상으로 전락시켜 인간의 실존적 위기를 가져왔다. 이것은 영미식 주류 경영학이 지난 한 세기 동안 인류에게 저지른 커다란 죄악이다.

　살아온 날보다 살아야 할 날이 훨씬 짧아진 이제, 내 삶을 돌아보아도 마찬가지다. 1장에서 나 자신의 역량수준을 진단한 코딩결과를 역량프로필로 그려놓았다. 정말 내가 그런 사람인가? 내가 얼마나 많은 실수와 실패를 거듭했겠는가? 그 프로필이 나를 그대로 드러낸 것인가? 그것이 진리(진실)라는 보증은 누가 할 수 있는가? 나의 인식이 인식대상인 나의 의식과 일치할 때 그 인식은 진리라 인정할 수 있다. 나의 나에 대한 선험적 또는 초월적 인식이기 때문이다. 내가 나 스스로를 그렇게 인식한다면 그것은 진리가 된다. 적어도 내가 나 자신을 기만하지 않는다는 전제와 내가 스스로를 기만함으로써 얻을 수 있는 이득이 전혀 없다는 전제하에서 말이다. 나는 이 책을 쓰면서 몇몇 철학적 사유의 세계를 다시 돌아보고 그들의 가르침을 내 몸에 기억하도록 하는 동안 진정한 자유를 느꼈다. 「요한복음」 8장 32절의 "진리를 알지니 진리가 너희를 자유케 하리라."는 예수의 가르침은 언제나 진리라는 사실을 새삼 깨닫는다. 앞으로 이런 삶을 지속할 수 있기를 바란다.

한동안 『성서』의 기록을 오직 성직자만이 해석할 수 있다고 주장하면서 해석의 권리를 교회가 장악했다. 대중은 『성서』의 진리를 깨달을 수 없었다. 진리에 대한 해석방법이 진리에 접근하는 길을 막았기 때문이다. 해석학의 핵심은 과거에 살았던 사람들의 실존적 체험에 의한 역사적 기록을 오늘날 각자의 삶에 비추어 해석함으로써 진리에 이를 수 있다는 것이다. 그러므로 어떤 사태에 대한 해석은 기록했던 당사자의 실존적 체험이라는 역사적 맥락을 통해서만 이해해야 한다. 과거에 살았던 사람들의 실존적 체험은 그 사람들에게 고유한 것이며, 오늘날의 해석자가 체험한 것이 아니라는 한계를 극복하기 위해서는 과거의 기록이 더 발굴되고 그 양이 확장된다면, 시대변화에 따른 인간의 해석학적 인식능력이 진화하면서 점점 더 진실한 해석을 하게 될 것이다.

과거의 기록만이 아니라 동시대인들의 기록이라도 마찬가지다. 나는 아내의 임신, 출산, 양육이라는 실존적 체험을 완벽하게 이해하기 어렵다. 그 신비한 체험을 언어와 함께 경험하고 디지털 기록들이 공유되고는 있으나 그것은 여전히 나의 체험 밖에 있는 사건이다. 군 미필자가 군필자의 체험을 영원히 이해할 수 없는 것과 같다. 정치인들이 선거 때가 되면 국방태세를 살펴보겠다고 전방부대를 시찰한다든지, 민생을 살펴보겠다고 민생투어를 한다든지, 겨울이 되면 얼굴에 연탄가루를 묻히고 연탄배달 봉사를 한다든지, 길거리에서 어묵을 사 먹으면서 상인들과 얘기하는 모습을 연출하는 방식은 전형적인 사이비체험이고 가짜행세다. 그것은 실존적 체험이 아니다. 실제로 군에 입대해서 훈련을 받고 그에 상응하는 군생활을 해야 군을 이해하고 해석할 수 있다. 실제로 하루 세끼를 벌어먹기 위해, 궁핍한 상황에서 벗어나기 위해, 병든 부모와 동생들을 보살피기 위해 돈을 벌어야 하는 노점장사를 하고 연탄배달을 했던 실존적 체험이 있어야 한다. 이런 체험을 통해서만 인간은 진리에 이를 가능성이 있다. 특히 정치인이라면 이런 체험적 진리를 드러낼 때 힘이 있다. 나치에 저항했던 독일의 정치인들, 특히 1, 2, 3장에서 여러 차례 언급했던 위대한 정치가 빌리 브란트의 정치적 파워는 그의 실존적 체험에서 나온 것이다.

체험이 없는 학문은 탁상공론에 불과하다. 경영학 교수들의 논문이나 글과 말에 맥아리가 없는 이유는 경영에 관한 실존적 체험이 없기 때문이다. 기업가와 경영자들이 경영학 교수들의 논문을 헛소리에 불과하다고 말하는 이유가 바로 거기에 있다. 그럴듯한 논문, 그럴듯한 글과 말은 조금 노력하면 누구나 할 수 있다. 누구나 그럴듯한 상상력도 발휘할 수 있다. 그 언어와 상상력을 현실에서 실천하는 것은 전혀 다른 차원의 것이다. 그래서 사회적 성취가 어렵다. 우리나라에서는 특히 그렇다. 이론(언어)과 현실(사회적 성취)의 간격이 너무 크기 때문이다. 우리의 대학과 지성계가 온전한 학문을 위해 진력하지 않고 있으며 진리를 외면해온 데 그 원인이 있다.

그러므로 이제 학문이, 특히 경영학이 해야 할 일은 문명을 진보시키는 일에 공헌한 사람들이 누구인지 찾아 칭찬하며 더 많은 일을 하도록 장려하는 것이다. 나아가 문명의 진보를 방해하거나 퇴보시키고 인간의 존엄성을 훼손하는 일에 거리낌이 없도록 만든 사람이 누구인지 가려내 준엄한 심판을 내려야 한다. 성취예측모형은 이러한 사명을 실행하기 위해 누가 어느 정도의 사회적 성취를 이루었고 누가 그것을 방해하거나 잘못했는지를 공정하게 진단, 평가, 판단할 수 있는 방법이다. 가다머가 인류에게 남긴 위대한 유산인 『진리와 방법』에서 가르친 것처럼 방법이 진리를 드러내게 될 것이다. 물론 이 성취예측모형에 의한 진단 결과가 진리를 드러내기 위해서는 당사자들의 실존적 체험이 풍부한 역사적 기록과 뜨거운 시대정신으로 융합되어 새로이 검토되는 작업이 끊임없이 일어나야 한다.

우리의 조상 선배들은 현상학과 해석학이라는 철학은 없지만 객관적 기록의 중요성은 일찌감치 알고 있었다. 『조선왕조실록』이 그 증거다. 국왕이 하는 모든 일을 있는 그대로 기록했다. 여기에 사관의 평가, 즉 임금이 무엇을 잘했고 잘못했는지에 대한 평가와 판단은 없다. 이 기록을 국왕에게 공개하지도 않았다. 기록은 언제일지 모르지만 오직 후대에 진실을 전하기 위함이었다. 우리 조상들은 있는 그대로의 기록이 현상의 본질을 파악하는 데 가장 좋은 방법이라는 사실을 알았던 것이다. 그리고 이것을 시스템화했고 분실되지 않도록 사료를 분산해 보관했다. 이토록 훌륭한 기록 문화가 일제강점기와 그 후의 독재 시대에 그만 무참하게 끊겨버렸다. 이 기록 문화를 다시 복원하는 일이 모든 공적 기관에서 시작되어야 한다.

오늘날 우리가 민주화됐다고는 하지만 공적 직무수행 과정을 기록하지도 않고 공개하지도 않는 법원조직과 검찰조직 등을 비롯한 공적 기관이 여전히 인간의 존엄성을 훼손하는 세력으로 남아 있다. '사태 그 자체에' 대한 진실한 기록이 없기 때문이다. 진실한 기록이 우리를 구원으로 이끌 것이다.

2

진실한 리더십

역량을 진단하는 데 있어 진실한 기록의 필요성을 설명했다. 그러나 그것으로 충분하지 않다. 진실한 리더십이 필요하다. 리더십이란 리더의 역할을 말하는 것인데, 모든 인간은 자기 자신에 대해 리더의 역할을 해야 하고, 또한 반드시 그럴 수 있는 환경조건을 만들어야 한다. 리더는 다른 사람이 리더를 하라고 시켜주는 것이 아니다. 어떤 곳에 처하든 독립된 자율적 주체로서 역할을 인식하고 그것에 충실한 사람을 리더라고 말한다. 경비원 아저씨도 리더의 역할을 하고 있고, 환경미화원도 리더일 수밖에 없다. 커다란 권력의 자리에 앉아 있는 사람만이 리더가 되는 것은 아니다.

리더십이라는 말을 듣는 순간, 조직을 이끄는 어떤 힘이나 권위 같은 것을 생각하는 사람들이 많은데 현대적 의미의 리더십은 그런 것이 아니다. 모든 사람이 자신이 처한 곳에서 자신의 올바른 역할인식을 통해 사회적 성취를 이루는 것이 곧 리더십이다. 가정에서도 직장에서도 마찬가지다. 여기서 올바른 역할인식이란 자기인식을 기반으로만 가능하다. 앞에서도 여러 번 강조했듯이, 자기인식은 자신을 직관함으로써 자기를 객관화하는 능력을 말한다. 이것은 자신의 역량과 사회적 역할을 비교 검토하는 토대가 된다.

중국 당나라 시대에 임제선사가 쓴 수처작주随處作主 입처개진立處皆眞이라는 불가의 용어가 있다. 우리말로 번역하면, 수처작주는 어느 곳에 있더라도 주인의 마음가짐을 가지라는 의미이고, 입처개진은 지금 있는 그곳이 진리의 자리라는 의미다. 이 용어는 오늘날 리더십의 본질을 정확히 설명하고 있다. 리더십이란 이렇게 자신이 맡은 직무에 대한 주인의 자세를 갖고, 자신의 역할을 명확히 인식하여 행동하는 것을 말한다.

리더십은 여러 종류의 역량요소들이 종합적으로 상호작용하여 나타나는 독특한 능력이다. 더 정확하게 성취예측모형으로 설명하자면, 자기인식에서 출발하여 사태의 진실을 확인하고 날카로운 역사의식과 뜨거운 시대정신으로 무장해서 구성원들에게 비전과 전략을 설득하고 공유하고 합의를 끌어내는 신비로운 능력이다.

커다란 사회적 성취는 반드시 타고난 역량이 있어야 가능하다. 그러나 타고난 역량이 충만하다고 해서 반드시 사회적 성취를 이루는 것은 아니다. 역량을 실현할 만한 적합한 직무를 만나야 하고, 직무수행 과정에서 마음껏 역량을 펼칠 수 있는 조직문화의 뒷받침이 필요하다. 타고난 역량과 환경조건이 조화를 이룬다면 의외의 커다란 성과를 낼 수도 있다. 물론 성취의 과정에 끼어드는 행운과 불행이라는 통제 밖의 요소도 영향을 미치지만, 이 또한 거시적으로 보면 환경조건에 해당한다고 볼 수 있다.

성취예측모형은 개인의 고유한 역량을 진단하고 이를 근거로 직무 적합성을 판단하여 합리적으로 인사를 할 수 있도록 돕는 방법론이자 이 방법론을 실현하기 위한 도구이기도 하다. 도구란 모름지기 도구의 역할에 대해 바르게 이해해야 제대로 활용할 수 있는 법이다. 망치로 모기를 잡으려고 하거나 나무를 자르려고 하면 안된다. 좋은 도구를 가지고 있더라도 그 도구를 상황에 맞게 잘 활용할 수 있으려면 어느 정도의 교육과 훈련이 필요하다.

성취예측모형은 개인이 이룩할 수 있는 성취가능성의 수준을 보여준다. 역량진단 컨설턴트는 역량진단 결과를 당사자에게 피드백하고 자기주도적으로 아직 발휘하지 못한 역량요소들이 있는지를 확인할 필요가 있다. 만약 타고난 역량이 있는데 그것을 발휘할 기회가 주어지지 않았다면 역량요소를 훈련할 수 있도록 지원하는 정책이 필요하다.

고위공직자 중에서도 대통령이나 국무총리 또는 장·차관 수준의 리더로 선출 또는 임용이 된다면, 앞에서 설명한 세 가지인 즉 순환보직, 지시명령, 인사고과를 없애고 모든 공직자의 직무수행과정을 기록으로 남김으로써 조직의 생산성과 창의성을 높일 수 있어야 한다. 이를 위해 성취예측모형을 잘 활용하는 것이 중요하다.

거듭 강조하거니와, 성취예측모형은 조직의 생산성을 향상하기 위한 방법론과 그 도구일 뿐이다. 조직운영 책임자는 이 방법과 도구를 잘 활용하여 구성원들에게 역량에 맞는 직무의 기회를 주고 자율적 권한을 확대할 필요가 있다. 나아가 직무에 필요한 역량을 자율적으로 발달시킬 수 있게 도와줌으로써 조직의 생산성과 창의성이 향상되는 원리를 이해해야 한다. 개인의 역량 강화와 조직의 생산성 향상이라는 두 마리 토끼를 잡으려면 올바른 방식으로 역량을 진단할 줄 알아야 한다. 어떻게 구성원의 역량을 진단하는가에 따라 조직역량organizational capability의 수준이 결정된다. 이렇게 성취예측모형을 익혀두면 조직운영 책임자가 되었을 때 인사실패의 두려움에서 벗어날 수 있을 것이다. 인사실패의 두려움에서 벗어나면 자신감을 가지고 팀 리더로서 리더십을 발휘할 수 있게 된다.

이제 끝으로 리더십에 관한 두 가지 원칙과 이 원칙을 실행하는 세 가지 계명을 설명해야겠다. 리더십에 관한 어떤 문헌을 읽거나 이론을 배우지 않았음에도 훌륭한 리더십을 발휘하는 사람들이 있다. 이들은 타고난 리더십 역량을 갖춘 사람들이다. 그러나 일반인들이 리더십을 발휘하려면 그 기본 이론을 이해하는 것이 필요하다. 아주 간단하고 당연한 것인데도 이런 기초적인 지식이 없어서 리더십에 실패하는 경우가 많기 때문이다. 서계차경의 문화에서 허덕이는 한국인들은 특히 더 그렇다.
리더십은 다음의 두 가지 원칙을 반드시 지켜야 한다.

첫째 생명의 원칙이고,
둘째 조건의 원칙이다.

생명의 원칙이란 팀에 생명을 불어넣는 것을 말한다. 생명을 불어넣는다는 것은 구성원들에게 어떤 사태에서 무엇이 옳고 그른지, 무엇이 선하고 악한지, 무엇이 아름답고 추한지를 분별하여 종합 판단할 수 있도록 이성의 기능을 활성화시키는 것을 말한다. 다시 말하면 육체에 영혼을 불어넣는 것으로도 설명할 수 있다. 세계 차경의 함정에 빠지면 생명과 영혼이 없는 로봇처럼 기존의 뒤틀린 질서에 적응하는 인간이 되기 십상이다.

조직에 생명을 불어넣는 것은 지금까지 설명해온 조직의 비전과 전략을 통해 구성원들에게 신뢰와 희망을 공급하는 것이다. 여기서 리더십의 제1계명과 제2계명이 도출된다.

리더십의 제1계명: 신뢰를 확보하라

조직구성원 개개인의 역량을 합한다고 해서 곧바로 조직역량이 되지 않는다. 이것도 전체와 부분의 관계다. 개개인이 직무에 적합한 역량을 갖추었다고 해도 그들의 역량의 합이 조직역량이 되진 않는다. 개개인의 역량의 합은 조직역량보다 더 클 수도 있고 작을 수도 있다. 이 차이를 나타내는 것이 바로 구성원들 간의 신뢰다.

신뢰란 무엇인가? 서로 믿기로 약속한다고 해서 신뢰가 생기지 않는다. "너, 나 믿지?"라고 말한다고 해서 믿음이 생기진 않는다. 어떻게 해야 그리고 어떨 때 신뢰가 생길까? 신뢰를 정의하자면 '나의 약점을 상대방에게 드러냈을 때 상대방이 그 약점을 잡아 언젠가 나를 곤궁에 빠뜨리지 않으리라는 확신'이다. 신뢰를 너무 좁고 얄팍하게 정의한 것 같다는 느낌이 들 것이다. 더 멋지게 정의할 수 있으면 좋으련만 나로서는 이 정의로 만족한다.

이러한 신뢰에 대한 정의는 내 삶의 실존적 체험에서 나왔다. 나는 여러 면에서 부족한 사람이다. 내가 어떤 일에 몰입하면 주변 상황을 잘 보지 못한다. 육체적으로 강철체질도 아니어서 조금만 무리하면 피곤해지고 앓아눕기 일쑤다. 외부에서 여러 사람을 만나거나 강의를 마치고 집에 들어오면 파김치가 되어 꼼짝도 하지 않는다. 젊은 시절에는 일상생활의 판단도 미숙해서 심지어 이사하는 날을 잊어버린 경우도 있었다. 말을 실수하거나 번복하는 경우도 다반사였다. 아내는 이런 나의 모든 단점과 약점을 알고 있다. 그럼에도 함께 살면서 단 한 번도 이것을 문제 삼은 적이 없을 뿐 아니라 오히려 약점과 단점을 보완해주었다. 이러한 신뢰가 바로 가정이라는 조직을 건강하게 만든다. 연대의식이 싹트고 서로의 부족한 점을 보충한다.

독일 유학 중의 체험에서도 신뢰가 어떻게 생기는지 깨달았다. 나는 유학 초기에 계단식 대형 강의실 수업에 들어갔다. 당시 민중서관에서 나온 독일어사전을 들고 다녔는데 강의 중 생소한 단어가 나오면 찾아보곤 했다. 내 모습을 유심히 보고 있던 옆자리 독일 학생이 그 사전을 좀 볼 수 있겠느냐고 했다. 사전을 쭉 넘겨 보더니 독일어 단어 옆에 나온 글자가 뭐냐고 물었다. 한국어라고 대답했다. 수업이 끝나자 자신이 속한 스터디그룹이 오늘 저녁 시내 맥줏집에서 모이기로 했는데 나더러 나오겠느냐고 물었다. 나야 얼마나 좋은 기회겠는가?

약속한 장소를 찾아가니 경영학 전공 남학생 세 명과 사범대 독일어 전공 여학생 한 명이 이미 와 있었다. 내 옆에서 사전을 보여달라고 했던 그 남학생이 자신의 여자 친구를 데리고 온 것이었다. 그들은 나를 환영했고 그 자리에서 스터디그룹 멤버로 받아주었다. 스터디그룹 모임은 졸업할 때까지 계속되었다. 내게 부족한 것을 그들이 채워주었고, 그들의 동아시아에 관한 관심은 내가 채워주었다. 그들은 나의 석사논문을 서로 돌려가면서 읽고 교정하기를 반복했다. 졸업시험 공부도 거의 함께 했다. 이런 경험을 통해 내 독일어 실력이 일취월장하고 있음을 느낄 수 있었다. 놀랍게도 졸업성적은 내가 그들보다 더 높았다. 그런데도 나를 시샘하거나 질시하는 눈치가 전혀 없었다. 나는 그들의 축하를 받으면서 박사과정에 등록할 수 있었다. 그들은 졸업 후 한 명은 독일 은행에, 다른 두 명은 일반 산업계 회사에 취직했다. 여학생은 교사가 되었다. 사귀던 두 남녀는 결혼했고 우리는 결혼식에 참석해서 한껏 축하했다. 내가 한국은행에 복귀한 후 그 부부는 휴가를 내서 한국에도 찾아와 우리와 함께 일주일간 동해안을 돌아다녔다. 이 스터디그룹과는 지금도 교류하고 있다.

무슨 얘기를 하고 싶은 것이냐? 서로 부족한 점을 채우고 협력하는 과정에서 신뢰가 생기면 연대의식이 싹트고 이해득실과 상관없이 서로가 서로를 돕는다. 이것이 신뢰와 연대의식이다. 이 신뢰와 연대의식 없이는 조직을 운영할 수 없다. 서로가 서로를 경쟁상대로 보는 상황에서는 서로 단점과 약점을 숨기느라 에너지를 쏟는다. 서로 보충하는 것이 아니라 숨어서 헐뜯는 문화가 생긴다. 이런 조직에서 어떻게 높은 생산성과 창의성을 기대할 수 있겠는가?

한국의 직장생활 풍경은 어떤가? 더 이상 말할 필요가 없을 것이다. 내가 한국은행을 떠나 컨설팅 사업을 할 때 기업의 회의 장면을 보면 구성원들 간에 신뢰와 연대의식이 있는지 없는지를 금방 알 수 있었다. 왜 그럴까? 발언자의 직무수행 과정에서 벌어진 실수와 문제점, 직원들이 안고 있는 다양한 문제의식을 있는 그대로 의사소통하는 경우에는 신뢰와 연대의식을 짐작할 수 있다. 그러나 조직 내의 문제와 실수를 덮으려고 하거나 다른 사람 또는 다른 부서에 떠넘기거나 잘한 일만 떠벌리고 있다면 서계차경의 권위주의적인 조직문화에서 당근과 채찍으로 훈련되었음을 알 수 있다.

다시 반복하지만, 신뢰는 자연스럽게 연대의식을 만들어내고 연대의식은 다시 신뢰를 강화한다. 구성원들 사이에 이러한 신뢰가 형성되려면 함께 일하는 기간이 필요하다. 서로가 서로를 알아가는 시간이 필요하기 때문이다. 이 기간은 사람마다 다르다. 적어도 1년 정도 같이 일하면 서로 연대의식과 협동심이 생기기도 하지만 함께 일하기 어렵다고 느끼는 경우도 있다.

여기서 '사람 보는 안목'이 중요해진다. 사람 보는 안목은 사람의 전체를 봐야 한다고 말했다. 전체를 보려면 부분을 본 후에 다시 전체를 보고 전체적인 맥락에서 다시 부분을 볼 수밖에 없다. 이것을 해석학적 순환이라고 했다. 일단 부분을 먼저 본다고 할 때 사람의 어떤 부분을 볼 것인가? 학벌과 학력, 인품과 성품, 나이, 가족관계, 도덕성 등.

여기까지 읽은 독자라면 조직운영을 맡아야 할 고위공직자로서 검증되어야 할 항목 중에서 어떤 것을 중요시 여겨야 할지 분명히 알고 있을 것이다. 사실 여기 나열한 이런 항목들은 사회적 성취와는 거의 관련이 없다는 것을 이미 알고 있을 것이다.

다시 한번 더 정리해보자. 첫째, 학벌과 학력에 목을 매고 있는 우리 사회에서는 그래도 학벌과 학교 성적이 출세에 도움이 되지 않을까 하고 생각하는 경향이 있다. 출세와도 전혀 관련이 없다고는 말할 수는 없지만, 적어도 사회적 성취와는 인과관계나 상관관계를 갖는다고 보기 어렵다. 앞에서 이미 언급했다시피 거의 관련이 없다는 과학적 사실은 이미 1970년대에 밝혀졌다. 그래서 사회적 성취의 원인이 되는 능력을 밝히기 위해 역량을 진단하는 프로그램이 발전해왔다.

학력學歷, 학벌學閥, 학력學力은 서로 다른 의미를 가지고 있다. 학력學歷은 학교를 다닌 경력을 말하는 것이고, 학벌은 특정한 그룹의 학교를 다닌 사람들의 파벌을 의미한다. 학력學力은 학문을 쌓은 정도와 그 실력을 뜻한다. 이 세 가지 용어가 사실은 학자로서 개인적인 명성을 얻기에는 좋을지 몰라도 공동체를 위한 사회적 성취에는 충분한 인과관계를 형성하지 않는다.

우리 현대사를 보아도 그렇다. 김대중, 노무현, 문재인은 학벌이나 학력으로 승부한 사람들이 아니다. 정치가로서 날카로운 역사의식과 뜨거운 시대정신으로 국가운영의 비전과 전략적 사고를 만들어내 시민들의 신뢰를 얻어냈다. 오히려 우리나라에서는 학벌과 학력으로 승부하려던 사람들이 죄다 정치적으로 패배했다. 왜 그랬을까? 학벌과 학력으로 기득권층에 자연스럽게 편입된 사람들은 오히려 우리 사회에 대한 문제의식이 강렬하지 않아 사회적 성취를 이루겠다는 굳은 의지가 발동하지 않는다. 이미 충분히 누리고 있기 때문이다. 다만, 이들은 더 출세하고 싶어서 고위공직자가 되려고 한다.

그러므로 학벌과 학력보다 더 중요한 역량요소는 학습능력LC, Learning Capability이다. 학습능력이란 '반성적 깨달음을 통해 불명확한 통념이나 개념, 원리 등을 명확하게 새로이 재정의하는 성향'을 말한다. 학습능력은 경영학적 용어인 자기인식 또는 심리학에서 초인지$_{\text{meta-cognition}}$라고 부르는 자기 자신에 대한 깨달음을 말한다. 사회적 성취에는 학력이 아니라 자기인식을 통한 깨달음에 이르는 학습능력이 절대로 필요하다.

시민들은 이미 알고 있었다. 학문적으로 또는 논리적으로 설명할 수는 없어도 학벌과 학력이 좋은 사람들은 대개 개인적 이익을 위해 노력할 뿐 민중을 위한 사회적 성취에는 소홀하다는 사실 말이다. 시민들은 학벌과 학력을 내세우는 자들의 본질을 직관했기 때문에 그들을 신뢰할 수 없었던 것이다. 현상학의 정초를 놓은 후설이 말한 대로 본질직관$_{\text{Wesensanschauung}}$이 일어난 것이다.

우리 사회에서 학벌과 학력의 문제만큼 커다란 이슈는 없을 것이다. 학생이나 학부모나 학벌에 목을 매고 있기 때문이다. 서계차경 현상이 학벌과 학력에서 시작되기 때문이다. 지금까지 지속적으로 얘기해왔지만 서계차경 현상은 인간의 존엄성을 좀먹고 승자독식의 불공정성을 양산하는 가장 큰 해악이자 폐습이다. 우리 교육이 혁명적으로 바뀌지 않으면 안 된다.

우리의 일상적인 경험만으로도 학벌과 학력이 사회적 성취와는 거의 연관성을 갖지 않는다는 것을 알 수 있다. 학벌이 좋은 만큼 공동체를 위한 사회적 성취가 있었느냐 하면 그렇지 않았기 때문이다. 자본주의 사회에서 기득권층으로 편입된 사람들은 대개 학벌이 좋은 사람들이다. 이들은 자신들의 유능함을 드러내는 각종 이벤트를 만들어 민중을 현혹한다. TV에서 보는 오디션 프로그램이 대표적이다. 서로를 경쟁시켜 승리를 향해 무한히 도전하게 하는 것, 그걸 보면서 많은 사람이 흥분하고 짜릿해하는 것, 저렇게 경쟁을 통해서 승자가 독식하는 현실을 당연하게 생각하도록 만드는 것이다.

우리 사회에는 지금 경쟁이 옳다는 분위기가 만연해 있다. 경쟁 이데올로기의 상징계에서 살고 있기 때문이다. 다른 세계를 보지 못한다. 이 현실이 우리 삶을 속이는 매트릭스에 불과하지만 우리는 그 사실을 인식하지 못하도록 강요당하고 있다. 이 때문에 한국인은 실존적 위기를 맞게 되었다. 실존적 위기란 삶의 의미, 가치, 목적을 잃고 오로지 생존을 위해 전쟁과 같은 참혹한 경쟁상태에 처박혀 있는 현상을 말한다. 전쟁이 벌어진 것도 아닌데 매년 평균 2,000여 명씩 노동현장에서 노동자들이 사망하는 것을 어떻게 설명할 것인가? 매년 수천여 명의 고독사는 무엇으로 설명할 것인가? 이렇게 학벌과 학력이 마치 능력의 전부인 양 주장하는 것은 어떤 경우에도 잘못된 것이다. 학벌과 학력을 세습하는 기득권층의 전술과 전략에 속아서는 안 된다.

둘째, 인품personality과 성품character도 사회적 성취에 그렇게 큰 인과관계나 상관관계를 갖지 않는다. 그럼에도 우리는 인품과 성품을 매우 중시하는 경향이 있다. 아마도 유교적 전통 때문일 것이다. 이런 전통은 바로잡아야 한다. 인품과 성품은 배우자를 선택할 때 고려할 항목이지 사회적으로 높은 성취를 이룩해야 할 직무적합성을 평가하는 항목에는 어울리지 않는다. 역사적으로도 훌륭한 인품을 가진 사람들이 세상의 모든 악조건을 뚫고 높은 사회적 성취를 이룬 것을 보기는 쉽지 않다. 이순신은 과연 훌륭한 인품을 가진 사람일까? 천만에. 그가 쓴『난중일기』에서 자기인식을 통한 역사의식과 시대정신의 융합된 열린 지평의 소유자이며 자신의 사회적 역할과 책임을 명확히 아는 성취지향성이 매우 높은 사람임을 알 수 있다. 중요한 것은 훌륭한 인품이 아니라 사회적 역할과 책임에 대한 확고한 자기인식이다.

셋째, 나이와 가족관계도 직관적으로 그리 큰 인과관계를 맺고 있지 않음을 알 수 있다. 세계적으로 20~30대 정치인들이 큰 사회적 성취를 이룩하는 경우도 많기 때문이다. 남녀의 성별로도 큰 차이가 없다. 따라서 우리 기업계와 정치계에, 나아가 고위공직에 청년들과 여성의 비율이 낮은 것은 정말 문제라 할 수 있다. 이것도 차차 고쳐가야 할 일이다. 우리 사회에서 너무 어려 사회경험이 적다고 평가한다거나 여성의 지적능력을 저평가하는 것은 우리 교육제도와 밀접한 관련이 있는 것으로 보인다. 학교에서 정치, 노동, 역사에 대한 교육이 거의 전무한 상태인데다 실제로 정치, 노동, 역사에 대한 실무적 훈련을 받을 기회가 없기 때문이다. 나아가 가족관계를 따지는 것 또한 올바른 판단 기준이 될 수 없다. 모든 인간은 독립된 자율적 주체로 살아야 하기 때문이다. 결국 성인이 되었다면 나이와 가족관계는 사회적 성취와는 아무런 관련이 없다.

끝으로 도덕성morality을 어떻게 볼 것인가? 도덕성 검증이야말로 논란이 많다. 도덕성이란 무엇인가? 도덕성이란 언제나 각 개인의 내면에서 일어나는 이성작용으로 사태의 옳고 그름, 선과 악을 분별하여 종합·판단하는 인식능력을 말한다. 이런 내면의 이성작용을 도덕이라고 하고, 이 도덕성이 외부 세계를 향해 행동으로 표출되는 경우를 윤리ethics라고 말한다. 그러므로 우리는 그 사람의 윤리적 행동에 대해서 관찰하고 기술할 수 있을 뿐, 그의 내면에서 일어나는 도덕적 판단에 대해서는 전혀 알 수 없다.

따라서 도덕성 검증은 마치 사상 검증과 같아서 어떤 개인의 도덕성을 검증한다는 말 자체는 불가능한 것을 검증하겠다고 주장하는 것과 같다. 오늘날 헌법상의 인권으로 양심의 자유(제19조)를 천명하고 있기 때문에 사상검증을 하는 것은 옳지 않은 것이 분명해졌다. 도덕성이 양심의 자유에 속하는 것인데도 아직도 도덕성을 검증한다면서 국회 인사청문회에서 마구잡이로 사생활을 끄집어내어 모욕하는 일이 비일비재하다. 의원들이 후보자에게 윽박지르는 행태는 개그콘서트보다 못한 것이 사실이다. 정작 도덕성은커녕 후보자의 겉으로 드러난 불법적인 행위에 대해서도 제대로 검증하지 못하고 있기 때문이다. 우리 국회의 반지성주의적 행태를 보노라면 절망할 수밖에 없다. 공적 생활을 검증해야지 사생활을 들추는 것은 문명국가에서 할 일이 아니다. 사생활이야말로 건드리면 안 되는 사적 영역이다. 개인의 내면에서 일어나는 도덕감정moral sentiment을 도대체 누가 어떻게 들여다본다는 말인가?

칸트의 묘비명에는 이렇게 써있다. 내가 좋아하는 글귀라 여기에 인용해본다.

"생각하면 생각할수록 점점 더 커지는 감탄과 경외감에 휩싸이는 두 가지가 있다. 내 위에 있는 별이 빛나는 하늘과 내 안에 있는 도덕률이다."

인간의 내면에서 형성되는 도덕률은 분명 양심의 자유에 속하는 것이다. 우리가 검증할 수 있는 것은 개인의 도덕률이 아니라 그 도덕률에 근거한 사회적 활동이다. 사회적 활동은 어떤 상황에서 어떤 의사결정을 내렸고 그것을 어떻게 실행했으며 그에 따른 결과가 무엇이었는지가 핵심이다.

그렇다면 우리가 가장 확실하게 검증할 수 있는 것은 무엇인가? 성취예측모형에서 제시하는 역량요소들을 검증하면 된다. 이 역량요소들 중에 정직성실성을 드러내는 행동 패턴을 검증하면 된다. 정직성실성이란 '단기적으로는 손해가 예상되는 불리한 상황에서도 일관되게 핵심 가치를 지키는 행동을 하려는 성향'이다. 그러니까 자신의 신념이나 철학에 의해 일관되게 추구하는 가치가 있다면 그가 과거에 했던 행동과 의사결정 등을 살펴보면 된다.

과연 신뢰할 수 있는 사람인지의 여부를 판단하는 것은 성취예측모형에 따른 분석과 진단, 평가와 판단을 통해 충분히 가능하다. 자기 자신의 단점과 약점을 충분히 드러낼 수 있을 정도의 자기인식이 분명한 사람이면 된다. 리더십은 그런 단점과 약점을 책잡아서 곤궁에 빠뜨리는 것이 아니라 서로 협력하고 보충할 수 있는 조직문화를 만드는 것이다.

이제 우리의 주제로 돌아와서, 조직이 지속가능하려면 구성원들이 서로 신뢰를 형성할 수 있어야 한다. 어떻게? 일정 기간 함께 일하면서 서로 비전을 공유하는 것이다. 이 비전을 공유하지 못하면 함께 일할 수 없다. 사실 모든 조직의 출발점은 비전을 공유하는 것이다. 가정, 기업, 국가 등 모든 조직은 이 비전 때문에 움직인다.

가정도 기업도 정당도 어떤 조직이라도 비전 때문에 연대의식連帶意識이 생긴다. 비전이 없다면 조직이 형성될 수 없고 연대의식이 없다면 조직은 지속될 수 없다. 구성원들 간에 비전과 연대의식이 같은 수준에서 작동하지 않는다면 조직은 결코 오래갈 수 없다. 시간의 문제일 뿐 반드시 쇠망한다. 잘못된 비전으로 뭉친 조직, 즉 조직폭력배 같은 조직은 언젠가는 망할 수밖에 없다.

한국의 정당사에서 정당들이 왜 그렇게 많이 쪼개지고 뭉치고 다시 쪼개지는 역사를 반복했는지를 보라. 그것은 구성원들의 비전이 달랐고 그래서 연대의식이 없었기 때문이다. 겉으로는 민주화를 대의명분으로 내세웠지만 결국 그들이 추구하는 것은 개인적 부와 권력과 명예였음이 밝혀졌다. 정치인 대부분은 우리 사회를 위한 비전에 헌신하고 연대의식을 형성하는 노력을 거의 하지 않았다. 초기에는 그런 비전을 적어도 겉으로는 추구했을 것이나 일단 권력을 잡은 후에는 권력의 맛에 초심을 잃었을 수도 있고 애초부터 내심이 달랐을 수도 있다.

내가 실제로 자문을 요청받고 실패한 두 번의 사례는 모두 경영진과 간부들 간에 비전이 명확히 공유되지 않아 조직이 쇠망한 경우였다. 명문화된 비전선언문에 대해서는 합의하는 것처럼 말했지만 그들은 제각각 다른 생각을 품고 있었다. 다시 톨스토이가 쓴 『안나 카레니나』의 첫 문장을 인용해야겠다. "행복한 가정은 모두 모습이 비슷하고 불행한 가정은 모두 제각각의 불행을 안고 있다." 정말 그렇다. 행복한 조직은 모두 비전을 철저하게 공유한다는 점에서 비슷하고, 불행한 조직은 비전을 겉으로만 공유하는 척하고 실제로는 제각각의 탐욕에 젖어 있다.

조직의 비전을 충분히 공유하고 구성원들이 내심으로도 받아들이고 있다면 그 비전을 실현하는 전략은 서로 논의하면서 얼마든지 맞춰갈 수 있다. 그러나 비전에 대한 강력한 조직적 응집력이 없으면 조직의 연대와 보충은 한낱 구호에 불과하다. 조직의 신뢰는 구성원들과 비전을 공유함으로써 나온다. 말로만이 아니라 진심에서 우러나오는 비전은 힘이 있다. 정치에서 정당은 지도부의 비전에 대한 확고한 의지가 드러날 때 시민들의 지지를 얻는다. 정당이 시민들의 신뢰를 잃는 이유는 당의 지도부가 당의 비전과 정체성에서 벗어났기 때문이다.

기업인과 정치인에게 비전이 있는지 그리고 그것을 어떻게 실현했는지를 알아보는 가장 좋은 방법은 과거 10년간 그가 어떤 사회적 성취를 이룩했는지를 보면 된다. 그의 앞날을 예측하는 것이 바로 성취예측모형이다.

리더십의 제2계명: 희망을 공유하라

비전을 통한 연대의 정신을 발휘하는 조직은 성장하고 번창할 수 있는 출발점에 선 것이다. 그러나 비전과 연대의식만으로 발전할 수 없다. 가정이든, 기업이든, 정당이든, 조직의 미래는 늘 불확실하다. 경영학에서 불확실성을 리스크라고 부른다. 왜 그런가? 미래를 예측할 수 없어 어찌해야 할지 명확히 알 수 없기 때문이다. 온갖 위험한 풍랑이 어디선가 일어나고 있다.

이 풍랑을 돌파하려면 연대의식만으로는 어렵고 이 파고를 넘을 수 있는 전략이 필요하다. 전략이란 고위직 담당자들이 맡은 이니셔티브들의 조합을 말한다. 앞장에서 이미 설명했듯이 이니셔티브는 고위직 담당자들이 맡고 있는 전략적 과제를 말한다. 전략이란 조직의 가치를 향상하면서 동시에 서로 잘 어울리면서도 환경 변화에 따라 진화하는 과제(이니셔티브)들의 조합을 말한다.

이니셔티브라는 전략적 과제는 이해관계자들 간의 합의가 절대적으로 필요하다. 이 합의에 많은 노력을 들여야 하는 어려운 과정이 있을 수 있다. 여기서 희망이 중요해진다. 희망은 의미 없는 장밋빛 청사진 같은 것이 아니라 실제로 공동체의 성장과 발전에 대한 신뢰에서 나와야 한다. 따라서 경영자나 정치인은 설득력과 동의를 얻어내는 능력이 필요하다. 모든 이해관계자에게 항상 신뢰와 희망의 메시지를 동시에 주어야 하기 때문이다.

그러나 우리의 현실을 보자. 기업가와 정치인들이 얼마나 많은 장밋빛 약속을 했는가. 사람이 먼저라면서도 조금만 사업이 어려워지면 가차 없이 대량해고를 하고, 조직에는 성희롱을 포함한 갑질문화가 계속되고 계급적 억압과 착취가 여전하다.

사람들은 희망을 그저 좋은 말을 늘어놓는 것으로 생각한다. 그러나 경영 과정에서 신뢰를 얻지 못했다면 좋은 희망의 메시지는 아무런 효험이 없다. 거짓말이 되기 때문이다. 조직을 운영하려면 희망을 말하는 방법도 배워야 한다.

희망의 철학자 에른스트 블로흐Ernst Bloch는 다음과 같이 말했다.

"문제는 희망을 배우는 일이다. 희망의 행위는 체념과 단념을 모르며 실패보다는 성공을 사랑한다. 두려움보다 우위에 위치하는 희망은 두려움과 같이 수동적이 아니며 어떤 무無에 갇혀 있는 법이 없다. 희망의 정서는 희망 자체에서 비롯하는 것이 아니다. 그것은 인간의 마음을 편협하게 만든다기보다는 그 마음을 넓혀준다. 희망의 정서는 비록 외향적으로는 인간과 결속되어 있지만, 내향적으로는 목표를 설정함에 있어서 모든 것을 미리 충분히 알려주지 않는다.

그러므로 이러한 희망을 찾아내려는 작업은 다음과 같은 인간형을 필요로 한다. 즉 고유의 자신을 되찾으려고 스스로 변모하며 고유의 자신을 투영하려는 인간형 말이다. 희망을 찾으려는 작업은 말하자면 개와 같은 삶을 용납하지 않는다. (중략) 삶의 두려움에 대항하여 공포를 뿌리치는 행위는 근본적으로 (겉으로 모습을 드러내고 있는) 두려움과 공포의 근원에 대항하는 행위이다. 그것은 이 세상에 도움을 주는 무엇을 세상 속에서 발견해낸다. 여기서 우리는 두려움과 공포의 근원을 찾아낼 수 있다. (중략) 사고는 초월하는 행위다."

보이애치스Richard Boyatzis와 맥키Annie McKee는 이렇게 말했다.

"희망을 경험할 때, 우리는 있음직한 미래에 흥분을 느낀다. 희망은 미래의 모습을 그려보고, 그에 도달할 방법을 명확히 하는 과정에서 느낄 수 있는 감정이다."

신뢰와 희망 속에는 인간의 이성, 감정, 의지라는 삶의 에너지를 고양하는 마력이 있다. 따라서 직무담당자는 자신이 맡은 이니셔티브가 복잡할수록, 이해관계자가 많을수록 조직의 비전과 전략을 합의하는 과정에서 굳건한 신뢰와 강력한 희망을 공급해야만 한다. 이것이 곧 리더십이다. 이러한 리더십은 이성과 감정과 의지를, 즉 삶의 전체를 그 일에 헌신하도록 만든다. 인간의 영혼을 움직이는 리더십이다.

나는 이런 리더십을 경험한 적이 있다. 바로 유학 시절 석사학위를 받고 박사과정에 들어가 논문을 쓰는 과정에서 지도교수의 리더십을 경험했다. 박사후보생들은 거의 매학기 한 차례씩 박사과정세미나Doktorandenseminar를 직접 주최한다. 여기서 한 학기 동안 연구한 내용의 개요와 문제점, 그리고 향후 계획을 발표하고 동료인 박사후보생들과 질의응답 시간을 갖는다. 새로운 아이디어와 수정 보완할 점들이 피드백되기도 한다. 물론 지도교수도 코멘트를 하는데 이 코멘트가 매우 중요한 의미를 가질 때가 많다. 논문의 방향성을 바꾸기도 하지만 논문의 질적 수준을 결정하기 때문이다.

여기에는 어떤 명령도 통제도 없다. 각자 독립된 자율성을 유지하면서 논문을 써야 한다. 박사학위를 받을 수 있는 최소한의 등록기간인 2년이라는 규정 이외의 어떤 강제규정도 없다. 그러니까 최소한 네 번의 박사과정세미나에서 발표를 충실하게 해야 할 의무가 있을 뿐이다. 한국 유학생들이 독일의 독립적이고 자율적인 교수학습제도에 익숙하지 않아 오랜 시간이 걸리는 경우가 많다. 아무리 시간이 오래 걸려도 학위논문의 질적 수준을 따라가지 못하면 결코 학위를 받을 수 없다. 다른 박사후보생 동료들도 세미나 발표에서 그 논문의 질적 수준이 공유되기 때문이다. 이것을 지도

교수가 지켜보고 있음은 말할 것도 없다. 학자로서의 명예와 관련된 것인데 수준 낮은 논문을 학위논문으로 제출하도록 허락할 리가 있겠는가. 이렇듯 독일 사회의 특징은 서로 연대하고 보충하면서 동시에 견제와 균형의 원리가 한편으로는 제도적으로, 다른 한편으로는 관행적으로 실행되고 있음을 알 수 있다.

그렇다면 학위논문의 질적 수준은 어떻게 결정되는가? 경영학을 포함한 사회과학분야에서 학자가 되려면 우선 이론과 현실의 괴리에 따른 분명한 문제의식이 있어야 한다. 거듭 강조하지만 사회에 대한 문제의식은 자기인식이라는 기반에서 출발한다. 자기인식이 부족하면, 즉 자신의 능력과 사회적 역할에 대한 반성적 성찰이 분명하지 않으면 문제의식도 명확해지지 않는다. 분명한 문제의식을 가지려면 이론과 현실 사이에 어떤 괴리가 있는지를 찾아야 한다. 그 괴리를 찾으려면 우선 이론을 어느 정도 학습해야 한다. 그 이론이 현실에서는 실제로 어떻게 작동하는지를 체험할 수 있다면 좋겠지만 단순한 경험만으로도 문제의식을 정립할 수 있다.

사실 문제의식을 정립한다는 것은 쉽지 않다. 논문을 쓰려고 자신의 문제의식에 관한 선행연구를 찾아보면 수많은 문헌이 쏟아져 나온다. 그 문헌들 중에서 내가 가진 문제의식를 해명한 연구자들이 있는지를 찾아야 한다. 그런데 도서관의 자료를 보면 거의 모든 문제에 대한 연구문헌들이 있다. 이전의 연구보다 더 확실한 연구를 통해 보다 더 나은 결과물을 내놓을 수 있다면 도전해볼 수 있겠지만 그럴 가능성은 많지 않다. 연구주제를 바꿔야 한다. 다시 자신의 문제의식을 명확히 정립해야 한다. 또다시 선행연구들을 찾아내 검토해야 한다. 이런 과정을 반복하는 데 많은 시간이 걸린다. 평소에 확실한 문제의식을 가지고 그 분야의 문헌들을 모아서 천착해야 한다. 자신의 문제의식이 과연 타당하고 해결 가능한 것인지를 예견할 수 있는 수준의 지적 지평intellectual horizon이 자신의 학문 분야에 열려 있어야 한다. 그렇지 않으면 학위과정은 기약 없이 흘러간다.

나는 직장생활을 하던 젊은 시절부터 두 가지 문제의식이 분명했다.

첫째, 우리가 지금 관행적으로 활용하고 있는 품의제도에 의한 의사결정방식의 비효율성과 비합리성을 바로잡을 수 있는 길이 있어야 한다는 점이었다. 이 문제를 풀기 위해 서양인들은 어떻게 하는지 살펴보고 싶었다.

둘째, 상위직들은 거의 아무 일도 하지 않은 채 하위직에게 일을 떠맡긴다는 점이었다. 위로 올라갈수록 더 많은 일을 맡아서 해야 할 텐데 중앙부처 과장만 되어도 고유한 일이 없이 과원들에게 모든 일을 시킬 뿐이었다. 기안문서를 들여다보고 결재하거나 하위직을 야단치거나 하는 일이 거의 전부였다. 이런 몰상식한 조직문화를 반드시 고쳐야 한다고 생각했다.

독일연방은행 연수와 대학에서의 학습을 통해 내가 무엇을 연구해야 하는지 문제의식이 분명해졌다. 그것은 독일 기업과 공공조직에서 상위직인 단위조직의 장이 조직운영을 위해 발휘하는 리더십에 대해 연구하고 이것이 실제에서 어떻게 작동하는지를 살펴보기로 한 것이었다. 내 문제의식이 연구해볼 만한 가치가 있다고 믿었고 독일 사회에도 시사점을 주는 연구라고 생각했다. 조직 내 전략적 경영strategic management에서 리더십 수요를 어떻게 파악하며, 이

리더십 수요를 어떻게 효과적으로 충족하는지에 대해 연구하기로 마음먹었다. 지도교수에게 프로포절proposal을 제출하고 연구주제로 확정했다. 나는 공식적인 트랙의 출발선에 올라섰고 내 문제의식을 해결해나갈 수 있게 되었다.

내가 이 과정에서 배운 것은 크게 두 가지였다.

첫째, 학문하는 자세의 엄밀성에 대한 것이었다. 리더십과 관련된 거의 모든 문헌을 섭렵해야 했다. 기존 연구들을 검토할수록 내 문제의식은 점점 견고해졌고 한편으로는 더욱 날카로워졌다. '바로 이거야!' 하는 순간을 여러 차례 경험했다. 독일인들이 지금까지 연구하지 않는 구멍이 내 눈에 선명하게 보였기 때문이다. 독일인들에게는 자신들의 일하는 방식, 특히 리더십을 발휘하는 방식이 너무나 당연한 것이어서 연구할 필요가 없었을지 모르지만 한국인의 눈에는 충분히 연구할 가치가 있어 보였다. 내 정신은 충만해졌다. 내가 쓰는 문장 하나하나가 어디에 근거했는지 그 출처를 일일이 밝혀야 했다.

둘째, 대학에서 역량진단모형 설계뿐만 아니라 직무와 조직설계 이론 등에 관한 학습과정이 논문작성 과정이나 다를 바 없었다. 일반 직장인들이 하는 직무수행 과정과 학위논문을 쓰는 과정이 거의 동일했다. 학교에서 학습을 하거나 대학에서 연구를 하거나 직장에서 일을 하거나 어디서 무슨 일을 하거나 같은 원리가 적용된다는 것을 알았다. 정말 대단히 효율적인 작업방식이었다. 어디서 무엇을 하든 동료들과 서로 피드백을 주고받는 것은 동일했다. 이런 관행이 대학의 논문작성 과정에서도 그대로 재현되었다.

독일 사회는 대학에서 학습하고 연구하는 과정과 기업조직에서 직무를 수행하는 과정이 거의 같은 원칙에 따라 운영되고 있다. 앞에서 설명한 대로 박사과정세미나를 주최하고 피드백과 코멘트를 받아 수정하면서 연구내용을 논문으로 써내려갔다. 함께 졸업한 후 취직한 스터디그룹 멤버들도 내 학위논문에 관심을 보였고 그들 또한 피드백을 보내주었다. 교수연구실 멤버들뿐만 아니라 이미 졸업한 친구들까지 우리는 신뢰와 희망을 나누었다. 어느 곳에 가서 무엇을 하더라도 일하는 방법, 즉 진리를 추구하는 방법이 같았다.

나는 논문을 완성했고 초고를 지도교수에게 제출했다. 코멘트를 받기 위해서였다. 얼마 후 연구실로 찾아갔는데 지도교수가 매우 흡족해했다. 최종 구두시험도 잘 준비하라는 말과 함께 논문에 오타가 없도록 해서 학위논문으로 제출하라고 했다. 내가 코멘트를 받으러 왔다고 했더니 그는 논문을 되돌려주면서 오타가 없도록 하라는 말이 마지막 코멘트라고 했다. 집으로 돌아와 논문을 열어보니 교수가 일일이 고쳐준 곳이 여러 군데였다.

내가 독일인들의 일하는 방식을 경험하고 놀랐던 것이 바로 이것이었다. 일하는 방식은 공공부문이든 사기업이든 대학이든 연구소든 시민단체든 어디서도 대동소이했다. 어떤 조직이든 구성원들이 비전과 전략을 합의하고 각자 맡은 일을 자율적으로 처리하고 그 과정에서 서로 피드백과 코멘트를 주고받는다. 이를 통해 서로 견제와 균형의 원리가 실현되어 건강한 네트워크가 형성된다.

독일인들이 패전 후 수십 년간 실행해온 조직설계 3대 원칙은 분권화, 자율성, 네트워크였다. 이 원칙을 꾸준히 실천한 독일 산업계는 21세기에 들어서면서 소위 4차 산업혁명Industrie 4.0을 주도하기에 이르렀다. 이런 경쟁력을 더욱 확실하게 추진하기 위해 조직설계 3대 원칙을 새로이 수정했다. 바로 5장에서 언급했던 자주성, 상호운용성, 지속가능성이다.

자율성은 직무담당자들의 독립성을 더 강조하여 자주성Souveränität으로 바뀌었다. 독립성을 강조하면서 동시에 단순한 팀워크를 넘어 다른 조직의 구성원들과도 빈틈없이 상호작용을 하며 시너지를 낼 수 있도록 하는 상호운용성Interoperabilität이라는 새로운 개념을 받아들였다. 이는 서로 다른 일을 하던 두 조직이 서로 합쳐지더라도 빈틈 없이 맞물려 돌아갈 수 있도록 해야 한다는 원칙이다. 지속가능성Nachhaltigkeit은 이미 녹색당과 여러 시민단체에서 꾸준히 노력해왔기 때문에 요즘 세계적으로 추진되고 있는 ESG*의 요구사항을 충족하는 것도 조금만 더 노력하면 가능할 것이다.

독일인들은 이미 정부, 대학, 대기업 등에서 분권화, 자율성, 네트워크라는 기존의 3대 원칙을 실현해왔기 때문에 조금만 더 노력하면 새로운 3대 원칙에 쉽게 적응할 수 있을 것이다. 문제는 우리 사회다. 우리는 과연 이런 여러 이슈와 요구사항을 어떻게 충족해 갈 것인가? 기존의 일제강점기로부터 내려온 전근대적인 조직운영 관행으로는 감당할 수 없다. 혁명적인 대전환이 필요하다.

자, 이제 처음에 언급했던 리더십의 원칙으로 돌아가보자. 리더십은 두 개의 원칙이 있다고 했다.

---

* 'Environment환경' 'Social사회' 'Governance지배구조'의 머리글자를 딴 단어다. 기업경영을 친환경적이고도 사회적 책임을 지면서 동시에 그에 걸맞은 기업지배구조를 갖추도록 유도하려는 세계적인 운동이다. ESG 평가성적이 좋은 회사에 투자하는 기관들이 점차 늘어나고 있다.

첫째 생명의 원칙이고,

둘째 조건의 원칙이다.

생명의 원칙은 두 개의 계명, 즉 신뢰를 확보하고 희망을 공유하는 것이다. 신뢰와 희망으로 조직구성원들에게 생명을 불어넣어야 한다. 이것은 반드시 필요하지만 이것으로 충분하지 않다. 지속가능한 조직운영을 위해서는 구조와 시스템을 정비해야만 한다. 이것이 조건의 원칙이다.

조건의 원칙은 자율조직, 협력조직, 네트워크조직, 학습조직으로 변모할 수 있도록 해야 한다는 원칙이다. 이렇게 하는 이유는 리더가 조직을 떠나더라도 바람직한 조직문화가 지속될 수 있어야 하기 때문이다. 대개의 경우 훌륭한 리더가 조직을 떠나면 연대와 협력의 정신이 사라지고 서계차경의 함정으로 다시 빠져든다. 리더십에 관한 기본적인 개념을 잘못 배웠기 때문이다. 그러므로 조직운영을 위한 플랫폼을 제대로 설계하여 모든 구성원에게 공유해야 한다. 조직의 지속가능한 생명력을 유지하기 위해서 마땅히 해야 할 일이다. 여기서 리더십의 제3계명이 도출된다.

리더십의 제3계명: 조직운영 플랫폼을 구축하라

조직운영 플랫폼을 만들어가는 모든 과정에서 얻은 나의 실존적 체험은 학위를 받은 것보다 훨씬 더 중요했다. 다른 연구실의 운영 방식은 교수의 개인적 취향에 따라 조금씩 다르겠지만 기본 정신

경영 플랫폼

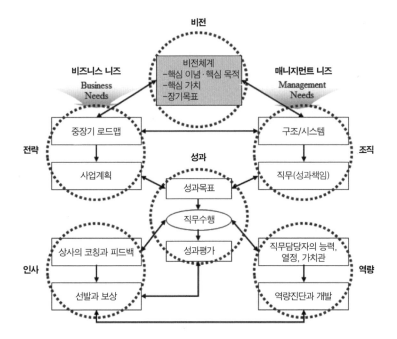

경영 플랫폼management platform이 인사조직이론의 핵심이다. 6개의 경영개념이 상호작용하면서 인사관리와 조직관리가 통합되어 조직의 생산성과 창의성을 높인다. 이것을 '분권화된 자율적인 네트워크 조직DANO, decentralized auotonomous networked organization'이라고 이름을 붙였다.

은 비슷하다는 것도 알았다. 적어도 내가 속해 있던 연구실과 스터디그룹의 멤버들은 피드백하고 코멘트하면서 서로 연대와 보충의 정신을 발휘했다. 교수를 중심으로 팀스피릿이 살아 있었던 것이다. 나는 이것이 조직의 생명이라고 생각했다. 교과서와 같은 문헌으로는 도저히 배울 수 없는 체험적 지식이자 지혜였다. 정도의 차이가 있을 뿐 어느 조직이나 이런 방식으로 일하고 있다는 것을 알았다. 나는 이 방식을 우리 사회에 접목하고 싶었다.

우리 사회는 조선시대 이래로 지금까지 서계차경의 함정에 빠져 있다. 서로 연대하고 보충하는 협력의 정신을 잃어버리고 사적 이익을 위해서만 서로 경쟁하는 상태에서 헤어나지 못하고 있다. 리더십이란 비전을 향한 전략을 실행하기 위해 연대와 협력의 조직 문화를 만들어내는 것이다.

그러므로 리더십의 제3계명은 경영 플랫폼을 설계하고 실행함으로써 누가 조직을 운영하더라도 예측가능하고 지속가능한 성과가 도출될 수 있는 환경조건을 만들라는 것이다. 경영 플랫폼을 만드는 것이 곧 인사조직이론의 핵심이다. 안타깝게도 우리 사회에는 아직 제대로 된 인간중심적인 인사조직이론이 소개되지 않았다. 그래서 나는 이 경영 플랫폼의 전모를 다루는 인사조직에 관한 별도의 책을 준비하고 있다. 경영 플랫폼은 이 책의 핵심 주제가 아니므로 자세히 설명하지는 않겠지만 기본 개념만이라도 간단히 언급해야겠다.

여기서 비전, 전략, 조직, 성과, 역량, 인사 등 여섯 개의 경영 개념은 이해하기가 그리 어렵지 않다. 이런 경영 개념을 비전과 전략에 부합하도록 디자인하지 않으면 조직의 움직임이 원활하지 않게 된다. 비전과 전략은 리더십의 제1, 2계명에서 간략하게 설명했으므로 여기서는 나머지 네 개의 경영 개념만 약술하겠다.

조직과 조직설계

비전과 전략에 따라 조직을 설계해야 한다. 그러나 정부에서 새롭게 출발하는 경우 조직개편이라는 명목으로 부처의 명칭을 바꾸고 기능을 이리저리 찢어 붙이는 작업을 한다. 역대 정부가 출범하면서 다들 그랬다. 하도 많이 바뀌는 바람에 정부부처의 이름도 생소하고 뭘 하는 곳인지도 헷갈린다. 조직을 찢어 이리저리 붙이는 일은 아주 조심해야 한다. 구조를 바꾸는 것이기 때문이다. 외과 의사들이 웬만해서는 멀쩡한 팔뼈를 잘라다 다리뼈에 이식하지 않는다. 조직은 비전과 전략에 따라 설계해야 한다. 내가 보기에 역대 정부의 비전과 전략에서 어떤 다른 점이 있었는지 모르겠다. 다만 기능이 다소 달라진 것은 있었지만 구조를 변경할 만한 것은 없었다. 정부조직을 설계할 만한 인물이 없었기 때문에 구조를 이리저리 찢어 붙이면 관료조직의 일하는 방식이 효율적으로 바뀔 것으로 착각한 것이다.

비전과 전략에 따라 직무를 배치하는 설계를 한 후에, 조직구조와 시스템을 어떻게 디자인하는 것이 좋은지를 고려해야 한다. 조직이론에 관한 전문가 없이 정치적으로 이리저리 주먹구구로 정부조직을 만들어 운영하고 있다. 행정부 내각뿐만 아니라 각 부처의 관료들, 사법부의 판사들, 입법부의 의원들 역시 그들이 맡은 역할과 책임이 뭔지 제대로 알지 못하고 있다. 서계차경의 세상에서 살아온 사람들의 전형적인 모습이다. 오로지 자신들의 사익을 위해, 나아가 출세를 위해 각개전투를 하고 있을 뿐이다. 나는 우리 정부를 보면 죽어 있는 거대한 공룡에 모피아mofia 같은 온갖 날짐승이 서로 뜯어먹고 있는 느낌을 받는다.

직무와 성과책임

비전과 전략에 따라 각 직무를 설계해야 한다. 각 직무의 존재목적인 성과책임accountability을 명확히 하고, 반드시 달성해야 할 성과

경영 플랫폼의 운영시스템

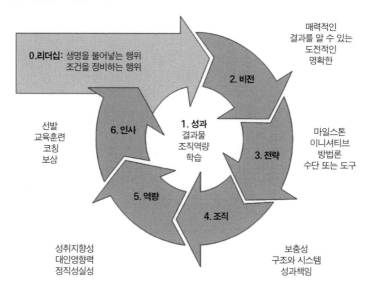

실제로 경영 플랫폼을 운영할 때는 최초의 촉발점이 리더십이다. 초기에는 리더십에 의해 경영 플랫폼이라는 플라이휠이 굴러간다. 처음 굴릴 때는 잘 굴러가지 않지만, 진실한 리더십을 발휘하면서 점차 부드럽게 굴러가게 된다. 이것이 조직문화로 정착되면 높은 생산성과 창의성을 발휘하게 된다.

와 절대로 해서는 안 되는 행위규범을 정하고 그 책임의 한계를 규정해 조직의 어느 위치에 배치할 것인지를 정하는 것이다. 직무설계의 핵심인 성과책임은 반드시 조직설계와 함께 이루어져야 한다. 성과책임이 명확하지 않은 조직설계는 앙꼬 없는 찐빵과 같다.

역량과 역량진단

역량진단프로그램은 규모가 있는 인사컨설팅회사마다 각각 약간씩 변용된 모형을 가지고 있다. 그중에 성취예측모형을 이 책에서 간략히 소개했다. 이런 모형을 가능케 하는 학문적 배경도 앞에서 이미 설명했다. 그림에서 보듯이 역량진단이 경영 플랫폼 전체에서 차지하는 비중은 아주 작은 부분에 불과하다. 경영학 중에서도 인사조직이론은 하나의 분과학分科學에 불과한데 그중에서 역량진단이론과 그 활용방법을 간략하게 정리한 것이 이 책이다.

인사와 인사관리

인사관리의 책임과 권한은 인사부서가 아니라 단위조직의 장에게 주어져야 한다. 인사관리부서에서 하는 일은 전사적인 관점에서 주로 선발, 임용, 배치, 보상 등이다. 이것도 중요하지만 각 구성원들이 발휘하고 있는 역량 중심의 기록들 STAIRS, 의사결정 문서들, 피드백과 코멘트의 메모들을 체계적으로 관리하는 것이 무엇보다 중요하다. 인사부서는 일선의 부서장들이 인사관리를 잘할 수 있도록 코치로서의 역할을 해야 한다.

경영 플랫폼의 운영시스템과 리더십

성과, 비전, 전략, 조직, 역량, 인사라는 6개의 경영 개념을 플랫폼화하지 못하고 그것을 그저 낱개로만 생각하는 사람들이 많다. 그래서는 리더십을 제대로 발휘할 수 없다. 좋은 리더십의 모범을 보이는 사람이라도 대개 개인기에 의존해서 조직을 이끄는 경우가 대부분이다. 그러나 좋은 리더십이라면 구성원들에게 좋은 삶을 살 수 있도록 하면서 구성원들이 가진 능력의 최대치full potential를 끌어내 활용할 수 있는 환경조건을 만들어야 한다. 이것이 구성원들의 자기실현의 길이기 때문이다.

그런데 많은 고위공직자가 이러한 리더십에 관해 거의 모르고 있다. 제대로 된 리더십에 관한 교육과 훈련을 받은 적도 없다. 리더십 훈련이라는 게 대부분 성공한 사람들의 몇 가지 습관 같은 지극히 통속적이고 파편화된 자기계발 내용이 대부분이다. 거의 실현 불가능한 쓸모없는 내용들이다.

기업에 컨설팅을 했던 내 경험에 의하면, 대부분 회사의 급여제도와 인사평가제도, 조직개편 등 자질구레한 마이크로 구조와 시스템을 바꾸면 조직의 생산성과 창의성이 높아질 것으로 생각한다. 사태의 본질은 비전과 전략, 즉 신뢰와 희망에 있다. 이것을 모르고 지엽말단의 작은 이슈를 해결해달라고 의뢰하곤 한다. 그러나 이런 이슈들은 사태의 본질이 아니다. 비전을 통해 서로 신뢰를 확보하고 전략을 통해 희망을 공유하면 나머지 이슈들을 설계하는 것은 그렇게 어렵지 않다. 그러니까 리더십의 두 가지 원칙과 이에 따른 세 가지 계명대로 우선순위를 결정하여 실행에 옮기는 것이 중요하다.

결국 기업이든 국가든 성장하고 발전하는 것은 비전과 전략에서 신뢰와 희망을 공유할 수 있는 탁월한 인재, 즉 올바른 리더십을 발휘할 수 있는 인재를 어떻게 선발하고 어떻게 육성할 것인가에 달려 있다.

그러나 우리 사회의 현실에서는 기업경영이든 국가경영이든 고위직을 차지하기 위해서 그저 권모술수, 험담, 갈등, 아첨, 텃세, 배신, 왜곡, 거짓뉴스를 퍼트리는 일이 다반사로 일어난다. 일부 유권자들은 속았다. 허망한 공약을 일삼는 인물에 의존했던 것이다. 왜 그럴까? 가장 중요하고 근본적인 원인은 서계차경 때문이다. 서계차경의 관행이 일단 조직에 들어오면 동물적 본능에 사로잡혀 서로가 서로를 시기와 질투의 대상으로 보게 된다. 인간이 타고난 이성의 기능이 제대로 작동하지 않는 방향으로 나아간다. 우리가 지금 그런 상태에 빠져 있다.

질병관리청의 K-방역이 미국의 질병통제예방센터CDC를 벤치마킹했으나 미국의 방역시스템을 단숨에 넘어섰다. 이와 같이 제대로 된 리더십을 갖춘 인재가 선출되고 국정운영 플랫폼의 대변혁이 이루어진다면 유럽의 게르만 모형을 활용하고 있는 선진국들을 단숨에 넘어설 수 있을 것이다.

지금까지 얘기한 모든 인사조직설계의 원칙과 계명들은 인간의 존엄성을 존중하고 보호하기 위한 방법과 수단에 불과하다. 그러나 이 방법이 경영의 진리를 드러낼 것이다.

그래서 우리에게 진실한 리더십이 필요하다.

___

'사람 보는 안목'을 길러야 한다

우리 사회는 지금 중대한 사회적 대변혁기에 직면해 있고 민족적 갈림길에 서 있다. 밖에서 빠르게 밀려오는 기후위기에 적극 대처해야 하고 4차 산업혁명의 파고를 모든 국민이 함께 올라타야 한다. 안에서는 이른 시일 내 남북이 종전선언으로 평화로운 교류협력의 시대를 만들어가야 한다. 아울러 낙후된 국정운영 패러다임을 혁명적으로 바꿔야 한다. 아무도 대신해줄 수 없다. 우리 스스로 이 길을 창조적으로 뚫고 나갈 수 있는 리더십이 필요하다. 그런 리더십을 발휘할 수 있는 사람을 고위공직자로 선발해야 한다. 그러려면 '사람 보는 안목'을 길러야 한다. 그래서 역량 개념, 역량요소들, 나아가 과학적인 역량진단방법에 관해 설명했고 어느 정도는 이해했을 것이다. 그리고 우리 사회에 이런 과학적인 방법론이 먹히지 않는 이유는 우리가 서계차경의 함정에 빠져 있기 때문이라는 것도 알았다.

지금까지의 경험에 의하면 서계차경의 이데올로기에 함몰된 사람들, 특히 기득권 세력은 결사항전의 자세로 개혁과 혁신을 못 하게 방해할 것이다. 이럴 때는 분명한 비전과 전략으로 국민의 신뢰와 희망을 공유할 수 있는 리더십, 즉 자기인식을 통해 진실을 추구하며 열린 지평으로 시대적 이니셔티브를 강력히 추진해갈 수 있는 인재가 필요하다.

서계차경에서 벗어나는 길은 하나밖에 없다. 조직설계의 3대 원칙, 즉 분권화, 자율성, 네트워크의 원칙에 따라 국가운영 패러다임을 재설계하는 것이다. 그래야 이른 시일 내 자주성, 상호운용성, 지속가능성이라는 새로운 조직설계 원칙으로 전환할 수 있을 것이다. 기득권층의 엄청난 저항을 극복할 유일한 길은 비전과 전략에 관한 모든 진실을 국민 앞에 투명하게 공유하고 강력히 추진하는 것이다. 그래야 후손들에게 한반도를 세계에서 으뜸가는 선진국으로 물려줄 수 있다. 그래야 후손들이 비굴하게 행동하지 않아도 되는 건강한 문화를 물려줄 수 있을 것이다. 그래야 조상들이 이렇게 일했다는 당당한 역사를 남길 수 있을 것이다. 그래야 동아시아에서 유럽의 스위스를 넘어서는 가장 아름다운, 가장 안전한, 가장 풍요로운 나라를 넘겨줄 수 있을 것이다.

여기서 나는 거스 히딩크Guus Hiddink의 리더십을 소개하고 싶다. 한국 국가대표 축구팀에 대한 히딩크의 비전과 전략은 분명했다. 비전은 한국인 감독들과 같았다. 팀의 역량을 최대치까지 끌어올려 올림픽 등 국제축구대회에서 좋은 성적을 거두는 것이다. 히딩크는 2002년 한일월드컵에서 놀랍게도 대표팀을 4강까지 끌어올렸다. 그때 붉은악마가 탄생했다. 한국인에게는 특정한 환경이 주어지면 분출하는 자발적인 에너지가 잠재되어 있다.

히딩크는 전략에서 한국인 감독들과 전혀 달랐다. 가장 중요한 세 가지가 달랐다.

첫째, 선수 선발의 원칙이 달랐다. 한국식 선수 선발의 기준은 어느 대학 출신이냐가 중요했다. 이 망국적인 학벌주의는 축구계에서도 통했다. 고려대학교 출신 감독이냐 연세대학교 출신 감독이냐에 따라 선수 선발이 달랐다. 히딩크는 출신학교에 관심이 없었다. 그가 학교가 왜 중요하냐고 물었는데 한국인 중에 아무도 대답하는 이가 없었다고 한다. 축구선수는 학교가 중요하지 않다. 물론 고위공직자 선출과 임용에도 출신학교는 중요하지 않다. 축구에서 체력과 기량이 최우선인 것처럼 고위공직에는 역량과 사회적 성취가 최우선이다. 히딩크는 자신의 '선수를 보는 안목'으로 직접 선수들을 선발했다. 이때 발탁된 인물이 박지성 선수다. 수원공업고등학교 출신 박지성의 별명은 산소탱크로 가장 중요한 기준인 축구장을 90분 내내 뛸 수 있는 체력을 가지고 있었다. 그다음 중요한 것이 기량인데 최소 두 개의 포지션에서 기량을 충분히 발휘할 수 있어야 한다는 조건에 합격한 것이다. 기존 선수 선발의 기준으로는 국가대표팀에 합류할 수 없는 선수였다.

둘째, 팀 운영의 원칙이 달랐다. 이것은 많이 알려지지 않았는데 계급구조를 타파하고 팀원 모두 수평적인 자율적 네트워크로 운영했다. 이전에는 선후배 사이에 위계질서가 명확했다. 훈련과 시합이 없는 사생활에서도 그랬다. 히딩크는 선배라는 호칭을 없애고 이름을 부르게 했다. 심지어 훈련이 끝나고 마사지를 받을 때도 라커룸이나 샤워룸을 사용할 때도 먼저 온 선수가 우선이었다. 모든 것을 짬밥 순으로 하던 구조를 깨버렸다. 완벽한 수평구조를 만들도록 했다. 팀 내에 경쟁이 아니라 협력을 강조하기 위해서였다. 이 질서를 어기면 그 그룹에 남아 있을 수가 없었다. 히딩크는 실제 시합에서 슛할 기회를 선배들에게 양보하는 비디오를 보고 충격을 받아 위계질서를 철저히 없앴다고 한다. 선수들 간의 위계질서는 단순히 시합을 망치는 게 아니라 팀 자체를 파괴하기 때문이다.

셋째, 보상의 원칙이 달랐다. 예전에는 주전 선수와 벤치에서 대기하는 예비선수들의 공헌도에 따라 보상을 차별했다. 히딩크의 생각은 달랐다. 출전한 23명 선수의 공헌도를 같은 것으로 평가했다. 전면에 나서서 마음껏 뛰기 위해서는 배후가 반드시 있어야 한다. 그라운드에서 한 번도 공을 차지 못한 예비선수가 없었다면 주전 선수가 마음껏 뛸 수 없기 때문이다. 사실 우리 사회의 모든 것이 그렇다. 대기업은 중소기업의 협력 없이는 할 수 있는 것이 거의 없다. 중소기업 역시 대기업의 협력이 있어야만 한다. 역량요소도 마찬가지다. 9개의 핵심 역량요소는 7개의 보조 역량요소의 도움이 없이는 발휘될 수 없고 그 반대도 마찬가지다. 23명의 선수모두 축구팀에 없어서는 안 될 지위에 있다. 한 팀이 되어야 한다. 히딩크는 전형적인 게르만 모형의 정신이 몸에 밴 사람이었다.

2002년 한일월드컵에서 우리 대표팀이 4강까지 올라갈 수 있었던 것은 히딩크의 리더십 때문이었다. 진실한 리더십이란 비전과 전략을 명확히 공유하여 시스템으로 구현하는 것이다. 그렇게 되면 현실은 급속하게 개선된다. 우리가 생각했던 것보다 훨씬 더 큰 사회적 성취를 이루어낸다. 2002년 한일월드컵 축구에 대한 관전 소감을 소설가 김형경은 다음과 같이 썼다.

"개인적으로 히딩크식 전략의 가장 큰 핵심은 그가 우리 선수들의 영혼을 자유롭게 풀어준 점이 아닐까 싶다. 선후배의 위계질서나 상명하복의 엄격한 구조를 허물어 선수들이 가벼운 마음으로 자유롭게 뛸 수 있도록 한 점일 것이다. 경기를 보고 있으면 선수들의 자율성, 순발력, 상상력 등이 유난히 두드러져 보여, 아예 선수들의 영혼이 푸른 잔디 위에서 펄펄 날아다니는 듯하다. 예전에 선수들의 어깨에 얹혀 있던 모종의 억눌림 조급증 등은 말끔히 사라졌다. 이제 우리는 한恨의 축구에서 벗어난 게 틀림없다. 무엇보다도 한 개인의 잠재력을 최대한으로 발현시키기 위해서는 그 사람의 영혼을 자유롭게 풀어놓아야 한다. 그렇게 되면 우리의 가능성과 희망의 총량이 얼마나 커질까."

내가 보기에도 그렇다. 우리가 세계차경에서 풀려나면 자율성, 순발력, 상상력이 유난히 두드러지고 우리의 영혼이 세계 방방곡곡에서 펄펄 날아다니게 될 것이다. 사람의 영혼을 자유롭게 풀어놓아야 한다. 그러면 우리의 가능성과 희망의 총량은 무한히 커질 것이다.

히딩크가 리더십을 발휘하는 동안 기존 축구 관련자들의 텃세와 견제에 얼마나 괴롭힘을 당했는지 잘 알려져 있다. 유럽 전지 훈련 게임에서 체코와 5대 0으로 패하자 오대영이라는 별명을 붙여 멸시하기도 했다. 그러거나 말거나 히딩크는 자신의 신념대로 밀고 나갔다. 사생활의 괴롭힘도 있었다. 그는 이혼하지 않은 채 젊은 여자친구를 한국에 초청한 것에 대해 주변 사람들과 언론에서 끈질기게 물어대는 바람에 "머리통을 발로 차버리고 싶다."라며 불같은 성깔을 내뿜기도 했다. 잘 알다시피 히딩크는 윤리적 흠결이 많은 사람이다. 나중 일이지만 탈세 혐의로 기소되어 네덜란드 법정에서 유죄선고를 받고 징역 6개월에 집행유예와 벌금형을 선고받았다.

누구라도 히딩크식 리더십과 전략을 흉내낼 수 있다. 선수 선발의 원칙, 팀 운영의 원칙, 보상의 원칙 등을 히딩크처럼 말할 수 있다. 그러나 축구에 대한 철학이 없으면 그렇게 실행하는 것은 결코 쉽지 않으며 누구나 할 수 있는 것도 아니다. 그의 철학이 분명한 이유는 그렇게 행동해온 과거의 사회적 성취와 그의 삶이 증거하고 있기 때문이다. 그것을 진단하는 것이 곧 성취예측모형이다.

히딩크가 한국에서 이룬 사회적 성취가 어떤 것이었는지를 보려면 당시 상황을 짚어봐야 한다. 1998년 프랑스 월드컵에는 고려대학교 출신의 차범근 감독이 이끄는 한국팀이 히딩크 감독이 이끄는 네덜란드팀에 0대 5로 패했다. 2000년 시드니 올림픽과 레바논 아시안컵에서는 연세대학교 출신의 허정무 감독이 대표팀을 지휘했다. 하지만 이렇다 할 성적을 내지 못하고 지지부진했다.

이제 2002년 한일월드컵이 남은 상태였다. 일본팀은 외국인 감독을 영입해서 국제적으로 좋은 성적을 올리고 있었다. 일본이 16강에 올라가고 한국이 16강에도 못 올라가는 날에는 대한축구협회는 가루가 될 판이었다. 민족적 자존심이 허락할 수 없었다. 거액을 들여서라도 외국인 감독을 영입해야 했다. 그래서 히딩크를 감독으로 영입하고 총지휘를 맡겼다. 2001년 1월이었다.

내가 히딩크의 리더십을 여기서 꺼내는 이유는 그가 가진 다양한 역량요소들이 상호작용함으로써 대한민국 축구사에 길이 남을 위업을 달성했다는 점 때문이다. 그것도 아주 짧은 기간에 말이다. 선수들이 가진 체력과 기량의 최대치를 1년 반 만에 끌어냈다. 이 것은 달리 보면, 우리 선수들이 그럴 만한 잠재력을 가지고 있었음에도 대한축구협회의 학벌주의와 주먹구구식 행정이 문제였다고 할 수 있다. 축구에 관한 기본 원칙, 즉 선수 선발, 팀 운영, 보상 등의 원칙이 없었다. 원칙이 있었다고 해도 필요에 따라 그때그때 바뀌니 있으나 마나였다. 선수들의 잠재력이 썩고 있었다. 한국인 감독들이 히딩크처럼 못한 데는 두 가지 이유가 있다. 첫째 유능한 선수를 선발하는 안목, 즉 축구선수를 과학적으로 선발하는 원칙이 뭔지 알지 못했기 때문이다. 둘째 선발된 선수들을 한 팀으로 묶어 훈련하고 팀워크를 만들어가는 리더십의 본질을 이해하지 못했기 때문이다.

히딩크 이전의 한국 축구가 어떤 상태였는지 보자. 한국인 감독들은 선수 선발의 기준이 주먹구구였다. 축구 천재라고 불리면서 대표팀 자리를 차지하던 선수들은 히딩크에 의해 체력 미달로 우수수 탈락했다. 히딩크의 가벼운 기초 훈련조차 소화하지 못할 정도였다. 충격적인 사건이었다. 더 충격적인 것은 훈련 프로그램이 주먹구구였다는 점이다. 히딩크는 유럽 축구의 훈련 프로그램을 도입하고 비디오 분석관과 체력 트레이너 등을 영입해 한국 대표팀을 시스템적으로 개선해나갔다. 당시 우리나라 축구 전문가들은 우리 선수들이 체력과 배짱 등 멘탈은 좋은데 개인기 같은 기술이 부족하다고 판단하고 있었다. 그러나 히딩크의 평가는 정반대였다. 기술은 뛰어난데 체력과 멘탈이 형편없다는 것이었다.

나는 히딩크의 견해에 전적으로 공감했다. 우리의 정치조직과 관료조직을 보면 히딩크 이전의 한국 축구를 보는 것과 같다. 뭐가 뭔지 모르고 천방지축, 제멋대로, 엉망진창, 주먹구구다. '사람 보는 안목'을 갖춘 리더십이 이렇게 중요하다. 히딩크는 이런 엉망진창인 축구대표팀을 그것도 삽시간에 세계 정상급 선수들과 겨룰 수 있는 팀으로 반전시켰다. 월드컵 4강에 오른 것이다. 놀랍지 않은가? 우리 민족은 좋은 리더십을 만나고 올바른 시스템만 갖추면 세계적인 수준에 오를 DNA를 가지고 있다. 문제는 시민들이 과연 이런 리더십을 가진 리더를 고위공직자로 선발하고 임용할 수 있는 '사람 보는 안목'을 갖추었느냐는 것이다.

우리는 2016년 겨울 부패한 친일독재세력에 의해 국정농단이라는 희대의 사건에 직면했다. 박근혜가 벌인 범죄행위는 엄청난 것이었다. 아무런 공적 지위도 없는 그저 무속에 의지하면서 살던 평범한 아낙네에게 국정을 통째로 내맡겼기 때문이다. 수많은 시민들은 충격을 받았고 자발적으로 전국에서 촛불을 들었다. 박근혜 정부는 저항할 틈도 없이 무너졌다. 이것을 촛불혁명이라고 부른다. 이 세상에서 가장 아름다운 혁명이었다. 이런 혁명의 정신은 2002년 한일월드컵에서 붉은악마가 자발적으로 전국에서 들불처럼 일어난 역동성이 14년 후 촛불에서 다시 발현된 것으로 나는 생각한다. 누구의 지휘를 받은 것도 아니었다. 거대한 부정부패와 사회적 부조리에 시민들은 자발적으로 맞섰다. 그것도 훅 불면 꺼지는 촛불로 말이다. 그 촛불은 아직 꺼지지 않았다. 아마도 영원히 꺼지지 않을 것이다. 나는 이것이 우리 민족의 DNA라고 생각한다.

앞으로 올 우리 후손들에게 우리가 일으킨 자발적인 촛불혁명이 이 시대를 살아가는 부패한 친일독재세력에 맞서 싸운 가장 순수하고 가장 강력한 저항이면서 동시에 희망이었다고 말할 수 있기를 바란다. 사회적 부조리와 불의를 무찔렀던 촛불정신을 잊지 말자. 여기에 '사람 보는 안목'만 조금 더 기르고 그래서 게르만 모형을 활용하는 나라들처럼 고위공직에 유능한 인재를 선발하고 임용한다면 명실상부한 선진국이 되는 것은 시간문제일 것이다.

성취예측모형은 경영학에서 기업의 생산성과 창의성을 향상하기 위해 시작되었다. 제2차 세계대전 후에는 세계가 제국주의 시대의 나쁜 습속을 제거해야 했다. 특히 독일에서는 나치와의 결별 작업이 이루어졌다. 국가운영을 위한 모든 제도적 장치들에서 인간의 존엄성을 존중하고 보호하는 사상과 철학을 바탕으로 대전환이 일어났다. 모든 곳에서 인간을 옥죄고 있던 서계차경을 넘어서고자 했고 교육환경과 노동환경을 근본적으로 바꿨다. 이를 위해 인간 중심의 학문이 뒷받침되었다.

물론 예술, 법률, 정치 그 어떤 것도 인간의 존엄성 위에 군림해서는 안 된다. 이것이 진리다. 나는 인사조직 분야에서 학문적 글쓰기를 훈련받으면서 그것을 배웠다. 학문은 언제나 진리를 추구해야 한다. 진리에 부합하지 않는 모든 사태에 대해 끊임없이 비판적이어야 한다. 하지만 우리 교수들은 학문이라는 이름으로 기득권층에 기생하면서 그들의 호위무사 노릇을 하는 경우가 다반사다. 돈이 인간의 존엄성 위에 군림하고 있기 때문이다.

우리 사회에서 학문적 글쓰기는 인간의 존엄성을 이해하게끔 하는 데 효험이 없다. 힘들게 써봤자 읽는 사람도 거의 없다. 그래서 그런지 학문적 글쓰기를 문학적 글쓰기로 착각하는 사람들이 많다. 엄밀히 말하면 문학적이라기보다는 유아적 글쓰기와 표절로 박사학위를 받는 경우도 심심찮게 있는 모양이다. 한국의 대학과 지성계는 타락했다. 돈 때문이다.

* * *

이제는 글 쓰며 살 날도 얼마 남지 않았다. 삶을 정리해야 할 때가 되었다. 내 삶의 체험을 글로 남기기로 했다. 글은 삶의 부산물이라고 생각했기 때문이다. 그러나 잘못된 생각이었다. 글을 쓰다보니 언어가 내 삶을 만들어낸 것이다. 아름다운 언어를 구사해야 한다는 말이 아니다. 막말 없는 우아한 언어로 수많은 사람을 속였던 고위공직자들이 교도소로 갔다.

언어와 삶은 분리될 수 없다. 이 책에 쓴 글이 곧 내 학문이자 문학이고 사상이자 철학이다. 체험이 결여된 글은 나 자신에게도 감동과 에너지를 주지 못한다. 기존의 이론에다 억지로 꿰맞춘 논문보다는 차라리 문제의식을 해결하기 위해 비판적으로 노력했던 체험이 더 힘을 받으리라 나는 생각한다.

* * *

2016년 촛불혁명은 무능하면서도 부정부패했던 정치에 대한 평화적인 저항이자 동시에 세계인들이 놀랄 만한 순수한 축제였다.

투명한 세상으로 바꾸려는 시민적 의지의 표출이었다. 훅 불면 꺼질 촛불 앞에 박근혜 정권은 무릎을 꿇었다. 우리는 인류역사상 가장 깨끗한 방식으로 부패한 친일독재세력과 그 후예들을 탄핵했다. 2020년 4월 총선에서 민주시민은 180석을 민주당에 몰아주었다. 정당사에 길이 남을 전무후무한 선물이었다.

대대적인 개혁이 일어날 것을 기대했다. 그러나 개혁은커녕 고위공직자들 중에 법을 사유화하고 권력을 남용하는 인간들이 나타났다. 의회는 이런 비리와 불법을 저지른 고위공직자들을 탄핵 절차를 밟아 파면함으로써 헌법과 법률의 엄정함뿐만 아니라 인간의 보편적 양심을 저버리면 파면당한다는 엄연한 사실을 모든 시민에게 일깨워줬어야 했다. 그러나 의회를 장악한 정치인들은 꿈쩍도 하지 않았다. 달라진 것은 없었다. 시민들은 정치인을 잘못 선택했고 당원들은 당 지도부를 잘못 선출했다. '사람 보는 안목'이 없었고 정당운영조차 민주주의에서 퇴보했다. 촛불시민들이 원했던 개혁은 간데없고 파벌의 이익만을 계산했기 때문이었다. 여의도 정치는 썩었고 무능했다.

이에 더하여 행정부의 핵심적인 고위공직자 임용에서도 인사실패가 거듭되었다. 훨훨 날아갈 수 있었던 민주주의가 땅바닥에 곤두박질치고 말았다. 왜 그랬을까? 이 모든 근본 원인은 고위공직자들을 제대로 선별해내는 '사람 보는 안목'이 없었기 때문이다. 안타깝게도 무능하면서도 탐욕에 찌든 사람들을 요직에 임용했다. 국정농단과 사법농단에 이어 검찰농단과 감사농단을 경험했다. 정치인들이 관료조직을 장악하지 못한 것이다. 이것은 민주주의가 퇴보하는 치명적인 결과를 가져왔다.

온 국민이 '사람 보는 안목'을 길러야 한다. 인간에 대한 평가와 예측은 관상이나 무속의 예언에 의지할수록 점점 더 미궁에 빠지고 만다. '사람 보는 안목'을 키우려면 과학적으로 타당성과 신뢰성이 검증된 방법론에 의존해야 한다. 인간에 대한 깊은 이해를 바탕으로 훈련받은 전문가들이 정해준 루틴에 따라 연습하면 어떤 인물이 유능하고 무능한지를 분별할 수 있게 된다. 이것이 민주주의가 발전하는 데 도움이 될 수 있다는 믿음으로 이 책을 썼다.

내가 아는 한, 세계인들이 활용하는 다양한 역량진단모형 중에서 우리 실정에 부합하는 '성취예측모형'이라는 이름으로 소개하는 이 책은 아마도 우리나라에서는 최초일 것이다. 오랜 연구와 업데이트를 거쳐 이제 세상에 나왔다. 아무쪼록 인간 이해에 관한 미신, 감정적 편향, 정치적 진영논리에서 벗어나 과학적으로 '사람 보는 안목'을 기르는 데 많은 도움이 되기를 바란다.

* * *

책을 쓸 때마다 마음의 빚을 진다. 여러 사람들로부터 많은 도움을 받았다. 내 강의를 듣거나 워크숍에 참석해 다양한 질문을 제기하면서 학습에 열을 올린 제자들에게, 우리 사회가 처한 서계차경의 열악한 환경조건과 부패한 친일독재세력의 행태에 대한 문제의식을 함께 토론해온 동료들에게, 그리고 무엇보다 나에게 많은 가르침과 희망을 공유해준 마음의 스승들에게 감사의 말씀을 올린다.

1998년 생애 첫 책을 출간한 이후 몇 권의 책을 더 냈지만, 이번처럼 마음을 쓰면서 교정을 한 적은 없었다. 특히 원고를 읽고 내가 미처 생각하지 못했던 것들을 보완하고 새로운 아이디어로 편집을 도와준 클라우드나인 출판사의 안현주 대표와 임직원들에게 특별한 고마움을 전한다.

2021년 12월
최동석

참고문헌과 해설

이 책에 나오는 내용은 2010년에서 2019년까지 대략 10년간 성취예측모형과 관련한 강의와 워크숍에서 했던 이야기들이다. 애초 자료는 강의와 워크숍 장소라는 현장성이 있는 언어로 구성됐다. 하지만 이것을 문자로 옮기면서 내용과 언어의 역동성이 떨어졌다. 그 시간과 장소에서 일어났던 사건들이 사라지고 보편적인 내용으로 바뀌면서 내 사고의 흐름이 엉키는 것은 어쩔 수 없었다. 나는 늘 각주와 참고문헌이 없는 글을 쓰고 싶었다. 그러나 본문에 이미 수많은 문헌을 참고했으니 어쩔 수 없이 참고문헌을 달았다. 국내에서 출간된 문헌을 중심으로 소개했다. 그리고 내 사고의 틀에 도움을 준 문헌이 어떤 맥락에서 도움이 됐는지 간략한 설명을 함께 적었다.

서장: 이 책을 쓰게 된 이유

성취예측모형과 관련해 여러 번의 강의와 워크숍 교재 서문에는 대강 다음과 같은 취지의 안내문을 실었다.

> 우리 사회는 지금 이렇습니다.
>
> 엉뚱한 사람을 선발해놓고 불만을 터뜨리기 일쑤입니다. 정치에는 전혀 적합하지 않은 정치인을 선출해놓고 비난합니다. 어울리지 않는 배우자를 선택해놓고는 못 살겠다고 합니다. 사람을 잘못 본 것이지요. 기업에서도 중요한 직무를 잘 담당할 만한 사람인지 아닌지 진단하지 않은 채 특정한 인연으로 임명해놓고 어려워지니까 대량해고를 하곤 합니다. 부모는 자녀의 재능을 고려하지 않은 채 무턱대고 지식을 쑤셔 넣고 출세하도록 강요합니다. 우리 사회는 지금 인재를 판단하는 기준을 가지고 있지 않습니다. 인간에 대한 철학적 관점과 가치관이 잘못 형성되어 있기 때문입니다. 그래서 우리는 불행해지고 있습니다.
>
> 이런 불행은 조금 노력하면 미리 예방할 수 있습니다. 인간의 굵직한 행동은 예측 가능하기 때문이지요. 과거의 행적을 알 수 있다면 미래에 어떤 상황에서 어떻게 행동할 것인지를 예측할 수 있습니다. 지금까지 조직심리학과 경영학에서 연구해온 결과가 그렇습니다. 특히 경영 컨설팅업계에서는 상업성을 높이기 위해 매우 심도 있는 연구가 진행되어 왔습니다.

이것을 제대로 배우기가 쉽지 않습니다. 인사조직에 관한 기초적인 사전지식을 익혀야 하는 등 학습량이 비교적 많다는 점과 상업적인 연구결과라서 학습에 따르는 참가비용이 많이 든다는 단점이 있었습니다. 그 때문에 역량competency 개념의 중요성이 일반에 잘 알려지지 않았고 오해되는 경우가 많았습니다.

그래서 최대한 적은 비용으로도 쉽게 학습할 수 있는 성취예측모형APM, Achievement Prediction Model 워크숍 형태로 총 20시간의 기초 과정을 준비했습니다. 아무쪼록 즐거운 학습의 기회가 되기를 바랍니다.

인간의 존엄성

이 책은 사실 인간의 존엄성에 관한 이야기다. 인간의 존엄성을 가장 많이 다루는 학문은 인문학이다. 그중에서도 철학이다. 우리는 철학을 돈이 되지 않는 학문쯤으로 생각한다. 그러나 국가든 기업이든 가정이든 제대로 돈을 벌기 위해서 철학은 중요하다. 분명한 철학이 없으면 공동체 전체가 갈등과 혼란에 빠질 수밖에 없다. 나는 경영과 경영학의 존재목적이 기업의 생산성과 창의성을 높이는 것이라는 점, 그러기 위해 경영은 인간의 실존적 평등과 기능적 불평등을 조화하라는 양심(영혼 또는 생명)의 명령을 실현하는 것이라는 점, 그것은 곧 궁극적으로 인간의 존엄성을 존중하고 보호하는 것이라는 점을 알았다.

독일 「기본법(헌법)」 제1조 1항은 두 문장으로 되어 있다. "인간의 존엄성은 건드릴 수 없다. 이것을 존중하고 보호하는 것은 모든 국가권력의 의무다." 이 장엄한 정신은 칸트 철학에서 나온 것이다. 칸트 철학을 설명하자면 한도 끝도 없어서 이 책은 약간 맛만 보았다. 우리 사회의 지식인이라면 인간의 존엄성이라는 개념을 반드시 짚고 넘어가야 한다고 생각한다. 인간의 존엄성이 우리의 삶과 직접적으로 어떻게 연관을 맺고 있는지를 깊이 생각해보게 하는 문헌으로는 독일의 철학자이자 소설가인 페터 비에리Peter Bieri의 『삶의 격: 존엄성을 지키며 살아가는 방법』(문항심 옮김, 은행나무 2014)이 있다.

조선 세조 임금 시대의 총인구수와 노비 수
－조윤민, 『두 얼굴의 조선사: 지배와 저항으로 보는 조선사』, 글항아리, 2016, 114~115쪽

역량진단을 위한 코딩과 알고리즘
첨부된 역량사전을 활용할 수 있는 전문적인 인사컨설턴트가 되어 고객들에게 상업적으로 서비스하려면 능숙하게 역량요소들을 코딩하는 능력과 계량화 알고

리즘을 습득해야 한다. 그러기 위해서는 일정 시간의 훈련 과정과 긴 기간의 수련을 거쳐야 한다.

1장: 사회적 성취의 기반 - 역량의 의미

이사벨라 버드 비숍

이사벨라 버드 비숍Isabella Bird Bishop이 쓴 『한국과 그 이웃나라들』(이인화 옮김, 살림출판사 1994)에는 조선 말기 우리 조상들이 어떤 상황에 부닥쳐 있었는지를 이해할 수 있는 많은 정보가 담겨 있다.

자기인식

한마디로 요약하자면, 자기 내면을 직관함으로써 자신을 객관화하는 능력을 말한다. 자기인식self-awareness이 있어야 사태의 진실에 다가가려는 노력을 기울이게 된다. 나아가 역사의식과 시대정신을 갖춘 유능한 인재로 성장할 수 있다. 칸트는 경험에서 비롯된 모든 인식은 자기의식이라는 순수한 이성과 결합됨으로써 진선미를 분별하여 종합·판단할 수 있다는 명제를 제시했다. 18세기로서는 매우 과감한 주장이었다.

내가 칸트의 주장을 이해하기까지는 시간이 걸렸다. 칸트의 이 주장을 이해하지 못하면 인간을 제대로 이해할 수 없다. 칸트 이후의 철학은 인간 이성의 기능을 이해하는 것에서 출발하기 때문이다. 예를 들어보자. 인간의 눈은 눈 외부의 대상을 볼 수 있지만 눈 내부는 볼 수 없다. 눈을 가진 모든 동물이 다 그렇다. 눈을 포함한 감각기관을 통해 들어온 외부 세계의 정보를 뇌세포가 인식해 정보와 지식을 쌓아간다는 것은 이미 밝혀졌다. 이것은 우리의 일상 경험으로도 충분히 이해할 수 있다. 그러나 칸트는 인간의 눈은 눈 내부를 들여다볼 수 있다는 주장과 마찬가지 주장을 한 것이다.

칸트의 주장은 인간에게는 경험하지 않고도 종합·판단할 수 있는 순수한 이성이 있어서 외부의 자극으로 형성된 사물이나 사태의 진선미를 분별하여 종합 판단할 수 있고 나아가 반성적 성찰을 할 수 있다는 것이다. 사람은 누구나 자기 내면에서 일어나는 의식의 움직임을 볼 수 있다. 이제는 이것을 당연하게 받아들인다. 심리학에서는 이것을 초인지meta-cognition라고 한다. 내가 지금 무슨 생각을 하고 있는지를 나 스스로 인식할 수 있다는 말이다. 더구나 자기 자신의 인식에 관한 옳고 그름, 선과 악, 아름다움과 추함을 분별할 수 있다. 그래서 인간의 순수한 이성은 옳은 일, 선한 일, 아름다운 일을 하게 한다. 이렇게 경험적 판단을 가능케 하는 근거를 철학자들은 선험 또는 선험적a priori이라고도 하고 초월적transzendent

또는 초월론적transzendental이라고도 한다. 칸트 철학을 선험 철학 또는 초월 철학이라고 말하는 이유가 여기에 있다.

사실 칸트는 철학적 개념으로 근대적 이성이론을 정립한 최초의 인물이다. 하지만 인류는 칸트 이전에도 이 사실을 알고 있었다. '너 자신을 알라.'는 고대 그리스인들의 신탁이나 고등 종교에서 내면의 의식에서 비롯된 것을 다양한 의식ritual, 즉 기도, 명상, 참선 등과 같은 방법을 활용해 스스로 점검하도록 가르쳤다. 인간의 내면에서 싹트는 탐진치貪瞋癡를 제거하고 진선미를 향해 행동할 것을 가르쳐왔다. 인류는 끊임없이 자기인식을 위한 노력을 해왔다. 인류 문명이 지속적으로 인간의 존엄성을 존중하고 보호하는 방향으로 발전해올 수 있었던 것은 자기인식 메커니즘을 발견했기 때문이다. 사람의 역량을 진단하는 분야에서는 자기인식이 매우 중요한 개념이다. 따라서 역량진단의 방법론이자 도구인 성취예측모형을 활용할 때도 자기인식을 매우 중요하게 다루고 있다.

제임스 왓슨

『지루한 사람과 어울리지 마라: 과학에서 배우는 삶의 교훈』, 김명남 옮김, 이레, 2009

데이비드 맥클릴랜드

「Testing for Competence Rather Than for "Intelligence"」(American Psychologist January, 1973, pp.1~14). 이 논문에서 지능지수보다 중요한 것이 역량이라는 사실을 실증적으로 보여주었다. 당시에도 오늘날처럼 학교 성적에 의해 능력주의 패러다임에 문제가 있음을 학문적으로도 알고 있었다. 그러나 계급주의적인 미국 사회의 특성상 오늘날까지도 학벌에 의한 능력주의 패러다임에서 벗어나지 못하고 있다.

역량의 정의

국내에는 역량 개념, 역량모형, 역량사전 등과 관련된 문헌이 거의 없다. 오래된 문헌 중에서 참조할 만한 것은 라일 M. 스펜서 주니어Lyle M. Spencer Jr.가 쓴 『핵심역량모델의 개발과 활용Competence at Work』(민병모 외 옮김, PSI컨설팅, 1998) 정도라 할 수 있다. 나도 이 책의 역량 정의를 많이 참조했다. 그리고 일본 헤이컨설팅그룹에서 낸 『High Performer 컴피턴시』(헤이컨설팅그룹 엮음, 시그마인사이트컴, 2002)가 있는데 심심풀이로 볼 수 있는 수준이다.

역량과 관련된 문헌이 거의 없는 이유는 인사컨설팅회사에서 자체적으로 개발한 역량사전과 역량모형을 상업적으로 활용하고 있어 회사 내부 구성원들 이외에는 활용할 수 없다는 한계 때문이다.

빌리 브란트와 김영삼

- 그레고어 쇨겐,『빌리 브란트 WILLY BRANDT』, 김현성 옮김, 빗살무늬, 2003

- 에곤 바,『빌리 브란트를 기억하다: 독일 통일의 주역』, 박경서·오영옥 옮김, 북로그컴퍼니, 2014

- 김연철,『협상의 전략: 세계를 바꾼 협상의 힘』, 휴머니스트, 2016

- 김영춘,『고통에 대하여: 1979~2020 살아있는 한국사』, 이소노미아, 2020

현재 국내에서 활용되는 역량진단방법

대개는 시험을 보는 방식이다. 보편적으로 활용되는 역량진단방법은 '시뮬레이션 패키지simulation package(모의실험)'가 주류를 이루고 있다. 현장에서 일어날 법한 다양한 과제를 주고 후보자가 제안한 해결책을 검토해 역량을 진단하는 방법을 활용하고 있다. 그런데 이는 치명적인 한계가 있다. 사전에 정답을 암기해서 치르는 시험은 아니지만, 후보자가 시험에 합격하기 위해 평소와는 다른 사고체계와 행동 패턴을 보일 수 있기 때문이다.

또 다른 역량진단방법으로 '행동사건인터뷰BEI, Behavioral Event Interview'가 있다. 이 방법은 진단 대상자와의 인터뷰를 통해 과거 사건에서 발휘된 역량요소를 파악하고 진단한다. 고도로 훈련된 인사전문가가 진행해야만 정확한 진단이 가능하다. 그런데 아직 우리나라에서 신뢰할 만한 컨설턴트를 만나지 못했다. 이러한 인사서비스를 필요로 하는 민간부문과 공공부문의 수요가 많지 않아 훌륭한 컨설턴트를 길러내지 못하고 있기 때문이다.

고위공무원으로 진입하려는 하위직 공무원들이 역량진단 과정을 통과하려고 별도의 공부를 하고 있으니 참으로 안타까운 현실이다. 시험 현장에서 벌어지는 현재의 행동 패턴을 보고 판단하는 것보다는 과거의 역할과 행동을 통해 이룬 성취가 어떤 것이었는지를 조사해 진단하는 성취예측모형이 훨씬 더 진실하다.

능력에 있어 평범함의 비차별적 요소와 탁월함의 차별적 요소

그림에서 볼 수 있듯이, 탁월함은 좋고 평범함은 나쁜 것이 아니다. 옳고 그름도 아니고 선과 악도 아니다. 더구나 좋고 나쁨은 더욱 아니다. 그냥 타고났다는 것이다. 선천적인 것은 자신의 잘못이 아니다. 자신의 능력과 역량수준만큼 노력해서 누구나 행복하게 살 수 있도록 해야 한다. 내가 가장 위험하게 생각하는 것은 남들이 좋다고 하는 몇 가지 성공의 법칙을 훈련하느라 타고난 역량이 없는데 역

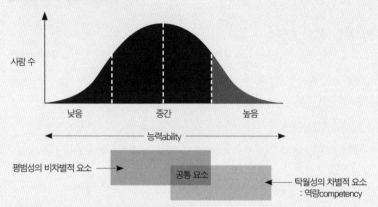

능력 중에서 역량요소들의 위치

능력이 탁월한 사람은 평범한 사람보다 많은 성과를 창출한다. 그들은 우리 사회에서 소수에 불과하다. 그 소수의 탁월한 인물들은 평범한 사람들에 비해 다른 역량을 가지고 태어난다. 그것을 과학적으로 분석해서 진단 가능하도록 만든 것이 성취예측모형이다.

량개발이라는 이름으로 자기계발에 몰두하는 행위다. 그래서 자기인식이 중요하다. 자신을 스스로 착취하는 행위는 반드시 불행해진다.

영성과 자기인식

일반적으로 영성spirituality은 오직 인간에게만 존재하며 태어날 때부터 장착된 마음으로 인식된다. 철학은 인간의 존재를 이해하기 위해 오래전부터 영성에 접근했고 깊은 사유를 통해 개념화했다. 칸트는 영성을 '순수이성'의 개념으로 설명했다. 그런가 하면 니체는 영성을 '초인'으로 설명했고 키르케고르는 '실존'으로 설명했다. 그 후 실존주의 철학자들인 하이데거, 사르트르, 야스퍼스 등에 의해 우리에게 전달됐다.

덴마크의 우울한 실존철학자 쇠렌 키르케고르

내가 실존철학에 관심을 갖게 된 것은 칼 야스퍼스와 같은 유신론적 실존주의 철학자의 글을 읽으면서였다. 실존철학의 선구자가 키르케고르라는 사실을 알게 되었는데, 놀라운 것은 그의 『죽음에 이르는 병』(임춘갑 옮김, 치우, 2011을 참조하여 수정번역)에서 서문을 지나 본문 첫 구절에서부터 '인간의 존재'가 무엇인지 탐구한다는 점이었다. 이것이 하이데거나 가다머와 같은 현대 철학자에게로 연결된다는 사실도 알았다. 인간은 정신이고 정신은 자기인데 자기는 관계가 아니고 관계라는 독립된 개념적 실체 또는 사건 속에서 상호작용하는 관계가 자기 자신에게 관계를 맺는 존재라는 것이다. 그러므로 하이데거의 표현대로 인간은 '관계 맺어진 존재das Bezogensein'가 된다. 이것은 가다머의 놀이Spiel의 개념으로도 충분히 설명된다. 인간은 관계를 떠나서는 존재할 수 없는 존재다.

실존과 영성 그리고 영혼

영혼을 칸트가 개념화한 순수이성이라고 말해도 좋고 후설의 순수의식이라고 해도 좋다. 또는 실존주의 철학자들이 지칭한 실존이라 말해도 좋고 더 쉽게 우리가 일상에서 자주 쓰는 양심이라고 해도 좋다. 나는 과감히 그렇게 정리하고 싶다. 철학 전공자들은 각 개념에 차이가 존재한다고 주장할 것이고 나 역시 그런 주장을 존중하지만 경영학의 실용적 차원에서 굳이 구분할 필요는 없다고 생각한다.

지도는 영토가 아니다

폴란드계 미국 수학자인 알프레드 코르지프스키Alfred Korzybski는 "지도는 영토가 아니다A map is not a territory."라는 유명한 말을 남겼다. 1933년에 출간한 『과학과 정신Science and Sanity』에서 그는 인간의 지각과 현실의 차이를 지도와 영토의 개념을 통해 설명했다. 여기서 지도는 인간의 마음(뇌)이고 영토는 외부의 현상(현실)이다. 인간은 감각을 통해 외부의 현상을 받아들여 뇌 속에 홀로그램과 같은 지도를 만든다. 이것이 내적 표상internal representation이다. 각자의 지각에 따라 창조된 내적 표상(지도)은 실제 세상(영토)과 똑같을 수가 없다. 지도로 한반도를 이해하는 것과 실제의 한반도를 아는 것은 매우 다르다.

블록체인 기술을 이해하는 데 도움이 되는 문헌들

−안드레아스 M. 안토노풀로스, 『비트코인, 블록체인과 금융의 혁신』, 최은실 외 옮김, 고려대학교출판문화원, 2015

−아카바네 요시하루 외, 『블록체인 구조와 이론: 예제로 배우는 핀테크 핵심 기술』, 양현 옮김, 위키북스, 2017

−오키나 유리 외, 『블록체인의 미래: 금융·산업·사회는 어떻게 바뀌는가』, 이현욱 옮김, 한스미디어, 2018

−김도현 외, 『인간을 위한 미래: 대한민국 석학 8인이 대전환기 인류의 미래를 통찰한다』, 클라우드나인, 2020, 235~269쪽

문헌으로는 블록체인 기술의 전모를 이해하는 데 한계가 있을 수밖에 없다. 블록체인 기술자, 즉 블록체인 기술로 암호화폐를 실제로 개발하는 고급 소프트웨어

엔지니어들과 직접 많은 대화를 통해 기술을 이해하는 것이 필요하다. 물론 가능하다면 기술적 측면뿐만 아니라 사회적인 영향에 대해 논의하면서 의문점을 해소하는 것이 가장 좋다. 나는 암호화폐를 개발하는 스타트업의 경영 자문을 하는 동안에 내가 가진 의문과 문제의식을 거의 다 해결할 수 있었다. 블록체인 기술이 앞으로 인류 문명을 어떻게 바꿀 수 있을지를 이해할 수 있었다. 행운이었다고 해야 할 것이다.

디지털 주권과 데이터 주권 그리고 블록체인 기술

디지털 주권digital sovereignty이란 개인과 기업이 생산한 모든 정보가 사업자에게 종속되지 않은 상태를 유지하는 포괄적 권리를 말한다. 예를 들어보자. 구글은 앱스토어에 게임 등 앱을 제공하는 앱 개발사 매출의 30퍼센트를 수수료로 떼어가겠다고 선언했다. 지금은 에픽게임스와 소송전을 벌이고 있다. 만약 30퍼센트가 아니고 10퍼센트라도 수수료를 인앱 결제로 강제한다면 앱 개발자들은 디지털 주권을 구글에 양도하는 셈이 된다. 그렇다면 앱 개발자와 앱 사용자는 디지털 정보의 주권을 상실하고 구글 제국의 식민지로 전락하는 것이 된다. 이 글을 쓰는 동안 한국에서 주도적으로 아니 세계 최초로 인앱 결제를 강제하지 못하도록 하는 법안을 통과시켜 세계적으로 관심을 끌었다. 아주 잘한 일이다.

데이터 주권data sovereignty이란 개인이 생성한 데이터에 대한 양도할 수 없는 권리를 의미한다. 이는 사업자가 임의로 고객의 개인 데이터를 활용할 수 없는 상태로 만들어야 한다는 것이다. 우리의 일상생활은 항상 데이터를 생성하는 활동이다. 내가 산책을 해도 스마트폰은 얼마나 걸었는지 알고 있고 편의점에서 생수한 병을 사도 카드사는 데이터를 알고 있다. 내가 네이버나 구글을 검색해도 그 플랫폼 사업자는 나의 활동을 데이터로 저장하고 있다. 페이스북에 글을 써도, 인스타그램에 사진을 올려도, 책을 사도, 택배를 시켜도, 음식점에서 외식을 해도 그렇다. 이 모든 데이터는 나의 일상생활에서 발생한 나의 데이터임에도 사업자들이 이 데이터를 활용해 자신의 사업을 확장하고 있다. 그러니 사업자들이 나의 데이터를 활용하려면 반드시 그에 상응하는 데이터 사용료를 지급하도록 해야 한다.

블록체인 기술은 위변조가 불가능한 거래의 완결성과 신뢰성을 보장하는 기술이다. 개인이 생산한 일상생활의 모든 정보와 데이터는 사업자의 서버에 저장되어 있다. 이것을 통합해 신뢰성이 보장되는 블록체인 기술을 이용한 암호화폐로 개인이 사업자의 매출과 이익에 일정 비율을 참여하도록 할 수 있다. 장기적으로는 현재 개발이 진행 중인 인터넷 컴퓨팅 프로토콜ICP, Internet Computing Protocol과 같은 기술을 통해 쉽게 개인의 디지털 주권과 데이터 주권을 행사하여 사업자의 매출과 이익에 직접적으로 참여할 시대가 올 것으로 보인다.

이렇게 되면 개인의 일상적 거래 활동 자체가 활성화되어 경제의 선순환 사이클이 확장될 것으로 예상된다. 또한 기후 위기와 생태계 위기 등과 관련해 탄소배출 산업이나 생태계를 위험에 빠뜨리는 산업 활동을 억제할 수 있게끔 감독 당국 또는 조세 당국이 불이익을 가하는 등의 조치를 할 수도 있을 것이다.

디지털 전환

디지털 전환digital transformation은 어떤 관점에서 정의하느냐에 따라 다르다. 일반적으로 디지털 분야의 진화를 다음과 같이 3단계로 이해한다.

- 1단계 디지타이제이션digitization: 아날로그 형식의 정보나 문서를 디지털 형식으로 변환하는 방식

- 2단계 디지털라이제이션digitalization: 디지털 기술을 기존 사업 부문에 통합하여 효율성을 높이는 방식

- 3단계 디지털 트랜스포메이션digital transformation, DT 또는 DX: 지능형 디지털 기술을 모든 직무와 조직운영방식에 통합하여 고객에게 더 좋은 서비스를 제공하는 방식

4차 산업혁명의 핵심 기술은 디지털 혁신 기술이다. 인공지능, 머신러닝, 사물인터넷 네트워크, 데이터마이닝data mining과 예측분석을 포함한 고급분석, 로봇 공학 같은 지능형 디지털 기술이 조직의 혁신을 주도하고 있다. 이런 기술은 기존 직무수행방식과 사업운영방식, 기업이 고객과 세상과 상호작용하는 방식 등을 획기적으로 변화시킬 것이다.

크립토 뱅크Crypto Bank

우리나라 재무금융관료들은 한때 국가의 경제개발을 위해 선두에 서서 헌신했던 똑똑한 사람들이었으나 지금은 모피아mofia 현상이라는 부정부패와 회전문 인사라는 카르텔을 형성하고 있다. 이들은 불합리한 기득권을 형성하여 자신들만의 성채城砦 안에서 세계가 어떻게 변하고 있는지 이해하지 못하고 있다. 재정금융환경의 변화에 대한 무지와 과학기술뿐만 아니라 사회문화적 환경변화에 대한 무감각은 가히 하늘을 찌르고 있다. 이런 현상은 김영삼 정부 말기인 1997년 외환위기로 그 전말이 드러났다.

국가를 부도의 지경으로 몰고 간 것은 모피아가 벌인 단군 이래 최대의 국난이었다. 멀쩡한 외환은행을 외국계 사모펀드에다 헐값에 팔아넘기고, 카드대란을 일

으켜 국민적 공분을 사게 했고, 저축은행 사건을 일으킨 주역이 되었다. 1조 원이 넘는 옵티머스 사건의 조력자가 되었고, 부동산 불로소득을 그대로 방치함으로써 부동산 폭등의 원인을 제공했고, 코로나19 팬데믹에 직면하여 영세한 자영업자들과 서민들의 고통을 외면했다.

세계의 금융흐름을 조금만 조사해보면 우리가 지금 어떤 상태에 있는지 알 수 있다. 모피아는 세계적 금융시장과 은행제도의 변화를 전혀 이해하지 못하고 있다. 몇 년 전부터 인구에 회자된 블록체인 기술은 4차 산업혁명, 특히 디지털 전환의 핵심기술이 되었다. 비트코인과 이더리움을 포함한 암호화폐를 다루는 핀테크 FinTech는 새로운 금융질서를 만들어가고 있고, 이런 금융기법들은 기존의 약탈적 금융제도를 새로운 통화금융시스템monetary and financial system으로 만들어가고 있다.

모피아는 이 기술과 새로운 금융현상을 전혀 이해하지 못하고 있음이 분명하다. 모피아는 자신들이 이해하지 못하는 것은 이 세상에 존재해서는 안 되는 것으로 인식하고 있는 것처럼 보이기 때문이다. 새로운 금융산업의 발전뿐만 아니라 젊은이들이 상상력으로 이룰 수 있는 금융개혁의 기회를 가로막고 있다. 21세기 세계가 어떻게 바뀌는지 전혀 모르고 있다는 말이다. 이들은 스스로 금융적폐임을 드러냈다. 몇 년 전부터 세계의 금융현장에서 무슨 일이 벌어지고 있는지 아래 문헌과 기사 등이 도움이 될 것이다.

스위스에서 어떤 일이 벌어지는지 대강 짐작할 수 있다. 지금 무슨 일이 벌어지는지 보자.

「(CEO 경영이슈) 스위스 크립토 뱅크의 도입과 시사점」
http://www.hanaif.re.kr/boardDetail.do?hmpeSeqNo=34269

뉴스1 기사: 암호화폐 자금 빨아들이는 스위스…"세금정책이 비결"
https://www.news1.kr/articles/?3418017

매일경제: 스위스 암호화폐 은행, 계좌 개설 서비스 전면 개시 外
https://www.mk.co.kr/news/economy/view/2019/11/937663/

비트코인뉴스: Swiss Bank Julius Baer Offers New Digital Asset Services With Licensed Crypto Bank SEBA
https://news.bitcoin.com/swiss-bank-julius-baer-offers-new-digital-asset-services/

블룸버그: Swiss Banks Say Bitcoin's Best Days Are Still Ahead
https://www.bloomberg.com/news/articles/2017-12-08/swiss-banks-see-bitcoin-futures-opening-up-cryptocurrency-market

스위스 크립토 뱅크: 세바
https://www.seba.swiss/

스위스 크립토 뱅크: 시그넘(스타트업으로 시작한 은행)
https://www.sygnum.com/

2장: 핵심 역량요소와 보조 역량요소

성취예측모형 프레임워크

유학 생활을 마치고 귀국을 결심하게 된 계기는 여러 가지였지만, 내 생애에 걸쳐 우리나라에서 하고 싶었던 것이 분명했기 때문이기도 하다. 인사조직이론을 체계적으로 정립하고 실행해보고 싶었다. 그중에 하나가 인사조직 분야의 선진 국에서 실행되고 있는 역량진단 프로그램을 만드는 것이었다. 그것이 바로 오랜 연구와 실무 경험 끝에 내놓은 성취예측모형 프레임워크다. 사례를 만들기 위해 역량군별로 참고한 문헌은 다음과 같다.

도구적 역량군

- 중앙일보, 김동호 논설위원, [서소문 포럼] 해운·조선산업 5적을 구조조정하라 (2016. 5. 9)

- 워렌 베니스 외,『워렌 베니스의 리더와 리더십』, 김원석 옮김, 황금부엉이, 2006

- 리처드 필립 파인만,『파인만 씨 농담도 잘하시네』 1, 2권, 김희봉 옮김, 사이언 스북스, 2000

- 이재규,『피터 드러커의 인생경영: 비즈니스계의 영원한 거장 피터 드러커의 경영사상과 인생이야기』, 명진출판, 2007

- 하워드 슐츠 외,『온워드 Onward: 스타벅스 CEO 하워드 슐츠의 혁신과 도전』, 안진환 외 옮김, 8.0(에이트 포인트), 2011

- 헨리 포드,『헨리 포드: 고객을 발명한 사람』, 공병호 외 옮김, 21세기북스, 2006

- 앤드류 킬패트릭,『워렌 버핏 평전 1 인물』, 안진환 외 옮김, 월북, 2008

- 토마스 뷔르케,『물리학의 혁명적 순간들』, 유영미 옮김, 해나무, 2010

- 밥 셀러스,『위닝포인트: 나를 성공으로 이끌어준 최고의 반전』, 이현주 옮김,

위너스북, 2011

- 셀 멘달리오 편저, 『다브로프스키의 긍정적 비통합이론: 영재의 성격발달과 정
서발달』, 김영아 옮김, 학지사, 2014

추상화 역량군
- 안도 다다오, 『나, 건축가 안도 다다오: 한줄기 희망의 빛으로 세상을 지어라』,
이규원 옮김, 안그라픽스, 2009

- 오리슨 마덴 재단, 『마덴 박사의 성공목표설정연습장』, 오근영 옮김, 현실과미
래(현실과미래사), 2001

- 아담 브라이언트, 『사장실로 가는 길』, 윤영삼 옮김, 가디언, 2012

- 월터 아이작슨, 『스티브 잡스』, 안진환 옮김, 민음사, 2015

- 제임스 왓슨, 『지루한 사람과 어울리지 마라: 과학에서 배우는 삶의 교훈』, 김
명남 옮김, 이레, 2009

- 데이비드 노박 외, 『노박 씨, 이럴 땐 어떻게 하나요?』, 이경남 옮김, 청림출판,
2008

- 마하트마 간디, 『간디 자서전: 나의 진실 추구 이야기』, 박홍규 옮김, 문예출판
사, 2007

목적지향적 역량군
- 샘 월튼 · 존 휴이, 『샘 월튼 불황없는 소비를 창조하라: 시골 잡화점을 세계 최
대 기업으로 키워 낸 월마트 창업주』, 김미옥 옮김, 21세기북스, 2008

- 마츠우라 모토오, 『선착순 채용으로 세계 최고 기업을 만들다: 스스로 일하게
하는 회사 주켄공업 이야기』, 이민영 옮김, 지식공간, 2010

- 월터 아이작슨, 『스티브 잡스』, 안진환 옮김, 민음사, 2015

- 스튜어트 다이아몬드, 『어떻게 원하는 것을 얻는가』, 김태훈 옮김, 8.0(에이트
포인트), 2011

- 리카르도 세믈러, 『셈코 스토리: 세상에서 가장 별난 기업』, 최동석 옮김, 한스
컨텐츠, 2006

- 리처드 브랜슨, 『내가 상상하면 현실이 된다』, 이장우 옮김, 리더스북, 2007

보조 역량군

- 워렌 베니스, 『워렌 베니스의 리더와 리더십』, 김원석 옮김, 황금부엉이, 2006

- 마쓰시타 고노스케, 『마쓰시타 고노스케, 위기를 기회로: 경영의 신 마쓰시타 고노스케의 경영지혜』, 남상진 외 옮김, 청림출판, 2010

- 로버트 I. 서튼, 『굿보스 배드보스』, 배현 옮김, 모멘텀, 2011

- 잭 스탈, 『CEO 레슨』, 임지은 옮김, 에버리치홀딩스, 2008

- 래리 보시디 · 램 차란, 『실행에 집중하라』, 김광수 옮김, 21세기북스, 2004

- 마츠우라 모토오, 『선착순 채용으로 세계 최고 기업을 만들다: 스스로 일하게 하는 회사 주켄공업 이야기』, 이민영 옮김, 지식공간, 2010

- 엘리자베스 하스 에더샤임, 『맥킨지의 모든 것: 마빈 바우어』, 안진환 올김, 스마트비즈니스, 2006

- 로버트 카텔 외, 『CEO와 성직자』, 김원호 옮김, 한스컨텐츠, 2005

- 이채욱, 『Passion 백만불짜리 열정』, 랜덤하우스, 2006

대학생 선발을 위한 행동사건인터뷰BEI, Behavioral Event Interview

지원한 학생에게 과거의 학습과정에서 벌어진 여러 사건 속에서 왜, 어떻게, 무엇을, 어떤 의도로 공부했는지를 묻고, 그 대답 내용을 분석해 학습능력이 어떤 동기로 발현되는지를 파악하여 역량수준을 코딩하는 기법이다. 시중에 이런 기법들이 많이 소개되어 있다. 이 기법보다 중요한 것은 어떤 기준으로 역량을 진단할 것인지를 미리 정해놓아야 한다는 점이다. '성취예측모형'과 같은 역량진단모형과 '역량사전'이 사전에 만들어져 있어야 한다.

당시 지원한 학생들은 이런 인터뷰를 처음 경험했을 것이다. 인터뷰가 시작되고 대략 20~30분이 지나면서 훌쩍훌쩍 울던 학생들이 생각난다. 남녀를 불문하고 꽤 많은 학생이 울었다. 왜 우느냐고 물었더니 대부분 자기도 모르겠단다. 인터뷰 책상 위에는 아예 크리넥스 티슈를 비치하고 마음껏 울도록 했다. 내가 이때 알게 된 것은 공부하는 과정에서 당했던 비인간적인 고통을 아이들이 그대로 하소연하고 있었다는 점이다. 이 인터뷰를 통해 전액 국비로 운영되는 과학고등학교에서 공부하는 학생들의 실태를 파악할 수 있었다. 교육이 아이들에게 정신적 폭력을 가하고 있다는 것이 분명했다. 아이들을 닭장에 넣어 사육한다는 표현이 정확할 것이다.

공식적인 인터뷰가 끝나고 소감이 어떠냐고 물었다. 학생들은 당락에 상관없이

후련하다고 했다. 우리나라엔 교육철학이 빈곤하고, 교육과 교육제도에는 혁명적인 변화가 필요하다는 것을 이때 확신하게 되었다.

3장: 인사실패가 반복되는 이유

인간의 이성

인용된 두 문장은 칸트가 『순수이성비판Kritik der reinen Vernunft』의 제1판을 1781년 출간하고 난 후 1784년 『베를린 월간논설Berlinische Monatsschrift』 11월호에 실린 「세계시민적 관점에서 본 보편사를 위한 아이디어Idee zu einer allgemeinen Geschichte in weltbürgerlicher Absicht」에 나오는 문장이다.

일반적으로 칸트의 철학은 잘 알거나 아니면 전혀 모르거나 둘 중의 하나가 아닐까 싶다. 칸트로 접근하다가 포기했거나 아니면 그의 철학에 매료되어 아예 제대로 파고들어 그 깊이를 자기 나름대로 해석했을 것이다. 전공자가 아닌 일반인에게 칸트 철학이 어려운 것은 사실이지만 전혀 이해 불가능한 것은 아니다. 나의 경우는 이렇게 접근했다. 경영학의 여러 개념과 이론의 궁극은 결국 인간의 존엄성과 관련이 있다는 사실을 알고 인간의 존엄성에 관한 문헌을 찾아 읽었다. 그러던 중 그것이 칸트 철학에 기원한다는 것을 알고 본격적으로 공부해야겠다고 생각했다.

겁도 없이 칸트의 원작을 집어 들었다. 무슨 말인지 도무지 이해할 수 없었다. 학습 전략을 세워서 접근하기로 했다. 먼저 주변의 괜찮은 칸트 해설서를 찾아 읽다가 우연히 버트런드 러셀Bertrand Russell의 『서양철학사A History of Western Philosophy』를 읽었다. 러셀은 칸트를 그렇게 위대한 철학자라고 생각하지 않았다. 칸트를 18세기 동시대를 살았던 영국의 흄이나 프랑스의 루소와 비슷한 수준의 철학자로 평가했다. 이때부터 어렴풋하게 칸트의 철학적 주장을 이해하기 시작했다. 서양철학의 역사적 흐름을 어느 정도 이해하고 나니 그제야 칸트가 만들어낸 독특한 철학적 개념을 조금은 이해할 수 있었다. 그 후에 읽을 수 있는 수많은 해설서가 있는데 자신의 수준에 맞는 것을 골라 읽으면 된다. 최근에 나온 칸트 해설서 중에서 김상환 교수가 쓴 『왜 칸트인가』(21세기북스, 2019)를 추천하고 싶다. 원문해석판은 백종현 교수가 번역하고 아카넷에서 발간한 『한국어 칸트 선집』을 참고하면 된다. 칸트를 어느 정도 이해하고 나면 다른 철학자의 주장을 이해하는 게 그렇게 어렵지 않다. 어려우면 일정 기간 쉬었다가 다시 읽기를 반복하면 결국 이해할 수 있을 것이다.

오늘날 칸트 철학이 중요한 이유는 자본주의 시장경제로 말미암은 부익부 빈익빈, 약육강식, 승자독식 등 심각한 불평등 상황에서 인간의 존엄성 개념을 어떻게 접목할 수 있을지에 관한 철학적 기반을 제공하기 때문이다. 나는 우리가 처한 실존적 위기를 극복하는 길은 인간의 존엄성을 바탕으로 우리의 정신세계와 사회적 구조를 다시 돌아보고 재설계하는 것이라고 생각한다.

형이상학 전통에서 본 인간의 이성

원문 해석판은 『순수이성비판 1』(백종현 옮김, 아카넷 2006), 165쪽을 참조하기를 바란다.

자크 라캉

자크 라캉Jacques Lacan의 사상도 우리에게 아주 귀중한 통찰력을 선물한다. 우리가 지금 상징계에서 살고 있다는 주장은 마치 영화 「매트릭스Matrix」에서 보듯 매트릭스에서 사는 것과 같다는 의미다. 우리가 여기서 빠져나와 진정으로 원하는 세계로 여행하려면 옥죄는 사슬을 끊고 독립적이고 자율적인 주체로 거듭나야 한다. 다음 문헌은 라캉을 이해하는 데 도움이 된다.

- 숀 호머, 『라캉 읽기』(개정판), 김서영 옮김, 은행나무, 2014

- 김석, 『에크리: 라캉으로 이끄는 마법의 문자들』, 살림, 2007

- 브루스 핑크, 『에크리 읽기: 문자 그대로의 라캉』, 김서영 옮김, b(도서출판비), 2007

- 슬라보예 지젝, 『HOW TO READ 라캉』, 박정수 옮김, 웅진지식하우스, 2007

- 스튜어트 슈나이더맨, 『쟈크라캉, 지적영웅의 죽음』, 허경 옮김, 인간사랑, 1997

중앙선거관리위원회의 학교 내 모의선거 교육 불허

선거야말로 주권자가 정치적인 행사에 참여하는 것인데, 미래의 주권자들에게 정치를 위한 모의선거조차 못 하게 하는 어처구니없는 일이 벌어지고 있다.

- 한겨레, 모의투표 불허는 청소년 참정권 과다 규제(2020. 2. 13.)
  https://www.hani.co.kr/arti/society/schooling/928043.html

- 한겨레, 서울교육청 '모의선거 교육' 끝내 무산(2020. 3. 9.)
  https://www.hani.co.kr/arti/society/schooling/931865.html

문재인 정부의 인사실패

이낙연 국무총리, 정세균 국무총리, 윤석열 검찰총장, 최재형 감사원장, 김명수

대법원장 등을 넘어 행정부처 장관들까지 단순한 인사실패 수준이었다고 하기에
는 너무나 참담한 수준이다. 문재인 정부에서 임용을 받은 사람들이 문재인 정부
를 불신하도록 비난하며 지지율을 떨어뜨리는 일을 서슴없이 하고 있다. 그런데
도 어쩌지 못하는 상황을 이해할 수 있는 사람이 몇이나 될까?

역대 모든 정부에서도 마찬가지로 인사실패가 수없이 있었다. 그러나 문재인 정
부에서 유독 이런 사태가 벌어지는 것은 문재인 개인의 보수적 성향 때문이기도
하겠으나 역량진단시스템에 의존하지 않고 주변 몇 사람의 의견에 따라 임용하
는 등 전근대적 방식으로 인사가 이루어졌기 때문이다.

보이텔스바흐의 3원칙
- 심성보 외, 『보이텔스바흐 합의와 민주시민교육』, 북멘토, 2018

이 책은 독일 정치교육, 즉 민주시민교육의 원칙이 된 보이텔스바흐 합의의 교육
적 의미를 살폈다. 독일의 학교 현장에서 논쟁적인 이슈들을 주제로 가르칠 수
있는 기본 원칙을 정립한 소중한 교훈을 담고 있다. 정치교육뿐만 아니라 노동교
육, 역사교육의 교수법으로 응용해도 좋을 내용이다.

- 보이텔스바흐 수업연구회, 『보이텔스바흐 수업』, 학교도서관저널, 2020

실제로 현직 교사들이 수업 시간에 참여와 실천을 위한 다양한 주제로 논쟁 수업
을 할 수 있도록 사례를 모아 책을 엮었다. 현직 교사들이 참고할 수 있는 훌륭한
교재가 될 수 있다.

- 넬 나딩스 외, 『논쟁 수업으로 시작하는 민주시민교육: 비판적 사고와 시민성
  교육을 위한 안내서』, 정창우 외 옮김, 풀빛, 2018

이 책은 비판적 사고를 기르는 방법을 강조하고 있다. 인간의 이성이 합리적 사고,
비판적 사고, 추론적 사고를 통해 자신의 존재적 성숙에 이르고 타인과의 관계에
서 풍요로움을 만끽할 수 있게 하는 교육철학을 쉬운 문장으로 설명하고 있다.

엘리 위젤
제2차 세계대전의 강제수용소에서 살아남아 인류에게 큰 울림을 주면서도 독자
적으로 커다란 사회적 성취를 이룬 사람들이 있다. 빅터 프랭클Viktor Frankl, 프리
모 레비Primo Levi, 엘리 위젤Elie Wiesel이 세계적으로 많이 알려졌다. 가장 참혹한 환
경에서 살아남은 자들의 기억과 기록에 의해 그곳에서 벌어진 일들이 인류의 기
록 문화유산으로 남았다. 우리나라에는 엘리 위젤이 비교적 덜 알려졌는데 그가
직접 집필한 책이 많지 않아서일 것이다. 그가 보스턴대학교 교수 시절 가르쳤던

제자인 아리엘 버거Ariel Berger와 함께 쓴 책『나의 기억을 보라: 비통한 시대에 살아남은 자, 엘리 위젤과 함께한 수업』(쌤앤파커스, 2020)은 우리에게 많은 울림을 준다.

참혹한 수용소에서 살아남은 이들의 기록과 기억은 많다. 이 책에서는 엘리 위젤의 이야기를 다루었다. 나는 기억만이 우리를 구원한다고 믿는다. 기억이 없다면 불완전한 우리는 과거의 잘못을 반복할 것이다. 일제강점기 때 일부 한국인들은 일본 편에 서서 동족을 억압하고 착취했다. 해방 후 우리는 공동체를 배신하고 사익을 취했던 세력을 전혀 청산하지 못했다. 그리고 두 번의 군사쿠데타를 겪었다. 그 잔존 세력이 아직도 국가를 좌지우지하고 있다.

장래에 일본은 구원받을 수 없을 것이다

2021년 2월 딸 부부가 영국에서 귀국하는 바람에 2주간 자가격리 조치를 하느라 우리 부부는 남해안과 동해안을 여행코스로 잡았다. 통영에 들렀을 때다. 박경리기념관에서 박경리 선생이 쓴『일본산고: 역사를 부정하는 일본에게 미래는 없다』(마로니에북스, 2013)라는 책을 발견하고 여행 중에 쭉 훑어보았다. 박경리 선생은 내 어머니와 동갑인데도 일제강점기를 겪었기 때문인지 일본에 대한 해박한 지식에 놀랐다.『토지』는 단순한 농민소설이 아니었다. "(『토지』라는 소설은) 조선 농민으로부터 토지를 빼앗은 일본 제국주의에 대한 비판이기도 하지만 그 기층에 있는 것은 토지란 누구의 것이냐 하는 근대적인 경제 사회 그 자체를 흔들어대는 물음인 것이다." 박경리 선생은 일본인들이 과거의 잘못을 기억하기는커녕 "역사를 부정하는 일본에게 미래는 없다."고 일갈하고 있다.

막스 베버의『프로테스탄티즘의 윤리와 자본주의 정신』

막스 베버Max Weber를 모르는 사람은 없을 것이다. 그의 학문적 명성은 카를 마르크스와 비견되기 때문이다. 그는 분명 천재였다. 안타깝게도 스페인독감에 걸려 56세라는 젊은 나이에 사망하고 말았다. 그가 장수했다면 20세기 사회과학분야의 학문적 지평이 더욱 크게 열렸을 것이다. 카를 마르크스에 대해서는 독일 유학 이전부터 어느 정도 이해했다. 귀국한 이후 막스 베버에 관한 연구 문헌이 많지 않다는 것을 알았다. 기껏해야『프로테스탄티즘의 윤리와 자본주의 정신』정도였다.

그러다가 김덕영 선생이 쓴『막스 베버: 통합과학적 인식의 패러다임을 찾아서』(길, 2012)를 읽고 막스 베버를 조금 이해하게 됐다. 김덕영 선생은 독일 괴팅겐대학교를 졸업하고 박사학위를 받았다. 독일은 영미권 제도와 달리 교수가 되려면 별도의 교수 자격 논문Habilitationschrift을 통과하고 이어서 실제 강의와 세미나 발표 등을 포함한 구두시험을 거쳐야 한다. 학문적으로나 실용적으로나 매우 까다로운 절차를 통과해야 교수자격이 인정된다. 영미권에서는 교수직이 하나의 직업에 해당되지만 독일은 교수자격을 얻어야 된다. 교수라는 신분을 얻는 것이다. 독일 대학 교수들의 질적 수준과 인격적 품성은 우리의 교수들과는 차원이 다르다. 나도 한때 이 길을 생각해본 적이 있었으나 외국인으로서 감히 엄두가 나지 않았다. 언감생심이었다. 그런데 김덕영 선생은 카셀대학교에서 게오르크 짐멜과 막스 베버의 비교연구로 교수자격을 받은 후 그곳에서 학생들을 가르치고 있다. 그가 발표한 문헌들을 읽으면서 짐멜과 베버에 대해 이 정도로 압도적인 전문성을 가진 한국인은 처음이었다. 많은 것을 배웠다. 아직 만나보지 못했으나 개인적으로 고맙게 생각하고 있다.

『전태일 평전』을 쓴 조영래 변호사

정말 훌륭한 법률가였다. 그는 시대의 부조리와 억압당하는 민중에 대한 문제의식으로 가득한 시민운동가였다. 3선개헌 반대, 민청학련 사건, 유신헌법 반대 등으로 1년 6개월의 실형을 받아 1973년 만기 출소하자마자 전태일의 행적을 일일이 찾아다니며 관련자들을 면담해 『전태일 평전』(아름다운전태일, 2009)을 썼다. 1983년에는 시민 공익 법률사무소를 설립해 공익성 있는 사건을 맡아 싸웠다.

1984년 당시에는 집단소송 개념 자체가 없었던 시절이다. 당시 커다란 홍수로 인해 피해를 본 망원동 수재민 수천 명을 대리해 서울시의 관리책임을 물어 집단소송을 제기했다. 호우피해는 국가의 책임이라는 사실을 입증하는 등 우리 사회의 기념비적인 사건들을 많이 맡았다. 공익 변론을 통해 사회개혁과 인간의 존엄성을 신장하는 일에 에너지를 쏟은 것이다. 안타깝게도 43세의 젊은 나이에 폐암으로 생애를 마감했다. 그때나 지금이나 우리 법조계는 현대판 매관매직인 전관예우에 기대어 사적 이득에 눈이 먼 법률가들로 가득하다. 조영래 변호사는 법률가가 가야 할 길을 등대처럼 밝혀준 인물이다.

경호실장 차지철이 박정희에게 했다는 말

-『한국 현대사 산책 1970년대 3: 평화시장에서 궁정동까지』(인물과사상사, 259쪽)는 강준만이 편집한 책이다. 시대별로 굵직한 사건들을 언론사와 언론학자의 시각에서 정리해놓았다. 해방 후의 한국 현대사를 조망하기에 아주 좋은 전집이다.

2021년도 산재사고 사망자 하루 평균 2.6명꼴

– 한겨레21, 올 1~3월 '또 다른 이선호' 238명 있었다(2021. 5. 28.)

  http://h21.hani.co.kr/arti/society/society_general/50422.html

인간은 노동을 통해서만 삶의 흔적을 남긴다

리처드 던킨Richard Donkin의 『피 땀 눈물: 노동은 어디로 진화하는가?』(박정현 옮김, 바다출판사, 2005)와 『퓨처 오브 워크: 일과 직장에 대한 미래예측 보고서』(구건서 옮김, 한울아카데미, 2010)는 나에게 노동에 관한 많은 통찰을 주었다. 그는 「파이낸셜 타임스」에 고용, 노동, 경영에 관한 글을 쓰는 칼럼니스트로 활약하고 있다. 기술 발달로 인간의 노동을 기계가 대체하더라도 일자리는 줄어들지 않으리라 생각한다. 왜 그런가? 기계가 일자리를 만들어왔기 때문이고 정보화와 디지털화의 혁명적 변화도 마찬가지로 일자리의 종류가 바뀌겠지만 일자리 자체가 줄어들지 않으리라 예상하고 있다.

반면에 제러미 리프킨Jeremy Rifkin의 『노동의 종말』(이영호 옮김, 민음사, 2005)은 전혀 다른 관점을 가지고 있다. 충격적이지만 장기적으로 노동이 종말을 고할 것이라고 주장한다. 그의 논리는 아무도 이의를 달 수 없을 정도로 아주 탄탄하게 정리되어 있다.

그러면 나는 어떤 입장이냐? 내 감각으로 추측하건대 미래는 던킨과 리프킨의 중간 어디쯤으로 귀결될 것으로 생각한다. 디지털 전환은 산업의 구조를 근본적으로 변화시킬 것이다. 물론 고도의 지식을 요구하는 새로운 산업에서 일자리가 새로 생겨날 것이다. 하지만 디지털 혁명에 따른 일자리 감소는 어쩔 수 없기 때문이다. 고급 기술을 활용하는 일자리가 늘어나고 헤어디자이너와 같은 세밀한 손 기술을 요구하는 일자리는 그대로 있을 것이다. 하지만 제조업의 단순노동자, 은행원, 증권과 부동산 중개인, 변호사, 회계사, 세무사 등과 비전문적인 기술 노동력을 필요로 하는 일자리는 크게 줄어들 것이다. 노동시간을 계속 줄여나가야 할 것이다. 어찌됐든 우리는 앞으로 다가올 불확실성을 준비하면서 동시에 타고난 역량을 마음껏 발휘할 수 있는 환경조건을 만들어야 한다.

이런 상황을 이해하기 위해 참고할 만한 문헌은 다음과 같다.

– 에릭 브린욜프슨, 앤드루 맥아피, 『기계와의 경쟁: 진화하는 기술, 사라지는 일자리, 인간의 미래는?』, 정지훈, 류현정 옮김, 틔움출판, 2013

– 에릭 브린욜프슨, 앤드루 맥아피, 『제2의 기계시대: 인간과 기계의 공생이 시작된다』, 이한음 옮김, 청림출판, 2014

- 앤드루 맥아피, 에릭 브린욜프슨, 『머신 플랫폼 크라우드: 트리플 레볼루션의 시대가 온다』, 이한음 옮김, 청림출판, 2014

4장: 직업적 무능함이 만연한 이유

해방 후 75년이 넘은 지금까지 잔존한 친일파 세력

내가 왜 우리나라의 '부패한 친일독재세력'이라고 말하는지 이해하는 데 조금 도움이 될 문헌들을 소개한다. 우리의 역사가 어떻게 왜곡됐는지와 독일의 역사가 어떻게 굴절됐다가 다시 정상으로 펴질 수 있었는지를 생각해야 한다. 그래서 역사를 가르쳐야 한다.

- 호사카 유지, 『신친일파: 『반일 종족주의』의 거짓을 파헤친다』, 봄이아트북스, 2020

- 정종현, 『제국대학의 조센징: 대한민국 엘리트의 기원, 그들은 돌아와서 무엇을 하였나?』, 휴머니스트, 2019

- 정운현, 『친일파의 한국 현대사: 이완용에서 노덕술까지, 나라를 팔아먹고 독립운동가를 때려잡은 악질 매국노 44인 이야기』, 인문서원, 2016

- 한상범, 『박정희와 친일파의 유령들』, 삼인, 2006

앵글로색슨 모형과 게르만 모형

내가 이 두 가지 모형을 생각하게 된 것은 독일 사회를 경험하면서였다. 우리 사회와 패러다임이 전혀 달랐기 때문이다. 국가를 운영하는 철학과 그 목적이 전혀 다르다. 법률가의 시각에서 앵글로색슨 모형과 게르만 모형을 극명하게 대비한 책이 있어 소개한다. 저자인 토마스 게이건Thomas Geoghegan은 앵글로색슨 모형이나 게르만 모형이라는 용어를 쓰진 않았다. 하지만 미국 하버드대학교를 졸업한 엘리트 계층의 노동 전문 변호사로서 미국 사회가 가장 선진적 문명이라고 생각했던 자기 생각이 바뀌는 과정을 설명하고 있다. 특히 독일을 여행하면서 전혀 다른 세계가 있다는 것을 알게 됐다. 그 후 독일 사회의 구조와 시스템을 연구하고 독일 노동계 인사들을 인터뷰하고 독일 대학생들을 가르쳤다. 그의 책에는 미국식 국가운영 모델이 왜 그리고 무엇이 잘못됐는지를 담고 있다.

- 토마스 게이건, 『미국에서 태어난 게 잘못이야: 일중독 미국 변호사의 유럽 복지사회 체험기』, 한상연 옮김, 부키, 2011

- 토마스 게이건, 『피고가 된 사람들: 왜 국가와 기업은 국민을 상대로 소송을 하는가?』, 채하준 옮김, 안티고네, 2016

의회의 탈선과 국민발안제도

- 이기우, 『모든 권력은 국민에게 속한다 이제는 직접민주주의다』, 미래를소유한 사람들, 2016

- 이기우, 『분권적 국가개조론: 스위스에서 정치를 묻다』, 한국학술정보, 2014

- 안성호, 『왜 분권 국가인가: 리바이어던에서 자치공동체로』 개정판, 박영사, 2018

이 문헌들만 봐도 스위스가 오늘날과 같은 부국이 될 수 있었는지를 잘 알 수 있다. 직접민주주의가 의회의 탈선을 견제하는 역할을 했기 때문이다. 내가 아는한, 우리의 정치상황에서 국민발안제도와 같은 직접민주주의제도를 완비하지 않으면 의회의 탈선을 막을 방법은 없어 보인다.

피라미드 조직의 폭력성

나는 '조직은 어떻게 폭력적으로 되는가'라는 주제로 『인간의 이름으로 다시 쓰는 경영학: 인간은 자원이 아니다』(21세기북스, 2013)에 한 장을 썼다. 여기서 매우 자세하게 조직 폭력성의 현상, 원인, 그 해결책을 제시했다. 여기에 실린 피라미드 조직구조의 이해와 그 폭력성을 이 책에서도 포괄적으로 인용하고 있다.

2013년 당시 은퇴를 생각하면서 바쁜 와중이었지만 그동안 경험하고 생각했던 나의 경영철학을 정리하고 싶었고 그것을 책으로 출간했다. 고맙게도 4쇄를 찍을 정도로 많은 분이 읽어주었다. 2023년쯤 10주년 기념으로 경영철학적 사유를 보강해 경영 현실의 반인도적 폭력성 문제를 더 깊이 있게 다루어 재출간할 생각을 하고 있다.

로버트 그린리프와 서번트 리더십

오랜 직장생활을 통해 로버트 그린리프Robert Greenleaf는 피라미드 구조의 조직에서는 제대로 된 리더십을 발휘할 수 없다는 사실을 정확히 알고 있었다. 그는 은퇴후 재단을 만들어 서번트 리더십을 전파했다. 그의 원전이 우리말로 번역됐다. 아울러 한국행정연구원 세종리더십총서 제1호로 편찬한 책도 서번트 리더십 연구물로 참고할 만하다.

- 로버트 그린리프, 『서번트 리더십』, 강주헌 옮김, 참솔, 2006

- 안성호, 임도빈 편저, 『왜 서번트 리더십인가』, 박영사, 2021

급식부터 독서실까지 '성적순'…도 넘은 성적 줄 세우기

－뉴시스, 급식부터 독서실까지 '성적순'…도 넘은 성적 줄 세우기(2015. 10. 27.)
https://news.jtbc.joins.com/article/article.aspx?news_id=NB11072772

팀스피릿이 없는 조직에 합리적 관행이나 규범이 있을 리 없다

이 글을 쓰고 있는 2021년 7월 어느 날 주간지 『시사인』 724호(2021. 8. 3.)가 배달됐다. 여러 기사 중 32~35쪽의 '숨진 상하이 외교관이 일기장에 남긴 구조 요청'이라는 제목이 눈에 들어왔다. 다 읽고 나서 나는 한숨을 쉴 수밖에 없었다. 김대중, 노무현, 문재인에 이르는 민주 정부의 핵심 철학은 '사람이 먼저'였다. 그러나 민주 진영의 정치인들과 학자들은 우리의 인사조직이 일제강점기에서 조금도 벗어나지 못했다는 사실을 전혀 이해하지 못하고 있다.

이 기사의 핵심은 지방대 출신으로 7급 외무영사직에 합격해서 연수를 마치고 2013년 1월 꿈에 그리던 외교부 생활을 시작했고 연수받을 때 높으신 분이 "어, 지방대 출신이 있네?"라는 말을 들었고 그 말이 잊히지 않았는데 비인간적인 인사관행으로 8년 만에 중국 상하이 총영사관 부영사를 끝으로 숨지고 말았다는 것이다. 본국에 남편을 두고 타지에서 견디지 못하고 극단적인 선택을 했다. 이런 사례는 또 있었다. 지난 2021년 4월 12일에는 중남미 코스타리카 대사관의 30대 여성 부영사가 숨진 채 발견됐다. 비슷한 이유였다.

상하이 총영사관 부영사의 일기엔 이렇게 기록되어 있다. '대체로 서울대 출신. 동등 대화 ×, 상대방이 옳다고 생각, 간단한 일도 내가 판단 못함, 주말도 없이 매일 출근, 야근, 불안해서 쉬지 못함, 나의 모든 행동·말·글이 조롱의 대상이 됨. (중략) 적응 좀 하셨어요? 他人(타인) 욕 → 견딜 수 없다.'

생전에 작성한 '2020~2040 업무계획'에서 그는 외교부 조직의 문제점을 이렇게 썼다. '△ 모래알 조직 △ 정기적인 직원 재교육 부재 △ 각 경험이 네크워킹이 안되고 흩어짐 → 노하우 누수 △ 직원이 일회용 부품화·배터리화 △ 직원은 조직 생활을 0에서 시작함에 따라 쉽게 번아웃 △ 조직 부적응 시 낙오자 발생 → 인적자원 관리 실패'

이것이 우리 관료조직의 처참한 현실이다. 비인간적이고 비합리적인 인사관리 시스템을 근본적으로 개혁해야 한다.

능력이 교육제도에 의해 세습되는 능력주의

능력주의meritocracy를 비판적으로 검토하는 다음 문헌들은 능력주의의 폐해를 이해하는 데 큰 도움이 된다.

- 마이클 영, 『능력주의: 2034년, 평등하고 공정하고 정의로운 엘리트 계급의 세습 이야기』, 유강은 옮김, 이매진, 2020

- 대니얼 마코비츠, 『엘리트 세습: 중산층 해체와 엘리트 파멸을 가속하는 능력 위주 사회의 함정』, 서정아 옮김, 세종, 2020

- 마이클 샌델, 『공정하다는 착각: 능력주의는 모두에게 같은 기회를 제공하는 가』, 함규진 옮김, 와이즈베리, 2020

- 스티븐 J. 맥나미 외, 『능력주의는 허구다: 21세기에 능력주의는 어떻게 오작동 되고 있는가』, 김현정 옮김, 사이, 2015

- 크리스토퍼 헤이즈, 『똑똑함의 숭배: 엘리트주의는 어떻게 사회를 실패로 이끄는가』, 한진영 옮김, 갈라파고스, 2017

능력주의라는 말을 처음으로 만들어낸 사람은 영국의 사회학자 마이클 영Michael Young이다. 1958년에 출간된 그의 풍자 소설 제목이 『능력주의: 2034년, 평등하고 공정하고 정의로운 엘리트 계급의 세습 이야기』다. 그는 2034년 시점에서 회고와 상상을 통해 교육제도와 각종 사회제도를 변화시켜 소위 지능과 노력으로 포장된 능력주의 사다리를 타고 올라간 엘리트 계급과 거기서 낙오된 하층 계급 사이에서 벌어지는 갈등을 그려냈다. 한마디로 능력주의라는 이데올로기가 빚어낸 암울한 사회를 그렸다.

이 소설은 처음에 읽으면 도무지 무슨 말을 하는 것인지 알기 어렵다. 1950년대의 영국 상황을 이해하지 못하기 때문이다. 소설이지만 몇 차례 읽어야 그 내용과 진면목을 알아차릴 수 있다. 번역자 유강은 선생이 끄트머리에 「옮긴이의 글」이라는 해설을 친절하게 붙여놓았다. 우선 이 해설을 읽고 소설을 읽으면 전체적인 줄거리와 의미를 그나마 이해할 수 있을 것이다. 능력주의를 비판하는 다른 책들은 마이클 영의 사상을 부연 설명하는 것으로 보인다.

우리나라에서 인기를 끌고 있는 마이클 샌델의 『정의란 무엇인가』와 『공정이라는 착각』을 포함해 여기에 소개한 저작들은 잘 짜인 논리로 정의와 공정으로 포장된 능력주의는 정의롭지도 않고 공정하지도 않다는 점을 강조하고 있다. 능력주의를 가장한 제도들이 사실은 능력을 드러내지 않는다는 것이다. 그런데 이런 책들의 문제는 능력주의의 문제점이라는 표피적 부분에만 집착하고 정작 능력에 따라 사회적 성취를 이룰 수 있는 철학적 논쟁에는 관심이 없다는 데 있다.

이러한 논의는 국가운영 패러다임의 거대한 전환에는 쓸모가 없다. 화려한 수식어로 논의를 끝맺는다. 지적 유희를 즐기고 만다. 능력주의와 학력주의는 문제가 많다는 것을 알았다. 그래서 뭘 어쩌라고? 어쨌거나 현실은 여전히 그대로 굴러간다. 여기서 학문적 글쓰기와 문학적 글쓰기의 차이가 극명하게 드러난다. 문학적 글쓰기가 현실의 문제점을 훨씬 더 잘 드러낸다.

우리나라도 마찬가지지만 미국 정치인들의 가장 큰 문제는 철학의 빈곤으로 그들이 내세우는 선거공약은 구두선口頭禪으로 끝난다는 점이다. 언제나 그래 왔다. 선거가 끝나면 허망한 것처럼 이런 철학자들의 현란한 책을 다 읽고 나면 허망하다. 결국은 다시 사람들을 자본주의적 시장경제 체제로, 즉 세계차경의 함정으로 매몰차게 내몬다. 미국의 엘리트 계층이 스스로 발등을 찍은 2008년 금융위기는 그래서 일어난 것이다. 그렇지만 그 사건이 지나면 예전으로 다시 돌아간다. 달라지는 건 없다. 내 눈에는 미국에서 출간되고 있는 철학 서적들마저 상업주의에 물들어 있는 것으로 보인다.

조직중심형 사회 대 인간중심형 사회

조직중심형 국가와 인간중심형 국가는 그 행태에서도 큰 차이가 나타난다. 세계차경을 중심으로 움직이는 앵글로색슨 모형의 국가들인 영국, 미국, 중국, 일본은 조직중심형 국가들이어서 다른 국가들이 자신의 파워를 넘어서는 것은 참을 수 없다. 그래서 미국은 일인자의 지위를 위협하는 중국을 가만히 놔두지 못한다. 중국 역시 미국의 행태를 받아들일 수 없다. 그래서 미중 대결 사태로 발전했다.

일본도 한국의 지위가 점차 높아져서 일본을 넘어서는 것을 눈 뜨고 볼 수 없다. 그래서 반도체 생산의 핵심 소재에 대한 수출 규제를 하는 도발적 행위를 했다. 영국도 마찬가지다. 자신들보다 더 큰 힘을 발휘하는 독일이 주도하는 유럽연합의 행태를 참을 수 없었을 것이다. 브렉시트Brexit는 그래서 발생했다. 그러나 게르만 모형의 국가들은 인간중심형 국가운영체계를 갖추고 있다. 타국의 경제력보다는 개별 시민들의 존엄성을 더 중시하기 때문에 타국을 적대시하는 경향은 비교적 덜하다.

상호운용성

상호운용성interoperability이란 독립적인 서로 다른 시스템, 기술, 조직 등이 함께 일하더라도 서로 맞물려 잘 작동할 수 있는 능력을 말한다. 이렇게 되려면 각 노드가 분권화되고 자율성을 확보하되 서로 네트워크로 연결되어 있어야 한다. 위키피디아에서는 다음과 같이 정의한다. "상호운용성相互運用性, Interoperability이란 하나의 시스템이 동일 또는 다른 기종의 다른 시스템과 아무런 제약이 없이 서로 호환되어 사용할 수 있는 성질을 말한다. 처음에는 정보통신IT 또는 소프트웨어 개발 분야에서 사용되는 용어였으나, 이후 정치, 법률, 군사, 사회, 조직 등 다양한 분야로 확산되어 사용되고 있다."

능력주의는 민주주의에 해롭다

- 스티븐 J. 맥나미 외, 『능력주의는 허구다: 21세기에 능력주의는 어떻게 오작동되고 있는가』, 김현전 옮김, 사이, 2015, 334쪽.

병목사회

- 조지프 피시킨, 『병목사회: 기회의 불평등을 넘어서기 위한 새로운 대안』, 유강은 옮김, 문예출판사, 2016

계량화가 만든 환상과 영혼 없는 숫자 경영의 한계

- 최동석, 『인간의 이름으로 다시 쓰는 경영학: 인간은 자원이 아니다』, 21세기북스, 2013, 「제3부 조직은 영혼의 무덤인가」

에드워즈 데밍과 심오한 지식시스템

- 에드워즈 데밍, 『경쟁으로부터의 탈출: 품질석학, 데밍박사의』, 김봉균 외 옮김, 한국표준협회컨설팅, 2007,

데밍이 생전에 강의, 세미나, 워크숍 등에서 가르쳤던 내용을 종합 정리하여 1994년에 출간한 책이다. 이 내용은 오늘날에도 그대로 유용하다.

"조직은 계층이 아니라 아이디어에 의해 운영되어야 한다 Organizations have to be run by ideas, not hierarchy**."**
이 말은 2010년 스티브 잡스가 사망하기 1년 전 어느 디지털 콘퍼런스의 인터뷰에서 했던 말이다. 다음 동영상에는 경영과 관련해 금쪽같은 명언들이 가득하다.

- 콘퍼런스 풀영상: https://youtu.be/i5f8bqYYwps

- 짧게 편집된 영상: https://youtu.be/f60dheI4ARg

5장: 인재를 양성하는 구조와 시스템

송파 세 모녀 사건

- 이정희, 『진보를 복기하다: 버리기 아까운 진보정책 11가지』, 들녘, 2016, 91쪽.

인간의 존엄성을 침해하는 제도

나는 선별은 미친 짓이라는 글을 쓰기도 했다. 인간이 인간을 선별할 수 없다. 2020년에만 찾아낸 기록은 아래와 같다.

△ 1월 6일 김포, 생활고로 일가족 자살 별거 중인 37세 여성으로 생활고로 유서를 남기고 62세 모친과 8세 자녀와 함께 자살했다. △ 1월 29일 원주, 일가족 4명이 자살한 채로 발견됐다. △ 2월 13일 서울 양천구, 30대 한의사, 가족 3명 살해 후 투신 △ 4월 4일 강원도 강릉, 4인가족 차 안에서 숨진 채 발견 △ 4월 6일 대구, 가족 4명 중 3명은 사망, 한 명은 중환자실 치료를 받고 있다. △ 4월 18일 부산, 일가족 3명 숨진 채 발견 △ 5월 28일 서울 은평구, 어린 남매 사망, 엄마는 의식 불명 △ 6월 7일 강원도 원주, 일가족 3명 숨진 채 발견 △ 6월 22일 인천, 일가족 3명 숨진 채 발견 △ 8월 5일 대구, 일가족 3명 숨진 채 발견 △ 11월 2일 서울 마포구, 모녀 숨진 채 발견 △ 11월 6일 전북 익산, 일가족 3명 숨진 채 발견, 아버지는 건강회복 후 구속기소 △ 12월 19일 서울 용산 모녀 자살

여기서 내 경험을 얘기해야겠다. 1980년대 외국인 유학생 신분이었던 나는 서독 정부로부터 집세보조비와 자녀 양육보조비를 유학 기간 내내 받았다. 묻지도 따지지도 않고 주는 돈이었다. 이걸 모았다가 여름방학이 되면 온 가족의 여행경비로 썼다.

당시 지도교수에게 외국인인 내가 이런 혜택을 받고 있다고 말했다. 그의 대답은 간단했다. "모든 인간은 법 앞에 평등하다." 다시 물었다. 무상교육, (거의) 무상의료, (거의) 무상주택이라는 복지정책도 과분한데 현금으로 집세보조비와 양육보조비를 외국인에게까지 지급하고 있으니 독일인이 한국인보다 더 게으를 수 있다는 점에서 어떻게 생각하느냐고 말이다. 그의 대답은 다소 철학적이었다. "적어도 이 시대를 고민하는 지식인이라면 자신이 받은 사회적 혜택을 어떤 형식으로든지 사회를 위해 돌려주어야 한다는 심리적 부담을 갖게 된다. 적어도 고등교육을 받은 사람은 다들 그럴 것이다."

정말 그랬다. 함께 공부했던 독일 학생들, 학기마다 가끔 기업체에 견학 가서 질의응답을 했던 기업 임원들, 여행 중에 만난 다양한 사람들과 대화하며 알 수 있었던 것은 국가가 베푸는 그 이상의 공헌을 하고 싶다는 심리적으로 건강한 부담감을 갖고 있다는 느낌을 받았다. 정상적인 사람이라면 국가와 공동체에 대한 고마움을 갖지 않을 수 없을 것이다. 나는 그래서 늘 기본소득제도의 조속한 실행을 주장해왔다.

더구나 4차 산업혁명은 피할 수 없다. 그 때문에 인간의 일자리가 기계노동으로 일정 부분 대체될 수밖에 없고 노동시간도 대폭 축소될 것이다. 21대 국회에서 기본소득제도를 꼭 성사시키면 좋겠다. 그렇게만 된다면 독일을 넘어서는 부강한 국가가 될 수 있을 것이다.

조직설계의 3대 원칙

- Leitbild 2030 für Industrie 4.0: Digitale Ökosysteme global gestalten(독일어 버전)

- 2030 Vision for Industry 4.0: Shaping Digital Ecosystems Globally(영어 버전)

위 자료들은 독일 연방경제에너지부BMWi 홈페이지(www.bmwi.de)에 들어가면 다운로드할 수 있다.

1949년 서독 창설 시점에서 조직설계 원칙은 분권화, 자율성, 네트워크라는 3대 원칙을 세워 실행했다. 1992년 유럽의 초국가 조직인 유럽연합 설립을 구상하면서 조직설계의 3대 원칙을 분권화decentralization, 보충성subsidiarity, 비례성proportionality 으로 정립했다. 기술 발전이 단순한 산업뿐만 아니라 인간 생활의 모든 분야에 혁명적인 변화를 가져오고 있어서 기존 조직설계 3대 원칙을 이어가는 주도성sovereignty, 상호운용성interoperability, 지속가능성sustainability을 완전히 새로운 3대 원칙으로 정했다. 기존 조직의 변화 설계 시뿐만 아니라 새로운 조직설계 시에 이 원칙을 지키도록 했다.

인간의 존엄성에 관한 연방헌법재판소의 기념비적인 판결들

- 디터 그림, 「독일에서의 재판소원 및 헌법재판소와 일반법원의 관계」, 박서화 옮김, 『서울대학교 법학』 제55권 제1호(2014. 3.).

조직설계의 삼중방어선 개념

- 최동석, 「각종 농단사태를 미연에 방지하려면」, 경사연리포트, 2021년 2월호 통권 29호, 6~12쪽

사법신뢰도

- 한국인 10명 중 7명 정부 신뢰 안해…사법제도 신뢰 바닥권 〈OECD 보고서〉 https://www.yna.co.kr/view/AKR20150805175051009

독일과 한국의 최고법원 구조 비교

- 독일 최고법원 자료는 독일 연방대법원 및 연방헌법재판소 홈페이지, 조성복 교수의 『독일 연방제와 지방자치』(섬앤섬, 2019), 이종수 교수의 「독일의 사법제도에 관한 小考」(『법학연구』, 연세대 법학연구원, 2017년 6월) 등을 참조하여 작성했다.

품의제도의 불합리성과 그 폐해에 관한 연구

- 최동석,『똑똑한 사람들의 멍청한 짓: 최악의 의사결정을 반복하는 한국의 관료들』, 21세기북스, 2018

독일의 공동결정제도

- 방준식,「독일 공동결제도의 성립과 발전」,『법학총론』제24집 제1호, 217~236쪽

6장: 인재의 역량진단과 리더십의 본질

행동사건인터뷰BEI, behavioral event interview

진실한 인사기록을 얻을 수 없거나 있더라도 부실하다고 판단되는 경우에는 어쩔 수 없이 차선책으로 행동사건인터뷰를 진행할 수 있다. 행동사건인터뷰란 후보자에게 과거의 직무 상황에서 일어난 커다란 사건 속에서 어떤 과업을 맡아 어떤 의도로 어떤 행동을 했으며 어떤 결과를 도출했는지를 묻고, 그 대답 내용을 분석하여 직무적합성, 즉 역량수준을 코딩하는 기법을 말한다. 시중에 이런 기법들이 많이 소개되어 있다.

고위공직 후보자가 진실하지 않은 답변을 할 때도 있어서 행동사건인터뷰BEI에서 타당성과 신뢰성을 확보하려면 훈련된 전문컨설턴트가 필요하다. 후보자의 사회적 이미지나 과거의 경력 등에 따른 선입견을 가져서는 안 된다. 따라서 후보자와 질문하고 대답하는 기법보다 더 중요한 것은 어떤 기준으로 진단할 것인지를 미리 정해놓아야 한다는 점이다. 진단의 핵심은 후보자의 사회적 명성에 맞추지 말고 사전에 정해진 고위공직이 요구하는 역량수준의 기준 또는 지수에 맞춰야 한다는 것이다. 따라서 그 후보자의 이미지나 명성에 맞춰 진단하지 않으려면 '성취예측모형'과 같은 역량진단모형과 '역량사전'이 미리 준비되어 있어야 한다.

인간부합성과 인간부합적인 것

- 아루트르 리히,『경제윤리 1: 신학적 관점에서 본 경제윤리의 원리』, 강원돈 옮김, 한국신학연구소, 1993, 92~97쪽

에드문트 후설Edmund Husserl과『유럽 학문의 위기와 선험적 현상학』

현상학의 창시자라고 할 수 있는 후설은 20세기 서양 학문의 토대, 특히 정신학문의 토대를 굳건히 세우기 위해 평생을 바친 전형적인 독일 철학자다. 그는 수

학으로 박사학위를 받고 직업적 경력을 시작했다. 하지만 건조한 수학의 세계가 인간의 심리 현상이라는 사실을 알고는 현상학의 체계를 다진 위대한 철학자로 생애를 마감했다. 말년에는 유대인이라는 이유로 나치정부의 탄압을 받았다. 그의 사후 벨기에 루뱅대학교에서 박사학위 논문을 쓰던 신부의 도움으로 어마어마한 분량의 미발간 원고가 발견되어 오늘날까지 그의 학문적 폭과 깊이가 지속적으로 연구되고 있다. 그는 서양 학문이 위기를 맞게 된 원인을 분석하면서 현상학적 방법론의 중요성을 창안해 후학들에게 커다란 영향을 끼쳤다.

서양 학문이 위기를 맞게 된 원인은 사회 현상과 인문 현상을 마치 자연과학적 방법론으로 연구하는 관행이 점차 정착되어 사태의 진실을 제대로 파악할 수 없는 지경에 이른 데 있었다. 경제학이든 경영학이든 경제와 경영 현상을 제대로 파악하지 못하고 있고 계량적인 모델에 기초하여 경제 경영상의 수많은 이슈마다 내놓는 해법들도 타당성과 신뢰성이 거의 없었다. 아주 초보적인 현상조차 사태의 진실을 제대로 기록조차 못 했던 것이다.

정신과학의 경우, 어떤 사태가 벌어지면 그 사태를 의식한 주체가 인식한 것을 있는 그대로 기록하는 것이야말로 사태의 진실을 향한 출발점이다. 사회과학을 포함해 정신과학을 공부하는 사람들은 현상학의 기초를 이해할 필요가 있다. 현상학에 관심이 있는 초심자들을 위해서 이남인 교수의 다음 강의가 도움이 될 것이다.

https://openlectures.naver.com/contents?contentsId=143615&rid=2958

인사조직이론에서 현상학에 관심을 가지는 것은 기술현상학 때문이다. 나타난 현상 또는 사태를 평가와 판단 없이 있는 그대로 기록하는 것이 중요하다. 어떤 사태에 직면했을 때 나타나는 의식 또는 인식을 그대로 기록하면 된다. 그래야 그 사태의 진리를 발견할 수 있다.

후설 현상학 이해를 위해서는 다음 문헌이 도움이 된다.

- 최고원, 『해석과 비판: 진리와 논리 사이에서』, 인간사랑, 2012

- 피에르 테브나즈, 『현상학이란 무엇인가: 후설에서 메를로퐁티까지』, 김동규 옮김, 그린비, 2011

- 에드문트 후설, 『유럽학문의 위기와 선험적 현상학』, 이종훈 옮김, 한길사, 2019

- 이남인, 『현상학과 해석학』, 서울대학교출판부, 2004

- 이남인, 『현상학과 질적 연구: 응용현상학의 한 지평』, 한길사, 2014

현상학이든 해석학이든 전공자가 아니면 처음에는 접근하기 쉽지 않다. 계획을 세워 천천히 초심자를 위한 입문서와 해설서 등으로 시작해서 점차 원전으로 넘어가는 수밖에 없다. 여기서 최고원의 『가다머 vs 하버마스』(세창출판사, 2021)가 비교적 쉽게 읽히는데 현상학의 배경을 이해하는 데도 도움이 된다.

가다머의 해석학

- 최고원, 『해석과 비판: 진리와 논리 사이에서』, 인간사랑, 2012

- 한스게오르크 가다머, 『진리와 방법 1: 철학적 해석학의 기본 특징들』 개정판, 이길우 외 옮김, 문학동네, 2012

- 한스게오르크 가다머, 『진리와 방법 2: 철학적 해석학의 기본 특징들』, 임홍배 옮김, 문학동네, 2012

한스 게오르그 가다머Hans-Georg Gadamer의 해석학은 접근이 상당히 어렵다. 칸트나 하이데거를 이해하기만큼이나 어렵다. 최고원 교수의 해설이 가다머의 핵심 사상으로 쉽게 안내해준다.

경쟁 이데올로기라는 상징계

우리는 경쟁에 대한 통념을 바꿔야 한다. 경쟁이 얼마나 인간의 존엄성을 해치는지, 나아가 얼마나 조직을 파괴하는지 이해해야 한다. 많은 사람이 개인과 조직이 경쟁력을 가지려면 경쟁해야 하는 것처럼 착각한다. 경쟁력은 경쟁을 통해 생기는 것이 아니라 협력을 통해 생긴다. 다음 문헌을 참고하면 도움이 될 것이다.

- 요아힘 바우어, 『인간을 인간이게 하는 원칙: 인간의 본성은 협력 메커니즘을 따른다』, 이미옥 옮김, 에코리브르, 2007

- 마거릿 헤퍼넌, 『경쟁의 배신: 경쟁은 누구도 승자로 만들지 않는다』, 김성훈 옮김, 알에이치코리아(RHK), 2014

- 알피 콘, 『경쟁에 반대한다: 우리는 왜 이기는 일에 삶을 낭비하는가?』, 이영노 옮김, 민들레, 2009

- 로버트 프랭크, 『경쟁의 종말: 승자독식사회 그 후, 미래의 경제 질서를 말한다』, 안세민 옮김, 웅진지식하우스, 2012

칸트의 묘비명

"Zwei Dinge erfüllen das Gemüt mit immer neuer und zunehmender Bewunderung und Ehrfurcht, je öfter und anhaltender sich das Nachdenken damit beschäftigt: Der bestirnte Himmel über mir und das moralische Gesetz in mir."

이것은 405쪽에서 인용한 칸트의 묘비명의 원문이다.

"생각하면 생각할수록 점점 더 커지는 감탄과 경외감에 휩싸이는 두 가지가 있다. 내 위에 있는 별이 빛나는 하늘과 내 안에 있는 도덕률이다."

그렇다. 인간의 도덕성은 내면에 있어서 아무도 들여다볼 수 없다. 본인만이 아는 세계이기 때문이다. 그런데 특히 우리나라 사람들은 마치 도덕성을 검증할 수 있는 것처럼 생각한다. 도덕성은 검증할 수 있는 영역이 아니다. 인간의 역량은 오직 어떤 상황에서 어떻게 행동하여 어떤 결과를 만들어냈는지를 검증할 수 있을 뿐이다.

에른스트 블로흐의 『희망의 원리 1』
- 에른스트 블로흐, 『희망의 원리 1: 더 나은 삶에 관한 꿈』, 박설호 옮김, 솔, 1997, 15~17쪽.

에른스트 블로흐Ernst Bloch의 묘비명에는 '사고는 초월하는 행위다Denken heißt beschreiten.'라는 문장이 새겨져 있다. 박설호 교수의 번역은 탁월하다. 그렇다. 사고는 초월하는 행위다!

리처드 보이애치스 등
- 리처드 보이애치스Richard Boyatzis 애니 맥키Annie McKee, 『공감 리더십』, 정준희 옮김, 에코의서재, 2007, 247쪽

학문적 글쓰기의 원형과 학위논문
엄격한 학문적 글쓰기는 독일 초등학교에서부터 시작한다. 모든 것을 글쓰기와 말하기로 자기 생각을 정리하는 훈련을 받는다. 중등교육을 거쳐 인간의 가장 고등한 정신 능력을 발휘하도록 하는 것은 대학 교육이다. 유럽연합으로 통합되기 전에는 적어도 그랬다.

1980년대까지 독일 대학의 학제를 알면 학문이 진리를 추구한다는 의미가 어떤 것인지를 이해할 수 있다. 연구하고 글을 쓰는 정해진 방법론적 루틴이 있다. 이 루틴을 따라가다 보면 왜 이런 루틴을 정해서 학생들에게 엄격하게 요구하는지 이해할 수 있다. 이 요구에 적응하지 못하면 학자가 될 자질이 없는 것으로 판단해서 탈락시킨다. 모든 학과가 일반적으로 예과Vordiplom에서 2~3년, 본과Diplom에서 3~4년 정도 학습 기간을 필요로 한다. 대개 예과에서 본과를 올라갈 때 많이

탈락한다. 학과마다 탈락률이 다르지만 대개 25~50퍼센트 정도가 탈락한다.

중고등학교까지 글쓰기 훈련을 하고 대학 수학능력인 아비투어Abitur에 합격해서 대학에 진학한 학생들인데도 대학의 예과에서 본과로 올라가지 못하고 많은 학생이 탈락한다. 본과에 올라간 학생 중에도 끝까지 졸업하지 못하고 탈락하는 비율도 높다. 왜 이렇게 많은 학생이 탈락할까? 나는 학문적 글쓰기 때문이라고 생각한다. 학문적 글쓰기는 정답이라는 게 없다. 어떤 이슈에 대해 자신의 사상과 철학이 정립되어 있지 않으면 글을 쓸 수 없기 때문이다. 세상에 대한 문제의식을 가지고 그 이슈를 해결하려는 역사의식과 시대정신이 없으면 학문적 글쓰기는 애초부터 불가능하다.

그래서 대학에 몇 년 과정이라는 정해진 기간이 없다. 각자 자기 형편에 따라 강의를 수강하고(강의 출석을 체크하지 않는다) 정해진 일정 수의 세미나에 참석해서 발표하고 인증을 받아야 졸업논문을 쓸 수 있다. 이 논문이 통과되면 필기시험과 구두시험을 칠 자격이 생긴다. 여기서 합격하면 졸업이다. 졸업식이나 학위수여식 같은 행사가 없다. 허례허식이 전혀 없다. 각자 알아서 하는 것이다. 대학 생활이 상당히 개인주의적이고 서로 경쟁적일 것 같은데 스터디그룹별로 서로 연대하고 보충하는 협력의 정신이 잘 발휘된다. 여기서 중요한 것은 구두시험을 제외한 모든 과정은 철저하게 학문적 글쓰기로 승부를 본다는 점이다.

예를 들어 대학 졸업 논문(우리식으로는 석사학위 논문)은 자신이 선택하거나 교수실에서 제시한 주제에 대해 3~6개월 이내에 학문적 글쓰기의 원칙에 따라 작성해서 제출하면 된다. 경영학의 경우 3개월짜리 이론적 연구를 해도 되지만 6개월짜리는 실증연구를 권고한다. 수학모델이나 통계처리기법을 구체적으로 익힐 수 있도록 하기 위해서다. 경영학에서 계량모델을 써야 하는 분야가 많기 때문이다. 졸업 논문은 대학의 시험처에 신고한 날짜에서 하루라도 넘기면 탈락이다.

이렇게 엄격한 학문적 글쓰기 능력을 인정받아 대학의 예과를 마친 후 본과인 석사과정을 졸업하고 박사학위 논문을 쓰려면 지도교수와 교수연구실의 문하생들과 함께 논문을 써야 한다. 여기서 인간 정신의 가장 고등한 능력을 시험받는다. 물론 박사 후보생 세미나에서 서로 도움을 주고받지만 결국 모든 것을 혼자서 해내야 한다. 나의 문제의식은 이미 많은 사람이 연구했기 때문에 그들의 문헌뿐만 아니라 인근 영역까지 수백 개의 문헌을 찾아 일일이 읽어야 했다. 읽으면 읽을수록 내가 험난한 등반길을 택했다는 것을 알게 됐다. 그래도 다른 길이 없어서 꾸역꾸역 읽었다. 몇 년이 지났을 때 나 스스로 이 분야 연구의 첨단에 서 있는 것을 깨달았다. 일단 연구분야의 최첨단에 올라서면 어디로 가야 할지 무엇이 문제인지 또렷이 보인다. 연구자들이 생각하지 못했던 틈바구니를 찾아 메우면 된다. 그게 박사학위 논문이다. 이 과정에서 내 정신은 점점 맑아졌으나 육체는 10킬로그램 이상 빠졌다. 이때 내가 할 수 있는 능력의 최대치가 여기까지라는 사실을 알았다. 연구를 어떻게 하는 것인지를 스스로 깨닫게 됐다.

내 논문은 『Führungsbedarf und effektive Führungsbedarfsdeckung im strategischen Management(전략적 경영을 위한 리더십 수요와 효과적인 리더십 수요 충족)』이라는 비교적 긴 제목으로 완성됐다. 본문만 261쪽이었고 참고문헌 594개와 각주 845개였다.

내 일생에서 이 체험은 결코 잊을 수 없다. 내 연구 분야에서 최첨단에 서 있다는 느낌은 말로 형용할 수 없다. 논문이나 연구 제목만 봐도 이게 어떤 결론으로 끝날 것인지 훤히 알 수 있다. 이 느낌 때문에 많은 사람이 학자의 길로 들어서지 않을까 싶다.

내가 아는 한 독일 대학은 인간의 고등한 정신 능력을 고양하는 기관이다. 그것이 바로 학문적 글쓰기다. 이를 통해 나 자신이 어떤 사람인지 스스로 성찰할 수 있고 내가 어디까지 할 수 있는 능력의 소유자인지를 알게 된다. 이 능력의 최대치를 활용하려면 어떻게 해야 하는지 알고 그런 삶을 살아가는 것이 곧 자기실현의 길이라는 것을 깨닫게 된다.

조직운영 플랫폼
: 비전과 전략 이외의 경영 개념인 조직, 성과, 역량, 인사

이 개념들은 이 책에서 다룰 이슈들은 아니다. 성취예측모형을 통해 인사실패를 줄이고 유능한 인재를 키워내는 방법론을 제시하는 별도의 인사조직이론에서 다루어야 한다.

종장: '사람 보는 안목'을 길러야 한다

거스 히딩크

히딩크에 관한 일반적인 정보는 인터넷 여기저기에 흩어져 있다. 나는 나무위키(namu.wiki)의 「거스_히딩크」 편 정보를 주로 활용했다.

이회택, 차범근, 허정무 등으로 이어지는 한국인 축구 감독들은 선수 시절 스타 플레이어였으나 감독으로서는 성과를 내지 못했다. 왜 그럴까? 기능인과 경영자의 차이 때문이다. 좋은 기능이 있으면서 좋은 경영자가 될 수도 있지만, 한국인 감독들은 경영자 또는 리더의 자질을 갖추지 못했다. 대한축구협회는 축구인 중에 국가대표팀을 지휘할 수 있는 타고난 인재를 발굴하지 못했을 뿐 아니라 대표

팀을 경영하고 지휘하는 것이 무엇인지 제대로 가르치지 못했다. 그것은 지금도 마찬가지다.

그렇다면 경영자의 자질은 무엇인가? 본문에서 여러 차례 강조했듯이 리더십이란 구성원들에게 강력한 비전과 전략을 통해 신뢰와 희망을 불어넣고 조직, 성과, 역량, 인사 등의 경영 개념을 시스템으로 구축하여 조직이 자율적으로 움직일 수 있도록 만드는 것이다. 즉 조직구성원들이 자신이 가진 재능을 맘껏 발휘할 수 있는 환경조건을 정비하는 것이다. 기능인으로만 훈련받은 사람들은 이런 리더십을 발휘할 수 없다.

소설가 김형경의 한국 축구에 관한 관전 소감
－『신동아』 2002년 7월호, 김화성, 「신화창조! 히딩크 리더십 20계명」

〈성취예측모형을 위한 역량사전〉 (1/2)

분석적 사고 AT
어떤 상황이나 사건, 문제 등을 세분하여 이해하거나 상황이나 사건, 문제 등이 함축하고 있는 의미를 단계적, 인과론적으로 이해하고, 더 나아가 대안을 제시하는 성향

1	사물이나 현상 또는 정보를 세분단위로 나누어 단순하게 나열한다
2	문제구성요소를 단순한 인과관계로 파악하여 활용한다
3	상황을 분석하여 원인을 파악하고 장애요인을 예측하는 등 문제의 구성요소 간 다각적인 인과관계를 파악한다
4	문제나 상황의 이면에 있는 근본원인을 파악한다
5	문제나 상황의 이면에 있는 복수의 해결책을 마련하고, 각각의 유용성을 검토하여 제시한다

개념적 사고 CT
여러 가지 정보를 종합하여 전체 상황을 이해한 후, 일정한 패턴이나 해석적인 문제를 찾아내는 사고력

1	현재 발생한 문제에 대해 상식이나 경험 등의 기본적 규칙을 적용한다
2	자신이 배운 복잡한 개념들을 직무수행에 적용하여 활용한다
3	문제해결에 필요한 정보들을 비교하여 일정한 패턴을 파악한다
4	복잡한 상황을 쉽고 명확하게 정리하여 문제의 핵심을 파악한다
5	복잡한 상황을 정리하여 과거의 교육이나 경험으로는 생각할 수 없는 새로운 개념을 창출하여 적용한다

영향성 GIF
몸입을 통해 자기 중심에서 벗어나 현실적인 현상이나 이을 넘어 자신의 이상과 신념에 접착하는 성향

1	어떤 특정한 사태나 현상, 문제, 개념 등에 고도로 민감하게 반응한다
2	주변의 시선이나 통념에 구애 받지 않고 자신의 내적 동기에 따라 특정 사태나 문제에 몰두한다
3	실패의 두려움도 잊은 채 특정 주제나 문제 등 극도로 몰입하여 시간도 왜곡해서 인식한다
4	자기중심적 사고에서 벗어나 타인을 수용하고 세상을 이해한다
5	내적인 평온함 속에 자신의 정체성의 완전한 실현을 위한 행동으로써 세상의 변화를 이끈다

창의성 CRE
관행이나 통념을 넘어서는 새롭고 유용한 아이디어나 산출물을 만들어내는 성향

1	주어진 환경이나 문제에 대해 편견이나 선입견 같이 있는 그대로 받아들인다
2	특정한 개념이나 현상에 특별한 흥미를 느끼고 이를 깊이 탐구하여 문제점을 발견한다
3	기존의 관행이나 통념을 넘어서는 새롭고 유용한 아이디어나 해결책을 제시한다
4	제시된 아이디어나 산출물이 국내외 특정 선상에 영향을 미친다
5	만들어낸 아이디어나 산출물이 국제적으로도 사회, 정치, 문화 전반에 영향을 기친다

학습능력 LC
새로운 다양한 개념들을 명확히 이해하거나 불명확한 통념들을 명확히 개념화하려는 성향 또는 능력

1	다양한 용어와 개념 원리들이 정의와 용법을 빠르고 정확하게 이해한다
2	자신이 이해한 개념 용어와 원리들을 다른 여러 상황에 적절하게 적용함으로써 사고의 폭을 넓힌다
3	반성적인 깨달음을 통해 불명확한 통념이나 개념을 명료하게 새로이 재정의한다
4	스스로 재정의한 개념이나 원리들을 다른 새로운 상황에도 명확하게 적절하게 적용한다
5	깊음없는 노력과 인내 끝에 기존의 개념과 원리 등을 통합한 새로운 개념이나 원리를 창출한다

미래지향 FL
미래에 발생 가능한 문제를 인식하여 현 시점에서 생각할 수 있는 대응책을 강구하고, 미래의 기회를 위해 능동적으로 준비하려는 성향

1	미래에 결정되있거나 일어진 현재의 문제나 기회에 대응한다
2	해결하기 어려운 문제나 상황이 발생했을 경우 미루지 않고 즉시 해결한다
3	반기에나 일년 정도의 미래에 발생될 문제를 예측하여 자발적으로 행동한다
4	한두 해 정도의 환경이나 상황 변화를 예측한 후 자신에게 필요한 행동을 실행한다
5	3~5년 정도의 중장기적인 변화를 미리 예측하여 실현하거나 환경 자체를 변화시키려 한다

성취지향 ACH
주어진 상황과 현실에 안주하지 않고 주변의 기대보다 높은 목표를 설정해서 끄기 있게 추진하여 높은 성과를 창출하려는 성향

1	성과기준이나 목표를 스스로 설정한다
2	더 높은 성과를 위해 직무수행 방법이나 과정을 개선한다
3	더 높은 도전적인 목표를 스스로 설정하여 끄기 있게 노력한다
4	성과와 노력하는 정도를 비교하여 보다 효율적인 방법을 마련한다
5	면밀한 전략을 세워 불확실한 목표에 도전한다

대인영향 IMP
자신이 의도하는 참여와 협조를 이끌어내기 위해 상대를 설득하거나 납득시키고, 영향력을 행사하려는 성향

1	토론이나 프레젠테이션 등 하두 가지 이상의 복합적인 활동을 통해 상대를 설득한다
2	상대방이 수준이나 관심사항에 맞추는 등 언행의 파급영향을 예측하여 행동한다
3	상대방에게 직접적으로 영향력을 행사하지 않고 더 영향력이 큰 전문가나 제3자를 동원하는 등 간접적인 영향력을 행사한다
4	자신이 의도하는 방향으로 상대를 이끌기 위해 복합적으로 영향을 미칠 수 있는 전략을 구성한다
5	상대방이 자신이 의도하는 방향으로 환경이나 현실을 예측하여 강력한 영향력을 행사한다

정직성실성 ING
어떤 상황에서도 보편적 가치에 따라 일관되게 행동하는 성향

1 평소에 정직, 개방성 등과 같은 보편적 가치에 따라 행동한다.
2 타인에 대한 정직과 신뢰 등과 같은 핵심 가치에 근거하여 일관성 있게 행동한다.
3 단기적으로는 손실이 예상되는 불리한 상황에서도 일관되게 핵심가치를 지킨다.
4 상당한 손실이 예상되거나 자신에게 신분상의 위험이 있더라도 보편적 가치를 훼손하지 않는다.
5 보편적 가치에 근거하여 행동할 수 있도록 환경을 조성한다.

자신감 SCF
원하는 바를 자신의 생각과 결정으로 반드시 이룰 수 있다는 신념을 유지하는 성향

1 자존감을 토대로 직무수행 범위 내에서 스스로 판단하여 자신 있게 행동한다.
2 자존감을 토대로 직무수행 범위를 초과하는 정도까지 자신 있게 행동한다.
3 실패나 좌절의 상황에서도 원하는 바를 이룰 수 있다는 확신을 갖고 행동한다.
4 자신의 능력에 확신으로 원하는 바를 이룰 수 에 도전하고, 자신이 전문성과 능력을 수행과 을 통하여 다른 사람에게 정확하게 표현한다.
5 경력상의 위험이 될 수 있는 도전적인 상황을 찾아서 다른 사람에게 확신하면서 행동을 한다.

대인이해 IU
다른 사람에 대해 관심을 가지고 그 사람이 생각, 감정, 진의(상황), 그 경위 등을 확인하는 성향

1 말과 행동을 통해 상대방의 감정을 인식한다.
2 말과 행동을 통해 표현된 감정과 함께 상대방의 의도까지 정확하게 이해한다.
3 표현되지 않은 상대방의 감정이나 의도를 이해한다.
4 상대방의 감정과 의도를 파악하여 다음 행동을 예상한다.
5 상대방에 대한 깊은 이해를 바탕으로 타인의 행동 특성이나 감정 등의 배경까지 이해한다.

수행점검 CO
본인 또는 다른 사람들의 업무 내용, 기준, 직무수행 과정, 진척상황, 그 결과 등을 확인하는 성향

1 직무수행에 실수가 있었는지 스스로 확인한다.
2 직무수행에 밑바탕이나 실수가 있었는지 스스로 확인한다.
3 자신의 업무 또는 타인의 직무수행에 실수가 있는지 확인한다.
4 직무수행 개별이나 시스템이 재대로 진척되고 있는 경우 그 원인을 찾아 보완한다.
5 직무수행의 기준을 바꾸는 등 시스템을 근본적으로 개선한다.

정보수집 INF
시스템과 사람에 대해 깊이 알고 싶은 욕구가 강한 호기심으로 관련 정보를 취합하는 능력

1 자신이 모르는 것을 인식하고 주변 사람에게 묻는다.
2 원하는 정보를 집단 외부에서 조사한다.
3 입수한 정보를 만족하지 않고 심층적으로 조사한다.
4 일반적인 방법 이외의 전문가에게 의뢰하는 등 특별조치를 실시하여 연구한다.
5 자신만의 정보수집 채널 또는 시스템을 마련하여 활용한다.

유연성 FLX
다양한 생활 변화에 의연히 대처하며, 사고 및 학습 방식이 방경에 대한 필요성을 인식하고, 기존과 다르게 접근을 시도하려는 성향

1 자신과 다른 의견도 인정하여 상황을 재검토한다.
2 기존의 방법과 절차를 단순하게 변경하여 적용한다.
3 새로운 방법을 선택하여 적용하거나 변경한다.
4 상황에 따라 무엇을 할 것인지 결정하거나 변화한다.
5 상황변화에 맞추어 규정, 관습 등을 근본적으로 변화시킨다(전략적 변화).

조직인지 OA
조직의 공식적 비공식적 구조와 문화 등을 이해하고, 이를 직무수행에 효과적으로 활용하려는 성향

1 조직의 공식적인 구조를 파악하여 활용한다.
2 조직의 공식적인 구조뿐만 아니라 비공식적인 구조를 이해한다.
3 조직문화를 파악하여 직무수행에 활용한다.
4 여러 사람이나 집단 간의 정치적 구조를 파악하여 활용한다.
5 조직의 근본적인 배경을 이해하고 활용한다.

관계형성 RB
다른 사람들과 우호적이고 서로 신뢰할 수 있는 인간 관계를 형성하려는 성향

1 알고 있는 사람들과 지속적인 친분관계를 유지한다.
2 별도의 모임 등을 통해 친분관계를 구축하고 유지한다.
3 자신의 일은 물론 타인의 직무수행에 실수가 있는지 확인한다.
4 단순한 친분관계를 넘어 우정으로 발전한 개인적 친밀감을 유지한다.
5 우정의 바탕으로 한 신뢰를 통해 직무수행에 도움을 얻는다.

성취예측모형

초판 1쇄 발행 2021년 12월 20일
초판 11쇄 발행 2024년 6월 14일

지은이 최동석
펴낸이 안현주

기획 류재운 **편집** 안선영 김재열 **브랜드마케팅** 이승민 **마케팅** 안현영
디자인 표지 최승협 본문 장덕종

펴낸 곳 클라우드나인 **출판등록** 2013년 12월 12일(제2013-101호)
주소 우) 03993 서울시 마포구 월드컵북로 4길 82(동교동) 신흥빌딩 3층
전화 02-332-8939 **팩스** 02-6008-8938
이메일 c9book@naver.com

값 23,000원
ISBN 979-11-91334-41-8 03320